A. AUGUSTIN-THIERRY

AUGUSTIN THIERRY

D'APRÈS SA CORRESPONDANCE
ET SES
PAPIERS DE FAMILLE

Préface de Gabriel HANOTAUX
de l'académie française

Avec un portrait

PARIS
LIBRAIRIE PLON
PLON-NOURRIT et Cⁱᵉ, IMPRIMEURS-ÉDITEURS
8, rue garancière — 6ᵉ

Tous droits réservés

AUGUSTIN THIERRY

D'APRÈS SA CORRESPONDANCE

ET SES

PAPIERS DE FAMILLE

« Si, comme je me plais à le croire,
l'intérêt de la science est compté au nombre
des grands intérêts nationaux, j'ai donné à
mon pays tout ce que lui donne le soldat
mutilé sur le champ de bataille. »

AUGUSTIN THIERRY.

D'APRÈS UN MÉDAILLON DE DAVID D'ANGERS

(1828)

A. AUGUSTIN-THIERRY

AUGUSTIN THIERRY

(1795-1856)

D'APRÈS SA CORRESPONDANCE

ET SES

PAPIERS DE FAMILLE

PRÉFACE DE GABRIEL HANOTAUX
DE L'ACADÉMIE FRANÇAISE

Avec un portrait

PARIS

LIBRAIRIE PLON

PLON-NOURRIT ET Cie, IMPRIMEURS-ÉDITEURS

8, RUE GARANCIÈRE — 6^e

1922

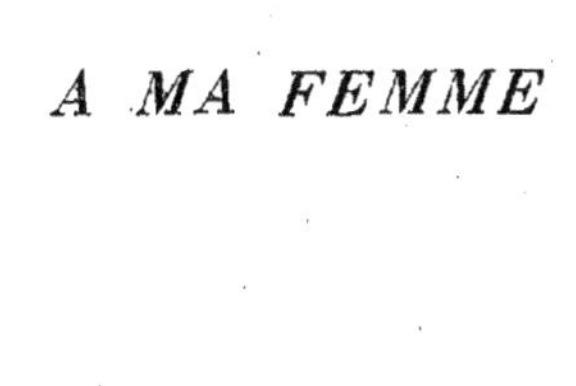

A MA FEMME

AUGUSTIN THIERRY

Parmi les maîtres de cette grande école historique du dix-neuvième siècle, Augustin Thierry n'occupe pas tout à fait la place qui lui est due : initiateur, réformateur, créateur, il mérite le premier rang ; or, s'il n'est pas méconnu, il n'est pas acclamé.

Tandis que Chateaubriand a vu rejaillir sur ses titres assez minces d'historien un reflet de sa magnifique gloire d'écrivain ; tandis que l'on prodigue à Guizot historien les palmes que l'on marchande à Guizot homme d'État ; tandis que Michelet, avec sa prodigieuse outrance, s'est imposé, Augustin Thierry reste dans l'ombre. Et, pourtant, s'il fallait comparer et peser, il apparaîtrait peut-être comme le plus complet et le plus achevé.

Tout plein de l'antiquité, il est franchement moderne ; sobre, sans emphase, sans pédantisme, scrupuleux, délicat, il est ému pourtant et délicieusement pittoresque. C'est un excellent écrivain : à la fois romantique et classique, il a joint les deux palmes... Et, réflexion faite, c'est peut-être ce qui explique que, ni l'une ni l'autre des deux écoles ne pouvant l'accaparer et s'en parer exclusivement, il s'est trouvé en dehors du bruit et des querelles retentissantes. Tout le monde le lit, personne ne le conteste, et c'est tout. Il est en un lieu très haut, où la popularité n'atteint pas.

M. A. Augustin-Thierry lui consacre enfin, par une piété familiale digne des deux illustres frères, Augustin et Amédée, un livre qui fait vivre devant nous le grand aîné, non sans élever le cadet, autant qu'il est juste et convenable, auprès de lui. Il ne sera plus permis désormais à la critique de négliger ce Français de pure race et de moelle savoureuse... Quand on pense que son nom figure à peine dans les *Lundis* de Sainte-Beuve !

Augustin Thierry est né à Blois, le 10 mai 1795 (22 floréal an III). Le lieu et la date disent beaucoup. Cette charmante ville de Blois est une des plus nobles parmi celles qui s'échelonnent sur la Loire. Le sol du Blésois, moins profond et moins chaud que celui de la Touraine, a toutefois cette vertu agreste, délicate et fine qui produit les jolis vins et dont se sont pétris les médaillons de Nini. Oui, Blois est surtout de Loire, mais comme Orléans plus proche encore de Paris, elle est toute royale mais spécialement *Valois*. Valentine de Milan, Louis XII, François Ier, Henri III, Louis XIII ont inscrit là des faits très vivants et très frappants de nos annales. La vieille France respire à jamais sous les ombrages des trois forêts qu'a chantées Ronsard :

Écoute, bûcheron ; arrête un peu le bras...

De son territoire, de son passé et de ses divers parentages, Blois a gardé un génie ardent dans la nuance et une saveur piquante dans le délicat qui lui donnent son caractère propre. Mme Guyon et Saint-Martin, le *philosophe inconnu*, se réfugièrent à Blois et y firent école. On y trouverait d'autres figures frappantes, comme cet évêque Boisgelin et ses curés qui furent seuls ou à peu près à lutter contre le concordat de Napoléon et contre la police de Fouché. Dans cette manière de couvent qu'est la haute ville, on sent comme un relent de mysticisme et de jansénisme qui tombe d'un autre monde. Ces gens vivant là-haut, plus près du ciel, sont solides et obstinés, — comme on doit l'être au paradis. — Il ne conviendrait pas d'oublier non plus les artistes, les bons ouvriers du Blésois : sculpteurs, verriers, émailleurs, ébénistes, horlogers, avec le tour de main sûr, l'application patiente et la ténacité du goût qui raffine jusque dans la grâce. Blois est une des fleurs de lys qui fleurissent l'écusson de la vieille France.

La Révolution fit peu de bruit et peu de mal à Blois. Les souvenirs de Dufort de Cheverny racontent ces violences tempérées. Sauf l'affreux Chabot qui accomplit ici un terrible exploit, mais qui, la surprise passée, n'y montra guère plus que la grimace de ses fureurs, le drame se joue dans une sorte de convenance apeurée où la Terreur s'arrête d'elle-même comme si, dans ce charmant pays, elle se sentait déplacée. Aussi comprend-on très bien que les fils du « musicien gagiste » de la cathédrale, — moitié bourgeois et moitié clerc, — nés dans une maison modeste sise sur les marches de l'escalier qui mène à la ville haute, en dépit de leurs origines suspectes, purent grandir dans une atmosphère de calme et de recueillement, alors que leurs parents tremblaient encore de la *grande peur* qui avait été, pour ce coin paisible, l'émotion la plus profonde qu'eût causée la Révolution.

Mais, aux souvenirs du trouble jeté dans l'âme de ces bonnes gens, se rattache un autre sentiment qui s'enfonça à jamais dans l'âme des deux Thierry, c'est la haine du despotisme impérial, avec un dégoût profond de la violence armée et de la brutalité militaire. En cette haine, où il y avait aussi de la crainte et je ne sais quel tremblement, ils fleurirent *libéraux*. Et, — comme sur cette Loire, si proche de la Vendée, ces mots avaient un sens réel, immédiat, — je ne dirai pas qu'ils étaient *blancs*, mais sûrement ils n'étaient pas *bleus* et volontiers ils auraient supprimé le *rouge* du tricolore.

Telle est l'empreinte qu'Augustin Thierry remporte de ses jeunes années blésoises. Il est contre les révolutionnaires et contre les conquérants, contre ceux par qui le sang coule et par qui la foule des petits est opprimée. Il se met résolument du côté des vaincus. L'histoire, c'est, à ses yeux, la lutte des asservis contre les dominateurs ; elle a pour tâche de faire descendre les puissants de leur siège et d'y faire monter ceux qui sont sous leurs pieds. Sa carrière sera d'écrire l'histoire de

tous les Tiers État, et il comprendra sous ce mot les Gallo-
Romains soumis par la conquête franque, les Anglo-Saxons
asservis par les Normands, les Irlandais asservis par les
Anglo-Saxons. Il écrit au docteur O'Connor : « Votre poésie
patriotique m'a paru non seulement le cri de la douleur de
l'Irlande, mais encore le chant de tristesse de tous les peuples
opprimés. C'est de la vive impression qu'elle fit sur moi,
après nos désastres de 1815, qu'est venu en grande partie le
sentiment qui domine dans l'*Histoire de la conquête de l'Angleterre*. » Tous ceux qui luttent pour l'indépendance et le
relèvement trouvent dans son œuvre le réconfort, la réhabilitation, la vengeance ; ce *libéral* est surtout un libérateur.

C'est dire que, venu en son temps, il est tout de suite un
romantique, un romantique ardent et impétueux. Le romantisme n'est-il pas, en effet, secours aux faibles, exotisme, anti-
quaille, byronisme, Missolonghi?...

Pharamond, Pharamond, nous avons combattu par
l'épée ! » l'élève de l'Université impériale et de M. de Fontanes se lève à l'appel de Chateaubriand. Rien de surprenant. Napoléon n'était-il pas le romantisme à cheval?
Admirateur d'Ossian, disciple de Rousseau, son réalisme
brutal ne se débarbouilla jamais de cette pénombre nua-
geuse. On verra, dans la carrière d'Augustin Thierry, comment, en dépit de cette buée et de ces orages amenés par
les vents du dehors, la lucidité française perçait tout de
même et remettait, à la fin, chaque chose à sa place.

Augustin Thierry apparaît, d'abord, comme le grand historien de l'École. Élève sincère de J.-J. Rousseau, il ne se guérira
jamais du mal politique. Aux yeux du fougueux adolescent
qui entre dans la vie en 1815, l'homme de lettres a une mission spéciale ; il distribue la sagesse et l'ordre, noir sur blanc.
Aussi le premier mouvement de notre homme de Blois est
de s'attacher au plus entreprenant, au plus intempérant de
tous les novateurs en matière de refonte sociale : il compte
à peine vingt ans et il est le secrétaire et le collaborateur du

fameux Saint-Simon. La tradition du *Philosophe inconnu* se transmettait sans doute dans ce geste où il y avait un peu de mysticisme et beaucoup de naïveté.

Parmi les convulsions qui marquent la grande chute impériale, Augustin Thierry écrit, sous la dictée de l'homme extraordinaire qui fut « le dernier des gentilshommes et le premier des socialistes », un pamphlet qui n'est rien autre chose que, dans le cadre renouvelé de l'abbé de Saint-Pierre, une esquisse assez fortement poussée d'une Société des nations, complétée par l'idée d'un plébiscite libre permettant aux peuples de disposer d'eux-mêmes. Voilà ce grand dix-neuvième siècle qui naît...

Mais Saint-Simon va vite. Le gentilhomme ruiné s'est résigné à la fin du monde et surtout de son monde. Il a appris, dans les pays anglo-saxons, la grandeur de *l'Industrie* et, de cette pâte mal digérée, il fabriquera bientôt son *Nouveau Christianisme*. Augustin Thierry s'inquiète ; il sent qu'il est débordé, envahi ; il se défend et soudain il se dit qu'il a, dans sa propre vie, quelque chose aussi à *libérer*. Son maître est un féodal, un *conquérant*... Saint-Simon, en effet, comme tous les socialistes, est un fameux tyran : « Je ne conçois pas l'association, écrit-il, sans le gouvernement de quelqu'un. » « — Et moi, répond Augustin Thierry, je ne conçois pas d'association sans liberté. » Ils étaient aux antipodes : le secrétaire en revint à l'histoire des opprimés.

Somme toute, en politique, Augustin Thierry est libéral, bourgeois, ami d'Armand Carrel, « Lafayettiste enragé »... « ce qui faillit le brouiller avec M. Guizot ». « Je me passionnai, écrit-il, pour un certain idéal de dévouement patriotique, de pureté incorruptible, de stoïcisme sans morgue et sans rudesse que je voyais représenté dans le passé par Algernon Sydney et dans le présent par M. de La Fayette... »

Cette fois nous tenons l'homme, et l'homme se tient. Il ne dépassa jamais cette ligne ; c'est là qu'il trouva sa borne en politique, et de même en histoire.

J'en viens donc à l'historien. Augustin Thierry est, d'abord, l'historien romantique par excellence. Louis Gillet a remarqué que le romantisme n'a pas trouvé ses architectes. Or il a rencontré ses historiens et, au premier rang, Augustin Thierry. L'*Histoire de la conquête de l'Angleterre par les Normands*, c'est du pur romantisme : Walter Scott, Moyen âge, affliction d'une race, insolence des maîtres, révolte, impuissance, fatalité ! ! ! Le succès du livre fut immense ; roman vrai, pittoresque voulu et un peu tendu, gravité douloureuse, nouveauté rafraîchie et savamment adaptée, — comme il faut pour la mode et pour le public du jour, qui aime qu'on le fasse pénétrer sans douleur aux arcanes des grandes idées et des grandes choses.

Augustin Thierry but son succès, mais ne s'en laissa pas griser. Au contraire, là comme en politique, il se domina et, de lui-même, s'arrêta. Le Blésois modéré avait compris le danger que frôlaient Chateaubriand dans sa *Vie de Rancé;* Barante, dans ses *Ducs de Bourgogne* et plus tard Michelet, — ceux qui s'abandonnent à l'imagination, qui sacrifient au costume, à la fantaisie, à l'image. Il avait un très vif sentiment des convenances, de la dignité de l'histoire, de sa propre dignité. Il s'arrêta donc et il chercha.

Il découvrit, dans la vérité nue et dans la raison, sa méthode à lui et son génie *libéré*. Il donna au public le fruit de ses nouvelles recherches et ce furent les *Lettres sur l'Histoire de France*. Ainsi il s'inaugurait le maître et le moraliste de la nouvelle Pléiade historique. La grande histoire à la française, clarté, raison, bon sens, droiture, honneur, avait désormais son code. Le romantique évolué délivrait l'art historique, l'arrachait aux convulsions pour le rendre à la santé, à l'ordre.

Cette brusque secousse que la volonté d'un homme de bon jugement imposa au tempérament d'une époque et d'une école, cette révolution soudaine, qui d'un romantique fit un classique, c'est toute la France, cette France des vieilles pro-

vinces et des bords de Loire ; c'est aussi cette bourgeoisie
sensée et grave, réfléchie, « stoïcienne », selon le mot d'Augustin Thierry lui-même, mesurant ses dieux, mais s'y tenant,
— y compris La Fayette.

Ce stoïcisme, Augustin Thierry allait le mettre à l'épreuve :
« Un soir, au courant d'une longue et fatigante correction
d'épreuves, il s'aperçut qu'il venait de perdre la vision de
l'œil gauche. Usée par une surexcitation physique et morale
perpétuelle, par un excès de travail de cinq ans, sa vue allait
s'éteindre à jamais. »

Là commence l'un des drames les plus émouvants qu'aient
connus les annales des lettres ; cet honnête homme, ce grand
écrivain déjà acclamé, est frappé en pleine force, en plein
succès, au moment où la Gloire caresse son front. Bientôt il
ne pourra plus ni lire, ni écrire, ni marcher ; une maladie terrible dompte son corps tout en laissant son âme et son esprit
intacts, et avec une entière faculté de sentir et de souffrir.
Et il était frappé justement là où il se sentait grand, dans
l'étude, dans la recherche, dans la création. Que lui fallait-il
pour s'achever lui-même? ce qui lui était enlevé : ses yeux !

Angoissantes années, — et qui ne sont pas très belles pour
les contemporains, les amis, les compagnons de lutte d'Augustin Thierry. Seul, son frère Amédée lui est infiniment
secourable. Quant aux amis qui sont maintenant au pouvoir,
les Guizot, les Villemain, les Mignet qui lui doivent tant, ils
sont bien lents à lui venir en aide. On le baptise éloquemment
« l'Homère de l'Histoire », mais il meurt morceau par morceau
sans qu'on obtienne pour lui autre chose qu'une pension
minime, précaire, presque déshonorante...

Le malade se roidit. Enfin Villemain trouva, et une femme
se rencontra. La fille de l'amiral de Quérangal, Julie, offrit
à cette vie brisée le dévouement absolu dont elle avait soif ;
Villemain, secouant Guizot, apporta le pain ; et le tout s'ar-
rangeant heureusement avec ce qui avait fait la vie histo-

rique et intellectuelle du maître, il fut « chargé de rassembler les documents pour servir à l'histoire du Tiers État ». Voilà que cette existence désespérée retrouvait soudain son sens et son utilité. Dans les ténèbres, ce rayon perça et l'homme lui-même, apaisé, se ressaisit.

Il se remet à vivre d'une vie de silence, de méditation et d'imagination intérieure. L'imagination n'est-elle pas la vie silencieuse des aveugles? Augustin Thierry adorait la musique et c'était encore un aliment de son âme. Il se reprit à aimer puisqu'il était aimé. Le monde lui revenait, se groupait autour de lui. Les plus grands, les plus illustres se rapprochent : Chateaubriand, Guizot, la princesse Belgiojoso, ceux de la veille, ceux du lendemain. Louis-Philippe régnait, et Louis-Philippe, c'était Blois sur le trône ; le prince d'Orléans avait désigné Augustin Thierry comme son bibliothècaire et accueillait ses leçons.

Alors la volonté d'être s'affirma de nouveau ; l'homme se mesura avec l'œuvre et, définitivement, la France posséda son historien classique. Dans cette langue pure, simple et sobre qui est la sienne, Augustin Thierry écrit son chef-d'œuvre, les *Récits des Temps Mérovingiens*, précédés, en manière de préface, des *Considérations sur l'Histoire de France*. Comment ce livre admirable fut composé, construit, rêvé dans le rêve intérieur de l'aveugle, comment sa femme lisait pour lui, déchiffrait pour lui, écrivait sous sa dictée, recopiait, corrigeait les épreuves, était toujours et partout *l'Antigone*, comment le grand homme fut entouré des amitiés les plus tendres et de cette passion intellectuelle si singulière que lui voua la noble Italienne, la princesse Belgiojoso ; comment, après ces jours heureux dans le malheur, le malheur l'emporta à la fin et comment *l'Antigone* éteignit ses propres yeux avant que l'aveugle eût fermé les siens, et comment l'amitié dut se substituer au dévouement et prolonger, dans le rêve de l'âme, la vie de celui qui ne pouvait même plus pleurer, on trouvera tout cela dans l'ouvrage de M. A. Augustin-

Thierry, et éclairé par une correspondance sans prix qui dépeint l'homme et le temps.

Dans cette dernière phase du drame, Augustin Thierry eut encore le courage d'écrire ce brillant morceau sur l'*Histoire du Tiers État*, qui forme comme le fronton de son monument.

Mais déjà d'autres catastrophes s'étaient abattues sur lui. Le duc d'Orléans s'était tué dans l'accident de Neuilly ; Louis-Philippe prenait le chemin de l'exil et la Révolution de 1848 posait la dalle sur le règne de la bourgeoisie. La conception même qu'Augustin Thierry s'était faite de l'Histoire de France était à terre comme un paravent fragile : le peuple se mesurait avec la Destinée sur les barricades de Juin... Et alors fut la vraie fin, la fin dont l'homme du Tiers État ne put pas, ne voulut pas être consolé.

L'heure des Napoléon était revenue. ..

En 1853, au moment où il publiait l'*Histoire du Tiers État*, Augustin Thierry écrivait ces lignes, qui, seules suffiraient à l'expliquer tout entier : « Comment poursuivre avec la même conviction jusqu'à 1789 cette histoire que j'ai conduite du douzième siècle à la fin du règne de Louis XIV, en croyant que depuis 1830, nous étions arrivés au but marqué par nous depuis six cents ans? Où placer maintenant l'avenir de la France qui me semblait évidemment l'alliance de la tradition monarchique et des principes de la liberté, le gouvernement constitutionnel? Voilà, Monsieur, les incertitudes qui me gagnent et qui ont remplacé, dans mon esprit, la foi la plus entière... »

L'homme n'avait plus qu'à mourir ; il s'éteignit, le 22 mai 1856, après avoir dicté, la nuit même, un léger changement à une phrase de la *Conquête* dont il préparait une nouvelle édition, — scrupuleux et délicat jusqu'à la fin.

Ces trois grandes œuvres, les *Considérations sur l'Histoire de France*, les *Récits mérovingiens*, l'*Histoire du Tiers État* assurent à tout jamais sa gloire. Il avait dépouillé le bagage romantique et était redevenu un bon Français de la bonne

France, élève de Bossuet et de Descartes, bourgeois et même
« grand bourgeois », de ceux qui avaient servi les Valois et les
Bourbons et qui devaient servir les Orléans jusqu'à la fin.
Qu'il fallût la raison pour conduire les affaires humaines, et
la culture, et l'aisance même qui libère l'esprit, cela ne faisait
pas doute pour ces fils de bonne mère ; mais à la condition
qu'il y eût aussi la pitié, la douceur, la justice. Pour gouverner
il faut, d'abord, la dignité du gouvernement : Augustin
Thierry pensait ainsi : il pensait qu'au troupeau conviennent
de bons bergers et non des loups dévorants ; il croyait à la
civilisation lentement amassée et non brusquement déclan-
chée, à la sagesse longtemps pourpensée ; il croyait à la tradition, à *l'étape*.

Son œuvre est ferme, sobre, réfléchie, soigneusement com-
binée, amusante jusque dans sa gravité ; une lumière heureuse
l'illumine, — celle qu'il ne voyait plus qu'au dedans de lui.
Cet écrivain excellent ne se rattache nullement à l'école philosophique ; il n'est certes pas de Voltaire, ni même de Montesquieu ; il tient plutôt à nos grands narrateurs : Villehardouin,
Froissard, de Thou. C'est un chroniqueur, un maître écrivain
que Flaubert ne désavouerait pas. D'une tenue parfaite, il
accomplit sa tâche, selon sa profession de foi et selon sa vie,
en stoïque. Mais il y a en plus, planant au-dessus de toute
cette œuvre, un je ne sais quoi d'original et de mystique qui
vient du Blésois : il porta jusqu'à la justice de l'histoire la protestation des affligés. Augustin Thierry fut, en deux mots, un
Français de la meilleure veine, un homme d'émotion et de
mesure, marchant d'un pas égal et fort, touchant le but parce
qu'il ne choppe jamais. Cette belle vie, cette belle carrière,
cette belle œuvre ne seront comprises et admirées comme elles
le méritent que dans la perspective où les place, désormais,
le monument qu'un digne héritier de cette belle famille vient
de leur élever.

Gabriel HANOTAUX,
de l'Académie française.

ERRATA

Page   5, ligne   5, lire : *dépassait*, au lieu de : *était au-dessous de.*
—   24, —   5, lire : *marche*, au lieu de : *manière.*
—   39, — 15, lire : *forment*, au lieu de : *forme.*
—   81, — 17, lire : *bises*, au lieu de : *brises.*
— 124, —   4, lire : *Ennodius*, au lieu de : *Eunodius.*
— 142, note 2, lire : *deuxième*, au lieu de : *onzième.*
— 147, ligne 33, lire : *ou*, au lieu de : *et.*
— 161, — 13, supprimer : *traîné dans sa chaise roulante* et lire :
                  C'étaient d'heureuses promenades en voiture.
— 163, ligne 26, lire : *tenaces*, au lieu de : *tendres.*
— 168, — 18, lire : *près de*, au lieu de : *auprès de.*
— 192, —   2, lire : *capable de*, au lieu de : *mais aussi.*
— 215, — 21, lire : *d'apparaître*, au lieu de : *à paraître.*
— 215, — 31, lire : *affranchira*, au lieu de : *doit affranchir.*
— 230, — 11, lire : *rentrer*, au lieu de : *revenir.*
— 232, — 13, supprimer : *ailleurs et plus haut.*
— 246, — 24, lire : *inductions*, au lieu de : *indications.*
— 250, —   3, lire : *par*, au lieu de : *de.*
— 273, —   9, lire : *recherches*, au lieu de : *enquêtes.*
— 274, — 13, lire : *les*, au lieu de : *des.*
— 282, — 13, supprimer : *à nouveau.*
— 321, — 31, lire : *ait* au lieu de : *avait.*

AUGUSTIN THIERRY

D'APRÈS

SA CORRESPONDANCE ET SES PAPIERS DE FAMILLE

I

Naissance d'Augustin Thierry. — Origines de la famille. — M. Jacques
Thierry et Catherine Leroux, sa femme. — La maison de la rue des
Violettes. — Un collège de province sous l'Empereur et Roi. — Les
succès d'un jeune prodige. — M. Mieg et M. Mérault. — L'éveil d'une
vocation.

Le 10 mai 1795 (22 floréal an III), à la nuit tombante, deux
personnes portant un nouveau-né sortaient d'une modeste
maison de la rue des Rouillis (1) à Blois et se dirigeaient rapidement vers un logis situé près de l'ancienne place Notre-
Dame. Là, se tenait caché un vieux prêtre non assermenté,
l'abbé Villain, à qui elles présentèrent l'enfant. Celui-ci fut
baptisé sous les prénoms de Jacques, Nicolas, Augustin, qu'il
avait reçus quelques heures auparavant à la municipalité :
cet enfant était Augustin Thierry.

Son père, M. Jacques Thierry, qui, dans un intérêt à ses
yeux sacré, venait de braver ainsi les rigoureuses lois de Prai-
rial, descendait d'une famille alsacienne, autrefois émigrée
au pays d'Orléans, après avoir francisé son patronyme de
Diétrich. D'incertaines et flatteuses traditions la rattachaient
dans le passé à un certain Jean Thierry, écuyer, capitaine de
la ville de Blois, vers 1350, à son arrière-petit-fils, Pierre

---

(1) Actuellement, 7, rue Guerry. La Société amicale des anciens élèves du
collège, avec l'aide de la municipalité, a fait poser sur la muraille une plaque
commémorative.

Thierry, garde du corps du roi, anobli pour services le 12 décembre 1482. Généalogie assurément problématique, mais qui attestait l'ancienneté du lignage, certifiée d'autre part par un *Livre d'heures*, pieusement conservé de générations en générations, sur les marges duquel se lisent depuis 1623 la date de naissance et de mort de tous les aînés du nom.

Dans cette longue énumération de Pierre, de Jean, de Simon, de Jacques, dont aucuns figurent au dix-septième siècle sur la liste des quarteniers de la « très illustre et très noble cité royale d'Orléans », pas un seul Augustin. Après 1720, le nom de Simon Thierry, grand-père de Jacques, qui avait eu le tort d'agioter sur « les mères, les filles, les petites filles » et autres mirifiques inventions de M. Law, disparaît du rôle des notables bourgeois. Ruinée par l'imprudence de son chef, la famille subit alors une éclipse complète, touche à la gêne et presque à l'indigence (1).

En 1791, on trouve Jacques Thierry « musicien gagiste de la cathédrale de Blois », ainsi qu'il se qualifie soi-même dans un mémoire présenté le 24 janvier au Directoire départemental pour demander la fixation de son traitement. Après la cessation du culte et la fermeture des églises, il obtint un modeste emploi dans les bureaux du district et lorsque ceux-ci eurent été supprimés par la Constitution du 5 fructidor an III, il fut recueilli par l'administration du département, devenue en 1800 les bureaux de la préfecture.

Né à Orléans, le 17 mai 1763, destiné d'abord à l'état ecclésiastique, le Révolution le faisait renoncer à l'espoir d'obtenir le sacerdoce. Fixé à Blois, il avait alors épousé une jeune fille distinguée d'esprit et grande par le cœur, Mlle Catherine Leroux. Une intelligence cultivée, une âme honnête et droite, une solide instruction mettaient M. Thierry bien au-dessus de l'humble office qu'il occupait. Catholique convaincu dans un temps de persécutions, jamais il n'avait hésité à remplir un devoir que lui imposaient ses croyances. Deux fois sa demeure avait servi de refuge à des prêtres poursuivis, et deux fois lui-même, dénoncé et condamné, il

----

(1) D'après les fragments des *Souvenirs inédits* d'Amédée Thierry, en ma possession.

avait pu se cacher et s'enfuir. Noble caractère dans sa naïve grandeur ! De bonne heure auprès des siens, Augustin Thierry put apprendre ce qu'est le culte du travail et la sainteté de a résignation.

L'enfant qui venait au monde était le premier né de l'obscur expéditionnaire et c'est par égard pour le citoyen Augustin Gaudichau-Delaistre, membre du Conseil général de la commune, son protecteur, qu'il avait voulu lui donner le prénom du grand évêque, inaccoutumé dans la famille. En grandissant, le garçonnet se découvrit de complexion délicate et presque souffreteuse. Les terribles jours qui suivirent sa naissance, la famine de l'an III née des lois sur le *maximum* augmentèrent ces dispositions maladives. Que de fois M. Jacques Thierry dut avec la foule attendre à la porte des boulangers, pour procurer à sa maisonnée un peu de ce pain que les plus riches ne pouvaient même pas obtenir au poids de l'or. Époque calamiteuse où les souffrances furent plus fortes que les forces mêmes du pays et dont les contemporains ne parlent jamais qu'avec épouvante ou colère.

La naissance d'un second fils, Amédée, en 1797, puis d'une fille Adélaïde, en 1802, avait lourdement augmenté les charges du ménage. Pour y mieux subvenir, Jacques Thierry courait le cachet à ses heures libres, arrondissant ses maigres émoluments du produit de quelques leçons de musique. Le rétablissement du culte, en lui rendant son lutrin à la cathédrale, vint enfin soulager un peu cette fière pauvreté.

Quittant la rue Fontaine-des-Élus, on alla s'installer au numéro 13 de la rue des Violettes, une venelle du vieux Blois, escarpée, raboteuse, escaladant la colline où surgit orgueilleusement la merveille du Primatice, le château superbe des Valois.

La maison existe encore, haut perchée dans

> ... cet escalier de rues
> Que n'inonde jamais la Loire au temps des crues,

étroite et basse, toute grise sous un toit moussu de vieilles tuiles. Après son père et sa mère, Adélaïde Thierry y mourut en 1878 ; c'est là que fut commencée l'*Histoire de la Conquête de l'Angleterre par les Normands*, là aussi qu'Amédée Thierry écrivit les premières pages de l'*Histoire des Gaulois*.

Au printemps de 1804, Augustin atteignait sa neuvième année. Déjà il annonçait les dispositions les plus rares : ardeur et facilité au travail, intelligence subtile et compréhensive, doublée d'une étonnante, d'une prodigieuse mémoire. Le père avait cultivé de son mieux d'aussi précieux avantages, efficacement secondé par sa femme, qu'un témoignage du grand historien, rendant plus tard un hommage filial à cette salutaire influence, nous dépeint « douée d'une imagination vive et passionnée, se plaisant aux lectures poétiques ». Sans doute est-ce à son atavisme maternel qu'il doit à la fois sa pénétrante sensibilité, la richesse merveilleuse de ses facultés évocatrices, comme il est redevable à ses ancêtres en ligne paternelle, bourgeois et marchands, de son goût pour la minutie des détails, la claire précision des idées, l'amour de la vérité et l'indépendance volontiers frondeuse de la pensée.

Cependant, la nécessité s'imposait pour l'écolier si magnifiquement doué d'un programme d'études mieux ordonné, d'un enseignement plus complet et plus régulier que celui qu'il pouvait recevoir dans la maison de ses parents. Le jour était venu où ne suffisaient plus à l'enfant, dont l'esprit s'ouvrait chaque jour davantage, les leçons affectueuses de son père et de sa mère.

Bien grand dut être alors l'embarras rue des Violettes. Le vieux collège de Blois n'existait plus. Après avoir végété quelque temps, il avait dû fermer ses portes en 1793. Seules subsistaient quelques écoles primaires trop insuffisantes. Aussi les Blésois accueillirent-ils joyeusement la nouvelle qu'une « école secondaire communale » allait être établie dans leur ville.

On était en 1805, et sous la forte impulsion du gouvernement impérial, tout semblait renaître en France : administration, cultes, finances, instruction publique. L'Université, il est vrai, n'était pas encore instituée, mais la pensée qui méditait les décrets de 1808 s'appliquait déjà à tirer la jeunesse de l'ignorance où l'avait plongée une révolution beaucoup moins studieuse qu'enthousiaste. Quelques lycées s'organisaient à Paris et, dans les cours publics, les Lalande, les Biot, les Cuvier, les Pastoret, les Sylvestre de Sacy, les d'Ansse de Villoison faisaient entendre leurs doctes leçons. Mais en province, tout restait encore à faire et le délabrement intellectuel était au-dessous de toute expression.

Le collège de Blois dont Augustin Thierry, bientôt rejoint par son frère Amédée, dut être un des premiers élèves, offrait alors un curieux spécimen des établissements d'instruction pour lesquels le zèle des administrateurs allait partout quêter des maîtres, dans le séminaire comme dans la boutique, sous le froc et sous le tablier. Un vaste couvent devenu bien national avait été transformé en école et sur les dalles humides d'un réfectoire s'étaient installées études et classes. Le corps enseignant était plus bizarre encore que la demeure. Le professeur de cinquième avait été gendarme et ne donnait jamais sa leçon qu'éperons aux bottes et cravache à la main. Le maître de dessin, un des *beaux* les plus goûtés de la ville, cumulait les fonctions de professeur de grec. Enfin le professeur de rhétorique tenait un magasin d'épicerie dans le haut d'un faubourg. Étrange collège, professeurs plus étranges encore et dont le souvenir longtemps après faisait toujours sourire leurs élèves ! Et pourtant de ce falot athénée sortirent en dix années cinq membres de l'Institut (1). Parmi nos lycées les plus orgueilleux, quel est celui qui, dans un temps aussi court, a fourni pareille moisson à la France ?

Au reste, peu importait alors la science du professeur. Apprendre le grec ou le latin, l'histoire ou la philosophie n'entrait guère dans les aspirations de la jeunesse. Un mouvement irrésistible poussait toute cette génération vers les champs de bataille : des soldats, voilà ce que l'État demandait à la France. Toute l'éducation s'orientait vers ce but : habit militaire, exercice au fusil, marche au tambour ; chaque collège était un stage à Fontainebleau. Dans les cours, il n'était question que de Miltiade ou d'Alexandre, de Marathon ou d'Arbelles ; dans les récréations, d'Austerlitz ou de Marengo ; Thémistocle devenait le brave des braves, César

---

(1) Pardessus, Augustin Thierry, Amédée Thierry, de La Saussaye, de Pétigny.

s'incarnait dans l'empereur et roi. Et puis, lorsqu'arrivaient
les bulletins de victoire, quand du haut du château le canon
faisait retentir la cité de ses salves triomphales, l'enthousiasme
fermentait dans les jeunes têtes. On recherchait avidement
le *Moniteur*. On y lisait les noms des amis, des camarades
de la veille, les uns décorés, les autres promus lieutenants
ou capitaines. Que ne se trouvait-on à leur place ; comme
eux, que ne rêvait-on d'accomplir ? Une loi de 1809 avait
permis à l'enfant de s'engager à seize ans, malgré sa famille.
Beaucoup invoquaient cette coupable loi. Un jour pourtant,
la ville de Blois apprit avec stupeur que cinq de ses fils à
peine échappés du collège venaient de périr le même jour,
dans la même bataille, tous les cinq sous les murs de Leipzig...

Je possède sur l'arrivée d'Augustin Thierry au collège de
Blois, ses premiers succès et ses espiégleries d'écolier un
curieux document inédit, rédigé par un de ses anciens
maîtres (1), M. Gaudeau, que l'historien, devenu célèbre,
entoura toujours d'une affectueuse estime, ainsi qu'en témoi-
gnèrent de nombreuses démarches et des recommandations
de toutes sortes. Je le transcris ici dans sa forme naïve :

A la rentrée des classes de l'année 1805, à l'école communale
secondaire de Blois, où j'étais entré quelques mois auparavant
en qualité de professeur de cinquième, je fus nommé membre
d'une commission chargée d'examiner les élèves qui devaient
être admis en sixième. Parmi ceux qui nous furent présentés parut
un tout jeune enfant, à la figure ronde, aux beaux yeux noirs,
aux cheveux châtains, aux sourcils bien arqués, à la physionomie
moitié timide, moitié *hilarante;* un léger sourire sur les lèvres et
l'air à peu près assuré, annonçant la confiance dans ce qui allait
se passer.
En effet, les questions faites à l'enfant sur les premiers éléments
du latin furent répondues avec un aplomb, une précision et une
intelligence qui nous frappèrent. « Comment t'appelles-tu mon
petit? dis-je alors à l'intéressant enfant. — Thierry, monsieur.
— Ah ! le fils de M. Thierry, eh bien ! je lui en ferai mon compliment. »

(1) A l'intention de la Société académique des Sciences et des Lettres du
Loir-et-Cher et non publié, j'ignore pourquoi.

Deux ou trois jours plus tard, je vis M. Thierry et comme j'allais lui parler, il me dit le premier : « Eh bien, monsieur Gaudeau, vous avez interrogé mon petit Augustin, qu'en pensez-vous ? — Je pense ma foi qu'à la fin de l'année, vous l'entendrez faire rafle de tous les premiers prix, car en vérité je n'ai jamais encore entendu un enfant de cet âge montrer autant de lucidité dans ses idées et ses souvenirs et de netteté dans ses expressions. J'oserai presque vous promettre en lui un homme de génie. — Ah bah ! vous me flattez. — Eh bien, monsieur Thierry, vous verrez si je me trompe, je suis un peu prophète pour les enfants ; si jamais je me marie, la plus grande faveur que je demanderai au ciel, ce sera qu'il me donne un fils semblable au vôtre. — Allons, allons, tant mieux ! Aussi bien le pauvre enfant n'aura que son talent pour ressource. »

A la fin de l'année scolaire, à la première distribution des prix où retentit le nom d'Augustin Thierry, la première partie de ma prédiction s'accomplit.

Un certain temps s'écoula et le petit enfant devenu un peu plus grand me vint en cinquième et justifia complètement le pressentiment que j'avais conçu de la manière dont il ferait ses études.

C'était la coutume à l'école communale secondaire de Blois, réunissant alors au delà de deux cents étudiants, de lire les notes de chaque trimestre, en présence de tous les maîtres et de tous les élèves rassemblés. J'avais rédigé le bulletin du jeune Thierry qui ne contenait que des notes excellentes et à l'article *travail ou aptitudes*, j'avais mis *très intelligent, dispositions transcendantes, succès étonnants.* A ces mots, le sourire de l'incrédulité parut sur les lèvres de quelques-uns des professeurs et j'entendis ces mots : « Ah ! c'est bien là M. Gaudeau, toujours louangeur. » — Écoutez, monsieur, dis-je en m'adressant à celui qui avait proféré cet assez mauvais propos et qui ne croyait pas avoir été entendu, si moi, vous et l'enfant vivons âge d'homme, vous verrez et nous verrons.

Assez espiègle, sans cesser d'être aimable, bon, docile et surtout bon camarade, le jeune Augustin Thierry ne refusait pas de participer aux tours d'écolier que faisaient quelquefois, alors comme toujours, les collégiens à leurs maîtres. Le seul que je me rappelle, peut-être aussi le seul qu'il m'ait fait, c'est d'avoir attaché par la patte une souris à une ficelle que les élèves de la classe voisine, séparée de la nôtre par une cloison, faisaient passer par un trou, puis retiraient, en recommençant ainsi ce jeu, au grand plaisir des espiègles et au vif dépit des deux professeurs qui ne savaient par quoi étaient occasionnées cette espèce de frôlement extraordinaire, cette gaieté soudaine et intempestive qui se remarquait sur toutes les figures et ce rire spasmodique qui, bien que comprimé, éclatait en bouffées bruyantes et communicatives, ce qui arrêtait nécessairement les explications du pauvre professeur qui pourtant, lui aussi, quand il se fut aperçu de la petite malice, ne put si bien garder le sérieux magistral, qu'il ne lui échappât un léger sourire, lequel devint alors comme la détente d'une explosion générale de *cachinnations* (ou éclats de rire à gorge déployée) et il ne fallut pas moins de vingt minutes pour rétablir l'ordre et reprendre le cours de la classe, après un fort *pensum* appliqué aux promoteurs de tout ce bruit.

Quoique les succès du jeune Augustin tinssent du prodige et qu'il y eût une différence énorme entre ses compositions et celles du premier après lui dans sa classe, il ne travaillait pas plus que ses condisciples, il travaillait même beaucoup moins, parce qu'il lui suffisait du temps d'écrire ses devoirs pour qu'ils fussent supérieurs à ceux des plus forts de son cours.

Je me trouvais encore le professeur du jeune Thierry quand il passa en quatrième, ce fut alors surtout que se manifesta, dans toute son efficacité, sa prodigieuse mémoire dont je fus à même de juger par le trait suivant : un jour, on expliquait pour la seconde fois une *Églogue* ou un passage des *Géorgiques* de Virgile. Augustin Thierry avait oublié son Virgile et craignait d'être réprimandé en me faisant connaître son oubli. Comme son Quinte-Curce était du même format que le Virgile et de la même couleur, il prit donc, quand son tour d'expliquer fut venu, le Quinte-Curce pour le Virgile et fixant dessus ses regards, comme s'il eût suivi réellement le texte, il traduisait les vers de Virgile de mémoire avec aussi peu d'hésitation que s'il les eût eus sous les yeux. Le sourire de ses camarades ayant éveillé mon attention, je portais les regards sur le livre et reconnus la ruse de l'enfant. « Quoi donc, m'écriai-je, mais ce n'est pas un Virgile que tu as là, c'est un Quinte-Curce. — Oui, monsieur. — Tu sais donc Virgile par cœur? — Oui, tout ce que j'en ai expliqué jusqu'à présent. — Et les autres auteurs? — Aussi. — Voilà qui est curieux. Voyons, récite-moi tel morceau de Virgile, tel morceau de Quinte-Curce, tel morceau de César, etc. » Et les morceaux pris au hasard furent récités sans hésiter, ce qui prit plus de vingt minutes. Véritablement émerveillé : « Petit diable, lui dis-je, en lui prenant amicalement l'oreille, tu iras un jour à l'Institut ! » Alors, levant la tête et portant sur moi ses grands yeux avec un sourire sur les lèvres : « Qu'est-ce donc que l'Institut, monsieur? — Prends patience, va, tu l'apprendras un jour et tu le sauras mieux que moi. »

Plusieurs documents conservés dans les archives départementales viennent appuyer et compléter ce témoignage de l'excellent M. Gaudeau.

Les articles 11 et 12 de la loi du 19 vendémiaire an XII, qui instituait et réglementait les écoles secondaires communales, faisaient à leurs directeurs une obligation de recevoir gratuitement et d'entretenir sur les bénéfices un élève par vingt-cinq pensionnaires. M. Giraudeau-Delanoue, directeur de l'école blésoise, fut mis en demeure de s'exécuter. La présentation des candidats revenait de droit aux membres du bureau d'administration. « Le choix unanime des administrateurs, dit le procès-verbal du 5 janvier 1806, s'est porté sur le *sieur Thierry*, élève externe, *qui par sa grande capacité a obtenu tous les premiers prix de son cours*, et sur le sieur Le Comte Le Page, fils de M. le Magistrat de sûreté, autre élève externe, qui, quoique moins distingué dans son cours, annonce des dispositions heureuses. »

Il restait à faire approuver le choix du bureau par le ministre. Un arrêté signé Champagny, du 4 février 1806, porte que « le jeune Thierry (Jacques-Nicolas-Augustin) est nommé élève de l'école communale secondaire de la ville de Blois et qu'il y sera entretenu gratuitement et aux frais de l'établissement pendant toute la durée de ses cours ».

Augustin Thierry a donc été le premier boursier du collège qui devait un jour porter son nom.

Une autre pièce intéressante permet de le suivre dans ses études. C'est un programme de l'école secondaire pour la fin des cours de 1808 (1). On avait alors accoutumé de convoquer un public choisi devant lequel les collégiens devaient donner un échantillon de leur savoir et témoigner de leurs progrès. Naturellement, on désignait les meilleurs

____

(1) *Programme de l'École secondaire communale de Blois, dirigée par M. Giraudeau-Delanoue. Fin des cours de* 1808, à Blois, de l'imprimerie d'E.-R. Jahyer, imprimeur de la mairie, rue du Port-Vieux. La bibliothèque communale en possède un exemplaire.

dans chaque classe et dans chaque branche des connaissances.
A cette élite revenait l'honneur de faire briller l'établissement auquel elle appartenait. D'après le programme en question, l'école comprend un cours de belles-lettres et cinq
classes de latin, plus un cours spécial d'histoire et de géographie, un autre de mathématiques et un troisième de langues
étrangères. Augustin Thierry se trouve cette année-là dans
la première classe de latin ; il est le premier des élèves qui
la représentent en cette matière. A lui donc le privilège
flatteur de traduire et d'expliquer à l'auditoire admiratif
la *Conjuration de Catilina*, le *De officiis*, de lui distiller
la subtile élégance des odes horatiennes, de commenter
les splendeurs émouvantes de la *Mort de Priam*. Mais
le jeune prodige n'excelle pas seulement dans la langue
de Virgile, son intelligence est universelle. « Il répondra,
continue le programme, sur la géométrie et sur l'algèbre
jusqu'au binôme. » Même triomphe en allemand : « Les
élèves qui suivent ce cours expliqueront les vingt premières
idylles de Gessner et répondront sur les principes de la grammaire allemande. M. Thierry aîné expliquera de plus à livre
ouvert les fables de Gessner et tout autre auteur en prose. »

Devant les inspecteurs délégués par Sa Majesté « pour
reconnaître l'état des études », M. Royer-Collard ou M. Gué-
neau de Mussy, l'heureux M. Giraudeau-Delanoue pouvait
justement s'enorgueillir de son premier sujet.

Un hasard propice avait facilité à l'adolescent le progrès
de ses études latines. Dans le courant de cette année 1808,
un homme vraiment érudit venait d'être appelé au collège
de Blois aux modestes fonctions de répétiteur de physique.
C'était un Suisse nommé Mieg, qui devait terminer sa carrière agitée comme bibliothécaire à la cour d'Espagne (1).
La démonstration des lois de Mariotte ou du principe d'Archimède n'absorbait pas toute son attention. Il se montrait
également féru de prosodie et de métrique anciennes. Bien-

---

(1) M. Mieg enseigna la physique au Collège de Blois de 1808 à 1814. C'est
donc pendant les trois dernières années de son séjour dans cet établissement,
qu'Augustin Thierry a pu le connaître et en recevoir les services qu'il se plaisait à lui attribuer plus tard.

tôt, grâce à ses efforts, hexamètres et pentamètres, dactyles, anapestes et trochées ne connurent plus de secrets pour le disciple qu'il affectionnait. Nul n'égalait celui-ci à marteler un discours latin, à composer quelque centon virgilien. On le vit bien le jour de cette distribution des prix de l'an 1809 où, parmi les murmures approbateurs, « M. Thierry l'aîné » vint lire « le désespoir d'un ange réprouvé, traduction en vers latins de Klopstock ».

Là, cependant, ne s'arrêta pas la bienfaisante influence de M. Mieg sur le développement intellectuel du futur historien. Avec les éléments des sciences physiques, il lui enseigna encore ceux de la langue et de la critique allemande, lui révéla Wieland, Lessing et Schlegel. Augustin Thierry lui dut certainement beaucoup et fut mis, peut-être par lui, sur la voie de la comparaison des langues, dont il tira plus tard un si heureux parti pour l'histoire.

Un autre de ses professeurs, M. Mérault, paraît avoir également exercé sur l'enfant un ascendant tout particulier. Il lui conservera toujours une reconnaissance attendrie et vingt-cinq ans plus tard, le membre de l'Institut arrivé à la gloire interviendra chaleureusement pour la veuve de son ancien maître, « l'un de ceux qui ont le plus contribué à former mon esprit et mon cœur », lui fera obtenir une pension du ministère de l'Instruction publique.

Au reste, les souvenirs du collège ne cesseront jamais d'occuper une grande place dans la pensée de l'écrivain. Le nom de ses condisciples : Blanchet, Jacques Bernier, Bailly, Aucher-Éloy, Monestier, Gros-Tramer, revient fréquemment dans sa correspondance. Jamais ils ne réclameront en vain ses conseils ou sa protection. Dans les ténèbres de sa nuit, l'aveugle se complait à évoquer la douceur de ses années d'enfance et les joies de son âge d'écolier. Quand la mort de sa femme vient à jamais endeuiller sa vie, c'est à leur rappel apaisant qu'il demandera quelques consolations à son affreuse douleur.

Mon cher camarade, écrit-il, le 18 octobre 1844, à M. Gros-Tramer, le Thierry (Augustin) à qui vous venez d'écrire est celui qui a été sur les mêmes bancs que vous, qui a joué avec vous et qui, en 1811, lorsque vous sortiez du collège, est entré à l'École

Normale. Celui qui a fait ses classes avec votre jeune frère est mon frère Amédée, ex-préfet de la Haute-Saône, maintenant maître des requêtes au Conseil d'État et comme moi, membre de l'Institut. Pour moi, privé de la vue depuis dix-neuf ans, je suis resté simple homme de lettres ; je me suis marié aveugle, il y a treize ans, et je viens de perdre cette année celle qui était le soutien et la consolation de ma vie. Sous le poids de ce malheur, je ne trouve de soulagement que dans deux choses : l'amitié de ceux qui m'entourent et mes souvenirs. Le vôtre m'a fait un vrai plaisir. J'ai rêvé un moment à ces jours d'enfance et de première jeunesse que nous avons passés ensemble et qui sont maintenant si loin de nous. Si vous venez à Paris et que je sois encore de ce monde, je serai charmé de vous serrer la main, de causer avec vous de nos amis d'autrefois et de vous offrir un exemplaire de mes ouvrages que vous estimez beaucoup au-dessus de leur mérite.

Recevez, mon cher camarade, l'assurance de ma vieille et franche amitié.

L'élève achevait sa rhétorique, lorsque se produisit un fait qui devait être décisif dans sa vie et lui révéler sa vocation. L'étude de l'histoire était à cette époque lettre close dans l'éducation publique. L'*Abrégé de l'Histoire de France à l'usage des élèves de l'École royale militaire*, méchante compilation dressée en 1788, était le seul livre enseigné. Là, on apprenait l'histoire de « Pharamond, fondateur de la monarchie française », et les hauts faits de « Clovis le Grand, un des plus illustres souverains de la maison mérovingienne ». « Toute mon archéologie du Moyen Age, a raconté lui-même Augustin Thierry, consistait dans ces phrases et quelques autres de même force que j'avais apprises par cœur : *Français, trône, monarchie*, étaient pour moi le commencement et la fin, le fond et la forme de notre histoire nationale. »

La lecture fortuite des *Martyrs*, alors dans leur nouveauté, cette vibrante épopée, ce tableau si puissamment évocateur de l'immense ruée barbare à l'assaut d'un monde croulant, vint, comme un souffle de tempête, renverser toute cette phraséologie ridicule. Dans un passage célèbre et souvent cité, l'auteur des *Récits des Temps mérovingiens* a décrit l'impression dominatrice qu'en ressentirent sa nature ardente et son imagination en éveil. Il se trouva transporté dans

un monde nouveau quand il aperçut, avec Eudore, les
terribles Francs de Chateaubriand, parés de la dépouille des
ours, des veaux marins, des aurochs et des sangliers, ce camp
retranché avec ses bateaux de cuir et ses chariots attelés de
bœufs, cette armée rangée en triangle où l'on ne distinguait
qu'une forêt de framées, des peaux de bêtes et des corps demi
nus. Dans son enthousiasme, le néophyte marchait à grands
pas dans la salle d'études, répétant le chant farouche des
guerriers : « Pharamond, Pharamond, nous avons combattu
avec l'épée ! »

C'est une date mémorable dans le développement de cette
intelligence. Pour elle commençaient la notion et le goût de la
vérité historique. Ce n'est point la cause, certes, mais le signe,
l'éclair avant-coureur de l'avenir, l'avertissement providentiel d'une haute vocation. L'étincelle ainsi déposée put dormir
quelque temps encore ; elle ne pouvait manquer d'éclater un
jour.

II

La mission de M. Ambroise Rendu. — Départ pour Paris. — L'École
Normale en 1812. — Deux promotions célèbres. — Débuts difficiles
et réussite éclatante. — Professeur à Compiègne. — Chassé par l'invasion.

Au mois de juin 1811, arrivait à Blois un personnage considérable : M. Ambroise Rendu, inspecteur général, conseiller
ordinaire de l'Université et de plus ami très intime de S. E. le
comte de Fontanes. Le haut fonctionnaire venait remplir
une mission importante.

Deux ans auparavant, les décrets du 17 mars 1808, orga-
nisant l'Université, avaient ressuscité l'École Normale, cette
œuvre mort-née de la Convention. Pour en assurer le recru-
tement, les inspecteurs généraux « devaient choisir chaque
année dans les lycées et collèges, d'après des examens, un
nombre déterminé d'élèves, âgés de dix-sept ans au moins,
parmi ceux dont les progrès et la bonne conduite auraient été
les plus constants et qui annonceraient le plus d'aptitude à
l'administration ou à l'enseignement ». Pendant deux ans, les
élus devaient être entretenus à Paris aux frais de l'Université et astreints à une vie commune.

Obligés, sous peine d'exclusion, d'obtenir le grade de licencié
au terme de leurs études, ils étaient ensuite répartis, suivant
les besoins, dans les divers collèges de l'Empire (1).

---

(1) Le règlement du 30 mars 1810 que je résume ici est muet sur le concours
de l'agrégation, parmi ceux auxquels pouvaient se préparer les élèves. Ces concours avaient été rétablis en 1808, mais il fallait être maître d'études dans un
lycée ou régent dans un collège pour s'y présenter. Ainsi, en règle générale, tous
les élèves sortant de l'École devaient d'abord passer par l'enseignement des
collèges.

Seuls, les dix élèves considérés comme les plus méritants pouvaient rester
à l'École une troisième année. Ils recevaient alors le titre et le traitement
d'agrégé. En sortant de l'École, licenciés, les élèves se trouvaient donc dans

Le « conseiller ordinaire » s'enquit donc auprès du principal Giraudeau-Delanoue de ses meilleurs sujets et celui-ci, tout naturellement, désigna la perle, le phénix de ses élèves. Augustin Thierry, présenté, sut plaire à l'esprit bienveillant et distingué qu'était Ambroise Rendu. Le consentement paternel aisément obtenu, il reçut sur-le-champ son *dignus intrare*. Le nouvel admis atteignait à peine sa seizième année (1).

L'École Normale, sous l'Empereur et Roi, ne ressemblait que de fort loin à la savante pépinière que nous avons connue. Napoléon, qui la voulait florissante, mais de tous points soumise, lui avait donné, par une heureuse inconséquence, la plus grande liberté intellectuelle avec la discipline matérielle la plus étroite et la plus jalouse. On eût dit d'un cloître laïque, mais d'un cloître singulièrement libéral dans l'organisation des études. Là, rien qui rappelât le collège et ses procédés pédantesques : pas de *devoir* à remettre à heure fixe, pas de *matière* dictée à l'avance, pas d'entraves apportées à l'imagination ou à la verve. S'ils n'étaient point encore professeurs, du moins les jeunes gens avaient-ils cessé d'être écoliers. Chacun avait pouvoir de faire selon ses facultés, son inspiration, son talent. Plusieurs fois la semaine, les élèves se réunissaient en conférences, sous la présidence d'un des leurs que désignait l'âge ou le mérite. Chacun y apportait un travail, œuvre toute personnelle, le lisait, le soumettait à la discussion publique. La conférence approuvait ou blâmait tour à tour, juge et partie. D'un tel choc jaillissait parfois d'excessives critiques ou des éloges immérités, souvent aussi des idées originales présentées avec l'ardeur de la

la même situation que les autres régents pourvus du même grade et n'étaient agrégés au professorat des lycées que s'il leur plaisait d'en affronter le concours.

(1) L'arrêté de nomination timbré du sceau du grand maître est ainsi conçu :

« Le sénateur, grand maître de l'Université impériale,

« Arrête ce qui suit :

« Monsieur Thierry (Augustin), né à Blois le 10 mai 1795, est nommé élève de l'École Normale.

« Fait à Paris, au chef-lieu de l'Université impériale, le 1er octobre 1811.

« *Signé :*

« FONTANES.

« Le chancelier,   « Le secrétaire de la chancellerie,

« VILLARET.   « SAINT-GAYRAT. »

vingtième année. Groupés ensuite autour de maîtres illustres, professeurs de faculté, MM. Burnouf, Dulong, Villemain, Saint-Ange, l'abbé Mablini, les jeunes arbitres, jugés à leur tour, entendaient à la fois confirmer ou réformer leurs arrêts. Des hommes distingués, bien plus que des gens de métier, voilà ce que M. de Fontanes demandait alors à l'École Normale.

En attendant la construction prescrite par décret, sur la rive gauche de la Seine, entre les ponts d'Iéna et de la Concorde, de vastes bâtiments entourés de jardins où l'Université prendrait place entre les Archives impériales et l'École des Beaux-Arts, avec le palais de son *Grand Maître*, les appartements de ses *Émérites*, ses salles de distribution et son École Normale ; en attendant ce décret jamais exécuté, l'École occupait depuis décembre 1810 un réduit fort modeste dans les combles de l'ancien collège du Plessis. Entré le plus jeune de la seconde promotion, Augustin Thierry comptait parmi ses camarades MM. Guignault, Loyson, Patin, Pouillet et Péclet. Comme *anciens*, il trouvait installés déjà MM. Victor Cousin, Maignien, Paulin, Pierrot-Desseiligny, enfin l'année 1812 devait lui envoyer comme *nouveaux* Casimir Bonjour, Paul Dubois, Théodore Jouffroy et Trognon. Noms illustrés depuis pour la plupart, gloire future de leur pays, que les sombres mansardes de la rue Saint-Jacques gardaient dans leur étroite enceinte comme une pépinière féconde contient l'espérance de l'été !

Plus tard, Augustin Thierry trouvait un plaisir singulier à se rappeler cette âpre et solitaire existence. Les lourdes bâtisses, annexes du lycée Louis-le-Grand, la vieille horloge au timbre criard, les murailles humides couvertes de mille *graffiti* latins lui revenaient à la mémoire et leur ressouvenance charmait ses causeries intimes. Époque heureuse pour lui, où ignorant la douleur et ses étreintes, il goûtait la joie de vivre et regardait insouciant vers l'avenir !

Les premiers jours furent rudes pour le nouveau venu. Il trouvait à l'École plusieurs condisciples qui, sortis des lycées de Paris, avaient une instruction plus solide que la sienne. Lui qui venait de ce pauvre collège de Blois, il se sentait infé-

rieur à ces brillants rivaux. Il commença donc par se recueillir, jusqu'au jour où une pièce de vers latins, signée de son nom, attira les regards de la communauté savante. Il s'agissait de traduire en hexamètres la fameuse description de la famine qui se trouve dans la *Jérusalem délivrée*. Tout ce qui pouvait charmer un universitaire de 1812 se trouvait réuni dans la composition de Thierry : réminiscences de Lucrèce, expressions de Virgile, vers éclatants, coupes savantes. Bref, l'effet produit fut merveilleux, les vers proclamés dignes de l'impression. Fier de ce premier succès, l'auteur en chercha un nouveau dans le discours français. Pendant un an, on le vit lire et relire Jean-Jacques Rousseau. Il se passionnait pour ce style imagé, cette savante cadence des mots, ces grands mouvements de rhétorique. Tel était son amour pour ce maître favori, qu'il en vint à savoir par cœur tout le livre IV de l'*Émile*. Il y puisa les éléments de son second triomphe dans une dissertation qu'il eut à présenter à la Faculté des lettres pour son examen de licence. Le sujet proposé était des plus bizarres : « Est-ce la différence des esprits ou celle des courages, demandait la *matière*, qui a détruit l'égalité parmi les hommes? » Étrange question à la solution de quoi les lumières propres de l'examinateur n'eussent pas été superflues. « Différence des esprits et différence des courages, je les crois également coupables, répondit le candidat : le courage n'est-il pas l'esprit de l'homme qui veut être supérieur au lâche. » C'était se tirer avec honneur d'une interrogation saugrenue. Aussi le succès fut-il grand à l'École et l'avisé lauréat considéré comme un des espoirs de l'Université naissante. La même année lui vit prendre également le grade de bachelier ès sciences, le même jour que son camarade Péclet. Il était alors assez rare de rencontrer ce cumul de diplômes dans une même main.

On ne voit pas cependant, durant les deux années de son séjour à l'École Normale, qu'Augustin Thierry ait montré aucune prédilection particulière pour l'étude de l'histoire, ni pour celle de la philosophie. Il ne suit **ni** le cours de Guizot, ni celui de Royer-Collard. La sécheresse dogmatique de l'un, le doctrinarisme sentencieux de l'autre devaient rebuter l'admirateur de Chateaubriand, à l'imagination enthousiaste, à l'impressionnable sensibilité.

En octobre 1813, le jeune licencié fut envoyé avec le titre de professeur de cinquième dans le petit collège de Compiègne.

C'était un assez triste poste, maigre d'émoluments, gros de besogne ingrate. L'ancien établissement d'instruction, fondé en 1560 par le curé Mathieu Boscheron dans l'antique hôtel de Roye, traversait alors une crise redoutable. Depuis le départ des Bénédictins, chassés par la Révolution, le chiffre des élèves était tombé de 220 à moins de 80. Les efforts du principal, M. Monchoux, demeuraient impuissants à conjurer un désastre qui s'accélérait d'année en année. Le collège était donc mal noté en haut lieu ; méditant déjà des projets littéraires, Augustin Thierry accueillit néanmoins avec joie une désignation qui offrait à ses yeux l'avantage de ne point trop l'éloigner de Paris.

D'alarmantes rumeurs circulaient alors dans la petite ville. Il n'était bruit que de l'invasion prochaine et de la menace d'une armée ennemie. Comment résister? Le pays était ouvert : on n'avait ni armes, ni soldats et la garde nationale venait de partir en toute hâte pour Anvers. En même temps se répandaient dans les campagnes de clandestines proclamations au nom de prétendants inconnus. Beaucoup montraient leur effroi, quelques-uns ne cachaient plus leurs espérances. Au milieu de ce désarroi général, arrivaient des ordres formels émanés du ministère de l'Intérieur : « A la première apparition des coureurs ennemis, disait M. de Montalivet, chaque fonctionnaire public devra évacuer la ville pour se replier de proche en proche sur Paris. » Ces déplorables instructions qui entravaient notre résistance ne tardaient pas à être exécutées. En janvier 1814, les avant-postes autrichiens s'étant montrés dans les faubourgs de Compiègne, ordre fut donné à la colonie des fonctionnaires d'évacuer la ville à la suite du sous-préfet : le collège se trouva sans professeurs.

Rentré à Paris au début de février, Augustin Thierry, pauvre, sans autres relations que les amitiés nouées à l'École

Normale, se trouvait sur le pavé. Il balança un moment de regagner Blois, d'y attendre la fin de la tourmente. La crainte de tomber à la charge des siens, les conseils et les promesses d'un homme **qui** devait exercer une puissante influence sur les premières années de sa jeunesse le détournèrent de ce projet.

III

Quittant vers la fin de 1812 les paisibles hauteurs de Charonne, un bizarre personnage, quinquagénaire déjà grison, était venu s'installer près du vieux collège du Plessis et se mêler, malgré son âge, aux studieux auditeurs qui suivaient les cours de l'École. Affable, disert, persuasif, d'abord facile et séducteur, plein d'amour pour la jeunesse, le nouveau venu n'avait pas tardé à rassembler autour de lui des admirateurs enthousiastes et convaincus. C'était, à les en croire, un homme des anciens temps, défenseur juré des temps nouveaux, plein de grandes et nobles idées et qui cherchait à reconstruire l'édifice social sur des bases meilleures. Aux côtés du maître se pressaient les plus distingués et les plus chers amis d'Augustin Thierry : Maignien, Péclet, Hachette, Arnold Scheffer. Ils lui persuadèrent que sa place était avec eux, l'assurèrent d'un accueil bienveillant. Ravi de leurs discours, le jeune homme voulut connaître celui dont ils disaient merveilles et fut mis en présence de Henri de Saint-Simon.

Claude-Henri de Rouvroy, comte de Saint-Simon, arrière-cousin de l'auteur des *Mémoires*, réalisait le type accompli de ces grands seigneurs du dix-huitième siècle, esprits féconds en contrastes, sceptiques et passionnés, pleins de mépris pour les religions et d'enthousiasme pour les systèmes, et qui, sans croyances aucunes, voire en eux-mêmes, élevaient leur propre rêve à la hauteur d'un dogme. Jeune encore, il était parti pour le nouveau monde avec les Rochambeau et les La Fayette, se laissant aller au goût du moment, car c'était mode alors de vouloir « retremper son âme dans le sein de la nature vierge et dans le commerce d'un peuple libre ».

La Révolution et ses excès lui enlevaient bien des illusions et, qui pis est, presque toute sa fortune. Cependant, il n'émigra point, mais devenu le « citoyen Simon » après avoir été quelque temps écroué à Sainte-Pélagie sous le nom de Jacques Bonhomme, pendant dix ans, on le vit tour à tour acquéreur de biens nationaux et entrepreneur de messageries publiques, poursuivre avec acharnement cette fortune qui, non moins acharnée, à peine acquise, s'enfuyait de nouveau. Quand il eut perdu tout espoir de richesse, son esprit sembla se recueillir et méditer : il décida qu'il était né philosophe. Un jour, sortant de son long silence, il présenta à l'Institut une théologie toute nouvelle. Il demandait sérieusement qu'on supprimât de l'enseignement le mot et l'idée de Dieu pour les remplacer par les règles de la gravitation universelle. Grand fut l'émoi des corps savants. Le novateur assassinait de lettres le bureau des longitudes. A la cinquième, Bouvard, son président, lui fit répondre que ses travaux dépassaient la compétence de l'assemblée. Furieux, l'adversaire de l' « erreur divine » lui reprocha d' « anarchiser la science », de « nier la suprématie des théories générales ».

En même temps, entrant sur le terrain alors presque inexploré de l'économie politique, Saint-Simon faisait paraître son *Introduction aux travaux scientifiques du dix-neuvième siècle*. En pleine année 1807, au lendemain d'Iéna, ce livre proclamait la France la dernière des nations, inférieure aux États-Unis, à l'Angleterre, à la Hollande même ; elle n'avait pas comme celles-ci de commerce ni d'industrie. Le résultat d'un pareil ouvrage fut que l'auteur dut rester muet jusqu'à la fin de l'Empire. Il attendit encore six années. Mais le jour où la grande ruine eut été consommée, Saint-Simon crut l'heure venue de jouer un rôle dans le monde et s'institua l'apôtre des temps à venir.

Malheureusement, beaucoup de choses lui manquaient et ses connaissances n'égalaient pas ses prétentions. Quelques phrases de Montesquieu, la connaissance rudimentaire des moralistes nouveaux, Helvétius, Volney, Bentham, un volume de Robertson, l'*Histoire romaine* de Fergusson, des formules économiques appartenant à l'école écossaise, formaient à peu près toute la science du réformateur. Le talent d'écrivain lui faisait complètement défaut : il le sentait et l'avouait lui même. Aussi cherchait-il à s'entourer de collaborateurs. Sa fortune entièrement détruite le mettait dans de cruelles nécessités et trop souvent on le vit courir de banque en banque, cherchant à se faire crédit de tout, de sa famille, de ses idées, de ses espérances. Et pourtant cet étrange personnage a laissé un illustre nom ; il s'est conquis une place méritée parmi les grands trouveurs d'idées et les reconstructeurs du monde.

Si le savoir manquait à cet esprit inquiet, en revanche la nature l'avait doué de séductions singulières. Mieux que tout autre il connaissait les lacunes de son intelligence et s'employait sans relâche à les combler. Le grand utopiste était à sa façon un merveilleux « accoucheur d'âmes ». On le trouve constamment entouré d'hommes éminents : le chimiste Clouet, le mathématicien Coëssin, en attendant Augustin Thierry, Auguste Comte et Léon Halévy, cherchant à s'instruire dans leur commerce familier, tout en conservant la dignité qui convient à un chef et à un maître. L'idée que poursuivait à cette époque Saint-Simon s'arrêtait aux limites de l'économie politique et de la philosophie, mais cette idée était déjà étonnament hardie. Laissant dans l'ombre croyances et religion, il voulait jeter une lumière inconnue sur la société renouvelée. D'après lui, chaque siècle avait été marqué d'un sceau particulier. Adonnés à la théologie et aux arts, le seizième et le dix-septième siècle avaient laissé régner le passé et dormir en paix le vieux monde. Le dix-huitième siècle, essentiellement niveleur, avait jeté à bas préjugés, institutions et pouvoirs ; au temps présent était échue la tâche de trouver l'avenir parmi les ruines. « La vieille philosophie, disait-il, avait été révolutionnaire, la philosophie nouvelle devait être organisatrice. »

Le renouvellement radical de la société, Saint-Simon le

trouvait dans les deux grandes industries humaines, celle du corps et celle de l'intelligence. A elles incombait le devoir d'expulser les *oisifs*, grands ou petits, maîtres ou valets, généraux, évêques ou ministres, et mieux valait la perte de cinquante princes royaux que celle de cinquante travailleurs. Là résidaient les forces et l'avenir de l'humanité. Alors un lien commun unirait le monde ; les barrières s'abaisseraient, les nationalités s'effaceraient, la guerre s'enfuirait de la terre et dans la grande famille des peuples, ruche immense en perpétuel mouvement, nul ne s'inclinerait plus que devant un seul roi et un seul Dieu : le Travail.

Volontiers Saint-Simon se posait comme l'apôtre et le prophète de ces jours nouveaux. A l'en croire, sa nature *synthétique*, son esprit *a priori* était propre à concevoir et embrasser dans son ensemble un aussi vaste système. Mais il s'arrêtait devant l'exécution. Il lui fallait quelqu'un pour mettre en œuvre, façonner, lancer enfin ses idées rénovatrices, *quum flueret lutulentus :* une nature *analytique*, un esprit *a posteriori*. Cette nature, cet esprit, il crut l'avoir trouvé dans Augustin Thierry. Le maître comprit quel parti il pouvait tirer d'un pareil élève : il résolut d'en faire non seulement un disciple, mais un collaborateur.

Quand le jeune professeur partit pour Compiègne, le réformateur continua d'entretenir par lettres ses relations avec lui, lui proposa même une première fois de devenir son secrétaire. Il terminait alors son *Mémoire sur la science de l'Homme* et avant de le livrer à l'impression chez Didot, en expédia une copie portant des corrections et des *addenda* de sa main à celui qu'il désirait s'attacher (1). L'envoi s'accompagnait d'encouragements à poursuivre la carrière des lettres et d'une demande de compte rendu.

A peine engagé dans une carrière qu'il ne prévoyait pas devoir être si brève, sans autre ressource que son talent,

______

(1) Cette copie est en ma possession. Elle forme, sur papier de grand format trois cahiers d'une cinquantaine de feuilles chacun et contient plusieurs pages autographes qui ne figurent pas dans la réimpression faite par les soins d'Enfantin en 1858 et par Lemonnier en 1859.

comme disait son père, Augustin Thierry fait montre dans sa réponse d'une prudente circonspection.

Vous avez écrit pour les savants, dit-il, dans une lettre datée de Compiègne, le 13 janvier 1814, je dois écrire pour les gens du monde ; aussi notre manière ne doit-elle pas être la même. Vous pouvez être hardi tout à votre aise, mais il faut que je me montre plus circonspect. Annoncer tout d'un coup le but et le plan de tout l'ouvrage, ce serait peut-être effrayer des lecteurs peu habitués à l'exercice de la pensée et par conséquent peu capables de s'élever tout d'un coup à la hauteur d'une idée trop générale : ainsi j'ai cru qu'il était à propos de présenter d'abord isolé le *Mémoire sur la science de l'Homme* et de ne laisser voir que plus tard dans quelle intention il a été écrit. Cette histoire des progrès de l'esprit humain fondée tout entière sur des faits et remplie d'idées neuves et ingénieuses, en excitant l'attention du lecteur, le préparerait peut-être à écouter avec moins de surprise les idées qui doivent suivre.

Je suis pénétré, monsieur, de la bonté que vous avez de me faire votre secrétaire et de faire passer à la faveur de vos belles idées les premiers essais de ma plume. Je répondrai, monsieur, autant qu'il sera en moi, à vos intentions généreuses. Si vous daignez me faire connaître à quelques directeurs de journaux, ayez la bonté de taire mon nom, car je suis engagé dans une carrière où les réputations sont délicates et j'ai pour arbitres de mon sort des gens en qui tout abonde, excepté le sens commun. Vous entendez qui je veux dire. Permettez, monsieur, que je félicite mon ami Péclet du bonheur qu'il a de vous connaître et veuillez agréer, etc.

Le *Mémoire sur la science de l'Homme*, adressé par son auteur à tous les puissants du jour, venait fort à propos de lui procurer quelques ressources. Il se trouvait momentanément hors de sa détresse coutumière. Accepter de l'argent était pour le gentilhomme philosophe geste aussi naturel qu'en offrir. Retrouvant Augustin Thierry, il renouvela sa proposition de l'engager comme secrétaire. Deux cents francs par mois récompenseraient son concours et l'on allait de compagnie renouveler le vieux monde. C'était le pain assuré pour celui qui voyait, de jour en jour plus inquiet, s'épuiser ses maigres ressources. Il accepta et dut ainsi d'assister bientôt au honteux spectacle qui suivit la capitulation du 29 mai : lugubres scènes qui devaient lui révéler toutes les douleurs qu'engendre la conquête.

L'Europe avait alors les yeux tournés vers Vienne, où se décidait la destinée des nations. En France, à la joie presque générale qui avait accueilli la fin des guerres de l'Empire, succédait déjà un sourd mécontentement. On accusait de lâcheté le gouvernement royal, qui se laissait ravir nos frontières du Nord, tandis que la Russie, l'Autriche et la Prusse disposaient à leur gré des provinces et des peuples. Beaucoup disaient hautement que le congrès trompait leurs espérances. Ce système de partage des nations en dépit des nations mêmes appartenait à une diplomatie aux abois... Débris du vieux monde, que n'avaient-ils disparu avec lui... Aux hommes nouveaux, il fallait une loi nouvelle... Ces propos, mille autres semblables s'entendaient dans toutes les bouches. Les cerveaux travaillaient et la fièvre embrasait les intelligences ; projets succédaient à projets, livres à livres, chaque matin voyait naître quelque traité nouveau, qui le soir rentrait dans l'ombre pour faire place à un autre. M. de Saint-Simon crut le moment venu de lancer une des théories essentielles de son système, empruntée d'ailleurs à l'abbé de Saint-Pierre, celle de la fraternité des peuples.

Il s'adressa à son nouveau secrétaire, lui exposa sa pensée, la discuta longuement et incapable de la mettre en œuvre, le chargea de l'exécution. Cédant à la séduction du maître, à l'enthousiasme de sa nature, le jeune homme se mit à l'ouvrage. Il loua une chambre dans le quartier de l'Arsenal, et, plein d'une belle ardeur, demeura plus d'un mois sans sortir, tout entier à sa tâche, seul à seul avec cette idée qui, couvée par lui, devenait peu à peu la sienne. En trois mois, l'opuscule fut achevé et put paraître, brochure in-8º de 112 pages, en octobre 1814. Il avait pour titre : *De la Réorganisation de la société européenne ou de la nécessité des moyens de rassembler les peuples de l'Europe en un seul corps politique en conservant à chacun son indépendance nationale, par M. le Comte de Saint-Simon et par A. Thierry, son élève.* Mélange d'utopies surprenantes et de fécondes théories, cette

brochure obtint un véritable succès (1). Elle est aujour-
d'hui tombée dans un complet oubli, mais les circonstances
que nous traversons lui donnent un regain d'actualité. Nous
croyons devoir en donner un aperçu succinct. Cet ouvrage
eut la bonne fortune d'être en même temps l'expression première de l'idée de Saint-Simon et le coup d'essai d'Augustin
Thierry. A ce double titre, il est bien digne de quelque
intérêt.

(1) Éditée par l'imprimerie Adrien Égron, 37, rue des Noyers ; une seconde
édition parut en novembre. Saint-Simon avait profité pour la publier du peu de
jours où la presse avait été libre. Le gouvernement de Louis XVIII s'émut de
son apparition au point de faire adresser à Beuchot, directeur du *Journal de
la librairie*, la lettre suivante :

« Paris, 27 octobre 1814.

« S'il est encore temps, je vous prie de ne pas annoncer dans le *Journal de
la librairie* la brochure intitulée : *De la Réorganisation de la société européenne*,
par Saint-Simon (imprimerie d'Égron).

« PAGÈS. »

Analyse de la brochure de Saint-Simon et Thierry. — La Société des nations d'Europe, son programme et ses moyens d'action. — Création d'un organisme international chargé de résoudre les conflits entre peuples. — Lois nouvelles et réformes urgentes. — Effet produit par ce factum. — Révocation d'Augustin Thierry. — Le retour de l'île d'Elbe. Anti-césarisme d'Augustin Thierry. L'*Opinion sur les mesures à prendre contre la coalition de* 1815 et la *Lettre d'un fonctionnaire salarié*. — Intimité grandissante avec Saint-Simon. — Le « père spirituel » et son « fils adoptif ». — L'*Industrie*.

L'ancien monde, disaient les auteurs, avait fait son temps. A sa politique de spoliations et de conquêtes, il fallait substituer une politique nouvelle. L'ère des haines était révolue, l'heure de la fraternité était proche. Incapable de travailler pour l'avenir, le congrès de Vienne édifiait sur le sable. Voilà pourquoi, du fond de leur obscurité, les réformateurs croient pouvoir aujourd'hui proposer une solution au grand problème. Cette solution, deux hommes l'avaient cherchée avant eux, l'un grand dans la politique, l'autre dans la science : Henri IV et l'abbé de Saint-Pierre ; et tous deux étaient morts sans remplir leur mission, celui-là frappé par de vieilles haines, celui-ci raillé par de vieux préjugés, mais le rêve d'hier devait devenir la réalité d'aujourd'hui.

Saint-Simon et Thierry commençaient par asseoir les bases de leur édifice politique. Dans tout État nouvellement constitué, affirmaient-ils, deux sortes d'intérêts se trouvent en présence : l'intérêt général ou intérêt de la nation, l'intérêt particulier ou intérêt du citoyen. De cette dualité découlait la nécessité de deux pouvoirs distincts et équipollents : le pouvoir synthétique ou *a priori*, le pouvoir analytique ou *a posteriori*. Entre eux devait se constituer un *pondérateur* destiné à fournir exclusivement les ministres responsables : car

27

la Révolution française, par ses fautes et ses excès, avait
démontré le besoin absolu de cette seconde institution. Cette
coexistence de trois pouvoirs : le roi, le Parlement, la Tierce
Chambre, formait la base du gouvernement parlementaire,
gouvernement que la logique prouvait être le seul rationnel.
Montesquieu, qui l'avait vu à l'œuvre en Angleterre, avait eu
la gloire de le révéler à la France. Mais cette gloire, Montesquieu l'avait obtenue en disant : « Qu'il fallait à chaque nation
une forme de gouvernement qui lui fût propre. » Proposition
d'une fausseté évidente et qui ne pouvait soutenir la discussion, car qu'est-ce que le bien si ce n'est l'harmonie démontrée par la raison ; or, qui dit *seul rationnel* dit *seul bon*, et qui
dit *seul bon* établit l'*absolu* pour tous. Le gouvernement parlementaire devait donc nécessairement être le gouvernement
de tous les peuples.

A l'image de chaque nation, l'Europe aussi renfermait deux
espèces d'intérêts : l'intérêt général ou intérêt de la *Société
européenne* et l'intérêt particulier à chaque peuple. Là encore
devait se retrouver la division tripartite des pouvoirs, c'est-à-
dire un chef européen et deux parlements européens. Du
chef européen, la brochure ne parlait pas, se bornant à
réclamer pour lui le suffrage général de tous les peuples ;
mais les parlements étaient l'objet d'un long développement.
Les deux grandes industries, sources de tout progrès, l'industrie manuelle et l'industrie de l'intelligence, étaient seules
invitées à fournir les membres de ce conseil supérieur. « Des
négociants et des manufacturiers, des savants et des magis-
trats, doivent être seuls appelés à composer le grand parlement. Tout intérêt commun à la Société européenne ne se
range-t-il pas dans ces deux classes : commerce et industrie ;
sciences, législation et beaux-arts? »

Multiple dans ses besoins, l'intérêt de la *Société européenne*
pouvait cependant se résumer en quelques formules : caractère
européen imprimé aux travaux publics ; franchise accordée à
toutes transactions entre les peuples ; l'instruction publique
uniforme et obligatoire, confiée aux soins de la société ;
conformité de législation en matière civile, commerciale et
criminelle ; liberté de conscience et du culte ; promulga-

tion d'un code de morale universelle. Au Grand Parlement appartiendrait le règlement de toutes ces questions : seul il voterait les impôts d'intérêt européen, seul il réglerait les conflits entre nations. « Ainsi, il y aura entre les peuples ce qui fait la base et le lien de toute association politique : conformité d'institutions, union d'intérêts, rapports de manières, communauté de morale et d'instruction publique. »

Sans doute, les auteurs ne l'ignoraient point, l'Europe était bien loin encore de cet idéal désiré — et pourtant ils avaient bon espoir : « Un temps viendra, proclamaient-ils, où tous les peuples de l'Europe sentiront qu'il faut régler les points d'intérêt général, avant de descendre aux intérêts nationaux. Alors les maux commenceront à devenir moindres, les troubles à s'apaiser, les guerres à s'éteindre. C'est là que nous tendons sans cesse, c'est là que le cours de l'esprit humain nous porte. Mais lequel est le plus digne de la raison de l'homme, s'y traîner ou bien y courir? »

Ainsi, pleins d'un robuste espoir dans l'avenir, confiants dans cette puissance infinie de perfection, apanage de la nature humaine, ils prédisaient le jour où l'égoïsme serait relégué de la terre, où serait à jamais tarie la source des larmes.

« Les poètes, s'écriaient-ils, dans une péroraison devenue fameuse, les poètes, dans leur imagination, ont placé l'âge d'or au berceau de l'espèce humaine, parmi l'ignorance et la grossièreté des premiers temps. C'était bien plutôt l'âge de fer qu'il y fallait reléguer. L'âge d'or du genre humain n'est point derrière nous, il est devant. »

La précision, la vigueur, l'éloquence du style, si différent de l'obscur et tortueux fatras habituel au sociologue, assurèrent la fortune de l'ouvrage. Le *Censeur* lui consacra un article élogieux. Succès éphémère et sans lendemain. Hélas ! Saint-Simon eut beau écrire au tsar pour lui soumettre son œuvre, ce n'était qu'une belle utopie de plus à marier aux chimères de ces autres songe-creux, l'abbé de Saint-Pierre ou le marquis de Chastellux. Seulement, en cette année 1814, en pleine et fougueuse réaction, l'audace de la thèse défendue sembla révoltante à ceux « qui n'avaient rien appris, ni rien oublié ». Si révoltante et scandaleuse que l'abbé de Montesquiou n'hésita pas à signer la révocation du professeur coupable de pensée indépendante. Le sort en est jeté : à dix-neuf ans, Augustin Thierry n'a plus d'autres ressources que sa plume pour vivre.

Derechef, après un court passage à Blois pour aller rassurer sa famille, il se plonge dans le travail, fréquente les bibliothèques, collige pour Saint-Simon les matériaux des articles que celui-ci donne au *Censeur* sur la nécessité d'organiser le ministère et l'opposition. Le philosophe se posait alors en défenseur des acquéreurs de biens nationaux. Afin de sauvegarder leur propriété menacée, il apportait un plan précis et détaillé auquel avait collaboré son secrétaire. Une agence générale sera formée à Paris, on établira des agences départementales, véritables banques de prêts pour les propriétaires ; on publiera des journaux et des livres destinés à protéger l'état de choses en péril. Saint-Simon allait donner l'exemple, quand on apprit le retour de l'île d'Elbe.

A cette nouvelle, le réformateur indigné de voir interrompue l' « œuvre de paix » fulmine contre Napoléon dans un pamphlet daté du 15 mars 1815 (1).

La « manière » d'Augustin Thierry y apparaît sensible en plus d'un endroit. Dans les allusions à la levée en masse des Anglais contre Charles-Édouard, la comparaison de Bonaparte avec un Cromwell insurgé contre la nation, on discerne déjà la touche et le procédé qui seront bientôt ceux de l'auteur des *Révolutions d'Angleterre*.

Cette antipathie contre l'Empire et son expression la plus immédiate, le militarisme, Thierry la partage avec toute la jeunesse intellectuelle de son temps. Depuis quinze ans, la conduite du pays appartient aux hommes d'action, joyeux de marcher à la conquête du monde, sous un chef de leur choix, qui les enrichit de gloire et d'argent. Les hommes de pensée se tiennent à l'écart et subissent avec une douloureuse résignation un assujétissement dont la nécessité ne leur est pas

---

(1) *Profession de foi du comte de Saint-Simon, au sujet de l'invasion du territoire français par Napoléon Bonaparte.*

démontrée. En 1814, ils espèrent toujours sauver les conquêtes les plus essentielles de la Révolution. Il faudra les brutalités de la seconde invasion, les maladresses provocantes des *ultras,* les restrictions de tous genres apportées aux libertés concédées par la Charte pour leur faire comprendre que la chute de Napoléon est à la fois l'humiliation de la patrie devant l'étranger et la ruine des idées proclamées en 1789. La réaction se produit alors avec la violence irrésistible que l'on sait et finit par emporter la Restauration.

1830, toutefois, n'est que purement constitutionnel, à peine républicain. Ce n'est que plus tard encore, après les renoncements de Louis-Philippe en politique étrangère : l'affaire du droit de visite, l'imbroglio Pritchard, l'abandon de Méhémet-Ali, que sonnera vraiment le réveil des idées césariennes, au nom du patriotisme outragé, que se cristalliseront à nouveau les théories et les principes d'où sortira le coup d'État.

Augustin Thierry, notons-le dès à présent, ne se réconciliera jamais. A l'admirateur de La Fayette et du général Foy, l'orléanisme, la monarchie parlementaire à l'anglaise ne cesseront pas, nous le verrons, d'apparaître le gouvernement idéal. Février 1848 le laissera inconsolable. Auparavant il appréciera avec la plus méprisante sévérité les tentatives diverses du prince Louis qu'il considère proprement comme un aventurier. « Louons Dieu, écrit-il après l'emprisonnement de Ham, de n'avoir plus à nous occuper d'un fat et d'un sot, tel que le prince Louis-Napoléon (1). »

Il ne se ralliera pas davantage à Napoléon III et restera fidèle à ses tendresses exilées et déchues.

C'est donc fiévreusement et d'une plume convaincue que l'élève de Saint-Simon se met à la besogne avec son maître, quelques jours avant le Champ de Mai, pour donner une véritable consultation politique (2).

Les deux associés s'adressent à la nation française. Il lui faut agir sans délai, avant de se donner un maître. Qu'elle

---

(1) Lettre à Mlle Mary d'Espine.

(2) *Opinion sur les mesures à prendre contre la coalition de* 1815, par Henri SAINT-SIMON et Augustin THIERRY.

impose à celui-ci l'union avec l'Angleterre. C'est la seule alliance possible : l'Autriche est infectée d'obscurantisme, la Prusse haineuse et féodale, la Russie a soif de conquêtes. Reste l'Angleterre, tous les autres pays sont absolutistes, elle est seule libérale. En outre, elle est puissance maritime, la France puissance continentale, les deux peuples peuvent donc s'entendre. C'est la seule union sûre. Les Français doivent donc déclarer que le peuple anglais est désormais notre allié naturel.

Il convient enfin d'ajouter la déclaration suivante à l'acte additionnel : le gouvernement s'interdit le droit d'agrandir le territoire, même par des traités, s'il s'agit d'un accroissement de plus de cent mille individus. S'il estime de telles conventions possibles, voici comment on procédera : « Le peuple qu'il s'agira d'incorporer à la France, de son côté, et le peuple français, du sien, devront au préalable manifester leur vœu à cet égard par des signatures individuelles ; et l'union ne sera réputée légitime, et comme telle effectuée, que dans le cas où de part et d'autre la majorité absolue aura voté pour elle, autrement elle ne pourra avoir lieu. »

Arrêtons-nous un instant devant cette idée d'un plébiscite libre. Qu'elle appartienne à Saint-Simon ou à Augustin Thierry, elle est d'un véritable précurseur. La France a fait entrer ce principe dans la politique européenne lors de la réunion de la Savoie, sa violation par l'Allemagne vis-à-vis de l'Alsace-Lorraine a tenu un demi-siècle toute l'Europe en armes.

En même temps, mais seul cette fois, le petit professeur inconnu donne libre cours à ses rancœurs en un pamphlet anonyme : *Lettre d'un fonctionnaire salarié*, amère diatribe contre le gouvernement impérial. Quelques années plus tôt, cette virulente satire eût valu à l'audacieux d'aller méditer au Temple sur les inconvénients de la franchise ; mais le maître avait présentement en tête de plus pressants soucis. Fouché néanmoins enquêta, parvint jusqu'à l'auteur. Déjà l'homme aux lèvres pâles sentait passer le vent des catastrophes prochaines. Aux aveux du coupable, il répondit, en lui remettant dix louis, par cette louange inattendue : « Bravo, jeune homme ! continuez d'écrire, mais prenez garde à vous, vous avez blessé au vif le cœur du tyran (1). »

L'année 1816 voit grandir encore l'amitié qui unit Saint-Simon, redevenu M. le comte de Saint-Simon, à son secrétaire. Celui-ci n'est plus seulement « l'élève », il est le « fils adoptif », l'enfant chéri de l'intelligence, l'associé des projets et des rêves. Leur collaboration se fait aussi plus étroite, le commerce de leurs idées plus intime. De cet échange de pensées, tous deux vont profiter fort inégalement. Le tableau de l'histoire de France, celui de l'affranchissement des communes qui ne sont qu'esquissés confusément, en des brochures incohérentes, par Saint-Simon, deviennent, chez le futur historien du *Tiers État*, un système ordonné, un dessin d'une rigoureuse précision. On a voulu montrer de nos jours, sous un aspect tout différent, la révolution communale (2), elle n'en demeure pas moins, comme Thierry l'a démontré le premier, l'origine des progrès de la bourgeoisie.

Une grande joie est advenue au travailleur solitaire de l'Arsenal. Son frère Amédée, auquel ne cessera jamais de l'attacher la plus confiante affection, s'installe auprès de lui. Le jeune homme vient à Paris commencer ses études de droit, tenter, comme on dit alors, les « hasards de la capitale ». Tous deux louent de compagnie un modeste logement, 6, rue des Marais, proche l'église Saint-Germain-des-Prés. Durant que l'aîné va courir les bibliothèques ou donner quelque leçon procurée par Villemain, le cadet se rend au cours de M. Cotelle ou de M. Bavoux, pioche en conscience les *Institutes* et ses Codes. Ils se retrouvaient aux heures de repas, devant l'Argenteuil et la « portion » de Flicoteau, plus souvent que chez Véfour ou qu'au café de Foy. Arnold Scheffer les rejoignait volontiers avec son frère Henry, à ses débuts dans l'atelier Guérin. Tous deux amenaient de temps à autre un carabin de leurs amis, bien accueilli pour sa faconde et son entrain,

____

(1) Anecdote recueillie par M. de La Saussaye de la bouche de M. Jacques Thierry.

(2) Cf. LUCHAIRE, *les Communes françaises à l'époque des Capétiens directs*, et GIRY, *Histoire de la ville de Saint-Omer*.

3

qui devait acquérir bientôt sinistre renommée et qui s'appelait Edme-Samuel Castaing (1).

Pendant qu'Amédée approfondit Gaïus et Papinien, Augustin s'est attelé à une épineuse besogne.

L'esprit de Saint-Simon traverse une évolution nouvelle.
Il rêve toujours de donner à la France et à l'Europe une organisation définitive, mais cette fois, c'est dans l'industrie qu'il
croit en avoir trouvé l'instrument.

Le sujet est à l'ordre du jour ; la France se trouve alors en
pleine bataille économique. Benjamin Constant vient d'annoncer « l'époque du commerce qui doit nécessairement remplacer celle de la guerre ». Comte et Dunoyer le répètent sans
relâche, au nom des libéraux, dans le *Censeur Européen*. En
dépit de tenaces résistances, le gouvernement des Bourbons
tâche d'encourager et d'organiser l'industrie renaissante. Bientôt seront créés le Conseil général du commerce et celui des
manufactures, l'usage des Expositions universelles va être
rétabli en 1819. Pourtant, si l'on est à peu près d'accord sur
l'effort à réaliser, les contradictions commencent avec les
moyens à employer.

Il excéderait le cadre de cette étude de tracer ici un tableau,
même rapide, des luttes qui divisent sur le terrain des idées
les partisans de J.-B. Say et leurs adversaires, Sismondi en
tête. Saint-Simon vit dans la société des économistes et se
proclame leur disciple. Toutefois, c'est un de ces élèves qui
effraient justement l'orthodoxie des maîtres. S'il subit leur
influence, sa puissante originalité lui fait trouver des solutions nouvelles aux problèmes qu'ils discutent. Après avoir
envisagé l'industrie au point de vue purement économique,
il y joindra bientôt le point de vue moral, préparant ainsi le
système des Saint-Simoniens.

Donc, en ce printemps de 1817, Augustin Thierry se rencontre en conférences quotidiennes avec son « père spirituel »
et pâlit congrûment sur les textes : Fodéré, Ricardo, Ferrier,
Ecrement, Aubert de Vitry. Saint-Simon l'a chargé de rédiger,

(1) Condamné à mort en 1823, pour avoir empoisonné les frères Hippolyte et
Auguste Ballet, ses amis, dont il convoitait la fortune.

pour le premier volume de l'*Industrie*, la partie politique, comme il en a confié la partie financière à Saint-Aubin, que Say appelle dédaigneusement le bouffon de l'économie politique, bouffon cependant « très judicieux », au témoignage de Blanqui l'aîné.

Avec une ardeur et des illusions toutes juvéniles, — n'oublions point qu'il n'a pas vingt-deux ans, — Thierry attaque la guerre et l'esprit de conquête. Toute société, dit-il, est une ligue, la nation en est une aussi. Ce qui la constitue vraiment, c'est le patriotisme ; ce qui la forme, ce n'est pas la géographie, mais la libre volonté des citoyens. « On n'associe les hommes que lorsqu'ils y consentent. » Le patriotisme était exclusif autrefois ; pour les anciens, point de différence entre ennemi et étranger. C'est l'industrie qui a épuré ce sentiment et créé de nouveaux rapports entre les peuples. Un peuple grandit par le travail, l'économie, la liberté. L'industrie déteste la guerre, à moins qu'on ne vienne l'attaquer. Dans ce cas, elle se défend vigoureusement, comme elle l'a fait en France, contre les alliés de Pilnitz, en Europe contre les *brigands* de Bonaparte. Aujourd'hui ces combats sont finis : « Vos armes, s'enthousiasme le jeune publiciste, dans une vibrante péroraison, ce sont les arts et le commerce ; vos victoires, ce sont leurs progrès ; votre patriotisme, c'est la bienveillance et non la haine. Voulez-vous joindre à ces douces vertus les vertus fortes et mâles auxquelles le Lacédémonien se formait en combattant ? O citoyens ! vous avez des ennemis plus acharnés que les Perses, l'ignorance et ceux qu'elle fait vivre. »

Quelle chimère est-ce donc que l'homme ?... Ainsi Condorcet dénonce la guerre impossible, à l'instant qu'apparaît Bonaparte. Hélas ! le monde n'a pas accepté le beau rêve saint-simonien. L'ère des luttes de nations n'est pas close et que demeure-t-il aujourd'hui des fantasmagories de l'Internationale ?...

V

L'écrit des apôtres de la paix fut bien accueilli par l'opinion
et le *Censeur* les porta aux nues, mais dans l'instant qu'ils
prêchaient la concorde universelle, de graves dissentiments
éclataient entre eux.

Quelles furent les raisons précises de cette brouille?... On a
incriminé le caractère impérieux de Saint-Simon. Ses collaborateurs devaient plier à ses exigences, abdiquer entre ses
mains leur personnalité. On ne domestique pas les intelligences libres. Il arriva d'Augustin Thierry ce qu'il advint
également d'Auguste Comte. L'heure sonna où tous deux
refusèrent de subir plus longtemps une volonté tyrannique.

— Je ne conçois pas d'association sans le gouvernement
de quelqu'un, se serait un jour écrié Saint-Simon.

— Et moi, riposta Thierry, je ne conçois pas d'association
sans liberté.

Quoi qu'il en soit de cette anecdote, c'est dans l'inconciliable opposition des idées, bien mieux que dans les circonstances de fait, qu'il faut chercher l'explication d'une rupture
qui fut douloureuse à tous les deux.

Le créateur de l'Industrialisme ne se bornait pas à vouloir
compléter Adam Smith et Jean-Baptiste Say, d'autres tendances apparaissaient chez lui. Bien avant Karl Marx, il a
été avec Fourier le père du socialisme français et si on leur
joint Owen, celui du socialisme européen. Dès 1814, on le voit

écrire : « Il n'y a point de changement dans l'ordre social, sans un changement dans la propriété. » Il adopte pour sienne la formule de Priestley : « Le plus grand bonheur pour le plus grand nombre. » Mais pour réaliser son idéal, il prétend établir une véritable tyrannie scientifique ; après avoir réduit au minimum le pouvoir du gouvernement, il esquisse la doctrine qui supprime l'individu au profit de l'État. Ces théories se manifestent déjà à l'état embryonnaire dans les *Lettres d'un habitant de Genève;* elles vont atteindre leur plein développement avec le *Système industriel*, véritable déclaration de guerre à l'école libérale, du socialisme à l'individualisme.

En 1817, Saint-Simon n'a pas encore poussé jusqu'au bout les conséquences de sa doctrine, mais elles mûrissent dans son cerveau. Il les développe complaisamment devant son disciple dont la tiédeur l'étonne et le scandalise.

De jour en jour, le malentendu intellectuel grandit entre les deux hommes. C'est qu'un infranchissable fossé les sépare. Augustin Thierry est et restera toute sa vie profondément individualiste. Il n'est point l'élève des Encyclopédistes, mais celui de Montesquieu. En littérature, c'est un romantique ; en politique, ses plus grandes hardiesses sociales ne dépasseront jamais celles de l'école libérale de 1820, du groupe « La Fayettiste » auquel il s'est inféodé.

Né au lendemain de la Révolution, à la veille de l'épopée impériale, parmi laquelle il grandit, s'il déteste la guerre, l'esprit de conquête, il n'est pas moins sincèrement et profondément patriote. Son cœur a saigné à toutes les blessures de l'invasion. Il a ressenti « toutes les misères nationales, toutes les souffrances et jusqu'aux simples avanies de vaincus ». Son ardente pitié s'éveille, sa fierté se révolte et frémit au spectacle de la France humiliée et dépouillée : « Votre poésie patriotique, écrit-il au docteur O'Connor, m'a paru non seulement le cri de douleur de l'Irlande, mais encore le chant de tristesse de tous les peuples opprimés. C'est de la vive impression qu'elle fit sur moi après nos désastres de 1815 qu'est venu en grande partie le sentiment qui domine dans l'*Histoire de la Conquête de l'Angleterre.* »

A ce jeune homme « atteint d'une âme », selon la belle

expression de Villiers de l'Isle-Adam, les théories de Saint-Simon, son *credo* matérialiste de la communauté des intérêts devaient apparaître monstrueux et révoltants.

Par surcroît, cet historien démocrate, cet historien des foules n'est aucunement socialiste. Les doctrines du parti lui inspirent au contraire aversion et horreur. Nous avons sur ce point son témoignage formel et répété. Il verra dans juin 1848 une calamité nationale, « la négation des principes de 1789 et même de 1792, celle de la liberté, des droits de l'homme et du citoyen, de l'égalité civile et politique, de la propriété, conséquence et garantie de la liberté » ; une épouvantable et funeste régression : « On cherche à refouler la France dans la route que l'Europe a quittée, il y a quatre ou cinq mille ans ; c'est le régime de la tribu qu'on relève contre celui de la cité libre (1). »

Pour lui, le droit au travail « porte en lui-même, d'un côté la ruine des finances, de l'autre la ruine de l'industrie, parce que les ateliers de l'État seront le foyer d'une grève permanente contre ceux des particuliers » (2).

Et dans une lettre éloquente à la princesse Belgiojoso, il donne libre cours à sa répulsion : « Que l'Italie veille sur elle-même et se garde de ces empoisonneurs, de ces philanthropes qui, au nom des souffrances d'une classe, lui donnent à dévorer toutes les autres ; de ces publicistes pour lesquels la patrie n'existe pas et qui font fi de la liberté, qui placent les droits dans les besoins, l'égalité dans les estomacs et proposent comme fin de la société humaine une régie de tout par l'État avec distribution à tous de travail et de pitance, c'est-à-dire un bagne paternel ou un bagne démocratique administré fraternellement. Quant à moi, plutôt que de voir le moindre commencement de ce régime ignoble, je souhaite que Dieu me retire de ce monde, fût-ce par la main des atroces fanatiques qui veulent tuer ou se faire tuer pour lui (3). »

Entre deux âmes — et de telles âmes — qui ne se pénétraient plus, le divorce était inévitable ; il s'accomplit au mois d'oc-

(1) Lettre à M. Lucien Daveziès.
(2) Lettre à M. de Cherrier.
(3) 10 juillet 1848.

tobre. La rupture se produisit avec tristesse mais sans colère. La haine, comme il arrive trop souvent, ne remplaça point la tendresse. Augustin Thierry demeura déférent et juste pour celui qui l'avait accueilli et aimé. Malgré la contradiction des points de vue, jamais aucune attaque contre lui ne sortit de sa plume. Lorsque le philosophe désespéré tenta de se suicider, il alla lui rendre visite et lui offrit ses services. Il tint aussi à lui adresser, l'un des premiers, en hommage l'*Histoire de la Conquête de l'Angleterre* à son apparition. Saint-Simon mourant trouva la force encore de lire l'ouvrage et d'en apprécier le mérite. Averti du décès de son ancien maître par le docteur Bailly, son condisciple au collège de Blois, Augustin Thierry, malade et déjà sur le chemin de la cécité, voulut assister aux funérailles auxquelles il se rendit au bras de son frère.

Quels furent sur son esprit, à l'âge où se forme le caractère, le jugement, les idées, l'influence et les effets de ce contact journalier avec le théoricien de la *Richesse des Nations?* Saint-Simon est un rêveur, un utopiste, un songe-creux, un pêcheur de lune, mais c'est un cœur généreux, un cerveau puissant malgré ses brumes. Augustin Thierry a dix-neuf ans quand il entre dans son intimité. Il est à l'instant des impressions vives, des entraînements, des enthousiasmes. D'âme naturellement ardente et pitoyable, les entretiens de Saint-Simon vont faire lever en lui toute une moisson sentimentale. De là cette immense sympathie pour les vaincus qui remplit son œuvre, pour les opprimés, les misérables, les têtes baissées de toutes sortes : ils représentent souvent à ses yeux la cause du droit et de la justice.

Au courant de leurs conversations familières, son maître lui révélait une humanité que les livres ne montrent point, entr'ouvrait à ses yeux des horizons nouveaux. Pour lui la question sociale ne réside pas seulement, comme dira Lassalle, dans une question d'estomac, il affirme qu'elle est avant tout un problème moral. Dans ses aperçus rétrospectifs, il démêle obscurément comme grand ressort de l'histoire l'opposition des classes et les conflits qu'elle détermine ; il insiste sur la distinction à établir entre les Gallo-Romains et leurs conquérants germaniques, « les propriétaires sont les descendants des

Francs, les fermiers ceux des Gaulois ». Ainsi s'ébauchera progressivement dans la pensée attentive du disciple, encore indécise et confuse, pour se préciser et s'amplifier plus tard, la théorie scientifique qui tend à faire de la race la grande ouvrière de la transformation des peuples.

Voilà ce qu'Augustin Thierry doit à Saint-Simon. S'il est excessif de prétendre, comme l'ont soutenu certains critiques modernes, que celui-ci lui suggéra sa conception de l'histoire, il faut cependant reconnaître que ses enseignements ou ses directions contribuèrent à inspirer au polémiste de 1820 l'idée juste et féconde qu'il défendra de tout son talent : celle du droit des foules, des collectivités à avoir *une* histoire.

Rien de moins « historique » cependant que les premiers travaux d'Augustin Thierry. Il nous reste maintenant à montrer, par l'étude de sa vie, quelle succession de phases intellectuelles le conduisirent graduellement à un dogmatisme du passé à la fois très net et très assuré. C'est ce que nous allons essayer dans les pages qui suivent, continuant de nous appuyer sur les documents et les témoignages de sa main, en même temps qu'éclaireront nombre de points obscurs ou discutés les *Souvenirs* inédits de jeunesse commencés par Amédée Thierry.

VI

Décadence de la science historique en France au commencement du
dix-neuvième siècle. — Mably, Anquetil et l'abbé Velly. — Place
éminente occupée par Augustin Thierry dans la renaissance de l'histoire. — Son rôle de précurseur et de devancier.

Michelet est allé de l'histoire à la politique, la politique, au
contraire, conduisit Augustin Thierry à l'histoire.

Son œuvre doit naître des intérêts de parti, des passionnés
débats qui agitent la France de la Restauration. Ame ardente
et cœur chaud, il se jette à corps perdu dans la lutte des idées.
Heureuse fougue et féconde audace qui permettent de saluer
en lui l'initiateur d'un des plus grands mouvements qui ait
honoré l'humanité pensante.

L'histoire ! elle est en fâcheuse posture à la fin de l'Empire.
La Révolution a brutalement interrompu les traditions béné-
dictines. Les derniers successeurs des Mabillon et des Vaissette
sont morts ou dispersés ; leurs recherches qui passionnaient
les contemporains de Turgot et de Siéyès, abandonnées ou
dédaignées. Mably reste, à vrai dire, en honneur près d'une
élite, mais cette élite même s'alarme de ses théories désolantes, du communisme qu'il préconise comme remède à l'ini-
quité sociale.

Lemontey, Lacretelle et Michaud ne comptent que peu
de lecteurs. D'ailleurs, pour honorables qu'elles soient, leurs
tentatives sont timides et limitées. Les grands hommes du
jour demeurent l'abbé Velly et son octogénaire héritier
Anquetil, tous les deux pommadés et musqués, habillant le
passé à la mode des *Fêtes galantes*, transformant les rois
francs et leur entourage en précieux de l'hôtel de Ram-
bouillet. Aucune vérité, nul jugement, absence totale de
critique, ignorance des documents : défauts impardonnables

que ne suffit point à excuser le suffrage de Napoléon.

La France est inférieure à l'Angleterre de Hume et de Gibbon ; à l'Allemagne de Herder, de Schiller et de Schloezer ; à l'Italie même de Vico, de Muratori et de Mafféi. Par bonheur, en 1816, une génération de grands historiens arrivait à l'âge d'homme.

A tous, même à Guizot (1), Augustin Thierry peut revendiquer la juste gloire d'avoir tracé la route.

On a contesté sa théorie de la conquête et du conflit des races, par lui-même pourtant bien amendée dans la suite ; on l'a parfois excessivement sacrifié à Michelet, comme si le premier volume de l'*Histoire de France* n'était pas tout imprégné de fatalisme ethnographique ; oubliant trop volontiers qu'il devint aveugle à trente ans, paralysé à trente-cinq, on lui a reproché de ne s'être point montré un découvreur de textes, d'avoir ignoré notre passion contemporaine de l'inédit : on ne saurait lui refuser d'avoir été l'inspirateur d'une renaissance grandiose qu'il provoqua de son exemple et dirigea de ses conseils. C'est là l'impérissable honneur qui doit assurer sa mémoire.

Par un constant recours aux documents, vieux chroniqueurs qu'il révèle au public, travaux oubliés des érudits d'autrefois, recueils d'ordonnances, traditions provinciales, il exhume les assises du passé pour y retrouver, à travers les faits, la lutte des idées et des principes, « les lois éternelles du règne des actions humaines ».

Cette révolution, il va l'accomplir avec une incomparable maîtrise. « L'histoire est un art, a dit Taine, elle demande à l'écrivain l'inspiration ; elle a pour ouvrière l'imagination créatrice, il faut que ses peintures soient aussi vivantes que celles de la poésie. » Malgré les différences profondes qui les séparent, l'auteur des *Essais de critique et d'histoire* pouvait penser à Augustin Thierry en traçant cette définition. A nul autre, elle ne saurait s'appliquer mieux qu'au chantre pathétique des vaincus de la conquête normande, au restaurateur des temps mérovingiens, à celui que des voix autorisées, qui

---

(1) Les *Essais sur l'Histoire de France* ne paraîtront qu'en 1823.

ne sont pas toutes indulgentes, ont proclamé le plus humain
et le plus concret de tous nos grands historiens.

C'est au cours d'un labeur opiniâtre qui se prolonge six
années, aussi longtemps que le permettront ses forces bientôt
défaillantes, que Thierry acquiert sa conception de l'histoire,
bâtit lentement et pièce à pièce le système dogmatique sur
lequel s'échafauderont ses théories. Époque capitale dans
sa vie !

De 1818 à 1824, les hommes au pouvoir font appel au passé
pour demeurer les maîtres ; la jeunesse libérale l'invoque
pour lancer ses principes. Augustin Thierry commence par
faire de la polémique avec l'antagonisme des Francs et des
Gaulois ; il cherche dans les vieux livres un arsenal d'armes
nouvelles contre le gouvernement. Sous un régime libre, il
eût peut être borné là ses ambitions, aux limites du pamphlet
et de l'histoire ; bénie soit la censure de M. de Villèle, lorsqu'elle vient briser sa plume de journaliste, c'est pour lui
apporter la gloire en le condamnant à la science.

Des recherches qu'il accomplit alors, des lectures et des
travaux qu'il multiplie, naîtra toute son œuvre à venir. Isolé
par la cécité, « dans une solitude plus grande que celle du
cloître », ne pouvant plus remonter aux sources, il vivra,
sa merveilleuse mémoire aidant, sur les études poursuivies
durant cette période. L'*Histoire de la Conquête de l'Angleterre par les Normands* est ainsi en germe dans les *Vues sur
les Révolutions d'Angleterre;* les *Considérations sur l'Histoire
de France,* l'*Essai sur la formation du Tiers État* découlent
de l'enquête menée sur l'affranchissement des communes ;
les *Récits des Temps mérovingiens* sont la partie pittoresque
d'un grand travail abandonné sur les Invasions germaniques.

Nous allons suivre pas à pas le développement de cette
évolution.

VII

Par Saint-Simon, Augustin Thierry avait été mis en rapport
avec MM. Comte et Dunoyer, les propriétaires du *Censeur*,
auquel le philosophe réservait fréquemment, en un style
cacophonique, la primeur de ses idées. En même temps et sous
la même égide, il était entré dans la société des hommes
dévoués, prosélytes et bailleurs de fonds qui formaient l'entourage du réformateur : Ternaux, Laffitte, Vital-Roux,
Delessert, Basterrèche. Lorsqu'il rompit avec son maître, il
conserva leur estime et leur affection. Comte et Dunoyer
accueillirent donc volontiers une recrue si chaudement recom-
mandée, dont ils appréciaient la valeur, et l'attachèrent à
leur recueil en qualité de rédacteur politique.

Fondé au mois de juin 1814, le *Censeur*, ou pour lui
donner son titre complet, le *Censeur ou Examen des actes et
des ouvrages qui tendent à détruire ou à consolider la constitution de l'État*, avait tout de suite pris la première place
parmi les organes d'opposition qui défendaient les doctrines
libérales. Tout d'abord périodique, il s'était vu forcé, afin
d'échapper aux rigueurs de la loi du 21 octobre 1814, de
changer son mode de publication, pour ne paraître plus qu'en
livraisons assez irrégulières. Un procès retentissant soutenu
pendant les Cent-Jours achevait de le mettre en évidence (1).

(1) Par l'entremise de Saint-Simon, Augustin Thierry avait collaboré à ce
premier *Censeur* avec une étude sur la « Nature de l'opposition » publiée en

44

Interdit et mis au pilon en 1815, le recueil devenu *Censeur Européen* venait de ressusciter au mois de février 1817, à la faveur des tendances modérées affirmées par le cabinet Richelieu. Il s'imprimait rue Gît-le-Cœur, portait en épigraphe ces deux mots *Paix et Liberté* et se proposait de combattre « l'influence du sabre sur la logique, de la moustache sur la raison ».

Cette haine du despotisme militaire si longtemps infligé à la France n'est toutefois qu'une faible partie du programme revendiqué par les « Jacobins », les « Bleus » comme on les injurie copieusement ; en réalité, c'est un intérêt plus immédiat et plus grave qui se débat principalement dans la « plus aventureuse des publications libérales de l'époque » : quel sera le régime politique imposé au pays, les franchises accordées par la Charte seront-elles respectées?

Opposition complète, inconciliable, entre les partis en présence.

Pour les *ultras*, l'entourage du comte d'Artois, les habitués du pavillon de Marsan, le pouvoir absolu, étant le seul légitime en soi, est aussi le seul qui convienne à la France. La Charte ne compte pas et doit être abrogée.

Partisans de la souveraineté populaire, héritiers de 1789, les *indépendants* protestent au contraire que cette même Charte eût dû être dictée par le peuple au roi et non pas concédée par le roi au peuple.

Entre les deux, les royalistes gallicans, plus tard les *doctrinaires*, réclament l'application loyale d'un pacte librement consenti ; pour « nationaliser la royauté et royaliser la France ».

D'un côté, la *Quotidienne*, le *Drapeau blanc*, le *Conservateur*, la *Gazette de France;* Bonald, de Maistre, Chateaubriand, La Bourdonnaie, Corbières ; de l'autre le *Censeur*, la *Minerve*, le *Globe*, le *Courrier Français;* La Fayette, Manuel, Guizot, Royer-Collard, Béranger, P.-L. Courrier.

Avec toute l'impétuosité de son âge, l'ardeur généreuse de ses convictions, Augustin Thierry se lança au plus épais de la bataille.

novembre 1814. A la même époque, il donnait au *Journal des Débats* une série d'articles sur les Bourbons écrits, « en société » avec son camarade d'École Normale Maignien jeune. Ce furent ses débuts en journalisme.

Il débuta par une première étude : « Principes pour les élections de 1817 (1). » Non sans peine, la célèbre loi Lainé, celle des « électeurs à cent écus », venait d'être votée, violemment combattue par tous les théoriciens de l'extrême droite (2). L'auteur exposait la lutte nécessaire entre les travailleurs et les gouvernants, stigmatisait les « propriétaires improductifs » pour exalter au contraire « les chefs de manufactures et d'entreprises industrielles, les banquiers, les commerçants ». En terminant, il dressait une liste des candidats à élire : La Fayette, Laffitte, Ternaux, Casimir Perier, Vital-Roux, Basterrèche, auxquels venaient s'ajouter des savants ou des économistes : Chaptal, J.-B. Say, de Lasteyrie et, pour « leur talent de tribune », des orateurs comme Manuel et Tripier.

L'article, encore tout imprégné des idées de Saint-Simon, pourrait être signé de ce dernier. Mais bientôt le jeune polémiste allait s'affranchir de cette influence, donner toute la mesure de sa puissante originalité.

Quelle direction allait-il choisir, vers quels labeurs orienter son talent? Dans la préface de *Dix Ans d'études historiques*, lui-même a pris soin de nous expliquer « ces tâtonnements d'un jeune homme qui cherche à se frayer des voies nouvelles, ce débrouillement d'une pensée d'abord confuse et hasardée et qui peu à peu s'élève par l'étude patiente des faits jusqu'à la précision scientifique »; nous définit avec exactitude son état d'esprit et ses aspirations à cet instant décisif de sa carrière. « A la haine du despotisme militaire, fruit de la réaction contre le régime impérial, se joignait en moi une profonde aversion des tyrannies révolutionnaires et sans aucun parti pris pour une forme quelconque de gouvernement, un certain dégoût pour les institutions anglaises dont nous n'avions alors qu'une odieuse et ridicule singerie. »

Odieuse et ridicule singerie ! ne pouvant, à cause des lois

(1) Tome III du *Censeur Européen*, non réimprimé depuis.

(2) Elle réunissait, comme on sait, tous les électeurs au chef-lieu en une seule assemblée dite *collège de département*. Était électeur tout Français âgé de trente ans, jouissant de ses droits politiques et payant 300 francs de contributions directes. Quant au cens d'éligibilité, la Charte l'avait déjà fixé à 1 000 francs. Appliquée jusqu'en 1820, la loi Lainé fit entrer chaque année un nouveau contingent de députés libéraux à la Chambre : les indépendants étaient 25 en 1817, 90 en 1819.

sur la presse en risquer la démonstration, il résolut, par un détour subtil, d'étudier l'histoire d'Angleterre et, grâce à ce subterfuge, tirer d'événements en apparence étrangers les conséquences qu'un lecteur perspicace pourrait appliquer au royaume.

Au collège de Blois, déjà, sous la direction de M. Mieg, Augustin Thierry avait réussi à pousser assez avant ses études en anglais. Un heureux concours de circonstances va lui permettre de se perfectionner dans cette langue.

Sur les bancs de l'École de droit, Amédée Thierry s'était lié d'amitié avec un jeune Londonien qui l'avait présenté à son père. A son tour, le futur sénateur s'était empressé d'introduire son aîné dans la maison de M. George Morrisson.

Venu en France pour la santé de son fils, accueilli avec faveur au plus fort de cette vague d'anglophilie qui déferlait sur le pays, au lendemain de Waterloo, celui-ci, ancien oxonien, était un homme savant et cultivé.

Il s'intéressa rapidement aux deux frères dont l'intelligence et l'ardeur au travail avaient su mériter son estime. Plusieurs fois la semaine, son appartement de la rue Saint-Florentin se transformait en foyer d'études, où il révélait et commentait à ses auditeurs les historiens anglais du dix-huitième siècle. En même temps qu'il pénétrait leur pensée, Augustin Thierry découvrit ainsi Gibbon, Robertson et Hume.

Ce dernier surtout et son *History of England* l'enthousiasmèrent (1). Malgré sa partialité, il démêla le véritable caractère de l'œuvre sous les fausses couleurs dont l'avait revêtue l'historien-philosophe : « Je fus frappé d'une idée qui me parut un trait de lumière et je m'écriai : tout cela date d'une conquête ; il y a une conquête là-dessous. »

Sur-le-champ, il conçut le projet de tracer à ce nouveau

---

(1) Un autre écrivain, l'historien suisse Jean de Müller, l'auteur des *Histoires de la Confédération*, paraît également avoir exercé sur son esprit, à cette époque, une influence profonde. Je lis dans une lettre adressée le 2 octobre 1840 au pasteur Monnard, son biographe et son continuateur :

« Müller est, selon moi, l'écrivain moderne le plus doué de génie historique. Il est historien, non seulement par la pensée et la raison, mais encore par l'imagination et par le style ; il y a vingt ans, lorsque je cherchais ma route, j'ai bien des fois lu et relu son premier volume, le plus admirable de tous ceux qu'il nous a laissés. »

point de vue le tableau des *Révolutions d'Angleterre*. La première partie de cette esquisse, son début en histoire, parut bientôt dans le tome IV du *Censeur Européen* (1).

A l'origine et dans la pensée première de Thierry, ce travail et le complément en trois parties qu'il lui donna en 1818, devaient former la matière d'un important ouvrage. Il renonça par scrupule de conscience aux fruits d'un labeur prolongé. « La révolution de 1640 s'était présentée à moi sous l'aspect d'une grande réaction nationale contre l'ordre des choses établi, six siècles auparavant, par la conquête étrangère. J'aurais dû m'arrêter là ; il y avait assez de hardiesse ou pour mieux dire de témérité : mais mon ardeur en politique et mon inexpérience en histoire me firent aller plus loin, et avec les mêmes formules : conquête et asservissement, maîtres et sujets, je poursuivis en détaillant davantage le récit des événements politiques jusqu'à la fin du règne de Charles II. Je voyais, dans l'élévation de Cromwell et le triomphe du parti militaire sur tous les autres partis de la révolution, une nouvelle conquête traîtreusement opérée à l'ombre du drapeau national. La restauration des Stuarts par l'armée de Monck me semblait un pacte d'alliance à profits communs, entre les anciens et les nouveaux conquérants. Après beaucoup de temps et de travail perdus pour obtenir ainsi des résultats factices, je m'aperçus que je faussais l'histoire, en imposant à des époques entièrement diverses des formules entièrement identiques. »

Pour bien comprendre et apprécier les intentions de l'écrivain, il faut se reporter par la pensée aux événements qui se déroulent alors en France, aux luttes politiques dont la Chambre est le théâtre quotidien. A cette lumière des faits,

(1) On trouvera dans *Dix Ans d'Études historiques* ce morceau et ceux qui le suivirent de 1817 à 1820 : la *Vie du colonel Hutchinson; la Restauration de 1660 Sur la vie d'Anne de Boleyn, femme de Henri VIII*, etc. Une juste réputation a consacré ces résumés vivants, imagés, pleins d'éloquence et de noblesse, où se marquent déjà le souci du document original et le goût de la couleur historique. Il importe toutefois de souligner leur caractère évident d'actualité. Ainsi l'article sur l'*Esprit national des Irlandais* fut écrit à l'instant où l'abolition proposée du *Bill of test*, excluant les catholiques, partant les Irlandais, des emplois civils et militaires, préoccupait tous les esprits ; le *Coup d'œil sur l'histoire d'Espagne*, provoqué par la révolution de 1820 et le rétablissement dans la péninsule de la constitution de 1812.

le parallélisme d'allusions apparaît manifeste. Sous prétexte
d'Angleterre, rien ne manque à ce transparent rappel, ni 1789,
ni l'établissement de l'Empire, ni le retour des Bourbons ;
l'auteur laissait seulement au lecteur à deviner la conclusion
obligatoire qui devait être la révolution de 1688.

Et quelle superbe de langage, quelle insolence de pensée !
Les *ultras* de la *Quotidienne* et du *Drapeau blanc* pouvaient-
ils lire sans fureur cette condamnation de leurs théories sur
la Charte : « Il n'y a pas d'argument plus terrible contre les
nations que l'attestation fausse de la volonté nationale, c'est
à l'aide de pareilles fictions que les rebelles au despotisme,
que les héros de la liberté sont impunément flétris du nom
de traîtres (1). »

Au lendemain de la loi ordonnant l'érection de la chapelle
expiatoire, quel sursaut de colère ne devait point secouer
Clausel de Coussergues ou La Bourdonnaie apercevant dans
le *Censeur :* « Que les malheurs d'un roi soient pour les rois
plus touchants que ceux d'un autre homme, cela se conçoit,
mais nous, citoyens, fils de citoyens, quelle autre mesure pou-
vons-nous donner à notre intérêt ou à notre enthousiasme
que la grandeur des infortunes et la moralité des actions?...
Les misères personnelles de Charles Stuart, que sont-elles
devant les misères collectives du peuple (2)? »

C'est déjà le sentiment qui dictera plus tard à Victor Hugo
l'inquiétant dialogue de l'évêque et du conventionnel dans
les Misérables.

N'est-ce point enfin un langage révolutionnaire et qui sent
la poudre des guerres civiles que celui-ci? « Malgré leurs querelles, les nobles de tous les pays se croient frères et le gentilhomme est avant tout de la nation des gentilshommes.
Hommes de la liberté, nous de même, nous sommes avant
tout de la nation des hommes libres ; et ceux qui, loin de
notre pays, luttent pour l'indépendance, et ceux qui, loin de
notre pays, sont morts pour elle, sont nos frères et nos
héros (3). »

(1) *Sur la Révolution de* 1688.
(2) *Sur le caractère des grands hommes de la révolution de* 1640.
(3) *Sur la vie du colonel Hutchinson.*

Augustin Thierry allait encore cependant dépasser ces audaces et son heureuse témérité devait le mener à découvrir les sources de l'histoire moderne.

La conquête normande l'avait conduit par analogie à s'occuper du grand problème des invasions germaniques et du démembrement de l'empire romain. « Mon attention se porta avec curiosité vers l'immense désordre qui, dans le sixième siècle, avait succédé, pour une grande partie de l'Europe, à la civilisation romaine. Je crus apercevoir dans ce bouleversement si éloigné de nous la racine de quelques-uns des maux de la société moderne : il me sembla que, malgré la distance des temps, quelque chose de la conquête des barbares pesait encore sur notre pays et que, des souffrances du présent, on pouvait remonter de degré en degré jusqu'à l'intrusion d'une race étrangère au sein de la Gaule, et à sa domination violente sur la race indigène (1). »

Nous sommes en 1819. Avec le cabinet Dessoles-Decazes, un vent de modérantisme souffle en politique. M. de Serres a fait voter la loi qui affranchit les journaux de la censure. Le collaborateur de Comte et Dunoyer se hâte de mettre à profit les circonstances.

C'était dans tout le clan « émigré » une impétueuse levée de boucliers contre des espoirs jugés abominables. Tandis que formulées par les de Maistre, les Bonald, les Lamennais, philosophie et théologie semblent s'unir pour étouffer dans le cœur de l'homme tout germe de liberté, représenter la Révolution comme une révolte contre l'ordre éternel ; sous la plume de M. de Montlosier, l'histoire concourt au même objet.

Pour la plus grande joie des « ingouvernables », l'auteur de la *Monarchie* vient soutenir que, dans l'ancienne France, la différence des ordres n'était pas due à l'injustice du hasard, mais à la force même et à la déduction logique d'un premier principe : la *conquête*. Des Francs conquérants découlait la noblesse ; des Gaulois conquis, la bourgeoisie. La conséquence du système était que 1814 et 1815 n'avaient été qu'une re-

______

(1) *Dix Ans d'Études historiques,* préface.

vanche des anciens vainqueurs et que par suite la noblesse avait repris le droit d'exister en corps. Cette insolente théorie n'était pas nouvelle. Cent ans auparavant, une discussion identique s'était élevée entre le comte de Boulainvillers et l'abbé Dubos. Mais, de la part de Dubos, simple abbé appartenant au Tiers État, un débat historique contre le grand seigneur n'avait pu être qu'humble et timoré. M. de Montlosier rencontra dans Augustin Thierry un adversaire beaucoup moins facile.

Dès le premier choc, le rédacteur du *Censeur Européen* plante résolument son drapeau. Un siècle révolu n'a qu'à peine refroidi la verve de sa riposte. Lui aussi, il admet ce principe de la conquête, mais pour en tirer des conclusions d'orgueil et de révolte. Bien loin de rougir de ses ancêtres, il s'en glorifie hautement : « Quel est celui de nous qui n'a pas entendu parler d'une classe d'hommes qui, dans le temps où les barbares inondaient l'Europe, conservait pour l'humanité les arts et les mœurs de l'indépendance?... Ces sauveurs de nos arts, c'étaient nos pères : nous sommes les fils de ces serfs, de ces tributaires, de ces bourgeois que des conquérants dévoraient à merci ; nous leur devons ce que nous sommes... Voilà notre patrimoine d'honneur national, voilà ce que nos enfants devraient lire dans nos yeux. »

A l'apostrophe altière de Montlosier : « Race d'affranchis, race d'esclaves arrachés de nos mains, licence vous fut octroyée d'être libres et non pas à nous d'être nobles. Pour nous tout est de droit ; pour vous tout est de grâce », il répond cette menaçante parole : « Dispensez-vous de sanctionner nos titres, nous saurons nous-mêmes les défendre (1). »

Et, d'en venir jusqu'à discuter la valeur même du titre de roi, et d'en marquer la nature et d'en fixer les limites au descendant de Louis XIV : « Le magistrat français à qui la Charte a donné le nom de roi a pour borne inviolable de son pouvoir la *sainteté* des libertés individuelles... il ne s'étend que jusqu'où finirait le respect des droits et des libertés civiles (2). »

(1) *De l'antipathie de race qui divise la nation française.*
(2) *Sur le sens primitif du titre de roi.*

Quelle intolérable provocation! L'auteur du *Pape* qui paraissait cette année même devait regretter la Bastille.

En même temps, et par une pente naturelle, le polémiste progressivement mué en historien était amené à s'occuper de la formation des communes. Nous avons vu que durant l'intimité avec Saint-Simon ce problème historique avait été agité entre les deux penseurs. Au cours d'études fiévreuses et de méditations profondes, Thierry l'aperçut « comme une revendication du droit des vaincus contre les vainqueurs », comme une véritable révolution sociale, prélude de la grande et définitive émancipation. La première esquisse qu'il y consacra n'est que l'ébauche du grand travail qui formera plus tard la seconde moitié des *Lettres sur l'Histoire de France* (1).

Sous le couvert du passé, son intention persistait d'exprimer des vérités actuelles. A l'exécution, ce dessein limité devait singulièrement s'élargir et le conduire au système historique dont l'*Histoire de la Conquête de l'Angleterre par les Normands* sera la première vérification expérimentale et la seconde, l'*Essai sur la formation du Tiers État*.

Afin de le mieux remplir, le chercheur s'enfonça dans une suite de lectures sur la constitution de l'ancienne monarchie et sur les institutions du Moyen Age, dépouillant les jurisconsultes, les feudistes, les commentateurs du droit coutumier. De proche en proche, cet examen l'amena jusqu'au *Glossaire du Du Cange*, en pleine érudition philologique.

Déblayant l'humus des siècles, il découvrit à des profondeurs étranges « les couches des populations rangées dans les différents sens où s'étaient dirigées les grandes migrations des peuples ». Remontant le cours des âges, partout, comme un fait invariable dominant toute l'histoire, il retrouva la conquête. Mais les générations mortes, même foulées par l'envahisseur, ne disparaissent pas sans laisser d'elles-mêmes d'innombrables vestiges. Avec le temps se fondent les variétés, s'atténuent les contrastes et sur cette base d'éléments incohérents s'élève par un effort continu le mouvement de l'unité nationale.

(1) « *Sur l'affranchissement des communes* », Courrier français, 15 octobre 1820.

Un premier fait, presque aussitôt, frappa vivement le dépouilleur d'archives. Pourquoi, descendants des vaincus, n'avions-nous jamais écrit que l'histoire des vainqueurs? pourquoi passer sous un dédaigneux silence ces révolutions communales, première explosion de l'esprit de liberté? La roture, aussi bien que la noblesse de France, n'avait-elle pas droit à son livre et à ses ancêtres?

Et tout pénétré de l'idée qu'il fallait donner au peuple une histoire « qui pût émouvoir la fibre populaire », celui qui voulait être l'historien des foules s'écriait énergiquement : « On nous parle toujours d'imiter nos aïeux ; que ne suivons-nous donc ce conseil? Nos aïeux, c'étaient des artisans qui fondèrent les communes et imaginèrent la liberté moderne... Il ne tint pas à ces hommes énergiques que toute l'Europe ne devînt franke, il y a six siècles ; si ce qu'ils voulaient ne se fît point, ce fut la faute des temps et non leur faute. »

En même temps, confrontant les textes originaux avec la mise en œuvre des écrivains modernes, il put constater que nul d'entre eux n'avait compris les temps qu'ils prétendaient à retracer. La superposition des races sur un même sol avait échappé à la plupart et tous, de parti pris, avaient travesti les faits, dénaturé les caractères. Chez l'un, grand admirateur des pompes de Versailles, on voyait *Clovis le Grand* s'exprimer aussi noblement que Louis XIV en personne et la reine Clotilde, dévote et illuminée, agir comme une duchesse à tabouret dans le salon de Mme de Maintenon. Chez l'autre, nourri de Thucydide et de Tite-Live, Charlemagne ou Hugues Capet devenaient des Périclès ou des Romulus proférant force discours dans le genre sublime avant d'accomplir force exploits. En un mot, nulle vérité, nulle couleur locale, dans ces plates compilations qui ne servaient qu'à propager les plus absurdes bévues. Dès lors, avant Sismondi, avant Guizot, Augustin Thierry voulut, suivant son expression, planter pour la France du dix-neuvième siècle le drapeau de la réforme historique : « Guerre aux écrivains sans érudition qui n'ont pas su voir et aux écrivains sans imagination qui n'ont pas su peindre ; guerre à Mézeray, à Velly, à leurs continuateurs, à leurs disciples ; guerre enfin aux historiens les plus vantés

de l'école philosophique, à cause de leur sécheresse calculée
et de leur dédaigneuse ignorance des origines nationales. »

Si c'était une révolution en histoire, c'en était une autre
également dans la manière et la méthode de celui qui la
proclamait.

A ses débuts, en effet, si l'auteur des *Révolutions d'Angleterre* songe à devenir historien, c'est précisément à la façon
des écrivains de l'école philosophique, pour abstraire du récit
un corps de preuves et d'arguments systématiques, pour
démontrer sommairement, non pour raconter en détail. Sous
l'influence de ses dispositions nouvelles, son style va dépouiller une certaine raideur première, sa narration devenir
plus continue, se colorer de nuances locales et individuelles.
En un mot, sous l'uniformité mensongère et le vernis de fausse
élégance dont on avait recouvert quinze siècles de nos traditions nationales, retrouver le véritable aspect des temps,
caractériser les époques, leur rendre à chacune sa physionomie propre, telle est la tâche que se donne ce novateur de
vingt-cinq ans. Plus tard, il exagérera peut-être cette tendance
au pittoresque, mais, en somme, si nous n'avons garde aujourd'hui de confondre la cour de Louis XV avec celle du roi
Dagobert, c'est à lui que nous en sommes redevables.

Les signes d'un tel changement s'observent déjà dans les
articles de 1819 ; ils sont plus apparents encore dans ceux
de 1820 : *Sur l'ancien esprit des légistes français, Sur l'antipathie de races qui divise la nation française*, dans l'*Histoire
de Jacques Bonhomme* surtout, d'une facture si vigoureuse
et serrée. « L'éclat des vieilles chroniques, a dit excellemment
Brunetière, l'éclaire çà et là de sombres reflets, elle fait
penser à Tacite. C'est la mise en pied d'un personnage
vivant, d'un héros d'infortune dont les souffrances séculaires
se déroulent d'un conquérant à un conquérant, de César
à Napoléon. »

Ce serait tracer un tableau incomplet de l'œuvre de journaliste d'Augustin Thierry que passer sous silence ses autres
articles du *Censeur Européen*. Avec la liberté rendue aux
journaux, le recueil de Comte et Dunoyer s'était transformé
le 15 juin 1819 en organe quotidien. Un comité de rédaction

où figurent, à côté de ses fondateurs, Châtelain, Auguste Comte, Paul-Louis Courier, Lami, Jouaust, Odilon Barrot, Jean-Baptiste Say, va lui imprimer un accent de plus en plus prononcé d'amertume et de sarcasme dans la discussion des idées.

Parmi cette savante pléiade, l'ancien secrétaire de Saint-Simon sut d'emblée conquérir la première place. Son activité est inlassable. Il est en quelque sorte la cheville ouvrière du journal, où il joue ce qu'on appellerait aujourd'hui les grandes utilités. Son talent se tire heureusement de toutes les épreuves. Économie politique, législation, beaux-arts, théâtre, tous les sujets lui paraissent familiers. Dans les années 1817 et 1818, il ne donne pas moins de onze grands articles ; en 1819, le nombre s'en élève à trente ; dans les premiers mois de 1820, à dix-neuf.

De ces écrits pleins de verve, d'imagination, souvent d'éloquence et qui n'ont pas été réimprimés, beaucoup mériteraient mieux qu'un simple rappel. Critique littéraire, il analyse avec une érudite pénétration les *Commentaires de Tracy sur « l'Esprit des lois »*, la *Collection des classiques latins de M. Lemaire*, le *Roman de Jacopo Ortis* dont il signale l'analogie du sujet avec *Werther*, tout en marquant les différences ethniques qui distinguent les personnages. Écrivain d'art et visitant l'*Exposition des tableaux qui ont concouru pour le grand prix de peinture* (1819), il dénonce la décadence de l'école pseudo-classique qui meurt de consomption. Du métier, de la facilité peut-être dans les œuvres présentées par les élèves de Gros, de Guérin, de Girodet, mais pas d'imagination, pas de sentiment, pas d'expression. Le sujet : *Thémistocle chez Admète*, n'a été ni compris, ni rendu. Et l'impitoyable Aristarque attribue ce défaut général à l'insuffisante culture classique des concurrents, réclame à l'École des Beaux-Arts la création de chaires de littérature et de morale. Feuilletoniste musical enfin, à propos de l'*Agnès* de Paër, montée par le Théâtre-Italien avec un grand luxe d'interprètes, Pellegrini, Grazziani, Bordogno, Mme Mainville-Fodor, il manifeste, en même temps qu'une parfaite sûreté de goût, une science technique de l'harmonie qui fait le plus grand honneur à son premier maître, l'humble exécutant-gagiste de la cathédrale de Blois. La musique, Augustin Thierry en restera toute sa vie passionné. Aveugle et rivé par la paralysie dans sa voiture d'infirme, elle sera pour lui la grande consolatrice qui dispense le rêve et berce la souffrance. Aussi saisissait-il avec empressemnt toute occasion de satisfaire son amour et dut-il accepter d'un cœur joyeux la besogne inattendue dont le chargeait le *Censeur*. La critique « moderniste » la plus exigeante ne désavouerait point aujourd'hui certains de ses jugements, lorsqu'il raille l'absurdité des airs de bravoure, blâme les puériles gymnastiques vocales du *bel canto*, exige la traduction rigoureuse à l'orchestre des sentiments exprimés par le livret, ou précise encore, dans *le Barbier de Séville*, la misère instrumentale de Rossini, le vague et la confusion de sa langue musicale, les contre-sens qui lui font dénaturer dans la caricature la comédie de Beaumarchais.

Simples amusements toutefois d'un grand esprit que je dois me contenter de signaler au passage. En cette fin de juin 1820, Augustin Thierry est tout entier absorbé par sa grande entreprise. Malheureusement il comptait sans la censure. Dans le furieux mouvement de réaction qui suivit l'assassinat du duc de Berry « tué par une idée libérale », disait la *Quotidienne*, celle-ci venait d'être rétablie. Un de ses premiers actes fut de provoquer la suppression du *Censeur Européen*. Le réformateur se trouvait sans tribune, le publiciste sans journal.

<h1 style="text-align:center">VIII</h1>

On s'imagine volontiers que le ton si haut monté, si brutal, parfois si grossier, des polémiques d'aujourd'hui est un phénomène antérieurement inconnu dans l'histoire de la presse française. C'est une erreur. Lorsqu'on parcourt les collections de journaux de la Restauration, on s'aperçoit que nos « aboyeurs » actuels les plus furibonds n'ont rien inventé. On s'injuriait, on se vilipendait, on se bafouait du camp libéral au « parti prêtre » avec le même acharnement, la même rage, les mêmes délices raffinées qu'à présent. Houspillées, malmenées par lui, les feuilles royalistes ripostèrent de leur encre la plus corrosive au « jeune Augustin Thierry », ainsi qu'elles le qualifiaient dédaigneusement. Certain jour d'octobre 1818, pris à partie de façon plus acerbe encore que de coutume, celui-ci dépêcha comme témoins à l'insulteur son frère Amédée en compagnie d'Arnold Scheffer. Il tirait alors agréablement le pistolet et s'entraînait à l'escrime chez un ex-prévôt de la Garde nommé Deschamps. L'adversaire était moins belliqueux que sa prose. Il invoqua ses principes et l'affaire n'eut pas de suite.

En revanche, la fougueuse campagne dans laquelle il prodiguait avec tant d'éclat les ressources de son talent avait mérité au *leader* politique du *Censeur* la confiance et l'amitié de tous les gros bonnets de l'opposition. C'était en vérité fort heureux, car Dunoyer et Comte, empétrés en d'inextricables embarras financiers, sans cesse poursuivis et condamnés à l'amende, ne faisaient pas couler le Pactole dans la poche de leurs rédacteurs.

Au lendemain des élections de 1817, Augustin Thierry accepta donc avec empressement les propositions de Laffitte qui lui offrait deux cents francs par mois pour écrire ses discours d'apparat. Il recevait également quinze cents francs annuels de Basterrèche pour la même besogne oratoire.

Sic vos, non vobis; nombre des périodes les plus éloquentes du banquier-homme d'État furent ainsi composées loin de la rue Cérutti par son collaborateur anonyme. Celui-ci conserva toujours une gratitude sincère pour ceux qui l'avaient aidé ou servi à ses débuts. Vingt ans plus tard, il recommandait en ces termes à M. Barthe la candidature au Conseil d'État de M. Trubert, petit-fils de l'ancien député de Bayonne :

MONSIEUR LE GARDE DES SCEAUX,

Dans la pensée que mon nom n'est pas étranger à vos souvenirs (1), j'ose recommander à votre bienveillance le jeune Trubert pour qui sa famille sollicite une place d'auditeur au Conseil d'État. Ce jeune homme qui remplit d'ailleurs toutes les conditions d'âge et de capacité est le petit-fils d'un des meilleurs citoyens qui aient servi et honoré la cause patriotique, de M. Basterrèche, l'un de ceux dont je vénère le plus la mémoire, l'ami de Foy et de Girardin pendant les dix années de sa carrière législative, terminée par la mort en 1827. M. Basterrèche se montra libéral, non seulement de principes, mais d'action. Peu d'hommes ont fait plus de bien que lui ; il contribuait largement de sa fortune à secourir les persécutés ; il était le patron des jeunes gens qui, pour garder leur indépendance et préparer de meilleurs jours, se condamnaient avec courage à vivre exclus de tout emploi public. C'est sous l'appui de son amitié vraiment paternelle pour moi que j'ai com-

(1) Ils s'étaient en effet connus au *Globe* en 1824 et le baron Barthe demeura sa vie durant fort lié avec Amédée Thierry.

mencé mes travaux littéraires ; j'acquitte, monsieur le ministre, une dette de reconnaissance en joignant mes sollicitations à celles des honorables personnes qui ont fait valoir auprès de vous la candidature de son petit-fils.

J'ai l'honneur d'être avec une haute et respectueuse considération, monsieur le ministre..., etc., etc.

Sa naissante renommée lui valait de nouer les plus flatteuses relations. En 1820, Villemain l'avait introduit chez la duchesse de Duras. Auparavant, nous le trouvons en rapports avec le duc Victor de Broglie qui le recevait volontiers rue d'Anjou (1). Outre les débris de l'ancien salon de Staël, La Fayette, Benjamin Constant, de Custine, Mathieu de Montmorency, les chefs de l'opposition parlementaire et la jeune aristocratie libérale fréquentaient cette accueillante demeure où les doctrinaires tenaient ordinairement le dé. Les « sages » du parti : Royer-Collard, Guizot, de Serres, Camille Jordan s'y rencontraient avec Mollé, Decazes, Ch. de Rémusat, de Barante, Beugnot. Un essaim d'élégantes jeunes femmes, Mmes de Castellane, Anisson, de Sainte-Aulaire égayaient ces réunions de leur présence, où leur babil mondain tempérait la gravité des conversations politiques. Énigmatique et distant, Talleyrand faisait de loin en loin une fugitive apparition.

A son tour, Augustin Thierry avait amené son frère, entré depuis peu à la *Minerve*. Le jeune homme sut intéresser le marquis de Sainte-Aulaire, à la famille duquel la plus étroite amitié ne cessa point de l'unir jusqu'à sa mort. Chaleureusement recommandé par ce bienveillant protecteur auquel se joignirent les Broglie, le prince de Talleyrand lui confia en 1818 l'éducation de ses enfants.

Quand venaient les vacances, les fils de Jacques Thierry

(1) « Dans les intervalles libres que me laissaient les séances des Chambres, j'attirais chez moi plusieurs jeunes amis que je m'étais fait récemment à l'occasion du procès du général Exelmans. Je veux parler des rédacteurs du *Censeur Européen*, le journal le plus libéral, le plus résolu et le plus désintéressé qui ait honoré notre temps et notre pays ; je veux parler de plusieurs de ses collaborateurs, au nombre desquels on comptait déjà Augustin Thierry qui s'est acquis depuis une mélancolique et glorieuse célébrité » (*Souvenirs de feu duc de Broglie*, t. Ier, p. 294).

allaient le plus souvent les passer près de leurs parents, dans la maison de la rue des Violettes. La réputation un peu tapageuse de l'aîné l'accompagnait dans sa petite ville. Lorsqu'ils l'apercevaient rue Porte-Chartraine ou rue Pierre-de-Blois, les bonnes gens se montraient d'un air scandalisé « le fils du père Thierry, ce gros bonhomme à la redingote verte », qui se mêlait d'écrivailler, et haussaient avec pitié les épaules. Demeurée très pieuse, la pauvre Mme Thierry gémissait de voir son Augustin bien-aimé renoncer à ses dévotes habitudes d'enfance, implorait la Vierge et les saints pour le salut compromis de son âme.

Sur les bords de la Loire, les deux frères retrouvaient de chères affections, compagnons d'enfance ou camarades de collège : Marcelin Blanchet, leur cousin, qui devait laisser un nom dans les sciences naturelles ; Étienne Bailly, le futur médecin en chef de l'expédition de Morée ; le docteur Léon Simon, l'un des promoteurs de l'homéopathie ; le botaniste Aucher-Éloy ; l'archéologue de La Saussaye, un jour leur collègue à l'Institut. C'étaient alors d'amusantes parties dans les forêts de Russy et de Chambord, aux ruines du Mesnil d'Orchaise, en cette vallée de la Cisse qu'a chantée Ronsard. Augustin Thierry, que les infirmités ne gagnaient pas encore, dépouillait sa gravité précoce pour se révéler joyeux boute-en-train. Une miniature de famille montre à cette époque les traits fins d'un jeune homme de vingt-cinq ans, aux cheveux annelés, aux yeux noirs légèrement embués de rêverie, le col engoncé dans la haute cravate, perdu entre les parements d'une de ces étonnantes redingotes « fumée de Londres », dernier cri de la mode en 1820.

Fût-ce à cette élégance vestimentaire, à son prestige parisien ou bien à sa naturelle séduction, qu'il dut de mener à son terme flatteur certaine galante intrigue avec une aimable Blésoise, qu'il m'est impossible de désigner davantage, car la famille existe encore.

Plusieurs châtelains des environs, attachés aux idées libérales : les Beaucorps-Créqui, les Belot, les Bouville, recevaient également chez eux un jeune compatriote attrayant, espoir de leur parti, ami de La Fayette et du général Foy. Mais de toutes les demeures qui s'ouvraient à lui, celle où revenait le plus volontiers Augustin Thierry était le domaine de Pempenneau, propriété du savant juriste Pardessus. Le député de Loir-et-Cher, l'éditeur de la *Loi salique*, possédait là une maison des champs dont, bien des années plus tard, l'auteur des *Récits des Temps mérovingiens* se plaisait toujours à évoquer le décor : « La vaste bibliothèque, les parterres de roses rouges et les allées de grands peupliers, peut-être morts aujourd'hui, l'un des derniers spectacles qu'aient contemplés mes yeux. »

Lorsqu'il ne se rendait pas à Blois vivre auprès des siens le temps mesuré de ses loisirs, l'adversaire des *ultras* voyageait en compagnie de son frère. Durant l'été de 1820, ils parcoururent ainsi les Pyrénées, de concert : Luchon, Bagnères, Saint-Sauveur et Cauterets où se trouvait cette année-là Villemain, parmi la plus aristocratique société de baigneurs : les Broglie, les Saint-Aignan, les Sainte-Aulaire, le général César de la Ville. A la fin d'août, Amédée Thierry se vit soudain rappelé par Talleyrand. Augustin qui ne l'avait pas quitté tomba malade à Valençay.

Si j'étais libre, écrit le 27 Amédée à l'un de ses amis, tu me verrais bientôt à Blois, mais malheureusement je n'en ai que le désir ; dans les circonstances où je me trouve, la demande en serait on ne peut plus indiscrète ; mon frère est malade et je ne veux, ni ne dois le quitter, et avec cela nous venons de terminer un voyage qui l'a retardé par les déplacements, le régime des eaux et cinq cents lieues de route. Je suis sûr que tu penseras comme moi ; quand on a des devoirs, il faut leur sacrifier ses plus chères affections et jusqu'au plaisir d'embrasser sa mère.

On se représente malaisément Augustin Thierry dans le personnage d'un manifestant, prenant sa part des multiples bagarres, quelques-unes fort sérieuses, dont Paris fut le théâtre sous la Restauration. Pareille attitude semble à bon droit inconciliable avec son caractère de travailleur spéculatif. De très bonne heure, la légende s'est emparée de lui. A ses contemporains eux mêmes, l' « Homère de l'Histoire » apparaissait déjà, sous Louis-Philippe, nimbé d'une auréole de

souffrance et de gloire, de résignation et de sérénité. Apaisement, indifférence ou dédain, dans la préface autobiogra-
phique qui ouvre *Dix Ans d'Études historiques*, il garde un
silence presque absolu sur les agitations qui purent entraîner
sa jeunesse. Les documents ont par suite manqué aux bio-
graphes pour évoquer cette période peu connue de sa vie qui
s'étend de 1817 à 1822. Pour être en petit nombre, ceux qui
se trouvent entre mes mains, extraits de sa *Correspondance* ou
des *Souvenirs* auxquels j'ai déjà fait allusion, permettront, je
l'espère, de combler cette lacune, de projeter quelque clarté
dans ces demi-ténèbres.

« L'école libérale, a écrit Cormenin, fut une école belligé-
rante. » L'épithète est des plus justes. A des degrés divers,
qu'ils voulussent rétablir la république ou souhaitassent
pousser au trône le duc d'Orléans, les *indépendants* qu'inspiraient ses doctrines étaient les ennemis de la dynastie. A leurs
yeux, les Bourbons ramenés par l'étranger, restaurés par la
force, sans consultation nationale, sont des intrus qu'il faut
renverser, Manuel est le stratégiste du parti dont le général
Foy commande l'avant-garde. Benjamin Constant attaque la
censure, Laffitte le budget, Bignon la diplomatie, Voyer d'Ar-
genson lance les premières fusées du radicalisme, Corcelles,
Stanislas de Girardin, Chauvelin tiraillent en voltigeurs. La
plupart s'inclinent devant l'influence et l'autorité de La
Fayette. Jamais peut-être, même aux beaux jours de 1790, le
prestige du général n'apparaît plus grand. Rentré dans la vie
publique en 1818, le nouvel élu de la Sarthe a transformé son
appartement de la rue d'Anjou-Saint-Honoré, son château
de la Grange-Bléneau en sanctuaire politique, mais aussi en
foyer de conspirations. Entouré d'un état-major dévoué :
Jacques Koechlin, Mérilhon, Dupont de l'Eure, Jaubert,
Buchez, Ary Scheffer, le colonel Pailhès, le général Tarayre,
il fomente de loin troubles et séditions. On trouve sa main
dans le complot de Belfort, dans l'affaire Berton, dans
celle des quatre sergents de la Rochelle. Toutes les sociétés
secrètes, les ventes de la Charbonnerie partent de lui pour
aboutir à lui. Aux yeux éblouis de ses fidèles, l'ami de
Washington prend figure de demi-dieu. Or, parmi les plus

admiratifs et les plus convaincus, nous trouvons Augustin Thierry.

Je me passionnais pour un certain idéal de dévouement patriotique, de pureté incorruptible, de stoïcisme sans morgue et sans rudesse que je voyais représenté dans le passé par Algernon Sydney, et dans le présent par M. de La Fayette.

Attestation à son tour confirmée par son frère :

Augustin ne voulut jamais prendre place dans la doctrine. Il fréquentait le parti le plus avancé, il était *La Fayettiste*, ce qui manqua de le brouiller avec M. Guizot.

Composé d'hommes résolus, peu nombreux mais énergiques : étudiants, vieux soldats, officiers en demi-solde, patriotes exaspérés par les traités de 1815, le groupe s'affirmait volontiers entreprenant, prompt à passer des paroles à l'action. La plupart des échauffourées qui ont alors inquiété Paris fut son œuvre. Les meneurs se recrutaient dans l'entourage immédiat de La Fayette ; les écrivains, les orateurs, les théoriciens même du parti, prêchant d'exemple, ne dédaignaient pas de se mêler à la bataille des rues. Souvent, en compagnie de son frère, d'Arnold, d'Ary et d'Henry Scheffer, Augustin Thierry s'y jeta avec ardeur.

Lors des incidents Bavoux, à l'École de droit, cueilli en même temps que ses compagnons par la police du comte Anglès, il passa la nuit au poste, faillit même être inculpé dans les poursuites (1). Quelques mois plus tard, à la manifestation du 3 juin 1820, place Louis XV, où fut tué le jeune Lallemand, vivement pressé par un dragon, il dut se jeter dans le fossé des Tuileries et pensa s'y rompre la cuisse (2). Précédemment, nous le trouvons encore parmi les envoyés dépêchés par la jeunesse au marquis de Chauvelin, à l'instant où se discute la loi du Double Vote. Amédée Thierry, qui faisait également partie de la députation, a laissé de cette entrevue un amusant croquis :

M. de Chauvelin, bien qu'hostile au ministère et défendant la liberté de la presse, n'était pas aimé des libéraux qui ne pouvaient

(1) *Souvenirs* d'Amédée THIERRY.
(2) *Ibid.*

endurer sa morgue aristocratique. Un jour, la jeunesse lui expédia
une ambassade pour lui adresser des remontrances. Je me trouvais du nombre avec Augustin, Scheffer, MM. Comte et Dunoyer.
L'on se rendit à l'hôtel Chauvelin, rue Caumartin. Les députés
remirent leurs cartes et on les fit longtemps attendre dans un vestibule. Enfin un domestique nous introduisit dans une chambre,
où M. de Chauvelin se tenait assis devant un miroir, tandis qu'un
valet-coiffeur le barbouillait de savon et lui faisait la barbe. Sans
se lever, sans les prier de s'asseoir, il demanda aux nouveaux venus
ce qui les amenait : « Vous êtes l'espoir de la France, disait-il
du ton du marquis de Moncade parlant politique, les représen-
tants les plus qualifiés de notre belle jeunesse, etc., etc. » ; et les
visiteurs de se confondre en actions de grâces, sans songer à
ouvrir la bouche sur le sujet de leur mission. Enfin Augustin prit
la parole : « Monsieur, dit-il (supprimant avec intention le titre),
nous venons... » A ce moment, le valet de chambre l'interrompit
en appuyant : « Monsieur le marquis prendra la peine de remarquer que je rase une partie délicate... » et autres fadaises du même
genre. Ce manège se renouvela plusieurs fois et les députés se
retirèrent furieux.

Un prosélyte aussi ardent se montrait naturellement fort
assidu près de son chef et de son modèle. Augustin Thierry
compte donc parmi les habitués de salon La Fayette, fait de
fréquentes apparitions à la Grange.

La Grange-Bléneau ! Ce nom est presque oublié aujourd'hui ;
en 1820, il sonnait comme une fanfare de bataille aux oreilles
de toute une génération. Des bouches éloquentes le pronon-
çaient avec respect. C'était alors l'arche sainte, le temple
consacré du libéralisme.

A treize lieues de Paris, sur les terres de la commune de
Rozoy, dans l'arrondissement de Coulommiers, le domaine
couvrait 200 hectares en labours, bois et prairies. Érigé sur
le plateau qui surplombe l'Yères et l'Ivron, le château, ancien
burg féodal, passait pour avoir été bâti par Louis le Gros.
Durant la Fronde, assiégé par Turenne, on montrait encore
dans la muraille la trace de ses boulets.

Lady Morgan, la romancière anglaise venue en France
après Waterloo, elle aussi pieuse admiratrice du « grand
patriote », en a complaisamment décrit « les cinq tours

dorées par le soleil », admiré les « douves profondes, le pont-
levis, le donjon couvert de lierre et le noble parc tracé par
Robert ».

La Grange avait encore appartenu aux Courtenay et aux
La Feuillade, avant d'échoir à Mme de La Fayette par voie
d'héritage maternel. Le général s'y était retiré en 1799 pour
se consacrer à l'élevage. Il menait là une vie en apparence
toute patriarcale, absorbé par le soin de ses troupeaux. En
réalité, c'est de la Grange que partira, sous la Restauration, le
signal des coups de main et des complots. Le « Nestor des révolutions » y montera en voiture avec son fils pour aller soulever
la garnison de Belfort.

Le marquis pratiquait à l'ordinaire une généreuse hospitalité. Outre sa famille et ses proches : les Destutt de Tracy,
les Lasteyrie, les Ségur, les Maubourg, les Perrier, il se plaisait à héberger ses meilleurs amis d'Amérique ou de France :
Jérémie Bentham, le général Carbonnel, les Broglie, les Lau-
bépin auxquels se joignaient à l'occasion des hôtes plus
jeunes et moins notables, distingués par lui pour leurs
talents ou leurs convictions : George Thicknor, Ary Scheffer,
Victor Jacquemont, Augustin Thierry.

Excursions, pique-niques, parties de chasse ou de pêche,
tous les plaisirs de la campagne réunissaient, pendant le
jour, les invités de l'aimable demeure. Puis, le soir venu,
dans le fameux salon blanc et nankin, encombré de souvenirs et de reliques : buste par David du maître du logis,
portraits de Bailly, de Washington, de Monroë, tableaux
par Hubert Robert des grandes scènes révolutionnaires, *la
Démolition de la Bastille*, *la Fête de la Fédération*, la
conversation générale s'engageait sur quelque sujet d'histoire, de morale ou de philosophie. Étourdissant champ-clos
de l'esprit dont tous les jouteurs étaient ou sont devenus
illustres !

Les impressions ressenties à la Grange comptent parmi les
plus vives qui se soient gravées dans le cœur et la mémoire
d'Augustin Thierry. Jusqu'à son dernier jour, il leur garde
un souvenir ému plein de reconnaissance et de vénération.
Bien des années plus tard, en 1853, incliné déjà vers la tombe,

il écrit à Mme de Lasteyrie en lui adressant l'*Essai sur le Tiers État* :

Je me sens heureux et fier à la fois, madame, de ce que vous trouvez dans mon livre des choses qu'aurait approuvées l'homme dont j'ai tant aimé et tant admiré le caractère. C'est à la Grange que j'ai fait mes études de moralité civique, et jusqu'à mon dernier souffle, je serai fidèle aux principes de cette grande et noble école qui ne périra pas, quoi qu'il en soit des apparences d'aujourd'hui. Nous avons commis de grandes fautes, il nous faut les expier avec résignation, mais aussi avec espérance. Adieu, madame, je vous remercie de l'émotion douce que m'a causée votre lettre.

Parmi les amitiés nouées par Augustin Thierry chez La Fayette, il faut nommer en première ligne, avec ce charmant et romanesque Victor Jacquemont, le premier explorateur du Thibet, bientôt disparu, la famille Destutt de Tracy.

Le commentateur de Montesquieu, l'auteur des *Éléments d'idéologie,* exerça sur son esprit un ascendant philosophique dont on peut retrouver la trace dans les *Lettres sur l'Histoire de France,* particulièrement dans la seconde qui traite de la méthode historique. Je me trompe peut-être, mais dans l'affirmation du chercheur poursuivant la vérité, réclamant que « nos annales perdent leur unité factice, pour embrasser dans leur variété les souvenirs de toutes les provinces du pays », dictant ce précepte aux historiens, que reprendra Fustel de Coulanges : « Il faut distinguer au lieu de confondre », je retrouve l'influence et les enseignements du docteur sensualiste qui, scrutant les causes de la certitude, la découvrait dans l'examen exact et complet des rapports existant entre nos différentes perceptions (1).

De son côté, le successeur de Condillac appréciait fort un auditeur à la pensée déjà mûrie par le travail. Il l'attira dans cette maison d'Auteuil qu'il habitait, où vivait la mémoire d'Helvétius et de Cabanis, le reçut également dans

---

(1) De même, dans les *Récits des Temps mérovingiens,* les portraits des personnages mis en scène : Hilpérik, Sighebert, le jeune Mérowig, Leudaste, Pretextat, etc., sont tracés suivant les procédés d'investigation, la psychologie objective et biologique entrevus par Destutt et Cabanis, dont Auguste Comte fixera plus tard les grandes lignes.

l'Allier, en son manoir bourbonnais de Paray-le-Fraizil.

Paray-le-Fraizil, c'est la Grange en petit. Même société, mêmes savantes causeries, même idéal de liberté. L'opposition toutefois s'y montre plus discrète, plus mesurée, moins agressive et directe. Destutt appartient au groupe doctrinaire auquel répugnent les coups de force.

L'ancien colonel du régiment de Penthièvre, l'ex-sénateur de l'Empire, mène à Paray, au milieu des siens, une existence à la fois mondaine et familiale. L'aînée de ses filles, Émilie, est devenue Mme Georges de La Fayette ; Victor, son fils, a épousé la veuve du général Letort, la très belle, savante et spirituelle Mary Newton qui nous a laissé sur la vie et les travaux de son beau-père une remarquable notice, dont le salon comptera sous Louis-Philippe parmi les cénacles littéraires et politiques les plus brillants de Paris. Des hôtes choisis : le comte Louis de Narbonne, Beugnot, Daunou, Guizot, viennent fréquemment apporter dans la retraite du philosophe les nouvelles de la cour et de la ville, l'écho souvent tumultueux des événements.

J'ai trouvé dans les papiers d'Augustin Thierry une curieuse note dictée à sa femme en 1836, à la mort du penseur qu'il avait admiré. Ce sont des indications rapides jetées au courant de la plume, jalons probables d'un article qu'il abandonna d'écrire. Pour incomplète et fragmentaire qu'elle soit, elle m'a paru cependant offrir assez d'intérêt pour être transcrite ci :

Paray-le-F. Le château et ses hôtes... Impressions vives et durables de plusieurs manières ; je les donne parce qu'elles datent de loin, remontent à la jeunesse de... et à la mienne. La maison Tracy. Le père, un des hommes les plus éminents, des esprits les plus profonds que j'ai connus. Perte cruelle, irréparable, l'avenir le grandira. Son fils Victor, esprit gracieux, teinté de tristesse, modèle d'amabilité et de bonnes manières. La fille aînée : quelque chose de ferme et de profond, d'élevé et de contenu. Hauteur d'idées qui se communiquait peu, force d'âme, quelque chose de son père. L'autre, toute la grâce facile, l'enjouement, l'entrain, les manières communicatives et la bienveillance de sa mère...

Je ne vis pas la belle-fille, elle n'était pas relevée. Un mois après, apparition, contraste. Une beauté étrange, quelque chose d'idéal et de sauvage, un esprit vif, un peu sautillant... Quelque chose d'imprévu dans les manières et dans les opinions... Autres admirations que le classique... Goût enthousiaste pour les arts, la poésie anglaise : Shakespeare dont je doutais, lord Byron que je ne connaissais pas, Walter Scott...

Aveugle. Séparation du monde. Le salon devenu politique sans perdre son autre charme. Ce que j'ai appris d'autrui. J'étais emprisonné chez moi.

Le *Censeur Européen* brutalement supprimé, Augustin Thierry voyait disparaître l'instrument de la révolution historique dont il rêvait d'être le héraut. Il recourut à ses amis ; La Fayette et Destutt de Tracy l'adressèrent à Kératry, directeur du *Courrier Français*, qui s'empressa d'agréer sa collaboration.

IX

Le *Courrier Français* n'était point, comme le *Censeur Européen*, une feuille de combat hostile à la monarchie, mais l'organe des doctrinaires où ils formulaient une opposition strictement constitutionnelle, cherchant dans une éloquente mais incertaine métaphysique à réconcilier les deux Frances dressées l'une contre l'autre : celle de l'ancien régime et celle de la Révolution.

Fondé à l'avènement du cabinet Decazes, sur les ruines des *Archives philosophiques*, par un groupement politico-littéraire qui comprenait Royer-Collard, le comte Germain, de Barante, Beugnot, Villeneuve, Guizot, Rémusat, Salvandy ; Kératry venait d'en assumer la direction. Le programme qu'il annonçait comme sien, en son premier numéro, était à la fois ambitieux et vague. Il prétendait « combattre les préjugés révolutionnaires aussi bien que les préjugés monarchiques, démasquer les intrigues, infliger la lumière aux hommes de partis ».

Pareil journal, ménageur de toutes susceptibilités, ennemi de toute véhémence, partisan des demi-teintes et des précau-

tions discrètes, était aussi peu que possible le levier expédient
que rêvait pour sa grande réforme l'esprit belliqueux d'Augustin Thierry, avec une ardeur un peu hasardeuse, le besoin
d'action immédiat de son âge et de son caractère. L'audacieux
s'en aperçut bientôt.

Il avait fait agréer par M. de Kératry le projet d'une suite
de *Lettres sur l'Histoire de France*. Originellement, elles devaient
être données en « variétés » tous les dimanches ; dès la troisième, elles s'espacèrent fort irrégulièrement de juillet à
octobre 1820.

La première — véritable et hardi manifeste — parut le
23 juillet. Pour l'auteur, la croisade ainsi entreprise avait un
double caractère. Elle était scientifique, elle était également
politique : scientifique, car l'écrivain prétendait éclairer les
faits du passé de leur véritable jour et donner aux hommes des
vieux âges leurs caractères, leurs costumes, leur langage ;
politique, car il poursuivait la réhabilitation de ces classes
moyennes, de ces vaincus qui n'avaient eu dans le passé que
silence et dédain et opposait leur histoire à l'histoire trop
vantée des nobles et des conquérants. « Si la noblesse, s'écriait-
il, peut revendiquer dans le passé les hauts faits d'armes et le
renom militaire, il y a aussi une gloire pour la roture, celle
de l'industrie et du talent. C'était un roturier qui élevait le
cheval de guerre du gentilhomme et joignait les plaques d'acier
de son armure. Ceux qui égayaient les fêtes des châteaux, par
la poésie et la musique, étaient aussi des roturiers ; enfin la
langue que nous parlons aujourd'hui est celle de la roture ;
elle la créa dans un temps où la cour et les donjons retentis-
saient des sons rudes et gutturaux d'un dialecte germanique. »

Dès l'apparition du scandaleux libelle, ce fut une clameur
de haro dans toute la presse royaliste. Dans sa fureur, elle
dénonça l' « insolent pamphlétaire » à la vindicte des lois,
réclama, pour l'exemple, une sévère condamnation. « C'est là,
fulminait le *Drapeau blanc*, une des plus coupables tentatives
de l'esprit d'opposition, c'est porter une criminelle atteinte à
la dignité sacrée du trône, en lui retranchant cinq siècles
d'existence, c'est prêcher la guerre civile, chercher à armer
les Français les uns contre les autres. Pour beaucoup moins,

Fréret a été mis à la Bastille ; nous requérons une salutaire rigueur. »

Augustin Thierry ne fut pas envoyé à Sainte-Pélagie, mais la censure s'acharna contre lui. Sa quatrième lettre sur les *Histoires de France de Mézeray, Daniel et Anquetil* fut interdite ; de larges coupures mutilèrent les suivantes.

Malgré les missives éplorées qu'il recevait de Blois, l'historien imperturbable poursuivait son œuvre. Quelque persécution, la prison même, n'étaient point pour effrayer son ambitieux courage. Manuel, La Fayette, le général Foy lui prodiguaient encouragements et louanges.

Par malheur, il en allait autrement au *Courrier*. La tentative nouvelle, en bouleversant toutes les idées reçues, choquait l'ignorance ou les préjugés de certains. Des plaintes se multiplièrent, signées de lecteurs mécontents. Pareils articles, reprochaient-elles, n'étaient que fatras confus, bon pour le *Journal des savants*.

Le circonspect Kératry s'émut, craignit une désertion d'abonnés. Par surcroît, il subissait l'ascendant de Jouy et l'auteur oublié de *la Vestale*, libéral en politique, demeurait traditionnaliste en histoire, admirateur d'Anquetil et de son école. Le rédacteur en chef et son conseiller mandèrent Augustin Thierry pour le prier de choisir un sujet moins dangereux, invoquant pour prétexte la variété de sa collaboration au *Censeur*. Au point de vue tout matériel des intérêts dont ils avaient la charge, cette demande, il faut le reconnaître, n'était pas injustifiée. Sans insister sur les protestations inintelligentes mais réelles qu'elles soulevaient, les *Lettres sur l'Histoire de France*, dans leur forme primitive et réduite par les nécessités d'un journal, ne se trouvaient pas à leur place au *Courrier*. Elles sont articles de revue ou chapitres de livre et, l'auteur le comprendra si bien, qu'il les remaniera complètement par la suite, avant de les publier en volume.

Ce n'était pas moins pour lui l'écroulement d'un rêve ardemment caressé. Venu de la politique à l'histoire, celle-ci l'enchantait désormais pour elle-même. Une impérieuse vocation l'entraînait. Auprès du passé à déchiffrer et retrouver,

combien misérables lui paraissaient les querelles du présent !
Aux observations qu'on lui présentait, il répondit par un
refus, rompit avec le *Courrier* au mois de janvier 1821.
L'œuvre du polémiste était close, celle de l'historien commençait.

Qu'allait-il essayer? Quel sujet aborder?... D'honorables
scrupules le rendaient hésitant ; toutefois sa résolution fut
bientôt arrêtée. « Je me rendais compte du peu de maturité
qu'avaient alors mes études sur l'histoire de France... mais si
je me jugeais faible de ce côté, j'avais déjà confiance dans
mes vues sur l'histoire d'Angleterre. » Ainsi l'idée germée en
sa tête dès 1817, longuement méditée depuis lors, le ramenait
à l'objet de ses premiers travaux. Désireux de mettre en
lumière cette théorie de la conquête qui lui paraissait dominer
les temps modernes, il décida d'écrire l'histoire de la plus
récente, la conquête normande du onzième siècle. Il la ferait
précéder du récit des invasions antérieurement subies par la
Bretagne, et, autour de ces faits principaux, se proposait de
grouper l'histoire des pays sur lesquels s'était abattue la race
conquérante. Mais là ne se bornait pas son projet. Lui qui
dans ses *Lettres* au *Courrier* venait d'attaquer avec tant de
vivacité les anciens auteurs de l'histoire de France, il allait
chercher à réaliser la réforme qu'il sollicitait. Laisser de côté
les formules conventionnelles et les imitations de l'antiquité,
s'efforcer de trouver le beau au cœur même de la barbarie du Moyen Age, faire jaillir l'intérêt dramatique du contraste des mœurs et du choc des caractères, en un mot, créer
un art nouveau, tel était le problème qu'il s'imposait,
l' « épopée » qu'il voulait construire.

Il nous a laissé lui-même un émouvant et poétique récit
des difficultés qu'il eut à vaincre et de l'enthousiasme qui
l'enfiévrait.

« Le catalogue des livres que je devais lire et extraire
était énorme ; et comme je ne pouvais en avoir à ma disposition qu'un très petit nombre, il me fallait aller chercher le
reste dans les bibliothèques publiques. Au plus fort de l'hiver,
je faisais de longues séances dans les galeries glaciales de la
rue de Richelieu, et plus tard, sous le soleil d'été, je courais

dans un même jour de Sainte-Geneviève à l'Arsenal et de
l'Arsenal à l'Institut. Les semaines et les mois s'écoulaient
rapidement pour moi au milieu de ces recherches préparatoires, où ne se rencontrent ni les épines, ni les découragements de la rédaction ; où l'esprit planant en liberté au-dessus
des matériaux qu'il rassemble, compose et recompose à sa
guise et construit d'un souffle le modèle idéal de l'édifice que
plus tard il faudra bâtir pièce à pièce, lentement et laborieuse-
ment. En promenant ma pensée à travers ces milliers de faits
épars dans des centaines de volumes et qui me présentaient
pour ainsi dire à nu les temps et les hommes que je voulais
peindre, je ressentis quelque chose de l'émotion qu'éprouve
un voyageur passionné à l'aspect du pays qu'il a longtemps
souhaité de voir et que souvent lui ont montré ses rêves. »

Cette année 1821 est vraiment pour Augustin Thierry
l'année charmante où il se plonge et s'absorbe tout entier
dans l'extase du passé. Il n'interrompt son dépouillement
opiniâtre des textes : Bède le Vénérable, Guillaume de Malmesbury, les Sagas, la Chronique saxonne, que pour lire et
relire encore Walter Scott qu'il admire profondément. Les
événements politiques les plus graves se succèdent sans
l'émouvoir. Le meilleur de son âme est ailleurs ; il semble vraiment n'y point assister. Un instant, à la demande d'illustres
amitiés, il se fait cependant affilier à la Charbonnerie, mais il
ne paraît jamais à la Vente, et retourne bien vite à ses
chers in-folios.

Toute passion sincère réclame son confident ; Claude Fauriel était devenu celui d'Augustin Thierry. Il l'avait rencontré
d'abord chez les Tracy à Auteuil, puis retrouvé dans une
maison amie où fréquentait assidûment son frère.

Écossaise, restée veuve de bonne heure, Mrs Clarke était
depuis longtemps fixée en France avec ses deux filles Éléanor
et Mary. Bien que leur fortune fût médiocre, ces dames se
plaisaient à recevoir, appréciées et répandues dans le monde
intellectuel. On les aimait chez Mme Récamier ; Manzoni,
lorsqu'il venait à Paris, Thiers, Guizot, Mignet, Cousin, Villemain, J.-J. Ampère acceptaient volontiers leurs invitations.
L'aînée des misses Clarke, après son mariage avec un membre

du Parlement britannique, Mr Frewen Turner, était retournée en Angleterre, mais la seconde, Mary, intelligente, lettrée, pleine de verve et de vivacité, demeurait l'âme du salon maternel. Ayant atteint déjà la trentaine, de beaux yeux mais les traits irréguliers et la bouche trop forte, si on ne peut lui accorder la beauté, on doit cependant lui reconnaître du charme, du piquant et de la séduction.

Les extraits d'une longue correspondance publiée par Édouard Rod, ne laissent aucun doute sur la nature du sentiment qui l'attachait alors à Amédée Thierry, entré depuis peu à la Direction générale des colonies, sur la recommandation de Talleyrand. Liaison orageuse et roman vite interrompu. Fougueusement éprise d'indépendance, déjà « féministe » d'orgueil et de revendications, Mary reproche aigrement à son partenaire son activité, son ambition, disons le mot, son arrivisme et de « se faire une machine toute tendante à un but ». Elle va lui donner bientôt un successeur dans la personne même de Fauriel et ce sera le grand amour décevant et passionné de sa vie, qui ne l'empêchera pas d'ailleurs, après la mort du bien-aimé d'épouser, sur le tard l'orientaliste Jules Mohl.

Bien qu'il n'eût alors presque rien publié, l'ancien secrétaire de Fouché, l'ami de Mme de Staël, exerçait dans les milieux de pensée une influence considérable. On l'y choisissait comme un oracle consultant, dont les conseils étaient généralement écoutés et suivis. Esprit original et hardi, d'une curiosité universelle, d'une subtile pénétration de vues, il justifiait cette flatteuse confiance par l'exactitude, la variété de ses connaissances, la sagesse avertie, judicieuse et fine de sa critique. Qui ne sait au surplus qu'il fut en France l'un des promoteurs du romantisme, le restaurateur avec Raynouard des lettres provençales et le créateur de l'étude comparée des langues?

Augustin Thierry a rendu un chaleureux et délicat hommage public au savant « en qui la sagacité, la justesse d'esprit et la grâce du langage semblent s'être personnifiées (1) ».

---

(1) *Dix Ans d'Études historiques,* préface.

Nous n'avons donc pas à répéter après lui ce qu'il dut à ce commerce intime de l'esprit et du cœur, au cours de ces entretiens qui fortifiaient son courage, des longues promenades à deux où s'élargissait l'horizon de ses idées.

Avec son frère, Arnold et Ary Scheffer, un autre de ses amis, son ancien camarade d'École Normale, Joseph Guigniaut recevait également ses confidences enthousiastes.

Avant de le revoir à Paris, allant chez Destutt, à Paray-le-Frézil, il l'avait retrouvé par hasard sur le pont de Moulins. Par une belle nuit d'étoiles, tous deux cheminèrent à pied jusqu'au prochain relai de poste. Grisé de son sujet, l'historien de la *Conquête* en développa longuement le plan à son compagnon de route ému de son exaltation.

Il s'agissait à présent de débrouiller, d'ordonner et mettre en œuvre l'immense assemblage des matériaux accumulés. En 1822, commença le travail de rédaction. L'auteur projetait d'allier au mouvement épique des historiens grecs et latins la naïveté de couleur des légendaires et la raison sévère des écrivains modernes. Besogne malaisée, perfection difficile à obtenir. Le temps pressait par surcroît ; les œuvres historiques se multipliaient : *Essais sur l'Histoire de France* de Guizot en 1823 ; *Histoire de la Révolution* de Mignet, la même année ; *Histoire des ducs de Bourgogne* de Barante, en 1824. A trop attendre, Thierry risquait d'arriver le dernier dans ce vaste mouvement qu'il avait provoqué.

Enfin, après trois années encore d'un labeur incessant, le livre si longtemps rêvé parut au printemps de 1825 (1). Son auteur avait dû en abandonner les droits pour dédommager l'éditeur des innombrables et coûteuses corrections prodiguées sur les épreuves.

L' « Épopée des vaincus », comme on l'a surnommée, est l'un des classiques de l'histoire au dix-neuvième siècle. Dans sa forme narrative, elle est, comme on sait, l'ample développement d'une théorie : la perpétuité des conflits entre les races, la durée de l'influence d'une conquête sur l'état social et poli

(1) Trois volumes in-8° chez Firmin Didot. La deuxième édition parut chez Sautelet (1826) en quatre volumes augmentés de pièces justificatives, sans changements notables de texte.

tique d'une nation. Depuis cent, ans bientôt, admirations et critiques ne lui ont pas manqué. C'est le propre des grandes œuvres de provoquer la bataille. On a reproché à Thierry les exagérations de son système, sa partialité pour les sectes dissidentes de l'Église, l'insuffisance occasionnelle de son analyse, l'imperfection de son étude des textes, une certaine crédulité de jugement. Beaucoup, parmi ces griefs, sont excessifs; d'autres, mieux justifiés par les découvertes ultérieures de la science. Quelques-unes de ces attaques se produisirent, comme nous verrons, du vivant même de l'historien, qu'elles troublèrent dans sa conscience. L'*Histoire de la Conquête* demeura toujours son œuvre de prédilection, l'enfant chéri de sa pensée. Il la corrigea, la remania sans cesse avec la plus émouvante bonne foi, à la recherche passionnée du vrai, et la mort vint le frapper sur la brèche au milieu d'une revision suprême.

Le succès du livre à son apparition fut immense. Quatre éditions, tirées en moins de trois ans, en demeurent l'incontestable témoignage. Toutes les feuilles libérales, les grands recueils littéraires, la *Revue Britannique* en tête, lui consacrèrent des articles d'admiration. « M. Thierry, écrivait Sismondi, a réussi à nous révéler des passions, des espérances, des souffrances, un enchaînement de causes et d'effets que personne n'avait jamais soupçonné avant lui (1). » L'historien, d'emblée, conquit la grande gloire. Il prit rang parmi ces « maréchaux des lettres » pour lesquels Balzac revendiquera la primauté dans le pays.

Augustin Thierry savourait l'ivresse de ce grand triomphe quand un malheur épouvantable vint s'abattre sur lui. Un soir, au courant d'une longue et fatigante correction d'épreuves, il s'aperçut qu'il venait de perdre la vision de l'œil gauche. Usée par une surexcitation physique et morale perpétuelle, par un excès de travail de cinq ans, sa vue allait s'éteindre à jamais.

Depuis 1822, sa santé toujours délicate s'était gravement altérée. La maladie avait insidieusement débuté par des crises

____

(1) *Revue Britannique*, octobre 1825.

de gastralgie, des troubles du rein, une diminution de la sensibilité cutanée, bientôt aggravée d'embarras fonctionnel des membres. Il lui devenait malaisé de boutonner ses habits ; la marche se faisait irrégulière et saccadée. Duchenne de Boulogne et Trousseau n'avaient pas encore étudié l'ataxie locomotrice progressive, déterminé ses prodromes et son évolution. Les médecins consultés, Esparon, Louis, Lerminier diagnostiquèrent cependant une altération des centres nerveux, prescrivirent des applications répétées de ventouses sur la colonne vertébrale. Surtout ils ordonnèrent le repos immédiat, la cessation absolue de tout labeur intellectuel. Augustin Thierry était en pleine composition de la *Conquête;* il subit les remèdes, mais dédaigna les avertissements. L'implacable affection, dès lors, précipita ses ravages. En 1823, apparaît le « signe d'Argyll-Robertson », l'abolition des réflexes pupillaires, accompagné de phénomènes prononcés d'amaurose. Au mois de juin, le malade se trouvait pour quelques jours à Blois : « C'est étonnant, dit-il, s'arrêtant devant le jardin de l'Évêché, voilà des acacias dont j'ai bien souvent admiré les grappes blanches... à présent, elles sont roses. »

Hélas ! elles étaient toujours blanches, mais ses yeux congestionnés ne les apercevaient plus qu'à travers un nuage sanguin.

Les atroces douleurs fulgurantes du *tabes* le torturaient, sillonnant les membres inférieurs, remontant du tronc jusqu'à la face ; les yeux s'obscurcissaient, la lecture et l'écriture devenaient de jour en jour plus difficiles. Courbé sur sa tâche avec une abnégation surhumaine, l'héroïque travailleur s'obstinait contre la souffrance. Ayant consenti le sacrifice de sa vie, il implorait seulement la Providence de lui laisser achever son œuvre.

A l'automne de 1824, pourtant, désormais incapable de déchiffrer un texte, de retenir une plume entre ses doigts raidis, il lui fallut se résoudre à lire par les yeux d'autrui, à dicter au lieu d'écrire et s'assister d'un secrétaire. Dans cette extrémité, il eut recours aux amis dévoués qui l'entouraient de leurs soins. Arnold Scheffer lui désigna un jeune publiciste, son compagnon de captivité à Sainte-Pélagie. C'était Armand Carrel. L'ancien officier, « forte tête » du

7e léger, l'ex-volontaire de Riégo, n'était alors connu que pour ses démêlés avec l'autorité militaire. Condamné à mort par le conseil de guerre de Marseille pour sa participation à la guerre d'Espagne dans les rangs des « Constitutionnels », puis absous par celui de Toulouse, ayant quitté l'armée, il cherchait sa voie, ambitieux et déterminé, mais sans vocation encore bien dessinée pour les lettres. L'exemple et les directions d'Augustin Thierry exercèrent, à n'en point douter, une influence décisive sur son esprit. Parvenu à la gloire, sacré grand écrivain polémiste, acclamé par tout un parti, le rédacteur en chef du *National* en a rendu lui-même un témoignage irrécusable, dans une lettre chaleureuse, qu'on trouvera à son heure dans un autre chapitre de ce récit.

Sa besogne était simple, presque exclusivement matérielle. Il prêtait à l'historien le secours de sa plume et de temps à autre, si celui-ci se trouvait d'aventure indécis entre deux expressions ou deux formes de langage, se voyait appelé à lui donner quelque « avis de bon sens ». Les derniers livres de la *Conquête* furent ainsi composés et dictés. Plus tard, après le fatal duel du 21 juillet 1836, Désiré Nisard, dans une étude nécrologique consacrée à la mémoire de son ami, crut pouvoir ajouter au rôle de Carrel, parler de travail en commun et de collaboration effective. La susceptibilité d'Augustin Thierry s'émut. Il protesta contre une telle assertion, rétablit publiquement la vérité. Une assez aigre polémique s'ensuivit, que nous exposons plus loin (1), lui apportant l'ennui d'un débat énervant et pénible.

Entre les deux jeunes gens, le « patron » de trente ans, le secrétaire de vingt-quatre, une affection sincère et partagée s'établit. L'éditeur libéral Lecointe lançait alors ses *Résumés d'Histoire universelle*. Il avait enrôlé dans sa brigade, assure Benjamin Constant, « toute la jeunesse généreuse ». Thiers, à ses débuts, avait accepté la *Révolution Française*, Sénancourt les *Guerres de Religion*, Amédée Thierry l'*Histoire de Guyenne*. Carrel entreprit un résumé de l'*Histoire d'Écosse*, son premier essai littéraire. Augustin Thierry avait inspiré ce travail. Il

____

(1) Voir l'appendice II.

recueillit ses forces défaillantes pour en écrire la préface, le présenter au public et le recommander de son autorité.

Ce dernier effort avait achevé de l'abattre. Devant les progrès effrayants de son mal, la médecine s'avouait impuissante. En vain avait-il épuisé tout l'arsenal de la thérapeutique : les remèdes les plus violents demeuraient sans effet. A bout de ressources, le docteur Louis lui ordonna de voyager. Sur le conseil de Fauriel, il décida de gagner Milan par Genève pour aller rendre visite à Manzoni. Son frère voulut l'accompagner. La veille du départ, tous deux, escortés des témoins nécessaires, se rendirent au commissariat de la rue Jacob pour obtenir leurs passeports.

— Quelle profession? interrogea le commissaire après avoir pris le signalement d'Augustin.

— Homme de lettres.

Alors le policier le toisant de haut en bas :

— Pauvre monsieur ! Par égard pour vous, je vais inscrire rentier (1).

(1) *Souvenirs* d'Amédée THIERRY.

X

Une amitié nouée en voyage. — M. Jacob d'Espine. — Le *châtelet* de
Carqueiranne et ses hôtes. — Tentatives de conversion. — Séjour en
Languedoc et retour à Paris. — Vastes desseins historiques. — La
Grande Chronique de France et ses collaborateurs. — Commencement
d'exécution puis abandon du projet. — Un manuscrit inédit d'Au-
gustin Thierry : l'*Histoire de Philippe Auguste.* — Embarras maté-
riels. — Villemain fait obtenir à son ami une pension littéraire. —
Refonte des *Lettres sur l'Histoire de France.* — Nouvelle rechute. —
La soirée du 12 septembre 1828. — Aveugle et paralysé. — Départ
pour la Provence.

Dans le « célérifère » des Messageries Laffite et Caillard qui
les emportait, les deux frères trouvèrent un compagnon de
route. Sous Charles X, il fallait encore compter trois jours,
sinon quatre, pour aller de Paris à Lyon. On avait donc tout
loisir d'étudier ses voisins : c'était le temps des causeries
agréables dans la voiture lente, des amitiés se formaient parfois, durant ces heures tranquilles, où, sur le pavé du roi, au
trot cahotant des chevaux, défilaient interminablement « les
belles lieues de France ».

Les trois occupants du coupé s'étaient présentés l'un l'autre
au départ ; la connaissance se trouvait faite à Montereau,
bien avant de franchir la Saône, on s'appréciait mutuelle-
ment.

Le dernier venu, M. Jacob d'Espine, était Suisse. Agé d'environ quarante-cinq ans, il appartenait à une famille de médecins distingués (1), originaire de Savoie, et occupait à Genève
une place en vue dans les conseils politiques, membre de
l'assemblée représentative du canton. Méthodiste fervent,
l'un des chefs reconnus des *Mômiers*, animé pour la « Foi »

---

(1) Les docteurs Joseph d'Espine (1734-1830) et Charles-Antoine, son
fils (1775-1850), ont été les créateurs des eaux d'Aix.

d'un zèle infatigable, très pieux, très instruit et très bon, il
dépensait son activité avec toute l'ardeur d'une conviction
profonde à des œuvres de bienfaisance et de prosélytisme évangélique. Présentement, il s'en revenait d'Angleterre, ayant
accompli ce long trajet à dessein de s'entendre avec un membre
du Parlement britannique, sir Culling Eardley au sujet des
mesures nécessaires à propager le « Réveil » sur le conti-
nent et le substituer au déisme impie de Voltaire et de Rousseau.

A l'hôtel du Jura où il descendit, une ennuyeuse nouvelle
attendait Augustin Thierry : Manzoni avait quitté Milan.
Ce départ bouleversait tous ses projets. Il devait en novembre
retrouver Fauriel à Montpellier, visiter avec lui le Languedoc
où l'historien de la Gaule méridionale voulait sur place docu-
menter ses travaux. Regagner Paris en attendant, le malade
n'y pouvait songer : il lui fallait la chaleur et le soleil, et déjà
les premières brises d'octobre annonçaient la venue de l'automne toujours âpre dans la cité de Calvin. Dans cet embarras,
il ne savait que résoudre ; M. d'Espine vint fort à propos le
sortir de perplexité.

L'aimable Génevois possédait une propriété dans le Midi,
aux environs d'Hyères, où il se disposait à rejoindre les siens.
Il invita l'écrivain à l'accompagner, à venir se reposer quelque
temps, jusqu'à l'arrivée de Fauriel.

Après une quinzaine agréablement dépensée à excursionner
aux environs, tous deux se mirent en route pour la Provence (1).

Lorsqu'on se rend de Toulon à Hyères, sans emprunter la
grand'route de Nice, mais suivant la traverse étroite et tor-

---

(1) Ces courses assez longues furent poussées jusqu'à Chamonix, alors
presque inconnu, et qui produisit une vive impression sur Augustin Thierry.
Je lis en effet dans une lettre de 1854 adressée à Mme Holland :

« Dans votre peinture des grandes scènes alpestres, j'ai parfaitement reconnu ce que j'ai vu et admiré moi-même, il y a vingt-sept ans, à l'aide de mes
yeux déjà bien faibles et qui devaient s'éteindre l'année suivante. Le mont
Blanc, la mer de Glace, le glacier des Bossons, la source de l'Arve, sont pour
moi des lieux connus que je visite parfois dans mes rêves. Si mon imagination
s'y reporte désormais, je n'y serai pas seul et vous me permettrez, madame, de
m'y croire avec vous, de vous voir passer légèrement par-dessus les crevasses
des glaciers et regarder au fond de l'abîme ces teintes bleues qui vous ont charmée
et dont j'ai moi-même gardé le souvenir. »

tueuse qui court au long du littoral, on rencontre aux deux
tiers du chemin le bourg de Carqueiranne, étageant ses maisons claires aux pentes de la Colle Noire.

C'est aujourd'hui une petite station balnéaire assez fré-
quentée, desservie par le « tortillard » des chemins de fer du
Sud. De coquettes « bastides », de pimpantes villas, enfouies
sous les palmiers et les mimosas, perdues dans l'ombre des
pins-parasols, encadrent ses deux plages des Salettes et de
Coupereau, se poursuivant jusqu'à Fontbrun. De hautes
croupes boisées : le mont Paradis, le mont des Oiseaux, déta-
chées du massif des Maurettes, profilent à l'horizon leurs cimes
vaporeuses. Du côté de la mer, une sente de douaniers épouse
à travers d'épais fourrés de myrtes et de lentisques les
méandres lumineux de la grève odorante. Sur la falaise, la
batterie ruinée du fort Penô érige sa maçonnerie cubique,
percée d'embrasures et de meurtrières, dernier vestige des
ouvrages édifiés au grand siècle pour défendre les villages
côtiers contre les incursions des Barbaresques. La vue du
large y est fort belle sur la Méditerranée brasillante, malheureusement rétrécie vers la gauche par l'avancée de la presqu'île
de Giens, projetant comme une énorme tentacule sa pointe
du Pain de Sucre.

Carqueiranne, en 1826, n'était qu'un hameau de pêcheurs.
Dans cette thébaïde ensoleillée, M. d'Espine avait acquis,
quelques années auparavant, d'un cafetier de Toulon, un assez
vaste « châtelet », lourde construction, aux murailles bossues,
aux fenêtres étroites, aux plafonds surbaissés. Un parc amou-
reusement entretenu, dévalant parmi les fleurs jusqu'à la mer
prochaine, était le seul luxe de l'austère demeure. Entre sa
femme, une tante âgée et diaconesse, sa fille Mary et son fils
Marc, jouvenceau de dix-neuf ans qui préparait la carrière
médicale, l'excellent homme menait en famille, suivant son
expression, « une existence chrétienne, sous le regard de
Dieu ».

Ce premier séjour d'Augustin Thierry dans l'édifiante
maison fut de brève durée. Il n'eut point l'occasion de rencontrer les quelques familles du voisinage qui fréquentaient
cet intérieur rigide. En revanche, son hôte reçut une visite à

laquelle il attachait grande importance. Un beau matin vit
débarquer à Carqueiranne sir Culling Eardley. Ce furent
aussitôt avec M. d'Espine de longs conciliabules. La création
d'un journal pour défendre et vulgariser les idées de la Société
de morale chrétienne semblait indispensable au triomphe de
la bonne cause. Ces messieurs tentèrent d'intéresser Augustin
Thierry à l'entreprise. Il subit à ce propos les pieuses exhortations de son nouvel ami, ardemment désireux d'entreprendre une conversion aussi retentissante.

La « justification par la Foi », le « salut par les mérites de
Christ » trouvaient alors le jeune historien assez tiède et
l'étriqué rigorisme calviniste rebuta toujours son esprit tolérant. Il écouta néanmoins les homélies, subit la lecture des
psaumes, affecta poliment, sans en dissimuler les difficultés,
de s'intéresser aux projets dont on lui faisait part.

Ses deux catéchiseurs insistaient, le pressant d'agir sans
retard et sa situation devenait embarrassante quand une
lettre de Fauriel, enfin arrivé à Montpellier, vint à point
lui ouvrir une porte de sortie.

Il prit donc congé de ses hôtes, et muni, par leurs soins,
d'un *Nouveau Testament* en guise de viatique spirituel, s'en
fut rejoindre son ami logé chez un juge au tribunal,
M. Alicot.

Quelques jours plus tard, accompagnée des plus vifs remerciements pour son aimable accueil, M. d'Espine recevait cette
lettre qui dut quelque peu désabuser ses illusions aposto-
liques :

Nous avons causé avec M. Fauriel de vos désirs et de vos projets de réforme. Il se convertira avec moi, mais seulemnt si une
grande occasion se présente. Cette réserve va vous scandaliser.
Vous nous appellerez des gens de petite foi. Mais voilà comme
nous sommes, nous autres, pauvres philosophes. Nous n'avons
de la religion que par sympathie, pour le bien du genre humain
et non pour le salut de notre âme.

Cinq mois durant, conduits par M. Alicot qui s'était fait
mettre en congé pour leur servir de guide, Fauriel et Thierry
parcoururent avec un enthousiasme sans cesse renaissant le

Languedoc et la Provence. Ils visitèrent Avignon, Nîmes et
ses arènes dont l'auteur des *Lettres sur l'Histoire de France*
devait bientôt évoquer la vision ; gagnèrent Arles qui les
retint longtemps, descendirent la Crau jusqu'aux Saintes-
Maries de la Mer, comparèrent à celui de Saint-Trophime le
merveilleux portail roman de Saint-Gilles, et par Aigues-
Mortes, Agde, Béziers, Narbonne, revinrent sur Toulouse où
ils se séparèrent. Malgré l'affaiblissement redoutable de ses
yeux, ce long voyage avait enchanté Augustin Thierry.

Hors d'état moi-même de lire, écrit-il, non pas un manuscrit,
mais la plus belle inscription gravée sur la pierre, je tâchais de
tirer encore quelque profit de mes courses en étudiant sur les
monuments l'histoire de l'architecture du moyen âge. J'avais
tout juste assez de vue pour me conduire ; mais en présence des
édifices ou des ruines dont il s'agissait de reconnaître l'époque
et de déterminer le style, je ne sais quel sens intérieur venait au
secours de mes yeux. Animé par ce que j'appellerai volontiers la
passion historique, je voyais plus loin et plus nettement. Aucune
des lignes principales, aucun trait caractéristique ne m'échappait, et la promptitude de mon coup d'œil, si incertain dans les
circonstances ordinaires, était une cause de surprise pour les
personnes qui m'accompagnaient.

Dans sa marche inexorable, il arrive parfois que l'ataxie
locomotrice accorde une heure de rémission aux infortunés
sur lesquels elle s'est abattue. Au début d'avril 1826, Augustin
Thierry rentrait à Paris, plein d'espoir et de courage. Son
état, croyait-il, s'était amélioré ; il conservait un reste de
vision, la paralysie des jambes n'avait pas augmenté ; le
docteur Louis se montrait moins soucieux. Il se crut encore
maître de ses destins : qu'importait la souffrance ? le cerveau
demeurait intact et l'âme veillait toujours, pleine d'idées
hardies et de projets grandioses.

Un vaste dessein hantait son esprit. C'était le temps où
déterminé par l'éclatante réussite de la *Conquête*, se multi-
plaient les collections de *Chroniques* et de *Mémoires*. Il lui
parut possible, avec les documents originaux, réunis et rap-
prochés dans une narration continue, d'écrire, suivant la
méthode qu'il venait d'instaurer, une histoire générale ou

plutôt une Grande Chronique de France, où chaque siècle se raconterait lui-même, parlerait par sa propre voix et que tous viendraient consulter comme le répertoire de nos archives nationales.

Pour une entreprise aussi formidable, ses forces amoindries réclamaient le concours d'une collaboration active. Trois années auparavant, alors qu'il achevait l'*Histoire de la Conquête*, il avait fait à la bibliothèque de l'Arsenal la connaissance de Mignet, « l'habile et séduisant Mignet ». Son *Histoire de la Révolution* venait de mettre en évidence celui que la critique proclamait alors avec Thiers le chef de l'*école fataliste* et, quelque opinion que l'on professe aujourd'hui sur la valeur de l'œuvre, on ne saurait méconnaître à l'ouvrier, malgré sa froideur et son bourgeoisisme, un talent réel d'induction historique et de généralisation des faits.

Sollicité par celui qu'il fréquentait assidûment à cette époque, Mignet se montra fort empressé d'accepter l'association qu'on lui proposait. Un troisième compagnon fut aussitôt trouvé : Amédée Thierry, qui, démissionnaire de son emploi à la direction des Colonies, brûlait de se lancer à son tour dans la carrière des lettres.

Les trois s'étaient ainsi distribué le travail : Amédée Thierry se chargea de tous les prolégomènes et entreprit le récit des migrations celtiques et de la domination romaine dans les Gaules ; Augustin Thierry se réserva les périodes mérovingienne et carolingienne, avec l'histoire des onzième et douzième siècles ; à Mignet devait échoir la tâche de raconter les époques suivantes du treizième au dix-septième siècle.

Le savant aréopage se mit courageusement à la tâche et durant plusieurs semaines, les études préparatoires furent poursuivies avec constance. Tout alla bien, tant qu'il s'agit seulement de reconnaître et passer en revue la masse énorme des récits et documents divers qui devaient s'ajuster entre eux dans la composition de l'ouvrage. Les illusions tombèrent lorsqu'on commença de rédiger. La grande idée que M. de Barante allait bientôt appliquer ingénieusement, dans un cadre restreint, aux chroniques de Bourgogne, apparut alors

à ceux qui la voulaient étendre à tous les moments de l'histoire, ce qu'elle était en réalité : une chimère. S'obstiner
aboutissait à entreprendre une gigantesque pastiche où l'art,
ni la critique, ni même la vérité ne pouvaient trouver leur
compte.

Besogne aussi ingrate devint rapidement antipathique à
ceux qui l'exécutaient. Ils l'abandonnèrent sans regrets. Seul,
Amédée Thierry persévéra ; le résultat de ses travaux fut sa
belle *Histoire des Gaulois* parue dix-huit mois plus tard,
en 1828.

De l'œuvre ébauchée cependant, Augustin Thierry avait
poussé fort avant un volume, destiné à paraître le premier.
C'était une *Histoire de Philippe Auguste* demeurée jusqu'à
ce jour inédite.

Le règne du fils de Louis VII apparaissait à bon droit à
l'historien comme l'un des plus importants de la monarchie
capétienne. Il en établissait ainsi les caractères dans son
introduction : « Le règne de Philippe Auguste marque la
crise territoriale de la monarchie des fils de Hugues Capet.
C'est l'époque où, sortant des bornes du duché de France, elle
commence à gagner du terrain vers les limites de l'ancienne
Gaule. Alors, se manifeste pour la première fois entre la
Loire, la Somme, l'Epte et la Meuse, cette opinion nationale,
qu'en droit le royaume de France c'est toute la Gaule, depuis
le Rhin jusqu'aux Pyrénées. »

Nulle période plus féconde en événements, en péripéties
dramatiques ou pittoresques : les démêlés des fils de Henri II
avec leur père, la querelle de Jean sans Terre et d'Innocent III, la croisade des Albigeois, Bouvines, les réformes
administratives de Philippe : autant d'occasions à grandes
fresques vivantes et colorées où l'évocateur achèverait de
camper en pied ces tragiques Plantagenet, déjà magistrale-
ment silhouettés par lui dans la *Conquête*.

Dans le manuscrit, malheureusement interrompu d'Augustin
Thierry, le premier livre et le cinquième — l'expédition de
Simon de Montfort — sont presque achevés dans leur rédaction première ; des notes étendues amorcent le développement
des autres. Je ne puis songer à les donner ici, mais j'espère

qu'on ne lira point sans intérêt le plan détaillé de l'ouvrage, tel qu'il est arrêté en tête du premier cahier, avec l'indication des épisodes et des personnages principaux à mettre en scène, suivant les procédés habituels à l'auteur.

Livre I. — Depuis la naissance de Philippe-Auguste jusqu'à la mort de Henri II, roi d'Angleterre ; depuis la singulière prédiction d'une vieille femme de Paris, jusqu'aux premiers résultats qui semblent réaliser cette prédiction. Remarquer que dans ce livre et dans tout le cours de l'ouvrage, les faits d'agrandissement territorial forment la principale série, celle à laquelle on doit toujours revenir après les excursions épisodiques.

Épisode principal : la querelle des enfants de Henri II l'un avec l'autre et avec leur père.

Personnages : Henri II, affaibli par l'âge et le chagrin, n'ayant plus le brillant de ses premières années, lorsqu'il obtint l'héritière de Guyenne que les plus grands seigneurs voulaient épouser ; ni la liberté et l'obstination qu'il déploya contre l'homme le plus fier et le plus obstiné de son temps, le fameux Thomas de Cantorbery ; ni l'esprit d'entreprise qu'il montra dans ses projets pour la conquête de l'Irlande. Son esprit et sa conduite paraissent sans direction fixe.

Deuxième : Henri, surnommé le Court-Mantel, le jeune roi fils aîné de Henri II et associé par lui à la couronne. Léger et ambitieux, sans suite et sans mauvais desseins, ayant des amis chauds et dévoués dans les provinces méridionales et très populaire dans ce pays.

Troisième : Geoffroy, comte de Bretagne, sans caractère bien connu et bien décidé, populaire en Bretagne, quoique de race étrangère, et franchement adopté par les Bretons.

Quatrième : Richard, point encore nommé Cœur de Lion, mauvaise tête et assez mauvais fils, dur et hautain envers les barons du Poitou et d'Aquitaine qui étaient devenus ses vassaux immédiats, impopulaire dans ce pays, excepté lorsqu'il était en guerre ouverte avec son père, encore moins aimé que lui.

Cinquième : Jean, surnommé sans Terre, très jeune mais déjà très faux, sans fermeté dans sa conduite, manquant à tous ses engagements et trahissant jusqu'à son père.

Sixième : Philippe-Auguste, représentant de la politique française, habile et bon calculateur, sans beaucoup de conscience et de scrupule.

Septième et dernier personnage : le troubadour Bertrand de Born, représentant de la politique des méridionaux, fougueux et brouillon, parfois très délié et parfois très emporté, dévoué à l'indépendance de son pays envers et contre tous.

LIVRE II. — Depuis le commencement du règne de Richard Cœur de Lion jusqu'aux premières conquêtes de Philippe Auguste en Normandie et en Poitou.

1189 à 1202. *Épisode principal :* Philippe Auguste et Richard à la croisade. Captivité de ce dernier.

Personnages : Richard Cœur de Lion. Richard roi se fait connaître à la croisade comme le plus brave des Occidentaux. Sa courtoisie militaire, son point d'honneur chevaleresque accompagnés d'une certaine versatilité de conduite qui rappelle le temps de sa première jeunesse, où les Aquitains lui donnaient le sobriquet de *Oui et Non.* Il quitte la croisade au moment où il venait de jurer de tenir ferme, tant qu'il lui resterait un seul cheval à manger. Sa popularité en Angleterre, fruit de son grand renom dans toute la chrétienté et de l'intérêt qu'inspire son emprisonnement.

Deuxième : Salah-ed-Din ou Saladin, sultan d'Égypte...

LIVRE III. — Depuis le meurtre du jeune Arthur, comte de Bretagne, jusqu'à la bataille de Bouvines.

Premier épisode : 1203 à 1214. La quatrième croisade et la conquête de Constantinople par les Latins.

Personnages : le vieux Doge de Venise ; Beaudoin, comte de Flandre ; Villehardouin, etc.

Deuxième épisode : Conquête de la Normandie par les Français.

Troisième épisode : La campagne de Flandre et la victoire de Bouvines.

LIVRE IV. — Depuis la bataille de Bouvines jusqu'au premier pèlerinage de Louis dans l'Albigeois.

Épisode : Querelle du roi Jean avec ses barons ; Louis de France appelé en Angleterre.

Philippe Auguste très froid dans cette affaire. Il ne veut rien sacrifier à une entreprise aventureuse. Son esprit éminemment pratique, comme celui de Louis XIV dans ses belles années, ne s'attache qu'à des résultats positifs, à des conquêtes qui peuvent se garder. Il se repose, mais les événements travaillent sans lui pour l'agrandissement du royaume.

Livre V. — Croisade contre les Albigeois, ses causes et ses résultats.

Considérations générales : diversité de caractère et de civilisation entre les habitants du pays au nord et au midi de la Loire, vieux souvenirs d'hostilité que réveillent le fanatisme, l'amour du pillage et de la conquête.

Première époque : 1207-1209. Le caractère de la croisade est plus religieux que politique. Les gens de France, de Normandie et de Bourgogne qui s'arment pour mériter les indulgences du pape et que les moines de Cîteaux mènent à leur suite, obéissent surtout à l'impulsion du fanatisme religieux et ne songent pas encore bien positivement à la conquête. L'hérésie des Cathares, cause de scission parmi les méridionaux. Abandonnés des seigneurs, les « croyants » trouvent au contraire des sympathies dans le peuple. On voit celles-ci se manifester au siège de Béziers. C'est le principe d'un mouvement de résistance nationale qui change par degré le caractère de la guerre et lui donne celui d'une lutte de races entre le nord et le midi de la Gaule.

Durant cette première période, le pape Innocent III excite de tout son pouvoir le zèle des croisés. Simon de Montfort, leur chef, se montre surtout fanatique. Cette époque se termine à la mort du vicomte de Béziers, lorsque Montfort usurpe ses terres et son titre et se déclare ainsi chef d'une conquête territoriale.

Deuxième époque : La guerre prend un caractère politique. Montfort y joue le rôle d'un personnage de conquérant, avide, astucieux, égoïste, sans foi et sans miséricorde, plutôt par ambition humaine que par passion religieuse. Le pape hésite dans sa conduite à l'égard des deux partis. Il veut arrêter l'invasion française et n'y réussit pas, désobéi par tous, même par ses légats. Les croisés du nord viennent simplement à la curée. Cette époque se termine avec le règne de Philippe Auguste.

Durant cette période, la passion religieuse s'affaiblit graduellement, au contraire l'esprit de résistance nationale s'étend et se fortifie dans le Midi. La poésie prend part à la guerre, les troubadours composent des chants de haine patriotique, abandonnent la gaie science et les sujets d'amour. Cette nouvelle génération de poètes, à la différence de celle qui l'a précédée — gens de haut parage ou clients des châteaux — sont en général de la classe populaire. La liberté d'invective contre les envahisseurs apparaît à son plus haut degré dans les chansons et les sirventes. Il s'y peint un sentiment constant d'aversion contre les Français qui fut pour ainsi dire la conscience du Midi au treizième siècle.

Les interventions : Cette lutte acharnée pouvait amener l'intervention de deux rois ; le roi d'Aragon, comme suzerain d'une partie du Midi et proche parent des comtes de Toulouse, et du roi de France, suzerain de Simon de Montfort. Le roi d'Aragon avait de plus l'intérêt de voisinage, il se décide le premier et Philippe Auguste n'y met pas d'obstacle, ne voyant pas un intérêt direct et présent à s'immiscer dans cette querelle. Sa politique toujours froide et rationnelle ne se laisse point détourner de l'intérêt positif d'un agrandissement de proche en proche, pour tenter une conquête éloignée et hasardeuse. Il n'empêche pas son fils Louis de prendre deux fois parti, d'accomplir deux pèlerinages ; lui-même reste impassible et ne compromet pas la couronne. Même il ose prendre des mesures nuisibles au succès de la croisade en retirant aux pèlerins de l'Albigeois l'exemption du service féodal que leur assurait les bulles du pape. Enfin, après avoir, durant toute la vie de Simon de Monftort, témoigné pour lui beaucoup de considérations, après avoir reçu son hommage pour les fiefs conquis dans le Midi, parce que cet hommage ne l'obligeait à rien pour la cause de son vassal, il refuse positivement, de la part d'Amaury de Montfort, l'abandon de tous ses droits aux prétentions sur la conquête de son père, en un temps où cette conquête était dans le plus grand péril et où le roi, s'il l'eût acceptée, aurait dû la refaire pour son compte.

Ainsi, durant tout ce règne, la France, en tant que puissance, demeure en dehors de la croisade, quoique sa population ait fourni la plus grande partie des croisés. Sous le règne suivant, elle intervient, à cause du caractère de Louis VIII, différent de celui de son père et peut-être aussi parce que le temps était venu et que la politique le lui permettait, du moins le succès semble le prouver.

Troisième époque : Intervention de la France. Cette période appartient au règne de Louis VIII et doit être traitée sommairement.

La religion est à la remorque de la politique. D'un côté l'hérésie s'éteint, de l'autre les septentrionaux ont perdu l'enthousiasme et même le goût de la croisade. Le bulle pontificale n'existe plus.

Dans cet état des choses et des esprits, Louis VIII négocie avec le pape pour la conquête du comté de Toulouse d'une manière analogue au traité conclu cent trente ans auparavant entre Guil-

laume le Bâtard et Alexandre II pour la conquête de l'Angleterre.
C'est un titre de succession que le roi songe d'abord à se faire
adjuger. Il achète du fils de Simon de Montfort la cession de ses
droits, comme héritier du conquérant, et en même temps poursuit
devant la cour de Rome l'excommunication des héritiers légitimes
du comté, comme autrefois Guillaume de Normandie avait poursuivi celle du dernier roi saxon. Le pape refuse d'abord d'entrer
en accommodement ; il cède ensuite et met tout son pouvoir
spirituel au service de son allié. Dans cet accord, les bulles n'ont
d'autre vertu que celle de rendre un peu plus productive la levée
du ban féodal. Louis VIII entre en campagne par le siège d'Avignon et parcourt sans coup férir tout le pays qui depuis fut nommé
Languedoc. Cette expédition est tout son règne. Il laisse le
royaume en possession des terres conquises de la croisade. Les
enfants des comtes de Toulouse ne conservent plus que le titre
de leurs aïeux. Louis IX, en achetant d'eux la cession de ce titre,
termine le débat.

Personnages : Simon, comte de Montfort, en Picardie. Caractère
empreint d'une rudesse qui semble appartenir à ce qu'il y a de
germanique dans le sang de la noblesse du nord de la Gaule. Il
tient du moine et du soldat. C'est un homme de fer, sous un
froc.

Raymond VI, comte de Toulouse. Un homme qui montre les
qualités que donne une civilisation délicate. Peu de caractère. Le
vicomte de Béziers : ferme, généreux, dévoué à son pays. Le roi
d'Aragon : brave mais avec tous les défauts du caractère méri-
dional et de la civilisation du Midi.

Innocent III : un grand politique.

Pierre de Castelnau.

Personnage collectif : La population méridionale, fortement
distincte de celle du nord.

LIVRE VI. — Tableau des mœurs, tableau de la vie privée
du roi. Son administration à l'intérieur. Revue morale de son
règne.

La cinquième croisade, pour mémoire. Maladie et mort de Philippe Auguste.

Ingeburge, souffrante et résignée. Figure calme, triste et con-
templative, épouse d'un homme tout plein de son pouvoir, tout
entier aux affaires, ne prenant au sérieux que son devoir de roi
et sa politique. On peut appliquer à Ingeburge le vers de Shake-

speare : *She sat like patience on a monument, smiling at grief* (Comme la patience assise sur une tombe et souriant au malheur).

L'*Histoire de Philippe Auguste* ne fut jamais terminée. Nous y avons sans doute perdu un chef-d'œuvre. A cette date, Michelet, professeur au collège Sainte-Barbe, n'avait encore donné que son *Tableau chronologique d'Histoire moderne.* Le livre d'Augustin Thierry aurait été pour l'époque une révélation. Il eût versé sur les origines de la monarchie capétienne la même lumière que l'*Histoire de la Conquête de l'Angleterre* avait projeté sur les débuts de la royauté normande.

Dans le plan général si complet, que je viens de reproduire, où tout est arrêté, prévu jusque dans le moindre détail et qui nous renseigne curieusement sur la méthode de l'écrivain, le soin minutieux de ses préparations, son constant souci de la psychologie des personnages et des foules qu'il a dessein de figurer, on a pu voir qu'il attribuait une importance toute spéciale à la croisade des Albigeois. Il venait de parcourir le pays avec Fauriel et probablement doit-on retrouver l'écho de leurs entretiens dans l'étude esquissée des transformations de la poésie provençale sous les souffrances de l'invasion. Comme dans l'*Histoire de la Conquête*, ses sympathies n'apparaissent point douteuses. Avec sa pitié la plus tendre, elles vont aux vaincus, aux populations foulées et meurtries, à ces Méridionaux paisibles, aimables et beaux parleurs dont la foi tolérante ne connaît d'autre culte que celui des plaisirs. Il s'y serait vraisemblablement aussi mêlé d'assez vives attaques sinon à l'adresse de l'Église elle-même, du moins contre le fanatisme religieux, l'œuvre néfaste et la prédication farouche des « apôtres » venus d'Espagne, Diégo d'Osma et Dominique. Comment Augustin Thierry eût-il traité le personnage d'Innocent III? Pour mieux connaître ce grand pape, pénétrer son caractère, définir et marquer son rôle, la connaissance lui manquait des archives vaticanes, étudiées par M. Luchaire et si bien mises à profit dans ses remarquables travaux. On constate cependant qu'à quatre-vingts ans de distance, les deux historiens aboutissent à des conclusions analogues. Malgré certaines erreurs de détail, pour celui de 1826, quel témoignage plus éclatant d'une admirable divination?

L'abandon du projet concerté avec Mignet n'entraînait pas seulement pour celui qui l'avait formé une perte de temps et de travail, il amenait par surcroît d'obsédantes préoccupations matérielles. Le grand succès de la *Conquête* avait été purement moral et nullement financier, l'auteur, comme nous savons, ayant dû renoncer à ses droits pour couvrir tous les frais d'édition. Son voyage en Provence venait d'épuiser ses maigres économies, il comptait sur sa nouvelle œuvre pour rétablir l'équilibre de son budget toujours précaire et cette dernière ressource lui échappait encore. L'affectueux dévouement de Villemain le sortit de ce mauvais pas. Le professeur académicien — c'était avant sa protestation fameuse contre la loi de Justice et d'Amour — se trouvait en faveur aux Tuileries. Il intervint auprès de Sosthène de La Rochefoucauld, plaida avec émotion la cause de son ami malade et besogneux, obtint pour lui, en même temps qu'une immédiate allocation de mille francs, destinée à parer à ses premiers besoins, une pension de quinze cents francs sur les fonds de la direction des Beaux-Arts (1).

Ce viatique, accru d'un prêt de même somme consenti par

(1) Dans son *Villemain* (Perrin et Cie, éditeurs, 1913), M. G. Vauthier a publié la lettre de Villemain à Sosthène de La Rochefoucauld. Voici celle qui fut adressée par le vicomte à Augustin Thierry :

« Paris, le 31 juillet 1826.

« Le roi, monsieur, d'après le rapport qui a été fait à Sa Majesté sur les travaux importants d'histoire et d'érudition auxquels vous vous livrez avec tant de succès et sur le pénible accident qui n'a point affaibli votre ardeur pour l'étude, a daigné vous accorder une pension de quinze cents francs sur la portion la plus prochainement disponible des fonds affectés aux pensions littéraires.

« Provisoirement, Sa Majesté a bien voulu permettre qu'il vous fût accordé une allocation de mille francs sur les fonds destinés à l'encouragement des travaux littéraires et scientifiques : cette somme est le maximum fixé par les règlements.

« C'est avec un plaisir réel que j'ai appelé sur vous la bienveillante attention du roi et c'est avec une satisfaction égale que je vous transmets aujourd'hui le gage des bontés de Sa Majesté à votre égard.

« J'ai l'honneur d'être, monsieur, votre très humble serviteur.

« Le vicomte DE LA ROCHEFOUCAULD.
« Aide de camp du roi, chargé du département des Beaux-Arts. »

(A monsieur Thierry, rue des Vieux-Augustins, n° 23.)

Laffitte, permit à Augustin Thierry de poursuivre sans trop
d'inquiétude le cours de sa vie laborieuse. Sous l'impulsion
de Guizot, de Barante, de Sismondi, l'œuvre de réforme historique qu'il avait prêchée avec tant d'enthousiasme en 1820
était en train de s'accomplir : « La véritable science s'élevait
et commençait à rallier autour d'elle les penseurs et les esprits
droits. » Il restait à la faire triompher dans le public et dans
les écoles. Thierry pensa donc, pour les réunir et les compléter,
en composer un livre qui pût servir d'introduction à l'étude
de l'Histoire de France, à reprendre ses lettres du *Courrier*
qui avaient commencé à populariser son nom.

Il ressaisit cette nouvelle tâche avec la même ardeur qu'autrefois, cependant d'un esprit plus calme et d'un savoir mieux
assuré. Mûri par la réflexion, il retrancha de ses premiers travaux des inexpériences ou des erreurs, donna à son œuvre
plus d'ampleur et de relief. Étendant le champ de sa controverse, il en adoucit l'accent pour faire dominer de plus en
plus la science sur la polémique. Les dix premières lettres du
Courrier furent ainsi refondues entièrement pour la forme et
pour le fond. Il en ajouta quinze nouvelles, où les deux
questions fondamentales qu'il n'avait autrefois qu'effleurées :
celle de la formation si lente et laborieuse de la nationalité
française et celle de la révolution communale, à laquelle il
maintint ce nom, reçurent de longs développements. Il
s'efforça surtout de déterminer le point précis où l'histoire
de France proprement dite succède à l'histoire des rois francs,
point qui lui parut être l'avènement de Hugues Capet ; et,
dans une suite de dissertations mêlées de récits, il fit ressortir
avec une double évidence le premier caractère de ce grand
fait de l'affranchissement des communes, où dès le onzième
siècle il apercevait le lointain prélude de l'avènement du
Tiers État.

Là encore, il retrouvait les « vaincus » chers à son esprit de
libéral et de saint-simonien. Peu de récits présentent un
intérêt aussi dramatique que les quatre dernières lettres.
Chacun se passionna pour ces héroïques bourgeois de Laon et
de Vézelay dont l'auteur retraçait les dures et longues
misères, « comme s'il eût accompli un devoir de piété filiale » ;

avec lui on pleura sur ces proscrits de Reims, noms autrefois obscurs et qui allaient désormais traverser les âges.

L'accueil réservé aux *Lettres sur l'Histoire de France* répondit au succès naguère obtenu par la *Conquête*. Deux éditions successives publiées coup sur coup en 1827 et 1828 prouvèrent à l'historien que le public avait compris son œuvre (1).

« Supporte et abstiens-toi, enseigne la morale stoïcienne, oppose à tous les malheurs l'impassibilité d'une âme libre » : Augustin Thierry devait faire sienne toute sa vie cette maxime d'Épictète. Après un répit trop passager, l'ataxie poursuivait son cours inéluctable et l'abus du travail achevait de ruiner sa santé. La nuit finissait de tomber sur ses yeux. A peine, maintenant, s'il distinguait la blancheur des murs ou la clarté du ciel, de fréquents étourdissements le terrassaient.

Ma santé décline toujours, mon cher ami, écrit-il le 13 novembre 1827 à M. d'Espine ; je viens d'essayer le galvanisme, mais sans succès. Il ne me reste plus à expérimenter que les moxas, moyen bien douloureux. Après cet essai, j'aurai parcouru le cercle entier de la médecine. Il ne me restera plus qu'à m'envelopper la tête et à attendre l'événement. Peut-être alors irai-je vous demander un asile et chercher comme dernier remède votre compagnie et le soleil.

Sourd à toutes les objurgations, martyr volontaire du « dévouement à la science », ayant fait « amitié avec les ténèbres », il s'entêtait cependant dans sa généreuse folie. Amédée Thierry terminait son *Histoire des Gaulois*, achevant de débrouiller le mystère de nos origines reculées. Dans une association fraternelle qui souriait à son cœur et par illusion dernière sur ses forces physiques, Augustin rêvait de donner pour pendant à ce grand travail le tableau de ce qu'il appelait

(1) Les seules réserves formulées par Daunou, Guérard et Pétigny dans le *Journal des Savants* portèrent à peu près exclusivement sur la réforme orthographique des noms francs, que Thierry, par amour de la couleur locale, voulait, comme on sait, conforme à la prononciation tudesque. Le système qu'il préconisait au nom de la vérité historique n'a point triomphé. Il lui vaudra, à l'apparition des *Récits des Temps mérovingiens*, les railleries de Charles Nodier — le docteur Néophobus.

nos secondes origines : les origines germaniques, rattaché au récit des invasions qui avaient entraîné la chute de l'empire d'Occident. Enthousiasmé par ce sujet grandiose, il venait d'aborder toute une série de recherches nouvelles pour retrouver aux sources l'histoire des Goths, des Vandales, des Suèves, des Huns, des innombrables tribus barbares accourues à la curée du monde romain expirant. Le mal impitoyable ne lui permit pas de continuer. Comme il travaillait un soir de septembre, avec son frère, dans son cabinet de la rue des Grands-Augustins, une profonde syncope l'anéantit soudain. Le docteur Louis, mandé d'urgence, le considéra d'abord comme perdu. Après de longs efforts, l'emploi des révulsifs les plus violents, lorsqu'on parvint à rappeler une ombre de vie dans ce demi-cadavre, Augustin Thierry se réveilla les jambes à peu près paralysées, incurablement et à jamais aveugle. A trente-trois ans, commençait pour lui cette *passion*, si l'on ose dire, qui devait en durer vingt-huit encore : passion triomphante puisqu'il en sortit victorieux par la vigueur indéfectible de l'âme et la puissance persistante du talent.

L'opinion que formula le docteur Louis était catégorique. Un dénouement fatal s'annonçait inévitable, si le malade n'abandonnait point à l'instant toute pensée de travail. Seuls un repos absolu, le soleil et le grand air pouvaient peut-être lui assurer quelques chances de survie.

Peu de temps auparavant, M. d'Espine s'était rendu à Paris pour accompagner son fils Marc qui venait entreprendre ses études médicales. A cette occasion, il avait revu Augustin Thierry et, bien qu'intérieurement scandalisé de son indifférence religieuse, il avait, à son départ, insisté dans les termes les plus pressants pour que son ami, au cas où l'exigerait sa santé, vînt de nouveau s'installer à Carqueiranne. Au reçu d'une lettre désolée d'Amédée Thierry qui lui disait ses angoisses, il renouvela son invitation. Bien qu'à peine en état de voyager, Augustin se trouvait un peu mieux. Dans les derniers jours d'octobre 1828, les deux frères se mirent en route pour Hyères.

XI

Ce deuxième séjour à Carqueiranne, qui devait se prolonger
trente mois, a laissé dans la mémoire d'Augustin Thierry une
impression très vive de douceur et d'intimité.

Il acheva de s'y lier d'une amitié reconnaissante avec les
d'Espine, « cette famille qui, pendant deux ans et demi, a été
comme la mienne, pleine de soins et de grâces ». Il évoque
fréquemment dans sa Correspondance des souvenirs qui
« tiennent une place sacrée » dans sa mémoire, vers lesquels
il se reporte souvent « avec un plaisir mêlé de tristesse ». Bien
des années plus tard, après la mort de sa femme, il trouve
encore dans leur douceur consolatrice un soulagement à son
chagrin :

J'ai vécu treize ans d'une grande affection, écrit-il alors à
M. d'Espine, d'une affection absolue ; maintenant qu'elle est brisée
par la mort, je cherche celles qui l'avaient précédée. Je me
reprends à mes souvenirs de cœur et il y a là, mon cher ami, une
grande place pour vous et les vôtres. Mon séjour à Carqueiranne
marque dans ma pensée et dans ma reconnaissance envers Dieu,
comme le signe d'une grâce particulière et d'une bonté profonde
pour les trois ans de calme et d'apaisement qu'il m'a donnés.

Cette importance sentimentale attribuée par le grand écrivain à sa longue habitation en Provence justifie donc les

développements qui vont suivre et nous révéler en même temps certaines particularités inconnues de sa vie.

Dans l'une des ailes du « châtelet » le mieux exposées au soleil, M. d'Espine avait installé son hôte, en deux petites chambres dont la plus grande servait de cabinet de travail. Sur sa demande, il lui avait en outre trouvé comme secrétaire un brigadier des douanes nommé Alexandre Peyron, doué d'un bagout intarissable, d'une magnifique écriture et d'une orthographe incertaine. Les premiers temps, l'enragé méthodiste avait essayé de poursuivre la conversion ébauchée deux années auparavant. Devant l'attitude réservée de son catéchumène, le désolant silence où il se renfermait, ses réponses évasives quant aux lumières de la foi, l'absence trop certaine en lui de tout signe de la grâce, le prêcheur, demeuré galant homme, avait abandonné son dessein, à regret abdiqué l'espoir de ramener en la voie du Seigneur une âme manifestement encore égarée dans les bourbiers de Baal.

Augustin Thierry avait donc cessé bientôt d'entendre d'inutiles exhortations et des hautes cimes de la théologie, la conversation était graduellement descendue à des sujets plus actuels de politique et de littérature.

Longtemps encore après, les lettres de M. d'Espine rappellent avec admiration ces causeries où l'historien déployait une verve irrésistible.

Curieux comme tous les aveugles, il s'associait aux goûts, aux affections de ceux qui l'entouraient, les interrogeant volontiers sur les personnes qui fréquentaient la maison, cherchant à deviner leur âge, leur physionomie, leur caractère, heureux de voir confirmer ses jugements par l'opinion de ses amis. Les occasions ne lui manquaient pas d'exercer ainsi ses facultés intuitives. Fixés dans le pays depuis une dizaine d'années, les d'Espine comptaient d'assez nombreuses relations au Pradet, à Costebelle, à Hyères et jusqu'à Toulon. Les « mardis » de Mme d'Espine se trouvaient donc assez suivis, et depuis l'arrivée d'Augustin Thierry, les visiteurs se faisaient plus nombreux, attirés par la réputation de l'écrivain qu'ils savaient rencontrer.

Par la Correspondance que j'ai sous les yeux, ces lettres

intimes, traversées par tant de souvenirs émus des « beaux jours de Carqueiranne », il est possible, à quatre-vingts ans de distance, de reconstituer les éléments de cette société disparue.

Au foyer de M. d'Espine, Augustin Thierry avait eu l'heureuse surprise de retrouver un ancien camarade de l'École Normale, Thouron, devenu avocat au barreau de Toulon, esprit fin et cultivé, causeur spirituel, dont les boutades imprévues et les anecdotes savoureuses égayaient l'aveugle à ses heures de tristesse. Tous deux, fervents admirateurs des institutions anglaises, trouvaient un contradicteur ardent chez un officier retiré du service, M. Divernois, demeuré fidèle à ses haines de jeunesse contre Pitt et la « perfide Albion ». C'étaient alors de pétulantes escarmouches auxquelles prenaient leur part le maître du logis et le médecin d'Hyères qui donnait ses soins au malade, le docteur Allègre, père d'une fort jolie personne, grande amie de Mary d'Espine.

L'aimable petit cercle se complétait d'Alphonse Denis, agronome éminent, qui devait devenir député du Var après 1830, puis fonder la *Revue d'Orient* avec Abel Hugo, et d'un trio de châtelains d'alentour, véritables personnages de Balzac, échappés du *Cabinet des Antiques :* le marquis et la marquise de Beauregard, le chevalier Hippolyte, émigrés rentrés en France, *ultras* frénétiques que scandalisaient les propos de leur voisin, le baron de Syon, « philosophe, La Fayettiste, presque carbonaro ».

Fort accueillants, les d'Espine recevaient en outre leurs amis de Genève ou de Lausanne, tous religionnaires de marque, pasteurs et membres de consistoires, les Vinet, les Odier, les Monod, les Dunant. Parfois aussi, survenaient des étrangers, connus d'Augustin Thierry, comme J.-J. Ampère, ou simplement désireux de lui être présentés. D'aucuns, parmi ces derniers, montraient une insistance excessive à obtenir une entrevue. Leur victime se vengeait alors de leur indiscrétion, mettant une gaminerie malicieuse à les entretenir de sornettes et les fâcheux se retiraient déçus, emportant l'idée la plus singulière d'un écrivain célèbre et candidat à l'Institut.

Certain jour arriva de la sorte une merveilleuse inconnue qui venait d'Italie. Si les yeux éteints d'Augustin Thierry avaient pu la voir, ils l'eussent aperçue très belle : une figure du Vinci avec l'ovale pur de son visage ; son teint de perle, ses yeux immenses et ses cheveux de jais. La jeune femme revint plusieurs fois : romanesque et patriote, aventureuse, affiliée à la jeune Italie, grande maîtresse de la *Carbonaria*, elle consacrait sa fortune et ses forces — ses grâces aussi, affirmaient les médisants — à l'affranchissement de sa Lombardie.

Cette magnifique amazone qui plaidait avec exaltation la cause des nations opprimées séduisit l' « avocat des vaincus », toute sa vie très sensible au charme féminin. Ils se séparèrent à regret, promettant de se revoir et de cette rencontre en effet va naître la précieuse amitié qui doit un jour consoler Augustin Thierry et le sauver de soi-même dans le suprême désastre de sa douloureuse existence.

L'éblouissante enchanteresse s'appelait Christine Trivulce, princesse Belgiojoso.

Toutefois, plutôt que les réunions mondaines, ce que préférait l'infirme, c'étaient ses longues stations de rêverie au bord de la mer, après quelques instants de marche incertaine, au bras d'un serviteur, de son pas fauchant d'ataxique. Assis sur quelque roche moussue, parmi les myrtes et les arbousiers, il écoutait inlassablement la plainte éternelle des flots. Que disait à sa jeunesse si tôt flétrie le sanglot mugissant des houles? à ses yeux privés de lumière la splendeur miroitante des eaux ensoleillées?

Le soir venu, on avait peine à l'arracher à cette contemplation intérieure, pleine de songerie funèbre, qui lui donnait cependant « ses dernières heures d'absorption féconde et de repos studieux ».

Je vais de temps en temps chez ce pauvre Thierry, écrit J.-J. Ampère à Mme Récamier, je lui réjouis le cœur en lui parlant et en l'écoutant sur ce qui nous intéresse tous les deux. C'est un spectacle déchirant que de le voir se traîner en chancelant, appuyé sur un bras, sans yeux, presque sans jambes, la tête saine et la pensée nette.

Sa promenade favorite le conduisait d'habitude jusqu'à
l'éclatant belvédère du fort Penô. Un matin de juillet 1830,
Marc d'Espine, qui l'accompagnait, signala au narrateur de
la conquête normande une escadre prenant le large. C'était
la flotte française qui cinglait vers Alger. Le malheureux
fondit en larmes. Le tableau d'un autre départ surgissait dans
sa mémoire : celui de l'aventureuse expédition chargée de si
rudes hommes de guerre, que Guillaume le Bâtard poussait
de sa robuste main vers la grève de Hastings. Hélas! la
résurrection du passé avait à jamais pour lui muré le présent
dans les ténèbres.

Entre l'étudiant et le jeune maître de trente-cinq ans, si
savant et si doux, une affectueuse camaraderie grandissait
tous les jours, mais la confiance et l'attachement du malade
allaient surtout à Mary d'Espine, âme virginale et fraîche,
que n'avaient pas encore desséchée les austérités du piétisme.

Un sentiment complexe et très féminin, mêlé de pitié com-
patissante et d'admiration sentimentale, s'était graduellement
éveillé dans le cœur de la jeune fille. Elle entourait de préve-
nances et de soins délicats celui qu'elle plaignait et qui la
troublait en même temps : guidant à table sa main hésitante,
lui faisant la lecture des journaux, revoyant les copies fautives
de l'insuffisant Peyron et pianiste excellente, à la voix agréable,
le distrayant de sa musique et de son chant.

Augustin Thierry répondait à cette sollicitude par les témoignages d'une reconnaissance, dont celle qui s'en voyait l'objet
souhaitait peut-être au fond de son cœur la nature moins
absolument fraternelle. Mlle d'Espine mourut sans se marier
jamais, après une vie consacrée aux œuvres charitables. Celle
qui si pieusement voulait être une consolatrice, a-t-elle un
moment aimé l'aveugle rencontré au foyer des siens? Y eut-il
jamais entre eux ébauche ignorée de quelque roman mystérieux et chaste? Je l'ignore en ce qui la concerne, je crois pouvoir, quant à lui, nettement affirmer le contraire.

Dans toute sa Correspondance, Augustin Thierry conserve
un souvenir fidèle à sa « sœur de Carqueiranne ». Il rend plusieurs fois hommage à son « amitié si bonne et si gracieuse ».
Elle occupe « une place de choix dans le trésor de ses rêveries »

et « sa voix est restée dans son oreille comme une consolation ». Voilà tout : constamment le cri réitéré d'une gratitude profonde, nulle part aucune trace de ce regret mélancolique ou attendri que laisse derrière elle la cendre des sentiments éteints.

Dans l'agonie de ses forces, si quelque ardeur de jeunesse ou de nature subsistait encore en lui, ce n'est point vers la douce Mary que l'entraînaient ses préférences cachées, mais vers sa brillante compagne, Mlle Allègre.

D'un charme captivant, enjouée, spirituelle et fine, la gracieuse enfant du médecin d'Hyères exerçait un attrait véritable sur tous les hôtes du châtelet. Le plus impressionnable d'entre eux se prit à son tour à cette séduction contagieuse. Bientôt une mutuelle sympathie rapprocha la jeune fille du grand historien en détresse. Un lien rare et doux se formait lentement entre eux.

Dans les seuls vers qu'il ait jamais composés, Augustin Thierry exprima plusieurs fois à celle qui l'avait inspiré, les sentiments discrets de son amour naissant.

Ces piécettes, il faut l'avouer, n'ajoutent rien à sa gloire. Pour l'intérêt littéraire qu'elle présente, je donnerai pourtant ici la meilleure d'entre elles, dont la facture un peu mièvre et plaintive rappelle assez la manière de Millevoye :

I

J'ai toujours besoin qu'on me dise,
Aveugle, voici ton chemin.
Il faut un bras qui me conduise,
Une main qui tienne ma main.
Pour peu de temps, je suis sur cette terre,
Je voudrais bien y trouver une sœur,
Vous dont j'aime tant la douceur,
Aimez-moi, je suis votre frère.

II

Cet amour n'est point comme l'autre,
Il est calme et tendre à la fois,
Et mon cœur battra près du vôtre
Sans tressaillir à votre voix.

> Puis, sans rougir, vous m'entendrez vous dire
> Que je bénis l'instant de vous revoir
> Et que vous me rendez l'espoir
> Lorsque vous daignez me sourire.

Oubliant sa misère physique, l'énamouré en vint à songer au mariage, pensa révéler ses intentions au docteur Allègre. Un triste retour sur soi-même lui fit comprendre l'impossibilité d'une pareille démarche. C'est alors qu'il exhala dans une sorte de cantate son regret de l'illusion trop tôt évanouie qui avait un moment bercé ses souffrances.

Victor Cousin a publié dans le *Journal des Débats* en 1862 cette pièce assez longue, intitulée *les Deux Voix*. Le poète y exprime tour à tour les désirs de son cœur et les conseils de sa raison dans l'alternative de la Voix de la terre et de la Voix d'en haut. La forme versifiée, malheureusement incertaine et faible, par endroits même assez poncive, est loin de répondre à l'élévation des sentiments qu'elle cherche à traduire : apaisement dans la résignation ; refuge dans l'oubli du travail contre la solitude et le découragement.

C'est en effet au travail que l'écrivain aveugle, de plus en plus gagné par la paralysie, venait demander un adoucissement à son mal implacable, une consolation au désespoir de sa santé perdue.

Il était arrivé quasi-mourant à Carqueiranne, accablé des plus sombres pressentiments, croyant sa fin prochaine. Cependant, il ne consentait pas à disparaître sans avoir soumis à une revision attentive le grand ouvrage de sa vie : cette *Histoire de la Conquête* qui devait, dans sa pensée, porter témoignage aux générations de son attachement à la science, de son inlassable effort vers le vrai et assurer son nom dans la mémoire des hommes.

La réimpression de 1826 n'avait guère été augmentée que de quelques pièces justificatives. Cette fois, aussitôt que son état le permit, mieux détaché de ses premières impressions, plus capable d'exercer sur son œuvre un contrôle sévère, il en retoucha l'ensemble et les détails, la composition et le style, y apporta de nombreuses corrections, des additions

importantes, et, comme il avait écrit pour l'avenir plutôt que
pour le présent, selon le précepte de Thucydide, il tâcha
d'effacer dans le fond et dans la forme tout ce qui tenait
aux préoccupations du temps, aux ardeurs de la jeunesse,
tout ce qui pouvait paraître hasardé, exclusif, passionné (1).

Ce fut l'édition de 1830, qu'il jugeait alors définitive,
comptant sans les scrupules infinis de l'homme, du savant et
de l'artiste.

Il apportait à ce grand travail un soin méticuleux, préoccupé
par l'envoi de ses manuscrits à Paris, nerveusement inquiet
de les voir s'égarer en chemin. M. Thouron, chargé des expé-
ditions et du choix des messagers, devait le rassurer sans cesse
à cet égard (2).

Un autre et troublant motif d'anxiété était pour lui la situation politique du pays et les graves événements qui se préci-
pitaient de jour en jour. C'étaient les idées les plus chères à
son esprit et à son cœur, la cause défendue de toute son
énergie, à laquelle il avait autrefois sacrifié sa carrière, qu'il
apercevait en péril, menacée par un gouvernement de réaction à outrance. Il avait frémi de colère à l'avènement du

---

(1) « Je me flatte d'avoir fait complètement disparaître ce qui tenait à des
préoccupations de jeunesse, ce qu'il y avait dans certains passages d'un peu
hasardé quant aux vues, d'un peu acerbe quant à l'expression » (*Histoire de
la Conquête*, avertissement de la 3ᵉ édition, Carqueiranne, 3 février 1830).

(2)   « Carqueiranne, 17 décembre 1829.
    MON CHER CAMARADE,

« Avez-vous appris quelque chose de la personne qui s'est chargée de remettre mes manuscrits? Je n'ai reçu aucune nouvelle de Paris et l'inquiétude
commence à me gagner. Dites-moi si le porteur doit revenir prochainement
à Toulon et vous, venez me voir à Carqueiranne.
« Mille amitiés. »

                                      « Carqueiranne, le 26 février 1830.
    « MON CHER THOURON,

« Si vous rencontrez une bonne occasion pour Paris, ayez la bonté de m'en
prévenir; peut-être n'en profiterais-je pas, mais j'ai confié mon quatrième
volume à une personne qui devait partir d'Hyères le 5 de ce mois et n'est pas
encore partie. M. d'Espine n'est pas encore tout à fait rétabli et il lui est défendu
de prononcer une seule parole à haute voix, mais dans une semaine ou deux au
plus tard, tout sera fini, j'espère. Venez nous voir alors ; toute la famille est sensible à votre bon souvenir.
« Voilà nos amis du *Globe* persécutés d'une bien triste manière et avec un
singulier acharnement.
« Mille amitiés. »

cabinet Polignac, ce « ministère Coblentz-Waterloo », salué de ses vœux la fondation du *National*, auquel collaboraient presque tous ses amis : Sautelet, Peysse, Mignet, Armand Carrel, applaudi d'enthousiasme à leur programme de bataille : « Enfermer le gouvernement dans la Charte ou le faire sauter par la fenêtre », inconsolable que la maladie l'empêchât de se joindre à leur « phalange sacrée ». Il s'emportait en paroles violentes, en éclats indignés, et ses hôtes éprouvaient toutes les peines du monde à calmer cette agitation encore accrue par la mesure qui frappait son frère, brutalement révoqué de ses fonctions de maître de conférences à la Faculté des lettres de Besançon (1).

Les circonstances, en ramenant sa pensée vers un objet plus immédiat et personnel, vinrent heureusement distraire ces alarmes chagrines.

L'Académie des Inscriptions et Belles-Lettres comptait un grand nombre de fauteuils vacants et la docte compagnie devait bientôt procéder aux élections nécessaires pour compléter le chiffre traditionnel de ses membres. Appartenir à cette élite, siéger sous la coupole à côté d'un Sylvestre de Sacy, d'un Daunou, d'un Gérando, était devenu le plus

---

(1) Au lendemain de l'éclatant succès qui avait accueilli la publication de sa belle *Histoire des Gaulois*, Amédée Thierry s'était vu appeler par M. de Vatimesnil à la chaire d'histoire de la faculté de Besançon, après avoir subi dans la même quinzaine les épreuves du baccalauréat, de la licence et du doctorat ès lettres, couronnées par une thèse brillante sur Ausone. Je crois le fait unique dans les annales de l'Université. Son cours taxé de « criminel et d'irréligieux » fut interdit au mois d'avril 1830 et le professeur un instant menacé d'arrestation. A titre de curiosité, voici la péroraison de sa dernière conférence :

« Le Dante, conduit par Virgile, parcourait les cercles les plus reculés de l'enfer. Dans un recoin obscur, entourés d'une atmosphère épaisse et pestilentielle, il aperçut quelques damnés florentins qui avaient joué un rôle funeste dans les malheurs de la patrie, un rôle coupable dans les malheurs du poète. Il avait peine à les reconnaître et se tournant vers Virgile : — Maître, dit-il, quels sont ces hommes? — Que t'importe, lui répondit Virgile ; la justice et la pitié les dédaignent également, ne m'en parle plus ! mais regarde et suis ton chemin.

Misericordia e jiustizia gli sdegna
Non ragionam di cor, ma guarda e passa.

« Et moi, messieurs, si dans si petite cause, il m'était permis d'invoquer de si grands mots, je vous dirai : que nous importe ces hommes, qu'importe à la vérité, à ma conscience, au souvenir si doux que je conserverai de vous, au souvenir sans tache que je désirais vous laisser de moi, quels hommes m'ont poursuivi et calomnié. N'en parlons plus et suivons toujours le droit chemin. »

cher désir d'Augustin Thierry ! Son entrée à l'Institut représentait à ses yeux la consécration due à se travaux, la récompense méritée par son malheur et son abnégation. Quel honneur pour l'enfant du pauvre organiste parti de si humbles débuts ! Sa mère, hélas ! ne serait plus là pour en savourer orgueilleusement la joie. Elle venait de mourir presque subitement et son fils préféré n'avait pas eu la triste consolation de recevoir son dernier soupir. Mais, là-bas, dans la petite ville épanouie aux bords de la Loire, le veuvage du père en serait moins désolé, sa vieillesse solitaire illuminée d'un reflet glorieux.

Les élections s'annonçaient comme toujours fort disputées et la candidature de l'ancien ami de Saint-Simon rencontrait des obstacles redoutables. On le jugeait bien jeune, hautement convaincu de libéralisme, et suspect au pouvoir, comme ami de La Fayette ; l'abbé de Montesquiou lui reprochait ses jugements sur l'Église dans l'*Histoire de la Conquête*. En outre, retenu par son mal à l'autre extrémité du pays, l'infirme ne pouvait venir à Paris défendre sa chance. Une première fois, il eut la déception de se voir préférer Félix Lajard, l'historiographe de Mithra. Une seconde tentative fut plus heureuse. Ses amis, Daunou, Villemain, Abel Rémusat, Destutt de Tracy, et le plus illustre d'entre eux, Chateaubriand (1), menaient avec dévouement en sa faveur la plus ardente campagne. Pour plaider « la double cause du génie et du malheur », La Fayette écrivit des lettres vraiment touchantes. Tant de nobles efforts ne restèrent point stériles. Le 7 mai 1830, Augustin Thierry fut élu au fauteuil de Boissy d'Anglas, vacant depuis bientôt quatre ans.

Le bonheur et la fierté qu'il éprouva de ce succès furent grands et l'allégresse lui rendit un instant comme un fantôme de santé.

J'en trouve la preuve dans cette lettre adressée par Guizot à Amédée Thierry où le nouveau député de Lisieux fournit en même temps de curieuses précisions sur la situation poli-

____

(1) Au sujet des relations de Chateaubriand et d'Augustin Thierry, voir l'appendice I à la fin du volume.

tique et ses vues particulières à la veille des événements de Juillet :

Nîmes, 14 juillet 1830.

Je vous écris du fond du Languedoc, mon cher Amédée, au milieu de notre bataille électorale. J'ai quitté Paris, trois jours après que M. de Magnoncourt m'eut remis votre lettre ; et, depuis lors, je suis incessamment en courses, visites, réunions diverses, etc. Tout cela a abouti hier à une victoire dans notre collège d'arrondissement, et aboutira, je l'espère, mardi prochain, à une double victoire dans notre collège de département. Je regrette beaucoup que M. Bourgon ne nous soit pas revenu par le vôtre. C'était un très bon député. Voilà quinze ans que nous travaillons à en faire de tels : c'est dommage de perdre ceux qui sont tout faits. Du reste, nous n'avons pas le droit de nous plaindre ; notre triomphe est suffisant. La France a fait son devoir, maintenant il faut tirer de là son succès. C'est difficile, cependant j'espère que nous échapperons encore aux coups d'État. Je le désire beaucoup. Il faut en venir le plus tard possible aux épreuves définitives. Le temps travaille pour nous ; à mesure qu'il passe, notre fortune monte. Quand je me rappelle ce que nous étions il y a douze ans !...

Je suis charmé que l'Académie ait fait du bien à votre frère ; je l'espérais un peu. Qu'il passe encore l'hiver à Carqueiranne ; évidemment, il s'en est bien trouvé. Je lui ai envoyé le vieux poème de Walther et Hiltgund, à la cour d'Attila ; il veut en tirer un article pour la *Revue Française*. Je désire fort qu'il le fasse et tous ceux qu'il voudra. A présent que vous êtes de loisir, vous devriez bien nous aider aussi un peu pour la *Revue*. Elle s'établit et devient vraiment utile.

Je repars pour Paris dans huit jours, le soir même où nous aurons fini avec notre grand collège. Mais il faut encore qu'avant l'ouverture de la session, j'aille passer quarante-huit heures à Lisieux. Je ne serai rétabli chez moi que le 3 août. Quand nous verrons-nous ?

Ne m'en veuillez jamais, je vous prie, si ma correspondance n'est pas très exacte. Vous avez vu que j'étais plus soigneux des affaires que des lettres. Quand vous aurez besoin de moi, n'hésitez pas ; il n'est pas sûr que je vous réponde sur-le-champ, mais je ferai toujours ce qui sera en mon pouvoir. J'aime mieux employer mon temps au fond de l'étoffe qu'à l'étalage. Tenez moi un peu au courant de vos projets.

J'ai eu grand plaisir à voir M. de Magnoncourt, il m'a paru
homme d'esprit et de décision. J'ai regretté de quitter Paris au
moment où il y arrivait.

Adieu, mon cher ami, tout est bien chez moi, j'en ai des nouvelles tous les jours. Travaillez, espérez et croyez-moi tout à vous.

GUIZOT.

Quinze jours plus tard, l'« exilé de Carqueiranne » apprenait
avec transports la révolution qui culbutait le trône des Bourbons.

L'établissement du nouveau régime, la monarchie constitutionnelle à l'anglaise sous un « roi-citoyen », comblait tous
ses vœux. Il y voyait avec l'idéal des gouvernements le
triomphe des principes de 1789, la victoire du Tiers État, la
conséquence et la fin nécessaire de nos traditions nationales,
l'éclatante justification de ses théories historiques. Il en
salua l'aurore avec ivresse ; nous le verrons en pleurer la
chute avec désespoir.

A ses yeux, les *Trois Glorieuses* n'étaient pas seulement les
journées du peuple, mais celles aussi des penseurs, des philosophes, des historiens qui en avaient assuré les trophées. A
l'exemple de ces communes, dont il avait retracé l'histoire,
a France venait d'imposer sa volonté à l'autorité seigneuriale.
Les Francs et les Gaulois, ces deux races opposées par la conquête, se réconciliaient enfin. Il n'existait plus ni maîtres, ni
sujets, seulement des Français et le roi des Français. L'œuvre
inachevée par la Révolution, 1830 la couronnait en fondant
la liberté.

Par un juste retour, ceux qui furent à la peine arrivent à
l'honneur. Successivement Thiers, Villemain, Cousin, vont
devenir ministres. Guizot l'est déjà et l'un de ses premiers
choix appelle Amédée Thierry à la préfecture de Vesoul.

A l'heure où le pays tout entier frémissait d'un souffle de
renouveau, l'initiateur du grand mouvement historique qui
semblait triompher ne pouvait demeurer enterré au fond de la
Provence. Parvenus au pouvoir, nantis de places et de titres,
ses compagnons de lutte, croyait-il, devaient avoir à cœur de
ne point l'oublier. Il sentit cependant la nécessité de se rap-

procher d'eux. Auprès des amis de la veille devenus les puissants du jour, son frère était un intermédiaire tout désigné par sa charge et par son affection. Dès son arrivée à Vesoul, le nouveau préfet avait insisté pour l'appeler à ses côtés. Il redoubla d'instances à la fin de l'hiver. Augustin Thierry partit pour la Haute-Saône au commencement d'avril 1831.

XII

Un préfet de la *Résistance* et son œuvre. — Augustin Thierry à Vesoul.
— Illusions et projets. — Aux eaux de Luxeuil. — L'amiral de Quérangal et sa fille Julie. — Une élève de Mme Campan. — Les ambitions d'une intellectuelle. — De l'admiration à l'amour. — Le bonheur
dans le mariage.

Vesoul, cruellement dévastée au cours des siècles, mise
à sac par les routiers de Turenne, n'a jamais passé pour
une ville attrayante. Point de monuments d'art : maisons
d'autrefois, églises, hôtel de ville ; la Renaissance n'y a laissé
aucun de ces délicats bijoux ciselés qu'elle a prodigués à
Luxeuil ou à Besançon. Construit vers 1820, l'hôtel de la
Préfecture est une lourde bâtisse morose ; en 1830 cependant, un assez beau jardin, aujourd'hui morcelé, l'enveloppait de ses frondaisons, lui faisant aux beaux jours une
parure de fleurs et de feuillages.

Appelé par ordonnance du 6 août 1830 à recueillir la succession de M. Lebrun des Charmettes, dans le grand mouvement de réorganisation administrative, œuvre de Guizot,
qui mit à pied 76 préfets sur 86 et 196 sous-préfets sur 277,
Amédée Thierry s'y était aussitôt installé (1).

---

(1)   « Paris, le 7 août 1830.
   « Monsieur,

 « J'ai l'honneur de vous informer que par une ordonnance en date du 6 de
ce mois, monseigneur le Lieutenant-général du Royaume vous a nommé préfet
du département de la Haute-Saône, en remplacement de M. Lebrun des Charmettes.

 « Je vous invite à vous rendre sans retard à votre poste. Votre prédécesseur
ou le fonctionnaire qui le remplace provisoirement procédera à votre installation.

 « Agréez..., etc.

     « *Le Commissaire provisoire au département de l'Intérieur,*

       « Guizot. »

Il n'était point un étranger pour ses administrés. En dépit de quelques difficultés passagères, dont on peut retrouver l'écho dans la correspondance de Ch. Weiss et de Jouffroy, son enseignement à la Faculté des lettres de Besançon avait fait apprécier en Franche-Comté son talent et son caractère. Il connaissait le département où l'appelait la confiance du ministre, comptait d'assez nombreuses relations, voire quelque parenté à Faverney, à Lure, à Vauvillers.

Le nouveau préfet — un préfet de la *Résistance* — trouvait une situation délicate, sinon même difficile. Il avait à combattre « le tumulte des prétentions personnelles, des animosités locales, des importances vaniteuses, des impatiences aveugles qui n'avaient pas obtenu satisfaction » (1). A Luxeuil, les républicains — on disait les factieux — s'agitaient, refusant le paiement de l'impôt, des intrigues légitimistes se nouaient dans l'arrondissement de Gray et le clergé des campagnes prenait volontiers son mot d'ordre près des évêques *ultras* assemblés en congrès à Fribourg. Il fallait sévir, suspendre les maires hostiles ou incapables, préparer les élections futures, organiser la garde nationale, ce rempart du nouveau régime.

L'historien des Gaulois, mué en fonctionnaire, n'épargnait ni son temps ni sa peine et cette lettre de Guizot atteste l'efficacité de ses efforts.

Mardi, 14 septembre 1830.

Je vous félicite de votre administration, mon cher Amédée ; je comptais sur son mérite et sur son succès. Je ne me suis pas trompé. Il ne me revient sur votre compte que de très bonnes paroles et j'en crois encore plus mon impression en lisant vos lettres que toutes les paroles étrangères. Vous gouvernez, c'est bien quelque chose. Continuez, attirez autour de vous toutes les influences naturelles et actives du pays. Vous avez très bien fait de prendre M. de Lisa pour maire. Je le connais depuis longtemps et je vois, d'après ce que vous me dites, qu'il a beaucoup gagné depuis que je l'ai vu. Dites-lui bien que je suis charmé de le voir parmi nos coadjuteurs.

(1) Guizot.

N'hésitez pas à changer les maires que la population repousse et qui vous embarrassent au lieu de vous fortifier. Tout ce qui a un caractère de réaction servile ou aveugle est d'un mauvais effet. Tout ce qui atteste la ferme intention d'être bien servi et de bien servir le public donne force et crédit.

Je suis bien aise que le sous-préfet de Lure marche un peu. Je n'aime pas à revenir tout d'un coup et pourtant je ne veux pas m'entêter à soutenir ce qui n'est pas bon.

Je ne vous dis rien d'ici. Vous entrevoyez à quoi nous avons affaire. Sachez bien que vous ne faites qu'entrevoir. Établissez vous et établissez nous dans les départements. Le premier besoin de ce pays-ci, c'est qu'il s'y forme sur tous les points des opinions et des volontés indépendantes. La centralisation des esprits est pire que celle des affaires.

J'ai donné à votre frère une pension de 2 000 francs (1) ; il m'a écrit deux fois. Je tâcherai de lui répondre. J'en ai chargé jusqu'ici ma femme.

Adieu, mon cher Amédée, continuez de m'écrire beaucoup et avec détail. Vous savez si je compte sur vous.

Guizot (2).

(1) L'attribution est du 7 septembre, sur les fonds du ministère de l'Intérieur.

(2) Quelques jours plus tard, le ministre précisait à nouveau ses instructions, dans une lettre officielle cette fois, que je reproduis ici à titre documentaire :

« Paris, 24 septembre 1830.

« Monsieur le préfet,

« J'étais persuadé d'avance que votre premier soin serait employé à connaître à fond le département dont l'administration vient de vous être confiée. Le tableau que vous m'adressez du caractère de ses habitants, de l'esprit qui les anime et de leurs intérêts divers ne laisse dès ce moment que bien peu à désirer. Vous connaissez la Haute-Saône et vos administrés ont pu vous apprécier. Vous en recueillez le fruit dans une circonstance aussi grave que celle de la guerre ouvertement déclarée à l'une des branches les plus importantes du revenu de l'État ; votre présence sur les points menacés, vos déterminations, vos concessions même ont opéré ce que la force n'aurait pu obtenir.

« Je n'ai pas besoin de vous encourager, monsieur, vous savez que le repos vous est défendu tant qu'il reste à faire. Vous avez l'influence mystérieuse de Fribourg à combattre, une police militaire à perfectionner, un journal (et pour vous, ce sera chose facile) à mettre en harmonie avec les habitudes de la population. Vous n'ignorez pas qu'elles sont particulièrement militaires, vous en tirerez parti pour la formation d'une garde nationale.

« Continuez, monsieur, à justifier à tant de titres la confiance du gouvernement ; témoin de vos succès, je croirai mériter en partie ce que vous dites de flatteur pour moi en terminant votre rapport.

« Agréez..., etc.

« *Le Ministre, secrétaire d'Etat du département de l'Intérieur,*

« Guizot. »

Ce labeur ingrat mais absorbant se prolongea durant sept mois. L'avènement du ministère Casimir Perier, le calme revenu dans son département, l'établissement d'un gouvernement stable après les appréhensions du début rendirent enfin au préfet quelque tranquillité. Désormais assuré de l'avenir, il put renouveler affectueusement à son frère l'offre d'une retraite paisible à son foyer.

Nous savons avec quel enthousiasme Augustin Thierry avait accueilli la révolution de Juillet, les certitudes qu'il y pensait reconnaître, les réalisations qu'il en attendait. Tout admirateur de La Fayette qu'il soit et bien que resté en bons termes avec Laffitte, il est de cœur et d'esprit avec le parti de la Résistance. Pour lui, la révolution a été close le 9 août par la revision de la Charte et l'élection de Louis-Philippe ; les hommes du « Mouvement » ne lui inspirent qu'inquiétude et méfiance.

Ce double sentiment transparaît dans la lettre qu'il adresse de Carqueiranne à Guizot, le 9 novembre 1830, après la dissolution du cabinet :

C'est au milieu d'une fièvre intermittente dont les accès reviennent toujours malgré les remèdes, que j'ai ressenti toutes les transes du changement que les journaux m'annoncent aujourd'hui. C'étaient de véritables transes, car vous pouvez croire que j'ai souffert également comme ami et comme patriote. Votre entrée dans un ministère qui, succédant à une révolution, avait tant d'exigences à contenter, tant d'ambitions à satisfaire et à froisser, était une rude tâche ; on le saura bientôt. En attendant, ce que vous avez fait depuis trois mois ne périra point, et l'administration du pays restera, quoi qu'on fasse, dans le moule où vous l'avez jetée. Ce sera un grand plaisir pour vos amis de voir le peu qu'auront obtenu en définitive ceux qui vous ont poursuivi et calomnié avec tant d'acharnement et de mauvaise foi. Cette presse parisienne, qui a tout sauvé dans la dernière crise, semble aujourd'hui n'avoir d'autre but que de tout perdre. Je n'y comprends rien et j'étais loin de m'y attendre. Mais, grâce à vous, et à vos amis politiques, l'ordre est organisé en France, nous sommes reconnus à l'étranger et en paix au dedans, il ne tiendra pas à quelques écrivains brouillons de tout remettre en question et le bon sens des provinces fera justice, au besoin, de la turbulence de Paris.

8

La rentrée au pouvoir de ceux qu'il considérait comme « les meilleurs garants de nos libertés politiques » lui rendit toute sa confiance et c'est joyeusement qu'en compagnie de Marc d'Espine, il se mit en route pour Vesoul où il arriva le 22 avril, après un voyage fatigant coupé à Lyon par un arrêt de cinq jours.

Les deux frères se revoyaient avec bonheur après une si longue séparation. Augustin trouva préparé pour le recevoir un appartement de trois pièces avec une sortie particulière. Les couverts odorants du jardin lui ménageaient un asile propice à la rêverie comme au travail.

Dans ses entretiens avec Amédée, il se montrait plein de sécurité dans l'avenir. En trois ans, que de changements heureux dans leur destinée ! Bien jeune encore, le cadet semblait promis aux plus hautes fonctions publiques ; membre de l'Institut, proclamé alors le plus grand historien de son temps, l'aîné était entré déjà dans la gloire. Et cette gloire, pouvait-il supposer à bon droit, touchait à peine à son aurore. Dédaignés ou suspects sous la Restauration, les historiens tenaient enfin leur revanche. Ils se partageaient les premières charges de l'État, les plus éclatantes faveurs du régime. Tous, Mignet, Thiers, Villemain, Guizot, étaient des amis, des compagnons de lutte ou de travail. La pairie attendait Villemain et pour Guizot, ministre d'hier, nul n'était mieux désigné demain pour une présidence du Conseil. Augustin Thierry connaissait ses vastes projets, sa volonté de « ranimer et répandre le goût de l'étude de notre histoire nationale », d'organiser la science historique comme un véritable pouvoir et d'ordonner la recherche « intégrale » du passé. Quand de tels desseins viendraient à s'accomplir, que ne pouvait-il espérer, lui, l'un des maîtres reconnus parmi les maîtres, et que ne devait-il pas attendre ?...

Il était aveugle cependant, mais sacrifiés par dévouement à la science, ses yeux perdus ne devenaient-ils pas un titre de plus à la reconnaissance du pays ; sa ferme volonté n'avait-elle point prouvé qu'elle demeurait maîtresse d'un corps débile ? La cécité n'est pas un obstacle absolu, Milton aveugle avait continué d'exercer son emploi au *High Council* — la cécité sans doute, mais la paralysie ?

Celle-ci poursuivait sa marche envahissante. Les derniers traitement essayés à Carqueiranne n'avaient apporté aucune amélioration. A peine si l'ataxique traînait encore quelques pas incertains. Il luttait cependant de tout son courage contre la souffrance qui le tenaillait, le mal qui le condamnerait sans appel à la déchéance physique. Un médecin de Besançon, le docteur Bessières, promit merveilles des eaux de Luxeuil. Amédée l'y conduisit en juin, une suprême tentative s'imposait.

S'il ne devait point y recouvrer la santé, il allait en ramener la compagne bien-aimée de sa vie.

Tous les baigneurs de Luxeuil et les touristes de passage connaissent, au moins de vue, la maison du cardinal Jouffroy, construite au quinzième siècle par le conseiller de Louis XI, sa façade sévère, ses fenêtres aux meneaux sculptés, son merveilleux balcon ajouré, sa tourelle à pans coupés, décorés de masques et de cartouches, dernier vestige du gothique expirant, envahi, déformé déjà par les enjolivements de la Renaissance.

En 1831, ce logis historique appartenait à deux vieilles demoiselles déjà sexagénaires, très pieuses et très charitables, Mlles Désirée et Éléonore Fressigne, et les deux sœurs hébergeaient cette année-là des hôtes de distinction, des amis parisiens mais bretons d'origine, l'amiral de Quérangal et sa fille Julie.

De bonne et vieille famille morbihannaise, apparenté aux Leuze, aux Fontenay, aux Aigremont, Pierre-Maurice-Julien de Quérangal avait pris sa retraite en 1818, major de la marine à Rochefort, avec le grade honoraire de contre-amiral. Bien qu'aucun titre de noblesse ne précédât sa particule, il avait dû cependant fournir ses preuves pour entrer dans l'aristocratique Corps Bleu. Jeune lieutenant, il avait servi sous le bailli de Suffren, fait la campagne des Antilles avec d'Estaing et, capitaine de vaisseau sous l'Empire, un moment attiré sur lui l'attention du maître par une action héroïque. Cerné en 1808, avec trois frégates, dans le pertuis de Maumusson, par une flotille anglaise, sommé de se rendre, il finissait par se dégager après un combat inégal et ralliait Roche-

fort sur son dernier bâtiment fracassé et coulant bas. Dans
la bataille, un boulet frappant son banc de quart, un éclat
lui avait crevé l'œil droit, arraché la moitié du visage, si
bien que le vieux loup de mer passait pour l'officier le plus
défiguré de toute la marine française.

Demeuré veuf et chargé de deux filles, dont l'aînée, Éveline,
était entrée en religion au couvent de Picpus, il vivait modestement à Paris, rue de Bellefond, avec la cadette, des
quartiers de sa pension de retraite, jointe au médiocre revenu
de quelques métairies au pays vanetais.

Julie de Quérangal avait alors trente-deux ans : petite et
fluette, des pieds et des mains d'enfant dont elle se montrait
fière, un visage aux traits menus sous d'abondants cheveux
châtains coiffés en « demi-bandeaux », éclairé par deux grands
yeux noirs un peu fiévreux, on pouvait presque la trouver
jolie. Mais le teint blême et comme délavé, semé parfois de
plaques cireuses, annonçait une santé chétive, déjà menacée
par le cancer.

Instruite et déliée d'intelligence, se piquant de bel esprit,
elle avait reçu une éducation brillante à la Maison impériale
d'Écouen, sous la direction illustre de Mme Campan. Cependant, en dépit de tant d'avantages, la trentaine était venue
sans qu'elle eût trouvé à s'établir. Sous la Restauration
comme à présent, les épouseurs étaient rares pour les fiancées
sans dot. Ayant le sentiment et l'ambition de ses mérites,
la jeune fille par surcroît se montrait difficile.

De ses rapports avec la Surintendante qui durèrent jusqu'à
la mort de celle-ci, elle avait conservé l'amour des lettres et
le penchant d'écrire, inclination véritable qu'était venue fortifier encore son intimité avec Mme Mélanie Waldor. Mil huit
cent trente et un ! toute une pléiade de femmes auteurs se
lève à l'horizon littéraire : c'est l'année où débutent George
Sand et Anaïs Ségalas ; Mme Tastu a donné déjà ses *Oiseaux
du Sacre;* Mélanie Waldor publie son premier roman : *l'Écuyer
d'Auberon;* Mmes Desbordes-Valmore et Delphine Gay sont
en pleine réputation. Julie de Quérangal brûlait de marcher
sur leurs traces.

L'arrivée d'Augustin Thierry, bientôt connue dans la

petite ville, éveilla son plus vif intérêt. Elle professait pour
l'historien une enthousiaste admiration. Dans une lettre à sa
cousine Laurence, plus tard Mme de Trèveret, elle s'avoue
« transportée » par la lecture de la *Conquête*.

Comment arriver jusqu'à lui, le connaître, s'en faire apprécier? Julie de Quérangal s'ouvrit de son désir à Mlle Désirée.
Au nombre de ses parents, l'obligeante vieille fille comptait
un cousin, M. Galmiche, conseiller de préfecture de la Haute-
Saône qui, par fortune, se trouvait à Luxeuil Il connaissait
naturellement son préfet et se chargea des présentations.

Tous ceux qui l'approchèrent : Nisard, Loménie de Brienne,
Renan, l'abbé Perraud, le père Gratry, l'ont constaté, Augustin Thierry possédait un charme de séduction incomparable. Causeur éblouissant, il s'exprimait avec une étonnante
poésie de pensées et de mots. Science, histoire, musique,
anecdotes, souvenirs de jeunesse, il abordait tous les sujets
avec un enchantement égal, d'une parole souple, élégante,
colorée, nerveuse et noble. « Cet aveugle connaît tout, sait
tout, se souvient de tout, écrira Loménie de Brienne ; ce qu'il
n'a pas vu avec les yeux du corps, il l'a vu avec les yeux de
l'esprit » — et si l'on veut des témoignages féminins, la comtesse de Circourt, Mmes de Tracy, de Corcelle, après lady Holland et la princesse Belgiojoso, ont loué « sa conversation sans
pareille, toujours lumineuse, sans apprêt, éveillée à la plus
sérieuse intimité ».

Dès leur première rencontre, Mlle de Quérangal fut conquise et l'écrivain, de son côté, insensiblement gagné par une
sympathie grandissante, commença de fréquenter chez
Mlle Fressigne.

Que se passait-il en Julie? Il n'est point téméraire de le
présumer d'après ce que nous connaissons d'elle.

Elle vient d'accomplir trente ans, l'âge des passions chez
la femme, mais de santé précaire, moins sensuelle que cérébrale, elle n'est vraiment curieuse que d'intelligence. Idéaliste
et romanesque, le rôle d'ange gardien, de providence d'une
âme d'élite exalte son imagination, comme la pensée flatte
son orgueil d'associer son nom à un grand nom, sa vie à une
vie de douleur et de gloire. Ambitieuse enfin, pour cette

carrière des lettres qui l'attire, n'est-elle point assurée de trouver en son mari le guide le plus sûr, le plus précieux des conseillers, qui la secondera de son influence, aplanira pour elle la route pénible des débuts?

Pour Augustin Thierry, voici longtemps déjà que lui pèse une solitude d'autant plus cruelle à ses infirmités. De nature infiniment affective et tendre, il a toujours recherché la société des femmes, subi profondément leur influence. Le souvenir de Mlle Allègre s'est estompé dans sa mémoire, mais s'il a dû renoncer à l'amour, il continue de rêver ardemment à ce qui serait une amitié conjugale fondée sur l'étroite communion des esprits et des cœurs. La présence de Mlle de Quérangal, ses longues causeries avec elle, l'intimité intellectuelle établie entre eux accroissaient encore ce désir de toute la puissance d'un bonheur entrevu. Par pudeur d'infirme, il se taisait pourtant, trop fier pour avouer le sentiment, à ses yeux sans espoir, qui l'avait envahi. Amédée Thierry était retourné à Vesoul, le séjour de l'amiral à Luxeuil touchait à sa fin : ce fut Mlle Fressigne qui hâta le dénouement souhaité de part et d'autre.

Avait-elle, comme il est probable, reçu confidence de Julie, ou bien obéit-elle à quelque mystérieuse suggestion d'intuition féminine? Quoi qu'il en soit, elle avertit Augustin Thierry que sa demande, s'il la formulait, serait certainement agréée. A la fin d'août, les fiançailles furent officiellement annoncées et le mariage célébré le 7 novembre, en l'église Saint-Georges de Vesoul.

Pendant treize années d'une union sans nuage, en dépit de boueuses calomnies dont on regrette de trouver l'écho sous la plume étourdie d'Edmond Got, Mme Augustin Thierry allait être pour son mari la meilleure et la plus dévouée des compagnes, et, comme il le répétera bien souvent lui-même, « toute sa raison d'être et tout son intérêt de vivre ».

XIII

Premières déceptions. — Une phase douloureuse dans la vie d'un grand
écrivain. — Indifférence et oubli. — A la poursuite d'un emploi. —
De la colère au désespoir. — Affligeante correspondance avec Villemain. — Le formalisme de Guizot. — Sur le point de renoncer à
l'histoire. — Le *Recueil des documents inédits de l'Histoire de France*.
— Mission donnée à Thierry. — Les origines du Tiers État. —
Dévouement d'Ary Scheffer et d'Auguste Trognon. — Bibliothécaire
du duc d'Orléans. — Retour à Paris.

Les nouveaux mariés s'étaient provisoirement installés à
la préfecture, attendant, comme il s'en croyait assuré, que
l'historien de la Conquête normande fût bientôt pourvu à
Paris de quelque emploi dans l'Université reconstituée.

Lors des réceptions officielles, Mme Augustin Thierry aidait
à faire les honneurs son beau-frère demeuré garçon (1). Ces
dîners et ces bals obtenaient grand succès. A côté des fonctionnaires commençaient à s'y montrer les meilleures familles
du département, les de Mandre, les de Lallement, les d'Audif-
fred, ralliées au nouveau régime par le tact et la bonne grâce
de son représentant officiel.

Augustin Thierry, cependant, n'y paraissait que rarement,
retenu à la chambre par son misérable état de souffrance.
Elles aussi, les eaux de Luxeuil s'étaient montrées ineffi-
caces. Pour cette année 1832, je lis en effet sur son journal
de santé (2) : « Il ne peut marcher sans être soutenu sous

(1) Il épousera quelques années plus tard, en 1839, Mlle Gabrielle Breschet,
fille du chirurgien, professeur à la Faculté, membre de l'Académie des Sciences
et de l'Académie de Médecine (1784-1845).

(2) Ce journal de santé, rédigé avec le plus grand soin, à partir de 1844, par
le secrétaire et médecin d'Augustin Thierry, le docteur Gabriel Graugnard,
fournit également, pour les années qui précèdent, de précieuses indications
auxquelles il a été déjà recouru dans ce récit.

les deux bras. Après quelques minutes de marche, il est
averti de s'arrêter par un battement de cœur. Cette disposition est surtout remarquable dans les promenades qu'il essaie
après les repas. Il éprouve des symptômes de suffocation
durant les grandes chaleurs et de temps en temps, lorsque sa
chambre est trop chaude ou qu'il s'imagine qu'elle doit être
telle. L'imagination et la préoccupation sont pour beaucoup
dans ces accidents. »

De graves préoccupations matérielles et morales achevaient
en effet d'épuiser ce corps miné par la maladie et trou-
blaient la sérénité consentie de ce puissant cerveau. Il était
arrivé dans la Haute-Saône hanté du grand dessein entrevu
naguère, rêvant toujours d'écrire l'histoire des Invasions germaniques. Sur sa demande, Amédée Thierry avait fait fouiller
les archives, les bibliothèques publiques de Vesoul et de
Besançon. Recherches vaines qui n'avaient donné aucun
résultat, mis à jour nul document utile. L'historien désabusé
s'était rendu compte qu'un si grand monument ne pouvait,
faute de ressources, s'édifier en province. Il lui fallait
retourner à Paris et les moyens lui manquaient pour s'y
établir si modestement que ce fût.

Sans fortune, l'amiral de Quérangal n'avait pu donner
aucune dot à sa fille et ses droits d'auteur, aux revenus
aléatoires, constituaient les seules ressources de l'écrivain.
Sa pension sur la liste civile avait disparu dans la tourmente de Juillet et pour comble d'infortune, l'indemnité
annuelle de 2 000 francs accordée par Guizot avait cessé
d'être payée après son départ du ministère.

Dans cette extrémité, un instant, sur le conseil d'Arnold
Scheffer, Augustin Thierry songea écrire un abrégé de l'*Histoire de la Conquête* en un volume. Il renonça à cette idée
« sur l'avis des libraires qui pensaient qu'une telle publication diminuerait de beaucoup la vente de l'ouvrage complet ».

Vers le même temps, Victor Bohain qui lançait à grand
tapage l'*Europe Littéraire*, recueil qu'il rêvait à la fois éminent et luxueux, qui devait être, assurait-il, « un temple
élevé à l'universalité des arts ; un foyer où viendrait aboutir

les rayons de toutes les intelligences », s'adressa aux deux frères pour leur proposer une collaboration éventuelle. Il précisait au polémiste réconcilié du *Censeur* qu'il eût toutefois à s'abstenir de toute controverse politique.

Augustin Thierry lui répond alors cette lettre intéressante pour la conception qu'elle exprime de l'histoire :

MONSIEUR,

Mon frère et moi, nous sommes extrêmement flattés de votre proposition, mais nous ne pouvons y répondre comme vous le désirez, à moins de savoir exactement quelle sera la nature et l'étendue des articles admis dans *l'Europe Littéraire* et quelles conditions l'entreprise offre à ses collaborateurs. Nous n'avons pas reçu le prospectus que vous nous annoncez, enfin nous ne nous faisons pas une idée bien claire de ce que vous entendez par l'exclusion de toute politique, car l'histoire est de la politique et les romans de Walter Scott sont pour la plupart des romans politiques. En attendant sur tous ces points des informations nécessaires, nous vous prions, monsieur, d'agréer..., etc. (1).

L'arrivée aux affaires du cabinet Soult lui rendit un moment toutes ses illusions. Parmi les nouveaux ministres, et les plus influents, il ne comptait que des amis. Il avait connu Barthe au *Globe*, Thiers, en même temps que Mignet, à l'Arsenal, fréquenté chez le duc de Broglie au temps de sa jeunesse. Guizot enfin, devenu grand maître de l'Université, allait pouvoir sans plus tarder réaliser ses projets grandioses, et l'un des premiers qu'il voudrait s'associer serait certainement celui auquel il multipliait naguère les assurances du plus affectueux dévouement :

Paris, 25 octobre 1831 (2),

J'ai l'air d'avoir bien des torts envers vous, mon cher Amédée, et je m'en désole. Vingt fois, j'ai voulu vous écrire et n'en suis pas venu à bout. Vous pouvez savoir que je suis très occupé ; je suis encore bien plus dérangé et je perd bien plus de temps que je n'en emploie. Aujourd'hui, je vous écris de la Chambre, aux bruits des

(1) Vesoul, 7 janvier 1833.
(2) A Amédée Thierry.

murmures de l'extrême gauche que Charles Dupin impatiente.
Pardonnez-moi donc tous mes retards et croyez que votre frère
et vous, vous n'en avez pas moins occupé très souvent ma pensée.
Je prends peu d'amis et ne les quitte jamais. Je ne connais pas
Mlle de Quérangal ; mais ce qu'elle fait m'apprend ce qu'elle est,
et je félicite notre pauvre Augustin de son excellente fortune, il a
raison de s'y confier et vous de le lui conseiller. Qu'il prenne au vol
un peu de bonheur en ce monde. J'aurai un vrai plaisir à le voir, car
j'espère bien que nous le reverrons ici. Vous faites merveille de le
prendre avec vous et de ne plus vous en séparer. Vous aurez
vous-même un intérieur qui vous manque. Je voudrais bien que
nous réussissions à arranger enfin à votre frère une situation pas-
sable. J'en ai parlé, j'en parle, j'en parlerai. Nous viendrons à bout
de quelque chose. Par malheur le temps s'écoule et je m'impatiente
comme vous. Dites-lui que nous l'aimons toujours, que nous lui
demandons de parler de nous à Mlle de Quérangal et comptez sur
mon amitié, comme je compte sur la vôtre.

Tout à vous.

Guizot.

Augustin Thierry pouvait d'autant mieux croire au rapide accomplissement de ces promesses qu'à peine installé,
le ministre chargeait sa femme de les renouveler en son
nom.

C'est moi, monsieur, écrit Mme Guizot, qui suis priée de
vous répondre, car mon mari est, vous pouvez le penser, bien
occupé en ce moment. Au reste, ces occupations lui sont
agréables et chères, il aime à se retrouver au milieu de ses
anciens collègues, de ses vieilles habitudes universitaires, à se
sentir appelé à réaliser tant de projets, tant de désirs qui ont
depuis longtemps fermenté dans toutes les têtes scientifiques.
Il est aussi heureux de penser qu'il pourra, dans sa nouvelle
position, rendre quelques services à des personnes dont la carrière fut longtemps la sienne et dont l'amitié est encore un de
ses biens les plus précieux. Cherchez, monsieur, ingéniez-vous
à voir comment il pourrait vous être utile ; il pense beaucoup
à vous et vous prie d'y penser vous-même ; mandez-nous toutes
vos idées sur votre position et sur les améliorations qu'elle
pourrait recevoir. Ce serait un beau jour pour M. Guizot que
celui où il vous tirerait de peine pour le présent, d'inquiétude
pour l'avenir.

Ce n'est pas seulement du premier trône restauré que datent les grandes ingratitudes, l'initiateur de la renaissance historique en France va connaître à son tour l'indifférence et l'oubli. Successivement il verra élever aux plus hautes charges de l'État ses émules ou ses amis : Barante, ambassadeur en Russie ; Mignet, directeur des archives aux Affaires étrangères ; Villemain, vice-président du conseil royal de l'Université, désigné pour la pairie.

Et pendant qu'ils grandissent ainsi, lui, trois années encore, restera dédaigné à Vesoul, en posture humilié de quémandeur qu'on promène et qu'on lanterne. Il en souffre dans son orgueil justement blessé, plus encore dans sa confiance trahie et ses affections déçues. Alors commence l'un des plus douloureux épisodes de cette vie douloureuse : véritable crise morale dont on suit les progrès attristants dans la correspondance qu'on va lire.

Sa première pensée a été de rentrer dans l'Université. Sur la foi des assurances de Guizot, il a demandé, certain de l'obtenir, un poste d'inspecteur d'Académie vacant à Paris et prié Villemain de suivre l'affaire et d'intervenir au besoin.

Celui-ci lui adresse le 31 octobre cette réponse bien hésitante sous les formules et les protestations :

MON CHER AMI,

Je n'envoie pas une lettre que je t'avais écrite parce que j'ai vu depuis ton excellent frère qui n'est pas moins excellent préfet. Ne m'accuse pas, je n'oublie pas plus tes intérêts que tes beaux récits. Je viens encore d'en causer avec M. Guizot qui est toute estime et toute amitié pour toi. Voici les faits : mon cher ami, tu pourrais être nommé inspecteur à Paris, mais il paraît bien difficile que cela n'exige pas quelque résidence. J'en serai charmé, moi, mais avec quatre mille francs et ta pension, vivras-tu à Paris aussi commodément qu'à Vesoul. Auras-tu jardin, repos, domestique suffisant? Le mieux serait de te donner un titre qui entraînât seulement quelques rapports par écrit, quelque programme, quelque instruction que tu dicterais à loisir et que nous exécuterions religieusement. Voilà, mon cher ami, ce que M. Guizot fera, j'espère, si tu ne me donnes pas quelque autre idée.

J'ai appris avec joie que tu travaillais et que bientôt un volume serait achevé. Rome et ses destructeurs goths, c'est un admirable sujet que Buat, Gibbon, etc., ont manqué. Le règne de Théodoric te fournira des choses bien neuves. As-tu le panégyrique d'Eunodius sur lequel j'ai demandé un travail aux candidats de l'agrégation d'histoire? Mais que dis-je là? Tu aurais tiré des trésors de Symmaque, de Boèce, de Cassiodore.

Je te remercie, mon cher ami, de ton compliment : je l'accepte surtout pour mon mariage (1). Je t'ai déjà parlé du tien ; l'honneur que j'ai eu d'entrevoir Mme Thierry a augmenté mon vif et respectueux intérêt pour elle. Tu la récompenses en gloire et en affection d'un choix qui l'honore et qui vous rend heureux. Quand tu viendras à Paris, mon cher ami, je serai bien empressé de te recevoir et de te faire connaître une personne qui jouit de tes livres autant que moi ; ma mère te garde un souvenir très tendre et a bien questionné sur toi ton frère qui lui a fait une visite aimable. Écris-moi, mon cher ami, et sois sûr de mes réponses très promptes et de mon zèle invariable.

Ton bien dévoué.

VILLEMAIN.

Les semaines puis les mois s'écoulent. Rien et toujours rien. La place espérée est donnée à un autre. On ne répond même plus à ses lettres. Le découragement et la colère commencent à gagner l'historien :

Trois mois passés dans l'attente et trois lettres sans réponse : voilà où j'en suis, mets-toi un seul moment à ma place. J'avais espéré que l'inspection vacante ne serait pas donnée ; elle vient de l'être et à qui? *Frange, miser, calamos!* Puisque le précaire et l'éventuel continuent à peser sur moi, il faut que je songe sérieusement à mettre mes instants à profit. Adieu les longues études ; elles sont trop ingrates ; elles m'ont fait perdre la vue et ne m'ont pas donné de quoi inspirer à mes amis un peu de résolution en ma faveur (2).

L'amitié de Villemain, sincère autant que nonchalante, s'émeut à cet appel de détresse. Il tâche de son mieux

(1) Villemain avait épousé quelques mois auparavant, à Dreux, Mlle Desmousseaux de Givré.
(2) Lettre à Villemain, Vesoul, 27 janvier 1833.

à réconforter le désespéré, plaide les circonstances atténuantes.

Paris, le 31 janvier 1833.

MON CHER AMI,

Je te réponds tout de suite, ne pouvant faire mieux. Je veux au moins que tu ne doutes pas de mon zèle et de mes vœux. La bienveillance, l'estime de M. Guizot sont toujours les mêmes ; il souhaite vivement te faire une position mais il ne l'a pas cru possible pour l'inspection qui exige un service de voyage et d'activité. Ajoutons, mon cher ami, que sa longue indisposition, l'accablement d'affaires qui a suivi, et depuis quelques jours, une maladie grave de Mme Guizot, tout cela le préoccupait et rendait plus difficile l'accomplissement d'une chose qui n'est pas dans le courant de chaque jour. Que cela ne te fâche pas. Mon cher ami, ne te crois ni oublié ni méconnu ; mais je te dis les causes de retards. Je vais au premier moment calme lui proposer un arrangement qui ne te satisfera qu'à demi, qui est insuffisant, médiocre, mais qui enfin vaut mieux qu'une attente sans résultat. Au reste, mon cher ami, quand tu parles de tes amis au pouvoir, ne songe pas à moi. Je n'y suis pas, Dieu merci ! J'ai le travail fatigant et peu distrayant d'une place administrative (1) ; je parle quelquefois à la Chambre des pairs, où je te remercie de m'avoir remarqué, mais je n'ai aucun crédit, aucune puissance pour obliger un peu en grand mes amis.

Mon cher ami, ta mélancolie m'afflige, ne renonce pas à tes travaux ; tourne un peu ta pensée vers l'avenir. Tu as fait un ouvrage admirable et tu peux encore travailler. Entreprends quelque chose qui ne soit pas trop étendu, pas de haute mer, suis la côte, décris ce que tu voudras, mais avec cette expression vive et profonde, ce vrai passionné qui t'appartient. Écris la vie d'Attila, d'Alaric, le christianisme des Gaules, la chute de l'empire d'Occident, tout ce qu'il te plaira. Sois sûr d'être intéressant et lu. Si tu ne t'ennuies pas de dicter pour moi, réponds-moi, excite mon zèle, fais-moi honte de n'avoir rien obtenu et crois-moi ton bien dévoué par invariable amitié, comme par respect de ton *rare* (2) talent beaucoup plus inaccessible que la pairie.

VILLEMAIN.

(1) La vice-présidence du conseil royal de l'Université à laquelle il avait été appelé dès le 14 août 1830.
(2) Souligné dans le texte.

Un semestre encore d'attente vaine, d'énervement crois-
sant. L' « arrangement » annoncé tout proche n'est pas encore
intervenu. A force d'y réfléchir, Augustin Thierry croit avoir
débrouillé l'énigme, trouvé la raison puérile pour laquelle
les portes de l'Université restent closes devant lui. Il n'est
pas agrégé et connaît l'esprit formaliste de Guizot, rigide
observateur de tous les règlements. Qu'à cela ne tienne, non
sans ironie, il se déclare prêt à subir les épreuves du concours ; précise en même temps les raisons qui font une nécessité de son retour à Paris.

S'il est devenu impossible de faire pour moi ce qui était formellement projeté, il y a un an, dis-moi quelle est la cause de cette
impossibilité (1)? Mon frère croit que tous les obstacles viennent
de ce que je ne suis pas agrégé, mais, lorsqu'il m'en parle, je lui dis
qu'il plaisante, et, à mon avis, un pareil prétexte ne serait qu'une
plaisanterie. Fauriel n'était pas agrégé, il n'était pas même bachelier ès lettres, lorsque M. de Broglie, bien autrement à cheval que
M. Guizot sur les règlements universitaires, l'a nommé professeur
de la Faculté. Ce qui a été possible pour l'un, ne l'est-il pas pour
l'autre? Et du reste, si l'on y tenait absolument, je pourrais me
présenter aux épreuves de l'agrégation. Il serait curieux de voir
siéger là un membre de l'Institut !

Sérieusement, mon cher ami, je te prie de rappeler à M. Guizot,
et avec toute la chaleur de cœur dont tu es capable, les promesses
réitérées et l'état d'angoisse continuelle où me met cette longue
incertitude. Rien n'est plus précaire que ma situation. Si mon
frère changeait de résidence, je ne le suivrais pas, et, faute de pouvoir habiter Paris, je serai forcé de m'enterrer dans le village de
Luxeuil, où je suis maintenant à prendre les eaux. Voilà, si vous
m'oubliez, quelle est ma seule perspective, voilà le brillant avenir
qui me récompense de mes travaux. A part toutes les considérations d'amitié, en ne regardant que les intérêts de la science que,
comme chefs de l'Instruction publique, vous devez avoir en vue,
crois-tu que ma présence à Paris serait inutile aux études historiques? Elles sont tombées au plus bas par votre retraite à tous, et,
si vous avez un reste d'amour pour elles, vous me ferez une position telle que je puisse employer ce qui me reste de forces à conserver nos traditions qui se perdent, à sauvegarder la méthode et

____

(1) A Villemain, Luxeuil, 31 août 1833.

le style en histoire. Tu verras ce que je puis faire encore par l'article que j'ai envoyé à la *Revue des Deux Mondes* (1). J'avais entrepris bien autre chose que cette série de morceaux détachés. Mais, après deux ans de recherches, j'ai senti qu'un grand ouvrage ne pouvait se rédiger en province, j'ai renoncé à ma grande histoire des Invasions germaniques, et je me suis mis à écrire de nouvelles *Lettres sur l'Histoire de France*. C'est un travail de désespoir, et mon éloignement de Paris me condamne à ne rien faire de mieux ; le public saura pourquoi.

Si pour de bonnes ou de mauvaises raisons, l'Université me repousse, M. Guizot a le pouvoir de me ramener à Paris, en m'accordant le maximum des pensions littéraires (2) ; pour cela il n'a besoin qu'à prendre conseil de lui-même et de la justice.

Villemain répond à son ami quelques jours plus tard, pour lui apprendre le projet inattendu auquel s'est arrêté le ministre. Sa lettre embarrassée abonde en réticences. On le sent contraint, mal content de soi, assez honteux de plaider le pire :

M. Guizot t'a écrit ou va t'écrire son projet. Ce n'est pas une place, ni une faveur, mais un travail, je le sais. Ce travail, s'il ne t'ennuie pas, peut être d'une véritable originalité et serait pour toi un grand moyen d'aisance. Mon cher ami, je conçois ton désir, ton besoin, ta passion de revenir à Paris ; il faut seulement pour toi Paris avec assez de fortune et pour cela il te faut le produit d'un travail extrêmement populaire comme l'Abrégé d'histoire que te propose M. Guizot. Quant à ton projet d'agrégation, c'est une plaisanterie, tu es agrégé à la corporation de Tacite, Commines, Machiavel, de Thou, Voltaire, etc., etc., corporation fort diverse et fort libre.

Je regrette bien que tu abandonnes ton grand livre. S'il te faut Paris pour le faire, je voudrais avoir la puissance de t'y installer avec dix mille livres de rentes. Quoi qu'il en soit, mon cher ami, dicte quelques mots pour m'apprendre si l'idée du ministre t'agrée ou du moins ne te répugne pas. Je te prie de croire à mon invariable affection.

(1) *Les Enfants de Chloter Ier*, publié dans cette revue, 1er août 1833.
(2) Par arrêté en date du 18 mai 1833, l'indemnité annuelle primitivement accordée le 7 septembre 1830 à Augustin Thierry avait été portée de 2 000 à 3 200 francs. Toutefois Guizot n'était pour rien dans cette augmentation due aux amicales instances de Mignet. Les 1 200 francs supplémentaires furent en effet prélevés d'abord sur les fonds du ministère des Affaires Étrangères.

Un grand malheur avait empêché Guizot d'écrire. Il venait
de perdre sa seconde femme si tendrement aimée. Dans sa
douleur profonde, il se penche vers une autre affliction, trace
alors pour Augustin Thierry cette lettre où perce à chaque
ligne son mortel chagrin, si différente par l'émotion qu'elle
dégage, du ton de sécheresse hautaine habituel à sa Correspondance.

Paris, 17 septembre 1833.

MON CHER AMI,

Ne me reprochez pas de ne pas vous avoir écrit ; ne me reprochez
rien. Je fais chaque jour ce que commande la nécessité, la nécessité absolue, et quand j'y ai suffi, je rentre dans ma chambre, pour
dormir, si je peux, pour rêver en liberté, si je ne dors pas. Vous avez
beaucoup souffert, vous avez vu s'évanouir de bonne heure de
belles espérances ; vous êtes malade, aveugle ; vous devez comprendre aisément ce qu'il peut y avoir de tristesse et de douleur
dans une âme ; n'essayez pas de vous faire une idée de l'état de la
mienne ; vous n'y réussiriez pas. J'ai perdu non seulement le
bonheur, un bonheur que j'avais ressaisi comme par un miracle,
mais un bonheur jeune, beau, brillant et doux, serein et animé,
un bonheur toujours le même dans toutes les situations, dans la
retraite la plus profonde, comme dans l'activité la plus éclatante
et qui toujours, partout, donnait pleine et constante satisfaction
à ma raison et à mon imagination, à mes sentiments les plus
intimes et à mes moindres goûts, à ma nature tout entière. Voilà
ce que j'ai perdu : quoi qu'il puisse me rester, ce qui me reste n'est
rien pour moi. Vous rappelez-vous une *canzone* du Dante, peu
connue, où il dit en parlant de la mort de Béatrix :

Io non mori et non rimasi vivo.

C'est ma condition, et une condition qui ne peut changer, car je
travaille, j'agis, je vis extérieurement comme par le passé, avec
la même activité et la même énergie, j'espère : c'est au fond de
mon âme que la vie a cessé et ne peut revenir.

Laissons moi là ; je ne vous aurais pas parlé de moi, si involontairement, malgré moi, votre nom ne m'avait reporté tout à coup
dans ce passé qui est toujours ma vie. Elle avait pour vous une
amitié véritable, vos intérêts, votre destinée l'occupaient habituellement. Je ne manquerai pas à ce qu'elle eût désiré. Depuis
longtemps, je cherche une manière de vous caser dans l'Instruc-

tion publique. J'avais pensé à vous faire inspecteur de l'Académie de Paris pour les études historiques. A cela il faut deux choses : 1° une vacance que j'espère amener d'ici au 1er janvier ; 2° que vous puissiez aller faire des examens dans les collèges et à l'École Normale. Le pourriez-vous ? Sondez bien vos forces.

En attendant que cela s'arrange, voici ce que je vous propose. Voulez-vous vous charger de me faire une petite Histoire de France en un bon volume in-8° ou deux forts in-12, à l'usage des écoles normales primaires et des écoles primaires supérieures ? Il faut que ce soit une histoire complète, un grand résumé riche de faits et vrai de couleur. Je ne connais, entre nous, que vous et moi qui puissions le bien faire. Le voulez-vous ? Ce serait un travail assez profitable. Répondez-moi sans trop tarder. Certainement, je vous voudrais à Paris ; je voudrais que vous y redevinssiez centre d'études et de conversations (1). Nous en avons grand besoin et peut-être le moment approche-t-il où le mouvement intellectuel et scientifique pourra recommencer. Quatre mille francs ajoutés à ce que vous avez, suffiraient-ils à vous faire vivre tolérablement à Paris ? Pensez-y bien avant de vous décider à vous séparer de votre frère ?

Adieu, mon cher ami, je vous le répète, ne me reprochez rien. Mettez sur votre lettre, *pour moi seul*, et croyez bien que je n'ai jamais été plus à vous.

GUIZOT.

La lettre du ministre contenait cette fois un engagement formel. En attendant qu'il se réalisât, pour montrer son bon vouloir, Augustin Thierry se mit au travail, afin de composer l'Abrégé qui lui était demandé.

J'ai retrouvé dans la masse des documents — quelques-uns fort importants — laissés après sa mort, le plan qu'il arrêta, dicté par lui à sa femme. Il est divisé en sept livres.

« Livre Ier : Histoire de la Gaule avant les Romains, sous

___

(1) Cf. dans les *Mémoires pour servir à l'histoire de mon temps*, t. III, p. 176, la lettre d'Augustin Thierry, citée par Guizot qui débute ainsi : « Croyez-vous, mon cher ami, que ma présence à Paris serait sans utilité pour les études historiques ? Notre école a été dissoute par votre retraite à tous ; il n'en reste que des débris qui vont se perdant de jour en jour. Je les rassemblerais autour de moi, je me ferai centre d'études et en vérité il y a urgence. Voyez quel enseignement léger et sautillant commence à devenir populaire. Dans les livres, ce qui se publie est encore plus étrange ; sous le nom d'histoire, on fait du dithyrambe et de la poésie. — Luxeuil, 8 septembre 1833. »

9

les Romains et sous les rois Francs, jusqu'à la fixation des limites du royaume de France (888). Livre II : Histoire du royaume de France, borné par la Meuse, la Loire, la Somme, l'Epte et la Vilaine, jusqu'à l'époque des conquêtes vers l'ouest et vers le nord (1180). Livre III : Histoire des conquêtes jusqu'à leur accomplissement (1270). Livre IV : Histoire de la Monarchie française étendue au sud et à l'ouest, jusqu'aux limites de l'ancienne Gaule, depuis le commencement du treizième siècle jusqu'aux guerres de religion (1550). Livre V : Histoire des guerres politiques et religieuses terminée par l'établissement de la Monarchie administrative, depuis le commencement du seizième siècle jusqu'au milieu du dix-septième siècle (1643). Livre VI : Histoire de la Monarchie administrative jusqu'en 1789. Livre VII : Histoire de la Révolution, de l'Empire et de la Restauration (1). »

Cependant, le temps s'écoule. Encore une fois Guizot paraît avoir oublié ses promesses. Bien plus, Augustin Thierry apprend que le poste universitaire sur lequel il compte, vient d'être attribué à un autre. Son indignation éclate dans une lettre véhémente adressée à Villemain.

Lorsque j'ai reçu ta dernière lettre si aimable pour moi, je venais de voir dans les journaux l'annonce de cette vacance qui devait être amenée en ma faveur. Tu disais que tu allais poser la question de mon entrée dans l'Université. Je croyais, pour cette fois, être au bout de ma longue attente, et, huit jours après, les journaux m'apprennent que la place est donnée à un autre. Il n'y a pas, non il n'y a pas de solliciteur importun qui ait été promené d'espérances en désappointements plus que je ne le suis depuis quinze mois. Est-ce là mon rôle? Si M. Guizot n'ose plus ce qu'il voulait encore au mois de décembre, rappelle-lui qu'il y a une chose qu'on me doit et qu'on peut me donner, le *maximum des pensions littéraires*. Je le demande et je ne cesserai de le demander. Reste à savoir si ce sont des amis ou des étrangers qui me l'accor-

---

(1) On a parfois reproché à Thierry, pour en reporter tout l'honneur sur Michelet, de n'avoir pas donné place à la géographie dans son œuvre. Or, le projet qu'on vient de lire s'accompagnait d'un atlas historique et ethnographique de cinquante-huit cartes, minutieusement établi pour la France et l'Europe.

deront !... Assez sur ce triste sujet ! J'ai bien de l'amertume dans le cœur et je crains qu'elle ne déborde (1).

Un mois après, la discussion du projet de loi sur l'ancienne liste civile le plonge en des alarmes nouvelles. Il est question de supprimer les pensions littéraires qui figurent sur cette liste et la sienne, par conséquent. Le projet adopté, c'est pour lui la misère toute nue. Il lance à Villemain un suprême appel :

Est-ce que mes amis regardent le titre d'Inspecteur de l'académie comme trop éminent pour moi? Si j'avais prévu un pareil avenir, j'aurais un peu ménagé mes yeux. J'avais espéré jusqu'à ce moment conserver au moins un lambeau de ma pension sur la liste civile. Ces 500 francs sont peu de chose, mais c'est le salaire d'un domestique sans lequel je ne puis me transporter d'une chambre à l'autre.

En serai-je donc réduit à me faire délivrer par mon frère un certificat d'indigence? Ce serait une dérision et une honte pour nous deux... Je suis bien découragé. J'ai beau montrer ce que je sais faire en histoire, le zèle pour moi n'en devient pas plus chaud. C'est une barque pourrie qui a noyé son maître. Si cet abandon continue, je la laisserai là et je ferai avec ma femme des livres pour les enfants (2).

Pour l'honneur des lettres françaises, Augustin Thierry n'en fut pas réduit à cette extrémité. Il n'eut point à réclamer une attestation qui, répondait Villemain, « serait la honte du pays ».

L'instant qu'il désespérait davantage allait au contraire lui apporter le salut, le ramener à Paris, en l'arrachant à son exil forcé. La *Société de l'Histoire de France* venait de se fonder sous l'égide et par les soins de Guizot. Son but, défini dans le rapport au roi, du 31 décembre 1833, était de « choisir dans les archives locales et dans celles de l'État des documents importants de l'histoire nationale et de les publier successivement, sans blesser aucun intérêt, ni convenance publique, mais aussi sans puérile pusillanimité ». Admirable

(1) Vesoul, 19 janvier 1834.
(2) Vesoul, 27 février 1834.

et féconde idée qui devait donner naissance au grand *Recueil des documents inédits de l'Histoire de France*, « élever chez nous l'étude des souvenirs et des monuments du pays au rang d'institution nationale ».

Des difficultés d'ordre budgétaire, l'opposition entêtée de Garnier-Pagès retardèrent quelque temps l'accomplissement de ce noble projet. Approuvé par la Chambre, soutenu par le roi, Guizot enfin put se mettre à l'œuvre.

Avec Mignet, Fauriel, Guérard, Cousin, le général Pelet, Augustin Thierry fut l'un des premiers collaborateurs auxquels il s'adressa. Par lettre officielle du 11 novembre 1834, il le chargeait de surveiller et diriger « la collection des chartes concédées aux villes et aux communes par les rois et les seigneurs du douzième au quinzième siècle et celle des ordonnances et constitutions des diverses corporations, maîtrises, etc., établies en France aux diverses époques ». Le but précis de ce grand travail était en outre indiqué clairement. Il s'agissait « de retrouver, autant que possible, dans l'histoire des communes et des différentes sociétés particulières qui se sont formées dans leur sein, une sorte d'histoire générale des origines de la bourgeoisie et du Tiers État ».

Une somme annuelle de 3 000 francs, portée bientôt à 4 500, était allouée à l'historien. En outre « plusieurs jeunes gens instruits et laborieux » étaient mis à sa disposition pour l'assister dans une entreprise « longue et délicate ».

Aucun labeur de science ne pouvait davantage enchanter l' « apôtre des communes » ni s'accorder mieux à ses recherches de prédilection. Pour l'avoir déblayé déjà, il connaît le terrain sur lequel il est appelé à construire. Son cœur s'associe à sa pensée pour conduire à ses fins une œuvre colossale qui les partage l'un et l'autre. Il l'accepta comme l'accomplissement de sa destinée et la poursuivra quinze ans avec une inlassable énergie. Un grand livre, tout d'apaisement scientifique et d'abstraction sereine, sortira de cette enquête : l'*Essai sur l'histoire de la formation et des progrès du Tiers État.*

Presqu'en même temps que lui parvenait cette heureuse nouvelle, Augustin Thierry en recevait une autre qui le tirait définitivement d'inquiétude. Le duc d'Orléans achevait de constituer sa maison. Il restait à pourvoir un poste de bibliothécaire, et comme autrefois son père à Casimir Delavigne, ses aïeux à Fontenelle et à Laujon, le prince, continuant une tradition de famille, désirait l'assurer à quelque littérateur en renom. Des amis moins proches dupouvoir que Villemain, Thiers ou Guizot, mais familiers de Ferdinand-Philippe et de dévouement plus empressé : Ary Scheffer, Auguste Trognon, M. de Boismilon, s'employaient activement en faveur de l'historien aveugle, auquel la reine Marie-Amélie vint elle-même prêter son généreux appui.

Au commencement de décembre, après quelques retards dus au mauvais vouloir de Thiers qui défendait un autre candidat, Trognon avait enfin la joie d'annoncer à son ami qu'il était agréé et le rassurait en même temps sur ses attributions :

M. le duc d'Orléans connaît parfaitement votre état et la connaissance qu'il en a n'a fait que le décider davantage en votre faveur. Il y aura sous vous un homme chargé de ranger et surveiller la bibliothèque, où vous viendrez vous asseoir et travailler quand il vous plaira et dont vous réglerez les achats sur un fonds déterminé. Votre place est une de celles que les princes s'honorent de donner en les donnant à des hommes tels que vous : voilà ce que M. le duc d'Orléans a senti et vous comprenez ce que je vous disais tout à l'heure, comment votre situation vous a assuré la préférence sur tout autre homme de lettres à qui il eût l'idée de proposer ce poste dans sa maison. Il n'est jamais entré dans sa pensée d'attendre de celui qu'il choisirait le service d'un commis de bibliothèque. Bien entendu, vous prendrez possession quand il vous plaira ; je souhaite que les chartes de M. Guizot vous attendent aussi tranquillement que les livres de M. le duc d'Orléans.

Une indemnité de 2 800 francs sur le direction des Beaux-Arts était attachée à cet emploi.

Rien ne s'opposait plus désormais au retour d'Augustin Thierry à Paris. Sur le conseil des médecins, il passa cependant l'hiver à Vesoul. Au printemps, de persistants accès de fièvre vinrent encore reculer son départ. Enfin soulagé, il l'arrêta définitivement pour l'automne de 1835.

XIV

La vie à Vesoul. — Opinions politiques et littéraires d'Augustin
Thierry. — Dévouement de ses amis. — Une lettre d'Armand Carrel.
— L'Académie des Sciences Morales et Politiques. — Les derniers
jours d'un philosophe. — Les idées nouvelles en histoire. — Pour
répondre à Michelet. — La *Revue des Deux Mondes* et les *Nouvelles
Lettres sur l'Histoire de France.* — Admiration qu'elles soulèvent. —
Témoignages de Chateaubriand, Villemain, Sainte-Beuve, etc. — *Dix
Ans d'Études historiques.* — Plan primitif de l'ouvrage. — Raisons
qui ont dicté la préface. — Derniers travaux à Vesoul.

Ces trois années d'angoisses morales, d'espoirs toujours
trompés, de désillusions successives n'avaient pas été sans
exercer sur l'infirme la plus fâcheuse répercussion. Son confiant optimisme, sa foi idéaliste dans l'avenir, sa croyance
robuste en l'amitié avaient disparu, remplacés par le doute
et la misanthropie. La génération montante lui apparaissait
forgée d'un métal suspect, la proie d'une sorte d'affaissement
intérieur, incapable de s'enflammer, comme la précédente,
pour les grandes idées et pour les nobles causes. Ses anciens
compagnons de luttes ont émigré « vers ces régions de la
politique d'où l'on ne revient guère ». Il se sent isolé, se
croit abandonné et, pour amertume suprême, de nouvelles
méthodes semblent s'établir en histoire, l'égarant à ses yeux
hors de sa vraie route. Aux tristesses de l'homme viennent
s'ajouter les alarmes du savant.

Durant ces heures difficiles, Augustin Thierry ne cessa point
de trouver réconfort et soutien dans l'affection dévouée de
son frère et la tendre sollicitude de sa femme. Il reçut aussi
à diverses reprises, de ceux qu'il aimait, des marques d'attachement qu'il n'oublia jamais et rappelle avec émotion dans
ses lettres. J. Guigniaut, Auguste Trognon, Arnold et **Ary**

Scheffer firent ainsi le pèlerinage amical de la Haute-Saône, venant, aux jours noirs, ranimer son courage. Chateaubriand lui-même, partant pour la Suisse, après son emprisonnement éphémère, ne dédaigna point de s'arrêter à **Vesoul** pour y saluer l'historien qu'il proclamait son « **jeune maître** ».

Malgré son éloignement, il continuait de s'intéresser avec passion aux lettres et à la politique, suivant attentivement leur double évolution. Si la lecture de *Lélia* lui arrachait une exclamation indignée (1), il admirait au contraire sans réserve *Notre-Dame de Paris.*

L'agitation tumultueuse, les émeutes sanglantes qui marquèrent le début du nouvel ordre de choses lui inspiraient des sentiments mêlés de tristesse et d'inquiétude dont on peut retrouver la trace dans les lettres qu'il adressait à Guizot et dont celui-ci, dans ses *Mémoires*, a publié de longs extraits.

Il condamnait résolument la propagande des journaux avancés et s'insurgeait contre leurs doctrines. Pourtant, il conservait son estime et son amitié au plus turbulent des agitateurs, son ancien secrétaire Armand Carrel, dont il savait apprécier le courage, le caractère et le talent. Lorsque le rédacteur en chef du *National* fut grièvement blessé en duel par le fils de Roux-Laborie, au mois de février 1833, il s'empressa d'écrire à leur ami commun, l'éditeur Paulin, pour s'informer de ses nouvelles. Le polémiste se montra des plus sensible à ce témoignage. « Je puis vous dire, mon cher ami, répond Paulin, que de toutes les marques d'intérêt reçues par Armand et dont je lui ai fait part, aucune ne l'a plus touché que la vôtre. » A peine convalescent en effet, Carrel adressa, pour le remercier, au patron de ses premiers débuts cette intéressante lettre qui contient de curieuses appréciations sur ses collaborateurs et semble répondre par avance aux imputations erronées

(1) Je lis dans les *Souvenirs* d'Amédée Thierry : « Augustin se faisait lire à Vesoul le roman de *Lélia* qui venait de paraître. Cette œuvre de Mme Sand lui déplaisait infiniment. Enfin, l'impatience triomphant : — Fermez ce livre, dit-il, cette femme fait ses ordures bien haut. »

que lancera bientôt Désiré Nisard, dans un excès de zèle
amical et maladroit.

Paris, 8 mars 1833.

Paulin m'a communiqué la lettre dans laquelle vous lui demandez
des nouvelles de moi, mon cher Thierry. Je n'ai plus à vous
apprendre que je suis parfaitement rétabli et depuis assez longtemps, puisqu'on a cru ma santé chose assez intéressante pour en
donner le bulletin au public, jusqu'à cessation complète du danger,
Cela doit vous paraître bien étonnant et à moi aussi, je vous le jure.
Comme on devient un personnage sans s'en douter ! Voilà qu'il ne
m'est plus permis maintenant de me fâcher, ni de tirer l'épée
contre qui que ce soit. *La France ne le veut pas.* C'est ce qu'on
m'écrit de tous les côtés à la fois et il y a des lettres qui ne portent
pas moins de huit cents signatures. Je suis bien forcé de croire
tant de gens ; aussi vais-je devenir d'une extrême amabilité dans
la discussion.

Vous me reprochez de vous avoir négligé dans le *National*
depuis que j'y suis seul, mais c'est précisément parce que je me
suis trouvé seul, absolument seul, que j'ai été distrait de tous les
sujets historiques et littéraires qui m'eussent rapproché de vous.
Je n'ai fait que de la politique depuis trois ans et pas toujours pour
mon plaisir. J'ai beaucoup cherché et je cherche encore un second,
un *alter ego* qui veuille partager avec moi la solidarité de l'opposition anti-monarchique du *National* et soit par ma faute ou autrement, je n'ai rencontré personne qui voulût de cette position,
ni comme dévouement d'amitié pour moi, ni comme affaire. Tout
ce que j'ai essayé de talents naissants avorte au bout de quelques
jours. Il n'y avait d'études politiques que parmi nos anciens amis
qui sont devenus mes ennemis, c'est-à-dire les soutiens et les fa-
voris du gouvernement actuel. Partout ailleurs, je ne trouve aucun
fond et même presque pas d'esprit politique. Votre gouvernement
du 7 août a fait dans les deux ou trois générations qui avaient
mûri sous l'Empire et la Restauration une moisson si complète
qu'il ne reste plus rien à ramasser après lui. Il faut attendre un
autre printemps. J'ai cependant encore d'excellents collaborateurs,
mais pour la littérature exclusivement. Le bon et solide Ampère
qui fait, comme vous savez, un cours très savant ; Peysse que je
promène mourant en Italie et qui est pour moi le meilleur prosa-
teur de ce temps-ci après vous ; Nisard, transfuge du *Journal des
Débats* qui fait notre Salon cette année et à qui vous avez dû

trouver beaucoup d'esprit et d'élégance de langage, si vous vous êtes fait lire ses articles littéraires, signés de l'initiale N. Sainte-Beuve, qui nous a donné récemment sur les mémoires de Jefferson, deux articles dans l'ancienne manière ou plutôt manie des élèves de Dubois et pourtant plein de belles choses, surtout d'appréciations morales du caractère politique américain, toutes d'une vérité, suivant moi, profonde et très difficile à exprimer. Voilà mon personnel littéraire, je serais bien riche si tous ces hommes-là voulaient faire de la politique. J'oublie Magnien qui malheureusement est très occupé aujourd'hui à la Bibliothèque Royale et qui me donnait l'an dernier de bien bons articles semi-politiques, semi-historiques. Après cela, mon meilleur collaborateur est mon financier Péreire dont peut-être on vous aura lu les articles sur l'amortissement, articles qui ont eu la plus grande influence sur les discussions de cette année. Je suis seul à peu près pour le reste et je n'ai pas encore repris la plume depuis mon accident.

J'attends de Paulin une note sur vos titres à l'Académie et j'espère vous prouver que je ne vous oublie pas. Je sais, mon cher Thierry, tout ce que je dois, dans le peu de succès que j'ai obtenu, à la fraternelle et sérieuse initiation que j'ai reçue de vous. J'espère que vous avez oublié les petites susceptibilités d'amour-propre avec lesquelles je me présentai dans la carrière et qui tenaient aux habitudes de la vie bruyante que j'avais menée jusque là. Je sentais déjà cependant tout le prix de la communication journalière et intime avec vous. Ce qui me manquait peut-être, c'était l'espoir de profiter de vos précieuses indications aussi heureusement que je l'ai fait. J'ose m'en vanter devant vous et devant vous seul. Comptez donc toujours, mon cher Thierry, sur mon attachement : il est tout de respect pour la supériorité de vos facultés et de reconnaissance pour les bons conseils et les grands exemples que j'ai reçus de vous.

A. CARREL.

Dans cette lettre, Carrel promettait à Augustin Thierry d'appuyer sa candidature à l'Académie. C'est de l'Académie des Sciences Morales et Politiques qu'il s'agit. Celle-ci venait d'être rétablie par ordonnance du roi (1) et comme elle comprenait dans son organisation nouvelle une section d'histoire générale et philosophique, l'auteur des *Lettres sur l'Histoire*

(1) Sur la proposition de Guizot, 26 octobre 1832.

de France songea quelque temps à se présenter au fauteuil du baron Dacier. J'ai sous les yeux le brouillon de la lettre qu'il balança d'envoyer au secrétaire perpétuel, Charles Comte, et dans laquelle il évoquait ses titres : « Les sciences morales et politiques sont depuis vingt ans le principal objet de mes études, je l'ai prouvé au plus fort de la lutte constitutionnelle et c'est dans un but politique, que plus tard, je me suis livré tout entier à l'histoire. Je ne crois pas m'abuser sur le caractère de mes travaux littéraires, en pensant qu'ils ont assez de généralité pour convenir au but de l'Académie. J'ai le premier, dans mon *Histoire de la Conquête de l'Angleterre par les Normands*, décrit sous toutes ses faces le grand fait politique de la conquête et suivi ses conséquences à travers une longue suite de siècles. J'ai soulevé en même temps la question de la diversité des races au sein du même pays, question qui depuis a fait son chemin dans la science, et dont l'Académie elle-même semble avoir reconnu l'importance en élisant M. le docteur Edwards. »

Il réfléchit toutefois que l'absence et la maladie pourraient créer des obstacles à sa candidature et résolut de consulter ses amis avant toute démarche officielle. Villemain se montra indécis à sa coutume. Mignet au contraire le déconseilla formellement : « On désire nommer quelqu'un qui réside à Paris et prenne une part active aux travaux de l'Académie. » Quant à Destutt de Tracy, abattu par la vieillesse et les infirmités, il se déroba sur les misères physiques qui, l'empêchant de se montrer nulle part, lui interdisaient de faire campagne à l'Institut (1).

---

(1) La lettre dictée par le philosophe octogénaire est navrante par les détails qu'elle donne sur ses derniers jours :

					« Paris, 18 février 1833.

 « Mon cher Augustin,

 « J'ai reçu votre aimable lettre. Elle m'a fait un très grand plaisir en me donnant de vos nouvelles dont je n'avais pas eu depuis longtemps, mais elle m'a fait bien de la peine en me prouvant que vous ne saviez rien du tout des miennes. Vous me parlez, mon cher ami, comme si j'étais tel que vous m'avez connu. Vous ignorez donc que je suis complètement abattu par l'âge et les infirmités. Mon mal est dans le cerveau ; il me cause un rhume perpétuel et le prurit des vieillards au plus haut degré. J'ai perdu tous mes sens ; je ne sens plus du tout ni les saveurs, ni les odeurs ; je suis à moitié sourd et presque aveugle et ce qui est pis que tout cela, j'ai perdu absolument et complètement la mémoire,

Toute insistance, au surplus, devint inutile lorsqu'il eut été décidé que la vacance appartiendrait à la section de Morale et ce fut une déception nouvelle pour l'historien évincé.

Suivant la règle immuable de sa vie, c'est au travail qu'il demandait la consolation de ses chagrins. Nous savons qu'après deux ans d'inutiles recherches, il s'était vu contraint d'abandonner son grand dessein de tracer le récit des Invasions germaniques. C'était, de son aveu même, une « résolution de désespoir » et qui le désolait d'autant plus, qu'à son avis, l'histoire glissait alors sur une pente funeste.

Les tendances manifestées par Michelet, dans l'*Histoire Romaine* d'abord, puis dans les deux premiers volumes de l'*Histoire de France;* ces théories renouvelées de Herder, Grimm et Vico, demandant à l'histoire non plus le récit d'un drame ou la connaissance d'une époque, mais de « retrouver à travers les faits la lutte éternelle des idées et des principes », substituant au « fatalisme des races » l'énergie autogène de la nation et l'influence du sol, inquiétaient sa certitude et lui semblaient menacer son œuvre. Il s'indigna de voir transformer en luttes de symboles ses beaux récits concrets et humains de *la Conquête.* Sa clairvoyance aperçut le danger : l'histoire jetée hors de ses voies, passant du domaine de l'analyse et de l'observation exacte, dans celui des exagérations synthétiques, et bientôt il condamnera « cette méthode venue d'Allemagne qui voit dans chaque fait le signe d'une idée et,

en sorte que je ne me souviens ni des hommes, ni des choses, ni de ce que j'ai su ni de ce que j'ai lu, ni même de ce que j'ai écrit ou éprouvé. La conséquence est que je suis hors d'état de me montrer nulle part et il y a deux ans que je n'aie paru à l'Académie Française, ni à la Chambre des Pairs. Je l'ai écrit à M. Roederer, quand il m'a mandé qu'on m'avait mis sur la liste de la nouvelle Académie des Sciences Morales et je lui ai dit que je ne voulais, ni ne pouvais en être. Il m'a répliqué qu'il ne fallait pas donner ma démission. Je lui ai répondu que je persistais à la donner et qu'il devait bien voir que je ne pouvais pas faire autrement. Il n'en a pas tenu compte et m'a laissé sur la liste, mais je n'irai certainement pas plus à cette Académie qu'à l'autre, et qu'y ferais-je?... Je suis bien fâché, mon cher ami, de ne pouvoir vous être bon à rien, mais vous voyez que je suis réellement mort au monde. J'espère que bientôt je le serai tout à fait ; jusque-là, je vous aimerais toujours, comme je vous prie d'en agréer l'assurance sincère.

« TRACY. »

dans le cours des événements humains, une perpétuelle psy-
chomachie » (1).

Se repliant encore une fois sur ses souvenirs, utilisant les
livres à sa portée, compulsant Grégoire de Tours, Venantius
Fortunatus et Adrien de Valois, il résolut de raconter dans
une série de tableaux enchaînés les uns aux autres, avec tous
les détails de mœurs et de caractères qu'il y pourrait
enfermer, la fin tragique du sixième siècle, ensanglantée par
la lutte de Frédégonde et de Brunehaut. « Je ne puis employer
un autre moyen, confessait-il à Auguste Trognon, pour
retracer un temps comme celui-là, où l'histoire n'a aucun
caractère de généralité et se disperse dans les faits privés. »

Dans sa pensée, ce travail devait être une riposte à la fois
de doctrine et de méthode à la nouvelle école : de doctrine,
car il va surtout s'attacher à mettre en relief l'antagonisme
des races dans la Gaule du sixième siècle ; de méthode, car il
prétend montrer que la narration seule ressuscite une époque
et par des procédés différents n'aboutit pas moins à la « recherche intégrale du passé ».

A pareil manifeste, il fallait une tribune retentissante,
Augustin Thierry vint la demander à la *Revue des Deux
Mondes*. Le 20 mai 1833, il signait avec François Buloz un
traité aux termes duquel il s'engageait à lui donner une suite
de six articles intitulés *Nouvelles Lettres sur l'Histoire de France*,
au prix de 200 francs la feuille. Le premier : « les Enfants de
Chloter Ier », parut le 1er août (2).

Tout de suite un éclatant succès s'affirma. L'attendrissement
et la sympathie du public étaient acquis à l'historien aveugle,

(1) *Considérations sur l'Histoire de France*, chap. v.

(2) Les autres s'échelonnent aux dates suivantes : II. « Suites du meurtre de
Galeswinthe ; Mort de Sigebert », 15 décembre ; III. « Histoire de Mérowig ;
les asiles religieux ; Gonthramn Bose », 15 juillet 1834 ; IV. « Prætextatus »,
15 mai 1835 ; V. « Histoire de Leudaste, comte de Tours, le monastère de Sainte-
Radegonde », 1er mai 1836 ; VI. « Le juif Priscus, fin de l'histoire de Leudaste »,
1er décembre.

Les *Récits des Temps mérovingiens* ont été en majeure partie composés à
Luxeuil, dans cette maison du cardinal Jouffroy qu'habitait Mlle Fressigne,
où l'historien établissait sa résidence d'été et que visita Désiré Nisard (cf. *Souvenirs de voyage*, p. 202 et suiv.). Longtemps une plaque sur la muraille rappela
ce souvenir littéraire. La municipalité la fit enlever ces dernières années, jugeant
Augustin Thierry « trop orléaniste ». La politique de clocher a des raisons...

mais écrivains, savants et critiques n'admirèrent pas moins, sous les grâces aisées du style, la vision puissante qui restituait si complètement une époque abolie, célébrèrent à l'envi « le grand érudit, doublé d'un grand coloriste ». On remarqua qu'il s'abstenait cette fois de toute controverse, sans chercher à faire jaillir du passé aucune étincelle des ardeurs politiques qui continuaient d'enflammer le présent. Également, on nota qu'il s'arrêtait volontiers, en ces temps de barbarie sans frein, sur le rôle salutaire de l'Église personnifiée en des évêques tels que Grégoire, Médard ou Prætextat.

De toutes parts et des plus illustres, approbations et louanges ne furent pas ménagées à l'auteur. Chateaubriand d'abord : « C'est un véritable chef-d'œuvre de narration, du style le plus sain et le plus approprié au sujet, c'est une haute leçon donnée à tous les barbouilleurs de nos jours. J'ai été vivement frappé et touché par cette peinture de mœurs de quelques personnages d'un vieux monde qui finit dans un monde qui commence. Jamais on n'a mieux fait sentir une de ces époques historiques de la mort et du renouvellement d'une société (1). »

Villemain se montre plus dithyrambique encore, mêlant curieusement les conseils aux éloges :

Je viens de lire ton grand récit sur Hilpérik et Frédégonde. Que cela est vif, intéressant, plein d'émotion et de vérité ! Quel talent de faire revivre les temps et les hommes ! Frédégonde à Tournay, les deux jeunes Franks, l'assassinat d'Hilpérik, la dispersion de l'armée, ce sont des choses admirablement contées et l'épilogue, cette fatalité des Mérovingiens, ces rois qui suivent en aveugles et *comme des barques emmenées à la dérive le courant de leurs instincts brutaux*, enfin la vision de Salvius et le glaive de la colère divine nu et pendant sur cette maison ; voilà des traits que l'imagination ne peut oublier. Que tu es heureux, mon ami, de garder ce talent ! Si j'étais à ta place, c'est-à-dire si j'étais toi, tout à fait toi, je me moquerais bien de mon cruel accident et de la difficulté qui en résulte pour les grandes recherches. Je prendrais des sujets bornés, biographiques ou autres, qu'un petit nombre de lectures originales peuvent éclaircir complètement. Je laisserai ces lec-

(1) 20 juillet 1834.

tures faites et refaites fermenter dans mon excellente tête et puis, à mon aise, quánd je sentirais cette pensée si vive échauffée en moi, je dicterais des compositions de médiocre étendue, tantôt sur une époque, tantôt sur un homme, tantôt sur un événement ; toujours dans ce Moyen Age qui serait mon univers miltonien dont Dieu m'aurait donné *la seconde vue*. Je serais lu comme Walter Scott l'était, dans la première nouveauté, et de plus je serais lu dans l'avenir, car j'aurais écrit ou j'écrirais les pages les plus vives, les plus vraies et les plus neuves de notre temps. Voilà, mon cher ami, comme je comprends les choses et ce que je te conseille de faire (1).

Quelques mois plus tard, félicitations nouvelles, accompagnées pour Michelet de blâmes fort exagérés :

Surtout, reprends tes beaux récits et fais-en bientôt un volume qui ne peut manquer d'avoir le plus grand succès. Il y a dans ce mélange de passion profonde et de savants détails, dans ce tour si élégant avec un air inculte quelque chose que personne n'atteint ni n'atteindra. Tu me demandes ce que je pense de l'ouvrage de Michelet (2) ? Eh bien, il a beaucoup d'esprit, une imagination de style quelquefois très heureuse, des détails rendus avec force, comme par exemple les terreurs de l'an 1000 ; mais il n'a point d'ordre, pas de sens, pas de vérité. Il généralise à perte de vue un petit fait parfois inexact ; il crée des races, telle que la race Celto-hellénique, il exagère tout. Il jette dans l'histoire des lambeaux de métaphysique allemande, des rêvasseries mystiques qui sont l'antipathie de l'histoire ; il n'a aucune vue politique et il est fou en architecture et cependant il a beaucoup de talent, il colore vivement ; il a de la grâce et du feu. Mais tout cela ne suffit pas pour l'œuvre historique et voilà pourquoi j'admire tant la *Conquête des Normands*, les *Lettres sur l'Histoire de France* et tout ce que tu fais.

De si hauts témoignages auxquels s'ajoutent ceux de Mignet, de Guizot, de Patin, de Sainte-Beuve (3) raffermis-

(1) 18 octobre 1833.
(2) Le onzième volume de l'*Histoire de France* (la France féodale).
(3) Ce dernier écrit à la date du 11 avril 1834 :
« J'ai éprouvé bien des fois, dans ces dernières années, le regret de n'avoir pas fait et cultivé votre connaissance. Vos livres m'ont appris tant de choses et ont ouvert à moi et à tous les hommes de cet âge tant de perspectives nouvelles et

saient la décision d'Augustin Thierry et le sauvaient du découragement. Par malheur, le livre que réclamait Villemain n'était pas prêt et de longs mois s'écouleraient sans doute avant qu'il le fût. Alors, toujours dans cette même pensée de protestation contre la méthode et les procédés de la nouvelle époque symbolique, il résolut de réunir et publier ses écrits de jeunesse, jusque-là dispersés en différents recueils.

A les donner dans leur intégralité, ils excédaient la matière d'un seul volume et l'intention primitive de l'écrivain fut en effet de les séparer en deux tomes ; le premier intitulé : *Mélanges historiques*, le second *Mélanges politiques et littéraires*. Ce dernier devait comprendre la succession des articles envoyés de 1817 à 1820 au *Censeur Européen* et au *Courrier Français* sur les sujets les plus divers : toute son œuvre journalistique, en un mot, étrangère à l'histoire (1). Il devait être précédé d'un avant-propos : « Mes relations avec M. de Saint-Simon », qu'il est à jamais regrettable qu'Augustin Thierry ait malheureusement abandonné d'écrire.

Pris de scrupules, à la réflexion, l'historien appréhenda que cette seconde partie ne répondît pas aux fins qu'il se proposait. Les sujets qui s'y trouvaient traités, d'un intérêt disparu pour la plupart, risquaient, par surcroît, de rebuter l'atten-

inattendues, qu'ils ont dû faire naître une grande reconnaissance pour l'auteur, augmentée encore de tout ce qui s'est ajouté de douloureux et d'attachant dans sa destinée.

« Avec quel intérêt mêlé d'admiration n'ai-je pas lu et n'avons nous pas lu tous ces dernières *Lettres* sur la race mérovingienne, peintures si neuves et si fermes d'une réalité retrouvée et qu'anime un souffle contenu. »

(1) En voici la nomenclature dressée par Augustin Thierry, dans une note à Just Tessier, son libraire : I. Des nations et de leurs rapports mutuels (1816) ; II. Principes pour les élections de 1817 ; III. Sur l'ouvrage de M. le comte Destutt de Tracy, intitulé : *Commentaire sur l'* « *Esprit des lois* » *de Montesquieu* (1818) ; IV. Le ministère vengé (1818) ; V. Sur un écrit intitulé : *Moyen de fonder la morale d'un peuple* par M. le comte Destutt de Tracy ; VI. Sur un écrit de J. Goerres, intitulé *l'Allemagne et la Révolution;* VII, Sur l'abolition de la peine de mort (à propos des écrits de M. le comte de Franclieu) ; VIII. Sur la vie agricole (à propos d'un ouvrage de sir Humphry Davy relatif à l'agriculture) ; IX. Sur la liberté du commerce ; X. Sur un écrit de M. de Salvandy, intitulé *Dangers de la situation présente*, avec cet épigraphe : *Abyssus, abyssum invocat* (1820) ; XI. Sur la vie studieuse de la jeunesse ; XII. Sur les *Dernières Lettres de Jacopo Ortis*, roman de Ugo Foscolo ; XIII. Sur les chants nationaux des Irlandais (à propos d'une *Ode à la liberté* de M. William Dackett) ; XIV. Sur une exposition de tableaux pour le concours du grand prix de peinture ; XV. Sur la première représentation de l'*Agnèse* de Paër ; XVI. Sur deux opéras du *Barbier de Séville*, celui de Paesiello et celui de Rossini ; XVII. Sur l'opéra du *Mariage de Figaro*.

tion. Estimant donc nécessaire de laisser « une part à l'oubli »,
il décida de sacrifier tout ce qui ne s'adapterait pas rigou-
reusement au cadre qu'il s'était fixé.

De cette revision minutieuse et sévère sont sortis *Dix Ans
d'Études historiques*. Mais avant de les envoyer à l'impression,
puisqu'on paraissait un peu trop l'oublier, l'initiateur de la
renaissance historique au dix-neuvième siècle voulut rappeler
ce que lui devait la science. Il écrivit alors la préface célèbre,
histoire de sa pensée et de ses livres, si pleine d'émotion et
de noble fierté, qui est peut-être son chef-d'œuvre et sûrement
un chef-d'œuvre tout court.

Ces pages magistrales assurèrent la fortune de l'ouvrage.
Des témoignages d'admiration qu'elles provoquèrent je ne
retiendrai que celui de Michelet, le plus caractéristique, venant
d'un rival de gloire, d'un adversaire d'école, et d'autant plus
honorable pour lui :

Tout ce qui sort de votre plume, monsieur, est pour moi un
sujet d'étude non seulement historique, mais encore psychologique et morale. Cela porte toujours un caractère de vérité, de
simplicité grave et de mesure dans la force qui me semble éminemment viril. S'il y a unité d'esprit, qu'importe la différence de
procédé et de méthode. Vos derniers fragments ont montré que
dans l'inaction de la critique et des recherches érudites, vous
aviez acquis un nouveau mérite de style : la grâce. Cette grâce,
cette douceur, cet abandon de tout sentiment amer sont une chose
bien touchante et, permettez-moi de le dire, bien glorieux pour
vous. C'est l'indice d'une grande force d'âme d'avoir ainsi pardonné.

Il eût été bien à souhaiter que tous les hommes de génie nous
fissent ainsi connaître le progrès de leurs idées et nous initiassent
à leur méthode. La plupart n'en ont rien dit ; je leur en veux de ce
silence.

Croyez à ma reconnaissance, à ma vive sympathie et malgré
le peu de différence d'âge, à ma profonde vénération.

MICHELET.

2 décembre 1834.

Cette préface et le quatrième des *Récits des Temps mérovingiens*, l'histoire de Prætextat, furent les derniers morceaux

composés à Vesoul par Augustin Thierry. Il avait alors
retrouvé sa vaillance et sa tranquillité d'âme, mais il existe
dans ses brouillons des notes embryonnaires qui montrent
qu'il n'exagérait pas, en disant à Villemain, dans une heure
de lassitude, qu'il voulait renoncer à l'histoire. Elles se rap-
portent, non pas à des « contes pour les enfants », mais à un
roman qu'il eut un moment l'intention d'écrire avec sa
femme. L'admirateur de Walter Scott se retrouvait dans le
choix d'un sujet historique ; l'action était située à la fin du
dix-huitième siècle et l'épisode principal se déroulait dans le
salon de Mme Necker. L'œuvre ne demeura jamais qu'à l'état
d'ébauche et Mme Augustin Thierry en utilisa des fragments
dans *Philippe de Morville* publié par la *Revue des Deux Mondes*
en octobre 1833 (1).

On a parfois reproché au peintre de la vie franque d'avoir
atteint dans ses tableaux les limites du roman et de l'histoire,
de s'être montré plus brillant poète que rigoureux observateur. Il n'est donc point inutile de préciser qu'à l'instant où
il les méditait, son esprit hésitait vers une voie nouvelle et
qu'il eût peut-être choisie, si l'appel de Guizot n'était venu le
ramener à de plus austères travaux.

(1) Augustin Thierry ne cessa jamais de s'intéresser avec la plus vigilante
sollicitude aux travaux littéraires de sa femme. Dans plusieurs lettres à Fr. Buloz,
il lui recommande en termes pressants *Philippe de Morville, scènes de mœurs
au dix-huitième siècle*. L'année suivante, en 1834, il adresse à Sainte-Beuve
le manuscrit d'un nouvel essai, *les Trois Sœurs*, et sollicite une opinion que le
grand critique exprime en quatre longues pages plus nourries d'appréciations
flatteuses pour son correspondant que pour l'œuvre soumise à son jugement.

XV

Le passage Sainte-Marie, aujourd'hui remplacé par la rue
Saint-Simon, avait été ouvert en 1808 sur l'emplacement des
jardins de l'hôtel de Châtillon et du couvent célèbre des Visi-
tandines fermé par la Révolution. Il dessinait un quadrila-
tère à peu près droit, se terminant en cul-de-sac à l'ouest, mais
débouchant des trois autres côtés sur les rues du Bac, de
Grenelle et Saint-Dominique.

Cité plutôt que passage en dépit de son étiquette, c'était
à l'écart d'un quartier tranquille une retraite plus paisible
et plus discrète encore. Ses demeures dont la plupart possé-
daient quelque bosquet, épave de l'ancien parc conventuel,
abritaient volontiers des savants, des penseurs ou des artistes,
épris de calme et de recueillement.

Sur les indications d'Arnold Scheffer, Mme Augustin Thierry,
partie de Vesoul en fourrier, se rendit passage Sainte-Marie.
Elle y visita au numéro 11, dans une maison à présent disparue, et loua au propriétaire, M. Valleray, pour le prix de
1 500 francs, un appartement de six pièces. Situé au rez-de-
chaussée et formant une sorte de petit hôtel, ce logis offrait
l'avantage d'éviter au paralytique la fatigue d'un escalier à
gravir. De plus, il comportait la jouissance d'un jardinet
ombragé par quelques acacias où l'aveugle pourrait se

donner l'illusion d'un peu d'espace et de grand air. L'aménagement terminé, l'historien et sa femme s'installèrent au mois d'octobre.

Avant de quitter la Haute-Saône, Augustin Thierry s'était mis en rapports avec les premiers collaborateurs qu'on lui avait désigné : MM. Émile Jollibois et Granier de Cassagnac. Suivant ses instructions, ce dernier était parti en tournée dans le sud-ouest de la France, à l'effet de vérifier la situation des archives et le travail des correspondants recrutés par le ministère.

En même temps, il adressait au Garde des Sceaux, Sauzet, une requête pressante, afin d'obtenir le concours de la magistrature pour l'entreprise qu'il dirigeait, réclamant l'autorisation de faire procéder à des recherches dans les greffes des cours royales et des tribunaux civils.

Avec un zèle infatigable, il s'occupait personnellement à puiser, de toute source possible, des pièces ou des renseignements utiles, sollicitant toutes les bonnes volontés, battant le rappel de ses amis et de ses relations. Dans ses brouillons de correspondance, à cette date, les prières alternent avec les remerciements adressés à ceux qui lui ont procuré quelque document : à Pardessus qui lui envoie de Marseille le manuscrit du *Livre des Plaids et de Justice*, à La Saussaye qui explore les archives de Vendôme, au juge de paix blésois Naudin — un juge archéologue — auquel il demande de fouiller les études notariales, à Francisque Michel à Bordeaux. Il s'informe jusqu'en Allemagne, près de Lappenberg, l'historien hambourgeois.

A mesure que s'amoncelaient les cartulaires, la tâche à peine ébauchée se découvrait de plus en plus ce qu'elle était réellement : gigantesque. De longs mois s'écouleraient avant que fût terminé le travail de mise en ordre et de déblaiement préliminaire, et même — Guizot en était averti — que pût être arrêté dans ses grandes lignes le plan général de la collection.

Durant cette période d'enquêtes et de tâtonnements, il ne semble pas qu'Augustin Thierry ait songé tout d'abord à tirer parti des matériaux qu'il rassemblait pour écrire une

histoire du Tiers État. L'idée ne s'en arrêta que plus tard dans
son esprit. C'est ce qui résulte clairement d'une lettre adressée
le 11 mars 1836 à Mme Cattanéo, la mère du futur défenseur
de Milan contre Radetzky :

L'ouvrage que vous avez la bonté d'attendre ne sera pas une
histoire du Tiers État, je dois vous l'avouer franchement, au prix
de cette attente si flatteuse pour moi. Ce sera un simple recueil
des documents inédits de l'histoire du Tiers État, recueil qui sera
énorme, s'il s'achève, et où il n'y aura rien de moi, si ce n'est le
plan et quelque préface. Cela sera amusant à lire comme la collection de Muratori : ni plus, ni moins.

A MM. Jollibois et Granier de Cassagnac étaient venus
s'ajouter, sur désignation ministérielle, plusieurs de ces
« jeunes gens instruits et laborieux » promis par la lettre de
Guizot, chartistes et normaliens pour la plupart : MM. Delpit,
Thomassy, Teulet, Bernhard, Guérard, Yanowski, érudite
pépinière, que devaient compléter bientôt deux savants
des plus distingués : MM. Félix Bourquelot et Charles
Louandre (1).

Ils dépouillaient aux Archives, au dépôt des manuscrits
de la Bibliothèque Royale, les collections de Bréquigny,
Dupuy, Leydet, etc., l'inventaire des chartes de Flandre et
d'Artois, l'historien ayant décidé de porter ses premières
recherches sur le nord de la France, particulièrement sur la
Picardie et, dans cette province, sur la ville d'Amiens. En 1837,
pour donner quelques chiffres, 2 287 pièces avaient été relevées par MM. Delpit, Thomassy et Teulet. Un an plus tard,
l'examen des manuscrits de la Bibliothèque Royale avait
fourni 13 184 bulletins, celui des Archives 2 060.

On devine à quel immense labeur de sélection, de classement, de catalogue et d'accord donnait lieu l'amoncellement
sans cesse accru de ces documents. Besogne indispensable,
mais qui devait parfois singulièrement rebuter le metteur

(1) Voici la date et la durée de ces diverses collaborations : M. Delpit (1838-44) ;
MM. Guérard et Yanowski (1839-40) ; M. Bernhard (1839-42) ; M. Bourquelot
(1841-56) ; M. Ch. Louandre (1842-56). A côté d'eux, il convient de citer encore
MM. de Certain, Duchalais, Janin, Deloye, Bordier et Lalanne.

en œuvre des chroniques populaires, à présent aux prises avec la sèche précision des diplômes et des chartes. Pourtant, ils n'arrivaient pas encore assez nombreux à son gré. Les correspondants de province témoignaient, dans leurs envois, d'une regrettable nonchalance. Sur 120 choisis à l'origine, à peine si 40 répondaient aux objurgations, aux appels réitérés qui leur étaient adressés (1). Surpris et mécontent, Augustin Thierry s'en plaint à plusieurs reprises dans ses lettres à Guizot, à Pelet de la Lozère, à Salvandy, à Villemain, à tous les ministres de l'Instruction publique qui se succèdent de 1835 à 1840.

Les matériaux assemblés et confrontés, il convoquait alors ses auxiliaires au passage Sainte-Marie, se faisant lire et relire brevets et cartulaires, rangés autour de lui comme les témoignages parlant du passé. Puis il en méditait, en rapprochait dans le silence les extraits gravés dans sa puissante mémoire, les fécondait lentement par la réflexion et dictait enfin sous une forme qu'il avait profondément travaillée en esprit, perfectionnée à plusieurs reprises et marquée du sceau de son style.

Le plan qu'il avait conçu à l'origine était véritablement colossal. Il embrassait dans une vaste synthèse quatre séries de collections distinctes : 1º État des personnes roturières soit de condition serve, soit de condition libre ; 2º état de la bourgeoisie considérée dans ses diverses corporations ; 3º ancien état des villes, bourgs et paroisses de France ; 4º rôle du Tiers État dans les assemblées d'États généraux ou provinciaux.

Tâche démesurée, hors de proportion avec les forces humaines, celles surtout d'un infirme toujours près de défaillir. Aussi, dans un rapport officiel à Guizot, en date du 10 mars 1837, l'éditeur reculait-il devant son immensité et, tout en reportant sur l'historien de la *Civilisation Française* l'honneur de lui avoir inspiré sa méthode et ses divisions, avouait-il ne plus songer qu'à la seconde et à la troisième partie du recueil, écar-

____

(1) Parmi ces derniers, il faut réserver une mention particulière à MM. le docteur Leglay, archiviste du département du Nord, Taillar, conseiller à la cour de Douai, Chambon, archiviste de Vaucluse, de Laplane, Hiver, Chaplain et Formeville.

tant la quatrième, et ajournant indéfiniment la première qui devait faire l'objet d'un supplément spécial.

D'honorables scrupules dictaient cette résolution à Augustin Thierry. Il sent l'impérieux besoin de se hâter. « On avait soif d'apprendre sur ce passé, dont l'ombre semblait encore menaçante, la vérité tout entière » (1), et les travaux succédaient aux travaux dans la Collection nouveau-née. Déjà Mignet avait publié les *Négociations relatives à la succession d'Espagne;* Beugnot, commencé le débrouillement des *Olim;* Quicherat annonçait son *Procès de Jeanne d'Arc,* Michelet celui des *Templiers.*

Sans se dissimuler les difficultés de l'entreprise, Thierry jugeait d'abord la pouvoir mener à bonne fin en deux ans. C'est le délai qu'il s'assigne dans une lettre à Salvandy, ajoutant pour le justifier aux yeux du ministre : « Je voudrais pouvoir promettre sur-le-champ la publication d'un volume et je fais tous mes efforts pour en avancer le terme. Je ne sais si l'infatigable Bréquigny allait plus vite, je serais tenté de croire que non et d'ailleurs pour marcher sûrement au but, il faut de toute nécessité joindre la patience au désir. »

Désir sincère assurément, mais combien illusoire espérance. Pour réduit qu'il soit, le plan de la *Collection* n'en comporte pas moins encore de longs développements qui entraînent de minutieuses recherches, d'inévitables lenteurs d'exécution. En 1839, en 1840, son auteur se voit obligé de réclamer de nouveaux délais à Cousin et à Villemain. Ce n'est qu'à partir de 1845, en des communications à l'Institut et au Comité des Travaux Historiques, qu'il va pouvoir commencer d'élever le monument qu'il a rêvé d'édifier à la bourgeoisie française, pour la glorification des classes laborieuses, des deshérités de la naissance et du privilège, des premiers berceaux de la liberté et de la démocratie.

Un deuil cruel avait attristé pour Augustin Thierry les débuts de ce grand travail. Son père était mort à Blois le 15 août 1836. L'écrivain ressentit profondément cette perte. Il avait conservé pour l'éducateur de sa première enfance

---

(1) Augustin THIERRY, *Considérations sur l'Histoire de France.*

l'affection la plus vive et le plus tendre respect. Son chagrin s'accrut encore de n'avoir pu l'assister à ses moments suprêmes, ni recueillir ses derniers baisers. Il éclate douloureusement dans cette lettre à son frère, que je reproduis ici malgré son caractère intime, pour la lumière qu'elle projette sur l'évolution qui commence alors de s'accomplir en sa pensée, marquant le début d'un retour progressif vers les croyances de ses jeunes années.

Rosny-sous-Bois, le 17 août 1836, 7 heures du soir.

MON CHER FRÈRE,

L'affreuse nouvelle est arrivée. Elle me brise jusqu'au fond de l'âme. Julie m'a soutenu ; elle pleure avec moi celui qu'elle appelait comme nous son père. Depuis deux jours, elle me cachait les lettres de Blois et portait seule le poids de notre malheur. Ceux qui nous ont le plus aimé sont morts, et de tant d'affection pour nous, de tant de dévouement, de tant de vertus, il ne reste qu'un souvenir.

Croyons que tout n'est pas fini avec cette vie et qu'il y a un lieu de réunion où les pères attendent leurs fils. Croyons-le, toi et moi, nous nous sommes trop détachés de ces idées.

Ma sœur n'est pas venue à Blois. Remercions Dieu de ce qu'il t'a inspiré la résolution de faire le voyage, au moment où celui que nous regrettons pouvait reconnaître et embrasser son fils. Mon malheur est plus grand que le tien. Je n'ai pas entendu sa voix et je n'ai pas touché sa main. Je n'ai pour me consoler que la mémoire de son admirable vie, de cette vie de sacrifice, où pas une pensée n'était pour lui. J'aurais voulu que ma pauvre Julie pût le connaître. Elle sent tout ce qu'il y avait de grand dans cette âme si modeste et si forte. Elle m'en parle d'une manière digne et pénétrée qui est le langage le plus capable de me calmer. Ton aveugle souffre bien dans de pareilles épreuves. Il ne voit que ses idées et ses idées le brûlent. Tu as plus de force que moi, tu lutteras mieux contre la douleur. Adieu, je t'embrasse de tout mon cœur. Je suis accablé.

Cette affliction si touchante fut longue à se calmer. Elle interdit quelque temps tout travail au fils inconsolable. En novembre, Mme Augustin Thierry écrivait encore à son beau-frère : « Augustin est toujours fort triste. Il essaie de se remettre à la besogne, mais ses idées ne sont plus avec le Tiers État ni les Mérovingiens, elles sont toutes à des souvenirs d'anciennes scènes de famille et à des regrets que le temps seul adoucira. »

Cependant les rudes et difficiles travaux de la *Collection du Tiers État*, véritable toile de Pénélope qu'il fallait rentraire et raccoutrer sans cesse, n'absorbaient pas seuls l'activité laborieuse de l'historien. Durant ces années 1835 et 1836, on le voit continuer, à peu près régulièrement de six mois en six mois, dans la *Revue des Deux Mondes*, la publication de ses *Nouvelles Lettres sur l'Histoire de France*.

Successivement avaient ainsi paru la quatrième, la cinquième et la sixième : l'histoire de Prætextat, celle de Leudaste, comte de Tours, et celle du juif Priscus. On a dit tout le succès qui les avait accueillies. Toutefois, dans ce concert d'éloges, quelques voix avaient détonné. Certaines, incriminant le tour anecdotique et pittoresque donné à ces récits, avaient paru suspecter leur valeur scientifique, insinué qu'elles n'étaient au fond que de « charmantes historiettes » sur les Mérovingiens.

Or, nul reproche ne pouvait plus sensiblement atteindre leur auteur. S'il s'appliquait à rendre attrayante la reconstitution du passé ; sous la profonde connaissance des faits particuliers, il prétendait en même temps à l'intelligence supérieure de l'ensemble. Dans ces *Nouvelles Lettres sur l'Histoire de France*, dont il décida, dès lors, de modifier le titre en celui de *Récits des Temps mérovingiens*, il avait cherché à mettre en relief, par une suite de tableaux épisodiques, les types variés de la société gallo-franque, à faire revivre et se mouvoir des individualités caractéristiques mais effacées, perdues dans les grandes masses de l'histoire. Il résolut donc, pour justifier le point de vue sous lequel il avait présenté le sixième siècle et pour mettre le dernier sceau à sa grande entreprise de réforme historique, de reprendre ses anciennes études pour les compléter et les amender tour à tour. Exposant les systèmes qui s'étaient succédé depuis trois siècles, tantôt blâmant et tantôt approuvant, faisant la part de ses propres erreurs, il signalerait à l'ardeur et au travail des jeunes générations certains points demeurés obscurs de notre histoire nationale et tracerait le plan d'une vaste Histoire de France, léguant à l'avenir l'exécution de cette idée.

Tel fut l'objet des *Considérations sur l'Histoire de France* où, pour la première fois, Augustin Thierry expose en système ses théories sur les races et l'origine du Tiers État et dans lesquelles l'extension donnée à l'historique du régime municipal annonce également ses travaux ultérieurs.

Lorsqu'elles parurent dans la *Revue des Deux Mondes* (1), on s'aperçut d'un changement profond dans la manière de l'écrivain. Cette lumineuse intelligence s'était encore élevée. L'ardent polémiste de 1821, l'éloquent historien de 1825 et 1827, le narrateur pittoresque de récits héroïques a fait place à un dialecticien qui envisage désormais l'histoire sans passion. Les derniers chapitres frappèrent par leur sérénité. Explicable apaisement, puisqu'à ses yeux la révolution de 1830 et la victoire du droit national sont l'aboutissement bienheureux et logique, la fin nécessaire des traditions françaises ; qu'est-il besoin de batailler à nouveau, pourquoi lutter encore pour cette bourgeoisie si longtemps opprimée, aujourd'hui triomphante ; plaider la cause des vaincus à présent qu'ils sont devenus les vainqueurs ?

Déterminé, bien qu'elles en dépassassent sensiblement le cadre, à donner les *Considérations sur l'Histoire de France* comme introduction aux *Récits des Temps mérovingiens*, Augustin Thierry, pour acquitter un juste tribut de reconnaissance, voulut dédier au duc d'Orléans ce livre, le dernier, dans sa pensée, qu'il lui fût peut-être donné d'achever. Il fit demander l'agrément du prince par son secrétaire des commandements, M. de Boismilon, et reçut en retour la plus flatteuse réponse :

Vous ne pouviez douter, monsieur, du plaisir avec lequel je verrai mon nom associé à la publication de l'important ouvrage que vous nous aviez promis. Je m'en félicite encore plus depuis l'accueil qu'il a reçu de tous ceux qui s'intéressent à notre his-

(1) 15 décembre 1838 et 1er janvier 1839.

toire nationale et je me plais à vous en donner ici un nouveau témoignage en vous réitérant l'assurance de mes sentiments de haute estime.

Votre affectionné

Ferdinand-Philippe d'ORLÉANS.

Tuileries, 26 mars 1840.

C'est donc, en quelque sorte, sous le patronage officiel de l'héritier du trône, que les *Récits des Temps mérovingiens* parurent chez l'éditeur Just Tessier, au mois de mars 1840 (1).

De tous les ouvrages d'Augustin Thierry, ils sont demeurés le plus célèbre et le plus répandu. Les contemporains, Sainte-Beuve, Sylvestre de Sacy, Gustave Planche, Libri, Hyppolyte Lucas s'accordèrent à célébrer la plume « pour qui toute composition historique était un travail d'art autant que d'érudition » et, ne séparant pas l'historien du peintre et du poète, louangèrent sans réserves l'évocateur incomparable « qui s'était rendu le contemporain des temps qu'il prétendait faire revivre à nos yeux ». On ne s'avisa point de lui reprocher alors d'avoir outrepassé les limites du roman et de l'histoire, ni d'enjoliver Grégoire de Tours. Assez misérables chicanes au demeurant, car, ainsi que l'a justement formulé Brunetière, « on ne saurait exiger de l'historien qu'il se désintéresse de ses personnages et, sous le nom d'impartialité, qu'il nous parle de saint Louis ou de Louis XIV avec autant d'indifférence que de l'ours des cavernes ou des poissons ganoïdes ». Qu'importe au surplus qu'Augustin Thierry se soit trompé sur le nom d'un vêtement ou la forme d'un ustensile, s'il a rendu l'accent même de la vie qu'il s'était proposé de ressaisir et vu se dresser devant lui la figure entière de ses héros !

Dans la copieuse liasse des témoignages admiratifs de toutes sortes qui parvinrent au passage Sainte-Marie et que

---

(1) A titre de curiosité, voici quelques-unes des dédicaces qui accompagnaient leur envoi aux destinataires :

A Amédée Thierry : *A mon frère, témoignage de tendre amitié ;* à Victor Cousin, à Mignet, à Thiers : *Souvenir d'ancienne amitié ;* à Désiré Nisard ; *L'auteur à son ami Désiré Nisard ;* à Henri Martin : *A mon ami Henri Martin ;* à Michelet : *Témoignage d'admiration ;* à F. Arago : *Témoignage de respect et d'admiration ;* à Lacretelle, Jouy, de Pastoret, Droz, Casimir Delavigne, Royer-Collard, Lamartine, comte de Ségur, Ch. Nodier, Viennet : *Hommage de l'auteur.*

Mme Augustin Thierry conservait avec un soin dévôt ; parmi ceux de Jouy, de Jules Janin, de Ch. Rémusat, de Louis de Carné, de Nisard, de Magnin, de Paul Lacroix, etc., je ne retiendrai que les deux suivants, pour la grande signature qu'ils portent :

D'abord Villemain :

MON CHER AMI,

Ton livre est de ceux qu'il faut lire tout entier avant de remercier et pour mieux remercier. Je n'ai pas encore achevé cependant tes deux volumes, malgré le grand loisir que j'ai. Toutes les considérations de la première partie m'ont vivement préoccupé par la profondeur et la variété des connaissances, l'habileté de la composition, la beauté sévère du style. C'est un modèle à méditer.

Je ne te parle pas de la préface où je me suis trouvé avec étonnement et reconnaissance. Je t'en renvoie les dernières paroles : *to duca, tu maestro.* J'espère que beaucoup d'autres penseront comme moi de l'ouvrage entier qui me paraît un digne couronnement de tes travaux et de ta renommée.

Voilà ce que pense un solitaire qui serait enchanté d'avoir occasion de dire cela publiquement.

Mille amitiés et respects à Mme Thierry.

A. VILLEMAIN.

Guizot, alors ambassadeur en Angleterre, où il doit être, comme on sait, l'adversaire malheureux de Palmerston dans le règlement de la question d'Égypte, entremêle ses appréciations de curieuses réflexions personnelles :

Londres, 31 mai 1840.

MON CHER AMI,

Je n'ai pas voulu vous écrire avant de vous avoir lu. Et c'est une affaire de placer, dans la vie que je mène, la lecture de deux volumes, quelque plaisir qu'on y prenne. Nulle part le vice de la civilisation moderne n'est plus apparent que dans ce pays-ci ; on est toujours pressé ; on n'a de temps pour rien ; on entasse les affaires sur les affaires, les plaisirs sur les plaisirs ; tout se fait à la course et dans la foule. Il faut, pour suffire à ce mouvement, des facultés bien grandes et fortes ; et c'est une pitié de voir les plus grandes facultés contraintes de se déployer au milieu d'un tiraillement continuel et avec une précipitation qui leur enlève beaucoup de leur grandeur, car elle ne leur permet rien de complet, ni d'achevé.

J'ai, comme vous, passé bien des années à contempler du fond de mon cabinet la majestueuse monotonie de la vie des cloîtres. Voilà dix ans que je suis plongé dans le tumulte des tribunes et le brouhaha des bazars. Quel contraste, si on avait le temps d'y songer !

Je vous ai lu enfin et avec délices, la critique comme le drame, les jugements comme les récits. Vous avez l'imagination et la raison également vraies. C'est bien rare. Je regrette beaucoup de n'avoir pas voté pour vous à l'Académie (1), pour mon plaisir, et aussi pour le plaisir d'entendre Viennet parler de vous et de Clovis. Ne disait-on pas le *fier Arbogaste* et c oyez-vous qu'Arbogaste fût plus fier que Viennet ? J'ai tort de rire de lui, car je l'aime assez : c'est un honnête homme courageux. Je lui passe tout, même de vous avoir attaqué. J'espère qu'il m'a un peu attaqué aussi.

J'ai prêté vos deux volumes à un homme d'esprit, grand ami de nous et de nos travaux, sir Francis Palgrave qui veut en parler dans l'*Edinburgh Review*. Vous devriez bien me faire envoyer un exemplaire complet de vos rapports (je crois qu'il y en a deux ou trois) sur la Collection des origines du Tiers-État. Je ne les ai pas ici et sir Francis Palgrave me les demande.

Dites, je vous prie, de ma part à Amédée que j'ai bien reçu sa lettre, mais non pas son volume. Je ne sais à qui il l'a remis, mais je ne l'ai pas. Je ne veux lui répondre, comme à vous, qu'après l'avoir lu. J'en suis très curieux. Je crois l'histoire de la Gaule Romaine à peu près inconnue.

Adieu, mon cher ami ; mes respects, je vous prie, à Mme Thierry. Gardez-moi l'un et l'autre votre bon souvenir. J'y ai droit, car tenez pour certain qu'il n'y a pas de mémoire plus fidèle que la mienne. Rien n'y fait, ni l'absence, ni le temps, ni le silence. Adieu, tout à vous.

Guizot.

Bientôt, les *Récits des Temps mérovingiens* allaient recevoir la plus haute consécration qu'il fût possible à l'Institut d'accorder à un ouvrage historique. Le 13 mai 1840, l'Académie Française leur décernait le grand prix Gobert, et proclama-

(1) Cette lettre est postérieure à l'attribution du grand prix Gobert aux *Récits des Temps mérovingiens.*

tion solennelle de cette récompense était faite le 11 juin
suivant dans la séance publique des cinq académies. Malgré
la résistance de Viennet, fidèle à son esthétique périmée et
scandalisé de trouver Hilpérik et Mérowig si différents de son
Clovis, Mignet, au cours des échanges de vues préliminaires,
avait surmonté toutes les hésitations.

Dans une lettre qu'il lui adresse quelques jours avant le
vote, Augustin Thierry remercie avec effusion son ami de
cette intervention :

Paris, 17 avril 1840.

MON CHER MIGNET,

Je sais tout ce que vous avez été pour moi ; j'en suis vivement
touché et je vous en aimerais davantage, si la chose était possible. Votre admirable intelligence des questions historiques et
des conditions de l'histoire a gouverné tout le débat ; c'est elle
qui a fixé le point de la question et rallié à quelque chose de ferme
et de précis des idées vagues et des opinions divergentes. J'étais
informé de tout cela presque jour par jour ; bien des fois j'ai été
tenté de vous écrire, mais j'ai craint, en remerciant l'ami, de blesser la conscience du juge. Maintenant, je puis vous dire tout ce
que j'ai dans le cœur, et je voudrais que ce fût de vive voix ; on ne
s'exprime bien que comme cela. Hier l'envie m'a pris de me faire
mener en voiture à votre porte, mais j'ai réfléchi que c'était un
enfantillage dont il ne pouvait résulter que la remise d'une carte
cornée. J'ai un grand désir d'entendre cette parole à laquelle je
dois tant, j'ai à recueillir votre jugement sur mes deux volumes
et vos conseils pour l'avenir. Je partirai à la campagne à la fin du
mois, j'irai m'établir à Bellevue, dans la maison que vous avez
visitée en passant l'année dernière et où se conserve le souvenir
de cette visite. Pourquoi ne viendriez-vous pas cette année faire
votre campement d'été sur la colline où l'air est si vif et d'où la
vue plonge si loin ? Le bonheur d'être votre voisin et de causer
avec vous serait pour moi le couronnement du succès auquel votre
amitié a si franchement et si largement contribué.

Tout à vous de cœur et pour toujours.

Par ailleurs, il donne à Martial Delpit d'intéressantes précisions sur le scrutin lui-même :

Les journaux vous ont annoncé la décision de l'Académie Française, je voudrais pouvoir vous dire que M. de Feletz y a contribué

de sa voix, mais il était parti l'avant-veille pour la campagne ; le beau temps l'avait emporté sur ses affections littéraires. Il y avait 21 membres présents et il fallait, pour que le prix fût donné, les deux tiers des voix : 14. Au premier tour de scrutin, j'ai eu 16 voix et M. Bazin 2, il y a eu 3 bulletins blancs.

Le suffrage des écrivains et des lettrés, autant que l'opinion publique, ratifia le jugement de l'illustre compagnie. Chateaubriand, qui avait appuyé le lauréat de sa haute influence et s'était dérangé tout exprès pour voter, répondit à ses remerciements : « Je n'ai fait que soutenir la couronne que l'on posait sur votre tête. » On a lu la lettre de Guizot ; pour Nisard, l'Académie « réparait » l'élection de Flourens (1) ; Jouy, Magnin, Libri luttèrent de compliments et d'éloges et Sainte-Beuve écrivait :

Je ne veux pas tarder plus longtemps à vous dire, monsieur, que personne n'applaudit plus vivement que moi au grand acte de justice que vient de faire l'Académie Française, en couronnant en vous, ce qui est si rare, l'alliance de la plus admirable sagacité historique et de la forme la plus simplement et la plus fermement éloquente. Jamais décision de corps savant n'a aussi bien répondu à l'attente générale et à la conscience publique.

Cet « acte de justice », par une distinction unique dans l'histoire des lettres françaises, l'Académie devait le continuer durant quinze années, maintenant le prix à Augustin Thierry jusqu'au jour de sa mort et justifiant ainsi l'expression de *fief littéraire*, dont s'était servi Villemain, pour en marquer le singulier caractère et pour en rehausser l'éclat (2).

(1) Flourens venait d'être élu à l'Académie Française contre Victor Hugo.
(2) Dans son rapport sur les prix décernés en 1847. La suite de ces rapports de 1840 à 1855 forme dans leur ensemble un jugement sur le talent et les principaux ouvrages de l'historien.

XVI

Les années heureuses d'Augustin Thierry. — Règlement de vie. —
Villégiatures d'été. — Procédés de travail. — Le « salon vert ». —
Réceptions musicales et littéraires. — A causeur merveilleux, auditoire d'élite. — Jasmin et ses poèmes. — Les *Mémoires d'outre-tombe.*
— Augustin Thierry et ses amis. — La clientèle d'un grand écrivain.
— Augustin Thierry et sa famille. — Incidents à Blois. — Déplacement d'Amédée Thierry. — Sa candidature à l'Institut. — Les
romans de Mme Augustin Thierry. — Un témoin attentif de son
époque. — Angoisses patriotiques. — Les débuts d'une crise intérieure.

Les années qui s'écoulent ainsi de 1835 à 1842 marquent
pour Augustin Thierry l'apogée de sa réputation. Ce sont les
meilleures et les plus belles de sa vie. Fauriel, Chateaubriand
s'inspirent de ses écrits ; avide de recueillir ses enseignements, de mettre à profit ses conseils, toute une ardente et
jeune génération d'érudits, les Louandre, les Lalanne, les
Bourquelot, les Tiby, s'empresse d'appliquer sa méthode. Nul
historien n'a encore exercé en France une influence si profonde et si durable. Le respect universel l'environne, qu'accroît encore le prestige du malheur. Sur sa tête les honneurs
s'accumulent. Il a été fait officier de la Légion d'honneur en
1837 et Salvandy, de son naturel cependant fort peu compli-
menteur, lui annonce en ces termes sa nomination :

Paris, 31 mai 1837.

MONSIEUR ET ILLUSTRE CONFRÈRE,

Le roi se fait un devoir d'honorer les noms et les travaux qui
illustrent son règne. Aussi a-t-il voulu que la rosette d'officier de
la Légion d'honneur allât vous chercher dans votre glorieuse
retraite. On est bien heureux de contresigner des actes destinés à
un aussi universel applaudissement. J'ai donc droit à des félicita-

tions beaucoup plus que vous et je ne vous adresse les miennes que pour vous renouveler, avec les assurances de ma vieille admiration, celles de mon bien sincère attachement.

SALVANDY.

Successivement l'Académie Royale de Munich (1), l'Académie de Washington, l'Ateneo de Venise, la Société Royale de Copenhague lui conféraient leur diplôme de membre étranger. Ses infirmités lui interdisaient de partager leurs travaux, mais il demeurait en rapports avec les plus insignes de ses nouveaux collègues : Schelling, Lappenberg, Prescott, Thicknor, César Balbo, le comte Pellegrino Rossi.

Sa santé même s'était améliorée. La cécité comme la paralysie des jambes restaient incurables, mais les douleurs nerveuses lui laissaient quelque répit (2).

Pour sauvegarder sa fragile existence, il fallait à cet infirme, à ce malade, un train de vie minutieusement ordonné.

Augustin Thierry se levait tôt, avant huit heures, et dictait jusqu'à son déjeuner qu'il prenait à dix. De onze à deux heures, trois fois la semaine, il recevait ses collaborateurs pour juger le résultat de leurs découvertes et leur donner ses directions. Il dînait à trois heures, se remettait au travail jusqu'au soir et, de neuf à onze, après un souper léger,

(1) Augustin Thierry remercie en ces termes Frédéric Schelling, président de cette académie :

« Versailles, 7 août 1838.

« Je suis vivement touché, monsieur, de l'honneur que me fait l'Académie Royale des Sciences de Munich et je vous prie de vouloir bien être auprès d'elle l'interprète de mes sentiments de gratitude.

« Si le déplorable état de ma santé ne m'interdisait les voyages, j'aurais été heureux d'aller moi-même exprimer ces sentiments à mes honorables confrères, mais tout ce que je puis espérer, c'est que ceux d'entre eux qui s'occupent de travaux historiques penseront à moi, si par hasard ils viennent à Paris. Croyez, monsieur, qu'en me félicitant d'être l'un des membres de ce corps savant, j'apprécie particulièrement l'avantage de me trouver en relations personnelles avec un homme dont j'admire les écrits et dont la réputation est aussi grande en France qu'en Allemagne.

« Veuillez agréer, etc. »

(2) Le journal de santé d'Augustin Thierry constate cette amélioration durant les années 1838-39 et la plus grande partie de 1840. Le malade souffre cependant d'insomnies fréquentes que l'on combat avec des pilules d'opium.

accueillait ses amis ou les visiteurs qui se présentaient au passage Sainte-Marie.

L'été, cette règle quasi-bénédictine supportait des adoucissements. Tous les ans, les beaux jours arrivés, l'historien allait s'établir aux environs de Paris. Installation modeste dans quelque pavillon meublé, à laquelle il ne demandait qu'un jardin spacieux et le voisinage des bois. De 1836 à 1843, on le voit ainsi successivement séjourner à Rosny, à Versailles, où le bibliothécaire du château, M. Vallery, lui a trouvé un logement dans le parc, à Ville-d'Avray, chez Villemain, à Montmorency, à Bellevue, à Grosbois, à Choisy-le-Roi enfin.

Pour le paralytique traîné dans sa chaise roulante, c'étaient alors d'heureuses promenades sous le dôme des hautes futaies frissonnantes. Ses yeux morts n'en pouvaient plus apercevoir la beauté rajeunie, mais leurs parfums, leurs murmures, le pépiement des oiseaux sur les branches, la chanson du vent dans les feuilles réjouissaient son cœur.

Plus souvent encore, c'étaient de longues et pensives stations au grand air, dans la douceur limpide des matins ou l'apaisement embrasé des soirs : l'*Histoire du Tiers État* est née de ces méditations créatrices.

On s'est souvent demandé comment Augustin Thierry, aveugle si jeune, avait pu continuer ses recherches et poursuivre son œuvre.

Sur la façon dont il travaillait, les procédés qu'il avait dû adopter, dans l'obligation de lire et de se renseigner par les regards d'autrui, nous possédons un témoignage irrécusable : le sien.

Je le trouve dans la lettre suivante adressée à William Prescott, l'historien américain, menacé lui-même par la cécité et qui réclamait ses conseils :

Vous me demandez, monsieur, si la nécessité, mère de toute industrie, ne m'a pas suggéré quelque méthode particulière qui atténue pour moi les difficultés du travail d'aveugle. Je suis forcé d'avouer que je n'ai rien d'intéressant à vous dire.

Ma façon de travailler est la même qu'au temps où j'avais l'usage de mes yeux, si ce n'est que je dicte et me fais lire. Je me fais lire tous les matériaux que j'emploie, car je ne m'en rapporte qu'à moi-même pour l'exa:titude des recherches et le choix des notes. Il résulte de là une certaine perte de temps ; le travail est long, mais voilà tout ; je marche lentement, mais je marche. Il n'y a qu'un moment difficile, c'est le passage subit de l'écriture manuelle à la dictée. Quand une fois ce point est gagné, on ne trouve plus de véritables épines. Peut-être, monsieur, avez-vous déjà l'habitude de dicter parfois à un secrétaire : si cela est, mettez-vous à le faire exclusivement et ne vous inquiétez pas du reste. En quelques semaines, vous deviendrez ce que je suis moi-même, aussi calme, aussi présent d'esprit pour tous les détails du style, que si je travaillais avec mes yeux, la plume à la main.

Ce n'est pas au point où vous êtes parvenu qu'on s'arrête ; vous avez éprouvé vos forces, elles ne vous manqueront pas et le succès est certain pour tout ce que vous tenterez désormais. Je suivrai de loin vos travaux avec la sympathie d'un ami de votre gloire. Croyez-le, monsieur, et agréez l'assurance de mes sentiments d'affection et d'admiration.

Aux champs comme à la ville, l'auteur des *Récits des Temps mérovingiens* vivait avec sa femme dans la plus étroite et la plus tendre intimité de cœur et d'esprit.

Un témoin de leur vie commune (1) l'a constaté. « Elle était à la fois son œil pour lire et sa main pour écrire : nuit et jour elle épiait ses maux et ses inspirations pour calmer les uns et recueillir les autres. » L'éloge, en dépit de calomnies trop faciles, n'a rien de complaisant ni d'excessif. Julie de Quérangal avait noblement accepté sa mission, elle en remplissait généreusement les obligations austères. Tirant de ses origines bretonnes un penchant au mysticisme, elle se consacrait tout entière au rôle qu'elle avait choisi d'être l'ange gardien, la providence d'une âme d'élite emprisonnée dans un corps débile. Garde-malade, elle prodiguait sans lassitude à l'infirme les soins les plus attentifs ; compagne d'un écrivain illustre, elle s'employait de tout son effort à le servir et à le seconder.

Plus souvent que par la main du secrétaire Cassou, les brouillons de lettres d'Augustin Thierry, ceux des *Consi-*

____

(1) Joseph Guigniaut.

dérations sur l'Histoire de France sont tracés de son écriture,
cette haute et grêle cursive allongée, à la mode pour les
femmes sous Louis-Philippe.

En retour, l'historien vouait à celle qu'il avait baptisé son
« Antigone » une affection sans bornes. Les marques de sa tendresse et de sa reconnaissance se rencontrent à chaque instant
dans sa Correspondance intime. Elle est sa « force », sa
« consolation », tout son « bien en ce monde », l' « intérêt
vivant de sa pensée » (1). Lorsque en 1844 cette compagne
tant chérie succombera au cancer dont elle est atteinte, son
désespoir sera navrant ; de longs mois on craindra pour sa
vie et jusqu'à son dernier jour, il ne cessera point de porter
au fond du cœur un deuil inconsolable.

C'est qu'en effet Mme Augustin Thierry ne se contentait
pas seulement d'être pour son mari la plus vigilante et la mieux
attentionnée des femmes. Créatrice de bonheur, elle avait su
animer sa solitude et transformer sa vie.

Depuis dix ans qu'un mal implacable l'avait terrassé et
durant sa retraite en province, le vide, malgré sa gloire, s'était
lentement fait autour de l'aveugle. L'absence refroidit les
plus chers attachements et les relations meurent qui cessent
d'être entretenues. Exilé du monde par la cécité, immobilisé
par la paralysie, incapable le plus souvent de se faire porter
jusqu'à l'Institut, que pouvait essayer l'infirme pour lutter
contre cet abandon? Il en avait souffert à la fois dans son
légitime orgueil et dans ses plus tendres illusions d'amitié. Si
la résignation l'avait à la longue emporté, ce n'était pas du
moins sans amertume, ni sans mélancolie.

A peine installée à Paris, Julie de Quérangal se préoccupa
de renouer le faisceau rompu des liaisons anciennes ; d'en
former de nouvelles, parmi les savants et les écrivains que
pouvait attirer la réputation de son mari.

« Je désire, écrivait-elle à son père, rendre à mon cher
Augustin l'illusion de sa vie passée, lui faire oublier ses
souffrances, lui constituer un milieu agréable, l'entourer de
cette atmosphère si nécessaire au bonheur d'un artiste et,

(1) Lettres à Amédée Thierry, à Marc d'Espine, à Arnold Scheffer, à
Mlle Fressigne, etc.

par l'échange mutuel des idées indispensable aux· grands
esprits, l'arracher à la pire des.solitudes, la solitude intellectuelle. »

Elle réussit aisément dans la double tâche qu'elle s'était
assignée. L'appartement du passage Sainte-Marie devint
bientôt le centre des réunions les plus attrayantes.

Chaque mercredi, le « salon vert » accueillait des hôtes de
choix. Bien modeste, cependant, ce salon et tel‑qu'en rou-
girait aujourd'hui le moindre gribouilleur. Il tirait son nom
d'un meuble Empire recouvert en lampas. Sur la cheminée,
une pendule en marbre Campan, supportant une Clio cou-
ronnée de lauriers, pinçant de la cithare. Aux murs, quelques
bonnes gravures de Calamatta, d'après Ary Scheffer : *Françoise de Rimini; Faust et Marguerite* et deux grands portraits se faisant face : celui du maître du logis par Henry
Scheffer, belle toile de composition romantique, l'un des
succès du Salon de 1839, pour lequel Augustin Thierry avait
pu donner quelques séances à l'artiste dans son atelier de la
rue de Notre-Dame-de-Lorette, et celui de l'amiral de Quérangal, sous l'uniforme rouge et bleu des officiers de la marine royale poudré à frimas, le porte-voix à la main, dans
l'attitude du commandement sur le pont de sa frégate.

Les invités n'étaient jamais bien nombreux, une douzaine
au plus, mais tous d'éminente qualité. Sur les listes, je relève
les noms de Michelet, Villemain, Victor Cousin, Henri Martin,
Mignet, Désiré Nisart, Félix Ravaisson, Patin, Auguste Trognon, les frères Scheffer, Alfred Nettement, Magnin, J.-J. Ampère, Fauriel, Guigniaut, Ludovic Lalanne, Ozanam, H. Fortoul, Egger, Letronne, Monselet, Géruzez, J.-V. Leclerc, etc.

Parmi les femmes, Mmes Villemain mère, Cornélie Scheffer,
H. Martin, D. Nisard, Ancelot, Mélanie Waldor et la plus
assidue d'elles toutes, la *bellissima principese milanese*, l'apôtre
du *Risorgimento*, la lionne de tous les lions, tout à la fois
conspiratrice, femme de lettres et fastueuse mondaine, la princesse Belgiojoso.

Depuis leur rencontre à Carqueiranne, Augustin Thierry
était resté en rapports avec la belle enthousiaste. Revenue
en France pour servir la cause italienne, elle avait voulu

gagner l'appui du gouvernement de Louis-Philippe, convertir
Guizot à ses projets. Sur sa demande, l'historien était intervenu auprès de Mme Guizot, la priant de lui ménager un
entretien avec son mari. La réputation tapageuse de la femme
avait contrarié les intentions de la patriote, fait échouer
cette démarche obligeante.

Vous m'avez recommandé Mme la princesse Belgiojoso, répondait Élisa Guizot, le 7 septembre 1831, elle est venue chez moi
sans me trouver. Je lui ai écrit pour lui en témoigner mes regrets,
au moment où je partais pour la campagne ; elle n'a pas fait de
nouvelles tentatives pour me voir et, entre nous, je ne crois pas
qu'elle en eût envie. Sa société habituelle est tellement vive parmi
les plus vives que je ne sais trop ce qu'elle ferait d'une personne
aussi compromettante que moi. Je sais que M. Sebastiani est très
bien disposé pour elle, je n'ai donc rien à faire de ce côté et ne
pourrai rien d'ailleurs pour son service.

N'ayant pu jouer le grand rôle auquel elle aspire, rentrée
en possession de ses biens, un moment confisqués par l'Autriche, l'*astutissima* se contente à présent de recevoir à grand
fracas, en son hôtel rue Neuve-Saint-Honoré, la fleur du dan-
dysme, de la littérature et des arts. Cependant elle quitte
volontiers son oratoire gothique, sa salle à manger pompéienne,
les splendeurs de sa chambre à coucher bleu et argent, même
la cour d'amour empressée à lui plaire : Mignet, Bellini, Liszt,
Henri Heine, Musset..., Mignet surtout, pour venir « entendre
causer » au passage Sainte-Marie.

J'ai déjà dit quel magicien de la parole était Augustin
Thierry. Comme il avait jadis ébloui les hôtes de Carqueiranne,
il émerveilla Louis de Loménie, au cours d'une rencontre à
Montmorency. Je ne puis mieux faire que de citer ici l'auteur
de la *Galerie des Contemporains illustres par un homme de
rien :*

J'ai entendu beaucoup de gens qui ont la réputation de bien
parler et qui parlent bien, mais je n'ai peut-être rien entendu qui
égalât en facilité, en netteté, en élégance, l'élocution de M. Augustin Thierry ; c'est sans doute l'habitude de la dictée qui lui
a donné cette conversation qui ressemble à du style ; toujours

est-il qu'on peut dire de lui, en se servant d'une comparaison très connue, que sans effort aucun, sans prétention aucune, il parle réellement *comme un livre*.

Quand ses partenaires étaient les hommes dont je rappelais les noms tout à l'heure, on voit à quel sommet pouvait atteindre la conversation.

Ces causeries sans pareilles étaient coupées d'intermèdes musicaux. Liszt, amené par la princesse Belgiojoso, s'emparait du piano, Pauline Garcia, l'inoubliable *Rosine*, toute nouvellement mariée à Louis Viardot, que l'historien avait connu au *Globe*, égrenait de sa voix enchanteresse quelque mélodie de Mozart, pour lequel Augustin Thierry professait un véritable culte.

Parfois encore les habitués du « salon vert » se voyaient conviés à quelque savoureux régal littéraire.

Au mois de mai 1841, l' « Homère des prolétaires », ainsi que l'avait qualifié Lamartine, Jasmin, le perruquier — poète agenais, l'un des rénovateurs des lettres méridionales, qui faisait alors courir tout Paris, accepta de venir réciter passage Sainte-Marie l'une de ses élégies les plus fameuses : *l'Aveugle de Castel-Culier* (1).

Cette réception fut, pour la circonstance, entourée de quelque solennité.

Aux commensaux ordinaires vinrent s'ajouter Ballanche, Sainte-Beuve, Feletz, Gustave Planche, le baron de Barante, M. et Mme Buloz, Félix Bonnaire, Dupaty, Jouy, Eugène Burnouf. Augustin Thierry prit la peine de convoquer chacun de ses hôtes par une lettre pressante, insistant sur la personne et l'originalité du troubadour gascon.

Celle qu'il adresse à Mignet est intéressante par l'opinion qu'elle exprime sur le réveil de la langue d'oc.

MON CHER AMI,

Jasmin, le célèbre poète d'Agen, a bien voulu me promettre de réciter pour moi son poème de *l'Aveugle*. En me rappelant quelle impression vous faisait, il y a vingt ans, la mélodie des

(1) *L'Abuglo de Castel-Culié*.

stances de Bertrand de Born, j'ai pensé que vous auriez plaisir à entendre un homme qui fait revivre les troubadours et qui est, selon moi, plus admirable qu'eux, car il redonne l'âme et le corps à une langue qui n'était plus. Jasmin serait fier et heureux de vous compter parmi ses auditeurs, vous êtes pour lui une rare et **haute** intelligence et de plus, ce qui le touche bien aussi, une intelligence méridionale. Si ma proposition vous agrée, nous vous invitons, Mme Thierry et moi, pour mercredi soir, 11 mai, à huit heures.

Mille amitiés de cœur (1).

Mais quelle attraction plus captivante encore et plus rare que de pouvoir entendre quelque chapitre inédit des *Mémoires d'outre-tombe.*

On sait l'intense curiosité provoquée dans tous les milieux par l'annonce des confessions retentissantes où Chateaubriand, sous prétexte d'étaler son âme, déshabille celle de ses contemporains ; par lui composées, de son propre aveu, avec « une prédilection toute paternelle » et que, dès 1831, l'on proclamait déjà devoir être scandaleuses.

La publication dans la *Revue des Deux Mondes* d'un fragment étendu n'avait qu'excité davantage l'impatience générale. De plus, en dépit du secret qui les entourait, des indiscrétions avaient filtré sur les lectures faites à l'Abbaye-au-Bois, devant un petit cercle de privilégiés et les racontars allaient leur train autour de ces révélations plus ou moins authentiques.

Quel meilleur aiguillon que le mystère pour émouvoir ou pour intriguer.

(1) Il écrit également à Sainte-Beuve :

« Monsieur,

« Jasmin, dont la grâce d'esprit et de cœur égale le merveilleux talent, a bien voulu me promettre de réciter pour moi et quelques amis son poème de *l'Aveugle* qui est le premier que vous nous avez fait connaître et admirer. Je pense qu'il vous serait agréable de l'entendre et je sais que le poète d'Agen sera heureux et fier de vous compter parmi ses auditeurs. Si, comme je l'espère, j'ai bien jugé et si vous êtes libre de tout engagement pour mercredi soir, 11 mai, nous vous prions, Mme Thierry et moi, de vouloir bien passer cette soirée avec nous. On se réunira à huit heures.

« Agréez de nouveau, monsieur, l'expression de ma haute estime et de mon entier dévouement. »

Or, M. de Chateaubriand, si distant à l'ordinaire et hautain, ne dédaignait point, par exception flatteuse, de se rendre à l'occasion passage Sainte-Marie et d'entr'ouvrir pour Augustin Thierry ses manuscrits énigmatiques.

Ces soirs-là, quittant sa maison de la rue d'Enfer, il arrivait de bonne heure, accompagné de Mme Récamier et de J.-J. Ampère. Celui-ci sortait les précieux cahiers du foulard de soie cramoisie qui les enveloppait et la passionnante lecture se déroulait devant un auditoire intime, choisi et désigné à l'avance.

C'était là faveur insigne accordée par le père magnifique d'*Atala* à celui qui l'avait salué comme son inspirateur et son maître dans la préface des *Temps mérovingiens;* on doit aussi l'accepter pour sincère, car Augustin Thierry est l'un des trop rares élus qu'il épargne dans ce pamphlet éloquent et redoutable que sont les *Mémoires d'outre-tombe* (1).

Écrivain glorieux, consacré par l'admiration universelle ; en faveur auprès de l'héritier du trône ; intime de Villemain et de Cousin, hautement estimé de Guizot et de Salvandy, en posture d'obtenir beaucoup et, pense-t-on, facilement, Augustin Thierry se trouvait naturellement assiégé de sollicitations sans nombre. Elles émanaient pour la plupart d'anciens camarades de l'École Normale ou de condisciple malchanceux du collège de Blois. Les souvenirs d'enfance et de jeunesse demeuraient chers à son cœur ; toujours sa nature bienveillante leur réservait un accueil indulgent. Durant dix années et davantage, on le voit faire - office pour tous ces quémandeurs d'un véritable bureau de placement. Voici M. Gaudeau, successeur de Jacques Thierry à la bibliothèque de Blois qu'il fait décorer de la Légion d'honneur ; Mme Mérault, veuve de son ancien professeur de rhétorique, pour laquelle il obtient une pension ; M. Crénières, nommé à

(1) En même temps que plusieurs billets de remerciements à Chateaubriand, je trouve, semées dans les brouillons d'Augustin Thierry, des notes fragmentaires, d'après lesquelles je crois pouvoir conjecturer qu'il fut donner lecture en trois fois, passage Sainte-Marie, du livre 1er de la 4e partie des *Mémoires. d'outre-tombe :* procès des ministres de Charles X ; tumulte de Saint-Germain l'Auxerrois ; tentative de soulèvement de la Vendée par la duchesse de Berry, etc., et de partie du livre II, écrits à Genève et à Paris d'octobre 1830 à avril 1833, revus postérieurement en 1845.

Metz, désire permuter à Amiens : ses vœux sont exaucés. MM. Remy, Lebrun, Desmichel, Maizières, Soulacroix postulent un avancement : ils le reçoivent.

Sa complaisance est inépuisable ; il se dépense en interventions de toutes sortes et les lettres qu'il adresse à Villemain, à Patin, à Ravaisson, à Nisard, aux divers recteurs d'académies en province remplissent plusieurs registres.

S'il s'intéresse ainsi à des étrangers, que ne fait-il point pour sa famille ?

Sa sœur Adélaïde est mariée — mal mariée — à un certain Martin Étève, dont la prestance de bellâtre l'a charmée, ex-directeur d'école primaire à Lorris, devenu, grâce à son beau-frère, régent de 7e au collège de Blois. C'est un incapable et un bambocheur, plus occupé de courir le guilledou que de former la jeunesse. Mais Augustin Thierry ignore ses fredaines et le personnage est si chaudement appuyé en haut lieu qu'on l'élève à la chaire de 6e. Alors, réclamation collective des autres professeurs. Depuis les réformes de Guizot, il faut être pourvu d'un grade universitaire pour enseigner les classes de grammaire et le déplorable Étève n'est pas même bachelier. L'incident s'envenime ; le principal M. Béon prend parti contre le fâcheux qui crie à la persécution et voilà la guerre allumée. Augustin Thierry prit fort à cœur cette déplaisante aventure qui faillit le brouiller avec sa ville natale (1).

Fort ennuyé, Villemain usa de subterfuge, décida de maintenir provisoirement Étève à son poste à condition qu'il subît bientôt l'épreuve obligatoire.

On vit alors ce spectacle affligeant et pénible d'un historien illustre, membre de l'Institut de France, implorant par dévouement fraternel, à toutes les sessions durant vingt mois, les

______

(1) Il crut en effet longtemps et de bonne foi à l'existence d'un complot dirigé contre les siens. Au mois de janvier 1839, il écrivait encore à son ami M. Naudin, juge de paix à Blois :

« Je vous renouvelle ma déclaration : si la famille Étève est contrainte de s'expatrier et que la tombe de mon père soit abandonnée aux ronces, je romprai avec ma ville natale et cela publiquement. Je l'ai dit à La Saussaye ; je vous le répète et je le dirai à tous ceux de mes compatriotes qui me feront l'honneur de venir me voir. Si l'on attache quelque prix à ce que cela n'arrive pas, on élèvera la voix contre ceux qui font un jeu du sort de ma famille et qui la persécutent à tout propos pour servir l'intérêt ou la passion d'un étranger. »

présidents des jurys d'examen. Vains efforts, jamais le pitoyable candidat ne put être reçu. Il fallut le rétrograder.

Au mois d'octobre 1838, à la suite d'élections malheureuses pour le cabinet Molé, dans la Haute-Saône, Amédée Thierry est brusquement rappelé de sa préfecture de Vesoul. Le bruit de sa révocation se répand parmi ses amis. La tendre affection de l'aîné s'alarme aussitôt pour son cadet. Il écrit à Gustave de Wailly, chef de cabinet de Montalivet, pour obtenir quelques éclaircissements :

MONSIEUR,

En lisant dans le *Moniteur* que mon frère Amédée Thierry était remplacé comme préfet de la Haute-Saône et appelé à d'autres fonctions, j'espérais voir suivre bientôt la nouvelle nomination que cette formule semblait promettre ; mais les jours se passent, rien ne paraît et je reste dans la plus pénible incertitude. Mon frère est-il révoqué sans dédommagement ou désigné en effet pour quelque autre emploi? Pardonnez-moi, monsieur, d'oser vous faire cette demande. Si elle est indiscrète, vous la trouverez, j'en ai confiance, excusable de ma part. Je suis aveugle et condamné à une retraite absolue ; la souffrance morale s'ajoute pour moi à l'autre souffrance, noblement provoquée, je puis le dire, et supportée courageusement.

Agréez, monsieur, l'assurance de la haute considération avec laquelle j'ai l'honneur d'être, etc.

Fausse alerte, heureusement ; ce n'est point d'une disgrâce qu'il s'agit. Amédée Thierry doit recevoir un dédommagement à Paris. Il est question de le nommer chef de division au ministère de l'Instruction publique ou de l'appeler au Conseil d'État (1).

Son frère s'empresse d'annoncer la bonne nouvelle à Fauriel :

MON CHER AMI,

Je suis bien heureux ; le déplacement d'Amédée n'est point une disgrâce. Il va être fixé à Paris ; l'ordonnance n'est pas encore signée, mais elle le sera demain ou après-demain. Mon frère est

____

(1) Il fut en effet nommé maître des requêtes par décret du 3 janvier 1839.

bien sensible à l'intérêt que vous nous avez témoigné dans cette occasion.

Tout à vous de cœur.

En 1841, l'historien des *Gaulois* et de la *Gaule sous l'Administration romaine*, à son tour candidat à l'Institut, se présente à l'Académie des Sciences Morales et Politiques. Augustin Thierry mène en sa faveur la campagne la plus énergique. Il bat le rappel des voix ; il entreprend tous ses amis : Guizot, Cousin, Damiron, Naudet, Raoul Rochette, Mignet, Fauriel ; relance les indécis, s'efforce de rallier les adversaires.

Fauriel, qui s'est engagé avec l'orientaliste Jules Mohl, hésite à reprendre sa parole ; il est doucement admonesté :

MON CHER AMI,

Je ne voulais vous reparler de nos affaires de l'Académie qu'après m'être assuré positivement des intentions de M. Guizot. Je sais aujourd'hui qu'il votera pour mon frère et qu'il juge prématurée la candidature de M. Léon de Laborde. Mon frère est maintenant assuré d'un assez grand nombre de voix au premier tour, pour que j'ose tenter le combat. Je tiendrai ferme jusqu'au bout avec un certain nombre de nos confrères, parmi lesquels j'ai le regret bien vif de ne point voir mes plus anciens amis. Je ne veux vous faire aucune violence morale et je fais la plus grande part possible à votre affection pour M. Mohl. D'un côté comme de l'autre, il y a pour sa candidature le même avantage : il y a deux voies, vous choisirez.

Tout à vous de cœur.

Tant de zèle affectueux trouva sa récompense : Amédée Thierry élu au fauteuil de Bignon, ce fut, passage Sainte-Marie, une joie profonde et sincère.

Cependant sa plus chère sollicitude va toujours à sa femme. On connaît les ambitions littéraires de Mme Augustin Thierry. Sa mauvaise santé l'obligea bientôt d'y renoncer : de cruelles névralgies lui interdisaient toute application soutenue. Mais au début de leur union, son mari ne cessa point de l'encourager, s'employant de son mieux à seconder ses projets.

Quand elle a terminé son roman d'*Adélaïde*, il intervient auprès de Buloz pour le faire accepter par la *Revue des Deux Mondes* et veut assurer en personne la correction des épreuves. Lorsque le livre paraît en librairie chez Tessier, il insiste auprès de l'éditeur afin qu'il ne ménage rien qui puisse assurer le succès : « Je tiens plus, je le répète, à une complète publicité pour les ouvrages de Mme Thierry que pour mes propres ouvrages » et prend la peine de rédiger lui-même les papillons de lancement.

Enfin, il intercède auprès des critiques, accompagne l'envoi du volume à Gustave Planche de ce billet pressant :

Je prends la liberté, monsieur, de vous offrir un petit livre qui m'est bien cher et dont la destinée m'intéresse plus vivement que s'il était de moi. Je n'ambitionne pas pour le roman d'*Adélaïde*, fruit des rares loisirs d'une vie toute d'affection et de dévouement, le fracas des grands succès, mais je serai heureux, si ce que je crois y voir de vérité, de naturel, de grâce, de mesure et de bon goût dans le style, était reconnu par le petit nombre de ceux auxquels je reconnais moi-même le sens droit et délicat du véritable critique. Vous, monsieur, qui, dans notre époque de confusion intellectuelle, savez si bien faire le partage du vrai et du faux, votre suffrage me sera précieux. J'aimerai à pouvoir dire que ce récit, dont le fond est réel et dont tous les personnages ont vécu, vous semble, suivant une expression ingénieuse que j'ai retenue de vous, « digne d'entrer dans la famille littéraire » (1).

Travaux absorbants et difficiles, correspondance officielle ou privée considérable, démarches multiples, revision minutieuse de son œuvre, dont paraissent successivement, de 1838

---

(1) Il écrit également à Sainte-Beuve, à peu près dans les mêmes termes, en lui adressant la cinquième édition de l'*Histoire de la Conquête de l'Angleterre*.

« MONSIEUR,

« Permettez-moi de vous offrir l'édition la plus nouvelle et la plus correcte d'un ouvrage auquel vous avez eu la bonté de faire quelquefois des allusions beaucoup trop flatteuses. Je joins à cet envoi un petit livre qui m'est bien cher, car il a été écrit par celle qui console et soutient ma triste vie. Le roman d'*Adélaïde* n'est pas de ceux qui peuvent faire du fracas dans le public et je n'ai pas pour lui cette prétention ; mais je serais heureux si ce que je crois y voir de vérité, de naturel et de grâce obtenait le suffrage du critique le plus délicat et le plus ingénieux de notre temps.

« Agréez, monsieur, l'assurance de ma considération la plus distinguée. »

à 1840, la cinquième édition de l'*Histoire de la Conquête*, la sixième des *Lettres sur l'Histoire de France*, la troisième de *Dix Ans d'études* : on demeure stupéfait de l'activité déployée par ce paralytique.

Elle ne l'empêche point de rester le témoin attentif des événements politiques de son temps, le juge réfléchi de l'évolution des idées qui s'accomplit en France et en Europe.

Lorsque, au mois de mars 1840, Thiers prend le pouvoir en des conjonctures malaisées, provoquées à l'intérieur par l'agitation grandissante des républicains, à l'extérieur par la politique orientale de Palmerston, Augustin Thierry signale à George Thicknor, l'érudit américain autrefois rencontré chez La Fayette, les difficultés de la situation, voulant toutefois se montrer rassuré par l'énergie du président du Conseil et sa dextérité, dans une lettre qui renferme également d'intéressantes appréciations sur la jeune école historique aux États-Unis.

Mon cher monsieur,

J'ai été bien touché de recevoir une lettre de vous et d'apprendre que si loin de moi, vous vous rappelez encore nos causeries sur les choses et sur les hommes. Si je pouvais renouer nos conversations d'autrefois, je ne vous parlerais plus de la question du Canada morte aujourd'hui, mais de l'avenir littéraire des États-Unis qui semblent vouloir prendre sur ce point, comme en tout le reste, leur revanche sur la vieille Angleterre.

J'ai dit à votre ami, M. Prescott, tout le plaisir que m'a fait son livre (1). C'est un ouvrage étudié à fond sur les sources et parfaitement composé ; il y a là autant de talent, de style et plus de liberté que chez les meilleurs historiens anglais.

Si vous lisez nos journaux, vous devez être grandement surpris de les trouver tous ministériels ; l'année dernière, il n'y en avait pas un seul qui le fût. Je crois que malgré nos airs d'hommes libres et le bruit de paroles que nous faisons quand il s'agit de la liberté, notre prédilection d'instinct est pour la dictature exercée par un homme qui a réussi à nous donner une haute idée de son talent.

(1) L'*Histoire de Ferdinand et d'Isabelle la Catholique*.

Je n'ai jamais vu l'opinion publique aussi calme et jamais peut-ê·re la situation n'a été plus glissante. Tout le ministère ou plutôt tout le gouvernement de la France est dans un seul homme, car cette fois le roi s'efface et laisse faire. M. Thiers porte un poids immense sur le terrain le moins sûr avec une merveilleuse facilité. Il n'a rien perdu de son adresse de mouvements, de son bon sens pratique, de sa parfaite lucidité d'esprit et de paroles. Il y a de grandes chances pour que sa position se consolide et qu'il soit dispensé de recourir à l'expédient périlleux d'une dissolution des Chambres.

Mme de Circourt est toujours belle, gracieuse, spirituelle et très mondaine ; son mari est toujours le même causeur aimable et solide, prêt sur toutes les questions, étonnant d'à-propos et de clairvoyance. Nous parlons souvent de vous, cher monsieur, et nous espérons que l'envie vous viendra quelque jour d'essayer les paquebots à vapeur qui vont diminuer de moitié la largeur de l'Océan.

Présentez, je vous prie, à Mme Thicknor, l'hommage de mes très humbles respects et agréez l'assurance de ma haute estime et de mon sincère attachement.

En réalité, il ne s'illusionne guère. La désaffection croissante qu'il constate à l'égard du régime cher à son cœur excite son inquiétude. Ses appréhensions se trahissent dans un billet adressé à Villemain à l'occasion de sa rentrée au ministère de l'Instruction publique :

MON CHER AMI,

Tu viens de faire pour la seconde fois acte de dévouement patriotique. Je t'en félicite et j'espère que Dieu sera en aide à la France et à vous. Je vous compare à ce Hollandais qui, voyant une digue rompue, s'assit sur la brèche et fit rempart de son corps, jusqu'à ce que les secours fussent prêts.

Si j'étais encore bon à quelque chose, je me mettrais à votre service, mais des vœux sincères, une sympathie de cœur et d'opinions, hélas ! voilà tout ce que je puis offrir.

Dès que Mme Villemain sera installée et pourra recevoir, sois assez bon pour nous le faire dire. Julie se proposait d'aller à Nanterre, lorsque les événements vous ont ramenés près de nous.

Adieu, mon bon ami, je fais des vœux pour que tu portes légé-

rement le poids du jour ; la tâche sera dure, mais il y aura de la
gloire pour ta noble résolution. Adieu, je t'embrasse de tout mon
cœur (1).

Avec Marc d'Espine, il se montre plus alarmé encore. L'instant est en effet critique : nous sommes au lendemain du traité de Londres qui manqua d'entraîner la France dans une guerre contre l'Angleterre, la Prusse, la Russie et l'Autriche.

Mon cher ami,

Pardonnez-moi le retard que j'ai mis à vous répondre. L'été de cette année a été rempli pour moi de traverses et de chagrins de tous genres : c'est la compensation du prix Gobert. Je suis parti pour la campagne au milieu de juin, fort triste parce que j'étais inquiet de la santé de ma femme. A peine était-elle mieux que son père, l'amiral de Quérangal, est tombé malade à Paris. Pendant les mois de juillet et d'août, ma pauvre femme s'est rendue à Paris presque chaque jour ; elle a soigné son père, hélas ! bien inutilement et elle a rempli jusqu'au bout, avec un courage admirable, de tristes devoirs, dans lesquels je ne pouvais l'assister (2). Toutes ces épreuves m'ont remué de la manière la plus forte et m'ont laissé, quand j'espérais retrouver le calme, des accès de malaises nerveux qui me tourmentent fréquemment et sont quelquefois intolérables.

Le seul remède à tout cela serait le repos d'esprit, mais l'état des affaires publiques ne le permet guère. Depuis quatre mois, nous marchons de périls en périls. Ils s'accumulent et se pressent de telle sorte que jamais rien de semblable ne s'est vu. Trois hommes viennent de faire un grand acte de dévouement patriotique : MM. Guizot, Villemain et Duchâtel. Que Dieu leur soit en aide à eux et à la France ! Au milieu des événements qui menacent de bouleverser l'Europe, votre Suisse enveloppée dans sa neutralité sera le dernier refuge de la paix. Je vous en félicite et je vous porte envie.

Adieu, mon cher ami, embrassez pour moi votre père avec lequel je me trouve aujourd'hui en parfaite harmonie de sentiments, ce qui me donne du remords de nos anciennes disputes,

____

(1) Comme suscription : M. Villemain, ministre secrétaire d'État de l'Instruction publique : *Pour lui seul.*
(2) L'amiral de Quérangal était mort le 27 août 1840.

présentez à madame votre mère et à miss Mary l'hommage de
mes plus tendres respects et croyez que je vous aime de tout mon
cœur.

Dans les dernières lettres que je viens de transcrire, on a
pu voir à diverses reprises Augustin Thierry, tout secoué
d'angoisses patriotiques, faire appel à la miséricorde divine
en faveur de la France. Ce n'est point là seulement pur effet
de style : non, cette invocation est sincère. Il s'accomplit en
effet dans son âme un lent travail de retour à la foi de son
enfance. L'évolution, encore presque insensible, n'en est pas
moins certaine et nous avons vu s'en manifester les premiers
symptômes après la mort de son père. Le temps n'est plus —
il le reconnaît lui-même — où son indifférentisme scandalisait
l'honnête M. d'Espine. Grâce à l'éducation familiale, très
attaché dans sa première jeunesse aux pratiques du catholicisme, il a bien pu s'en détacher par la suite ; mais spiritua-
liste fervent, *intus et in cute*, sans jamais devenir incroyant
et moins encore anti-religieux. L'athéisme de d'Holbach ou
d'Helvétius, l'hostilité même d'un Quinet ou d'un Michelet
n'est point du tout son fait. Si dans ses polémiques du *Censeur Européen* et l'enfièvrement de la lutte, il se laisse
parfois entraîner contre l'Église à des violences de plume
dont on retrouve l'écho dans l'*Histoire de la Conquête*, elles
ne sont point dirigées contre le Christianisme, mais contre
les abus ou les iniquités qu'on prétend abriter de son
nom.

L'âge et la souffrance l'ont calmé. Son esprit même est
trop fermement convaincu des nécessités d'une forte discipline morale, pour qu'il veuille se contenter en 1840 d'un
vague déisme à la Rousseau. Il s'en explique nettement avec
Saint-René Taillandier après que celui-ci lui a envoyé son
poème de *Béatrix* :

J'ai lu, monsieur, avec bien de l'intérêt, l'ouvrage que vous
avez eu la bonté de m'envoyer, mais j'ai quelques doutes, je vous
l'avoue, sur la possibilité de cette religion à venir. Je crois que
l'humanité a besoin d'un idéal qui lui soit supérieur ; je crois aussi
que si le Christ venait à s'absorber dans l'humanité, celle-ci tom-

berait dans le pur déisme et dans une infatuation d'elle-même qui, selon moi, ne peut mener à rien de bon.

Ce réveil des sentiments religieux ne s'accompagne cependant pas chez Augustin Thierry, comme il est arrivé trop souvent pour d'autres, de fanatisme, ni d'intolérance. Après une lecture de l'*Histoire des Églises du désert* par C.-A. Coquerel, il adresse à son frère, le célèbre pasteur, cette émouvante protestation :

Dites bien, je vous prie, de ma part à monsieur votre frère, qu'il a comblé une grande lacune dans l'histoire morale du dix-huitième siècle. Il y a, dans ce récit d'une persécution presque oubliée, tout ce qui peut toucher le cœur et élever l'âme : des souffrances inouïes, de grands caractères et d'admirables exemples de constance et de dévouement.

Mais qu'il est triste de voir des chrétiens envoyés au martyr du bagne et de l'échafaud par des chrétiens ! Que Dieu et après lui notre civilisation nous préservent à jamais du retour de pareilles horreurs ! Catholiques et réformés, songeons que nous sommes avant tout les héritiers d'une même foi et d'une même espérance ; aimons-nous, tolérons nos dissidences et s'il faut absolument que nous disputions les uns contre les autres, que ce soit sans aigreur et sans haine ; que les églises chrétiennes soient sœurs et ne rivalisent plus que dans leur émulation pour le bien !

Voilà mes vœux qui sont aussi les vôtres et sous quelle impression me laisse l'excellente lecture que je vous dois.

Dans les années qui vont suivre, nous verrons s'accentuer les progrès de cette crise intérieure. Augustin Thierry ne songe pas encore à remanier son œuvre et, lui consacrant les derniers efforts de sa pensée, à corriger dans l'*Histoire de la Conquête* tout ce qui lui semble entaché de parti pris contre l'Église ; mais, d'ores et déjà, l'on peut affirmer qu'il ne renouvellerait plus les attaques véhémentes qui ont fait dire à Veuillot — avec une exagération au demeurant manifeste — que nul, depuis Voltaire, n'avait porté des coups plus violents au Catholicisme.

XVII

On a bien des fois comparé l'existence humaine à une courbe, dont le sommet marquerait pour toute créature l'extrémité de la chance, du bonheur ou du succès, et la branche descendante, un déclin graduel vers les tristessse et les épreuves qui lui sont réservées par son destin.

En 1842, Augustin Thierry est parvenu à ce palier fatidique.

Désormais et jusqu'à sa mort, le malheur, sous toutes ses formes : chagrins intimes, calamités publiques, va s'abattre sur lui. Aux souffrances physiques, viendront s'ajouter les angoisses morales et les deuils d'affection. Cette année même, il doit perdre, avec le duc d'Orléans, un tout-puissant protecteur ; bientôt après, ce sera pour lui la plus affreuse, la plus irréparable des catastrophes : la mort de sa femme qui fait « chanceler sa raison » et « déracine » sa vie. Un à un, ses amis les plus chers et les plus anciens : Fauriel, Chateaubriand, Arnold Scheffer, se succéderont dans la tombe.

Enfin la révolution de 1848, qui attriste profondément les sentiments de l'homme, ne va pas moins ébranler les convictions de l'historien. Il y verra un démenti brutal à toutes ses théories fondées sur l'évolution progressive du Tiers État sous une monarchie tempérée ; s'indignera de voir, au lieu de l'union homogène qu'il croit accomplie, ressusciter entre le

peuple et la bourgeoisie le plus dangereux des antagonismes.
Il connaît alors le doute affreux de soi-même et de son œuvre ;
souvent on l'entendra s'écrier avec amertume qu'il ne comprend plus rien à l'histoire.

Le coup d'État de 1851 mettra le comble à ce découragement. L'ancien opposant des Cent-Jours se désespère de voir
retomber son pays à la dictature. A ses yeux, la France ne
peut plus désormais que rouler à l'abîme, de surprise en surprise, de cataclysme en cataclysme...

Au lendemain de l'éclatant succès obtenu par les *Récits
des Temps mérovingiens*, ces pensées funestes ne l'assaillent
pas encore. La grande fresque, qu'il a résolu de consacrer
à la peinture de la société gallo-franque au sixième siècle,
n'est pas achevée pour lui avec l'épisode du comte Leudaste.

Il médite de lui donner une suite, de tracer, dans un large
ensemble, l'état de ce monde en gésine, agité d'incessantes
convulsions, de le pousser jusqu'à la mort de Brunehilde et la
réunion de la Neustrie et de l'Austrasie sous le sceptre de
Chloter II.

Ce vaste projet comportait la rédaction de dix nouveaux
récits, du septième au seizième, formant la matière de deux
autres volumes. Il ne fut pas exécuté : seul le septième
récit : *la Révolte des citoyens de Limoges* et *l'Histoire de
Chlodowig*, parut dans la *Revue des Deux Mondes* le 15 octobre 1841.

L'indication des suivants, avec le plan du huitième, des
notes étendues, existent néanmoins dans les brouillons d'Augustin Thierry ; je les reproduis ici pour la première fois.

Le huitième récit, avec le neuvième et le dixième, devaient
être consacrés à l'histoire de Gondowald avant et après la
mort de Hilpérik (1).

____

(1) Gondowald ou Gondebaud, l'un des enfants naturels de Chloter Ier (550-
585). Banni par celui-ci, sur le soupçon qu'il n'était pas son fils et d'abord accueilli par le roi de Paris, Hildebert, ce prince fut de nouveau chassé, après
avoir été rasé par Sigebert, roi d'Austrasie, en 567. Il se réfugia en Italie, près
de Narsès, puis à Constantinople où les empereurs Tibère II et Maurice le trai-
tèrent avec distinction. En 580, les leudes du Midi, révoltés contre Hilpérik
et Gonthramn, voulant se donner un roi qui fût sous leur dépendance, dépê-
chèrent à Constantinople le duc Gonthramn-Bose. L'ambassadeur réussit à

En voici le sommaire, dicté par l'historien à sa femme :

I. Préliminaire de l'histoire de Gondowald, ses premières aventures, son séjour à Constantinople. — II. Ce qui se passait en Gaule. Guerre civile, rappel de ses motifs : mort de Sighebert. Moitié de Marseille cédée à Gonthramn. Commerce de Marseille et d'Arles. — III. Conséquences de cette cession. Querelle de Dynamius et de l'évêque Théodore. Brouilleries entre les Austrasiens et Gonthramn. Hostilité et intrigues des premiers. Fuite de Mummolus. — IV. Projet fondé sur un débarquement de Gondowald. Gonthramn Bose à Constantinople, ce qu'il dit à Gondowald. Avènement de l'empereur Maurice, ses projets. Arrivée de Gondowald. — V. Gondowald à Avignon, sa retraite dans une île de Marseille. Effet de sa présence sur les villes du Midi. Son caractère à la fois soupçonneux, crédule, irascible par foucades, en général timide et réservé. Mouvement en Aquitaine. Gonthramn Bose veut surprendre Avignon. Sa retraite. L'agitation se propage. Personnages qui s'y rallient. Monnaies frappées au nom de l'empereur. Entrevue avec Desiderius. Les évêques Salonius et Sagittaire. Singularité des personnages, leurs noms, leurs caractères, leurs aventures.

La documentation des récits 9 et 10 est largement amorcée, à l'aide d'extraits empruntés à Fortunat, Grégoire de Tours et Adrien de Valois. Il s'y ajoute deux notes descriptives concernant Saint-Bertrand de Comminges, la route suivie par Gondowald pour s'y réfugier et l'endroit d'où il fut précipité par les soldats de Gonthramn, dues au comte de Circourt et à M. Rabanis, doyen de la Faculté des Lettres de Bordeaux (1).

entraîner Gondowald en Gaule, après s'être engagé, envers lui, par serment, dans douze églises de la cité impériale. D'abord caché dans une des îles de Marseille, le prétendant en fut tiré à la mort de Hilpérik (584). Grâce au concours des leudes aquitains, il se vit bientôt maître de Toulouse, de Bordeaux, de Périgueux et fut couronné roi d'Aquitaine. Effrayés, Gonthramn et Chloter II fomentèrent la trahison parmi ses partisans. Obligé de s'enfermer dans Saint-Bertrand de Comminges, Gondowald fut livré aux soldats du roi de Bourgogne et massacré en 585.

(1) Remerciant ce dernier, Augustin Thierry annonce l'intention de pousser très avant son étude.

« En me transmettant, avec un abandon si gracieux, le résultat de vos recherches sur un des points les plus obscurs de l'histoire de Gondowald, vous avez fait, monsieur, beaucoup plus que je n'aurais osé vous demander. Je vous suis bien vivement reconnaissant d'une pareille marque de générosité littéraire. Votre dissertation est excellente ; elle sera mon guide dans le récit des événe-

Je relève encore cette indication relative au début du neuvième récit :

Commencer en reprenant ce qui se passa dans le palais de Neustrie depuis l'année 580. Il naît un fils au roi Hilpérik en 583. Sa fille Rigonthe demandée en mariage, son refus, ses explications, son étrange ignorance de ce qui s'était passé au Mans. En 584, naissance d'un autre fils nommé Chloter. Nouvelle ambassade, Rigonthe est accordée au fils du roi des Goths. Départ.

Enfin, l'historien avait ainsi conçu les derniers chapitres de son livre :

Le récit qui vient après la catastrophe de Gondowald (11e) doit être l'histoire de Gonthramn, comme tuteur de Chloter II. Il doit contenir les événements de cette tutelle, depuis le premier voyage à Paris, en 585, jusqu'au baptême de Chloter (591) et la mort de Gonthramn (593) : tournée administrative et conversations avec les évêques, enquête sur le meurtre de Hilpérik. Bérulf accusé se réfugie à Tours. Traité d'Andelot (587). Ambassade de Grégoire de Tours à Gonthramn (588). Brouillerie entre Gonthramn et Brunehilde (589). Chasse de Gonthramn (590) : Gonthramn à Paris. Chloter baptisé (591). Mort de Gonthramn, son royaume passe à Hildebert (593).

Le récit suivant (12e) racontera les événements intérieurs de l'Austrasie et la réaction de l'autorité royale contre la puissance des leudes. Brunehilde et les chefs austrasiens, sa politique, son caractère ; mort de Gonthramn Bose, de Raukhing, de Bertkfred, condamnation d'Egidius, etc.

Le treizième décrira la résistance de la Neustrie quand Frédégonde reste seule chargée de la tutelle et de la défense de son fils. Guerres, rôle de Laudrik. Dernière lutte de Frédégonde et de Brunehilde. L'Austrasie et la Neustrie. Mort de Frédégonde.

Quatorzième récit : Insurrection des religieuses de Poitiers.

Quinzième et seizième récits : Saint Colomban et Brunehilde. L'Austrasie et la Neustrie. Défaite de Chloter II. Dernières années et mort de Brunehilde.

C'était entreprendre besogne de longue haleine et par malheur les travaux de la *Collection* n'avançaient guère.

ments dont elle traite, récit que j'ai l'intention de rendre aussi complet et aussi détaillé que possible. »

Même, ils se traînaient avec une désolante lenteur. En 1840, Augustin Thierry n'avait pu tenir sa promesse à Villemain de publier, avant l'hiver, les deux premiers tomes du recueil. A la fin de 1841, puis encore en 1843, il s'était vu dans l'obligation de réclamer de nouveaux délais.

Jules et Martial Delpit, envoyés à Londres, n'en finissaient pas d'explorer les dépôts d'archives négligés par Bréquigny et de regrettables démêlés avaient surgi avec la municipalité d'Amiens, qui refusait de laisser prendre copie des documents qu'elle possédait. Il avait fallu forcer la main aux récalcitrants : source nouvelle de retards et de difficultés.

Ainsi pressé par le temps, inquiet de remplir des engagements que l'amitié de Villemain lui rendait d'autant plus impérieux, Augustin Thierry ne se crut pas le droit d'interrompre, pour un travail personnel, la mission laborieuse qu'il avait assumée. Honorable scrupule s'il en fut, mais combien fâcheux, puisqu'il nous a privé d'un chef-d'œuvre. Avec quel art évocateur, quelle exactitude inventive, le grand peintre visionnaire et lucide à la fois, n'eût-il pas restitué cette fin dramatique du sixième siècle, les premières luttes de la Monarchie naissante contre les Féodaux à leur aurore, le dénouement féroce du grand duel engagé entre Frédégonde et Brunehaut, l'esclave et la fille de roi, la Wisigothe à demi civilisée, imbue de traditions romaines, et la Barbare fille de la conquête, comme elle effrénée et brutale.

Ainsi se fût trouvé parfait, dans toute son ampleur et sa magistrale ordonnance, le grandiose édifice consacré aux temps mérovingiens dont nous ne posséderons, hélas ! jamais, que le vestibule magnifique.

Un incident venait en outre de se produire, apportant à l'historien un tracas importun et qui allait lui coûter la peine d'une longue et minutieuse riposte.

Sous le masque transparent du *docteur Néophobus*, Charles Nodier lançait dans la *Revue de Paris* sa « Diatribe contre les fabricateurs de mots ». Non sans esprit, l'auteur de *Trilby* reprochait à l'Académie des Inscriptions en général et à Augustin Thierry en particulier, de « trancher à tort et à travers dans l'orthographe étymologique et dans l'onomatologie de l'histoire », d'introduire dans la langue, par amour exagéré de la couleur locale, des vocables rébarbatifs. Quel avantage, concluait-il, tirons-nous de savoir « que le véritable nom de Clovis est Chlodowig qui ne s'écrivait pas Chlodowig et qui se prononçait autrement »?

Bien qu'enguirlandée de louanges, la critique n'était pas moins incisive et celui qu'elle visait s'en montra fort ému. « Ce bon Thierry est tout affecté », écrit à Mme Jaubert, sa « marraine », Alfred de Musset, évidemment renseigné par la princesse Belgiojoso.

L'attaque, cependant, n'était point imprévue. Nodier ayant d'abord destiné sa *diatribe* à la *Revue des Deux Mondes*, François Buloz crut expédient d'envoyer Ch. Labitte en ambassadeur, avec mission d'avertir Augustin Thierry et d'amadouer si possible son ombrageuse susceptibilité.

Celui-ci corrigeait à Bellevue les épreuves du septième *Récit des Temps mérovingiens;* sa réponse fut fort nette : « Si la *Revue des Deux Mondes*, déclara-t-il, accueille une attaque contre moi, quels qu'en soient les termes, je me verrai contraint d'y cesser désormais toute collaboration. Il en sera de même si je suis attaqué dans la *Revue de Paris* d'une façon personnelle et autrement que sur un point spécial de science ou de littérature. De toutes manières, je demande qu'on me communique l'article en question, afin que je puisse préparer ma réponse. »

Quelques jours plus tard, après une seconde entrevue avec Labitte, il précisait son attitude définitive dans cette lettre à François Buloz :

MONSIEUR,

M. Labitte m'a dit, à sa première visite, qu'un article où j'étais attaqué avait été donné à la *Revue des Deux Mondes*, et que cela vous embarrassait fort. Je répondis que cet article ne pouvait pas être inséré dans la *Revue* et M. Labitte reprit que vous pensiez comme moi et que vous en parleriez à l'auteur. A sa seconde visite, je lui demandai ce qui avait été fait là-dessus. Il répondit : « Rien encore ». Sur ce, ma femme demanda si votre intention n'était point de placer l'article dans la *Revue de Paris*. M. Labitte dit qu'il le croyait. Alors, reprit Mme Thierry, mon mari répondra, pourvu que l'attaque n'ait rien de personnel et soit dans la mesure des convenances. M. Labitte assura qu'il en serait ainsi, sous votre garantie, et il proposa de me communiquer les épreuves, afin que j'eusse le temps de préparer ma réponse. J'acceptai cette proposition ; voilà ce qui a été dit entre nous.

Depuis vous m'avez écrit en me demandant ce que vous deviez faire. Je vous ai répondu en distinguant les deux Revues, que l'insertion dans celle des *Deux Mondes* m'obligerait à me retirer et que l'insertion dans celle de *Paris* m'obligerait seulement à répondre dans la même Revue, pourvu que l'attaque fut mesurée et de tous points convenable, car autrement je me tiendrai pour offensé.

Je crois, monsieur, que cette explication est claire et que vous pouvez prendre une décision d'après elle. Si, cependant, vous voulez conférer de vive voix avec moi, ce qui vaut toujours mieux, je vous attendrai un de ces jours ou bien nous nous verrons dans une quinzaine à Paris.

Agréez, monsieur, etc.

Finalement, le *docteur Néophobus* dut se contenter de la *Revue de Paris* et son adversaire, durant trois mois, prépara fiévreusement sa riposte.

Elle parut dans le même recueil, le 23 janvier 1842, longue, érudite, narquoise par endroits, un peu solennelle cependant. Sous une courtoisie de forme tout académique, le polémiste d'autrefois reparaît de temps à autre sous l'homme de science et pour enveloppés qu'ils soient, ses coups de griffe n'en vont pas moins sûrement à leur adresse.

On la trouvera sous le titre : *Lettre à M. Charles Nodier sur la restitution des noms germaniques* dans les dernières éditions de *Dix Ans d'études historiques*.

La dispute prit ainsi fin, non sans laisser au cœur de l'historien quelque ressentiment contre son antagoniste. Sa rancune, toutefois, ne tint pas devant cette lettre si noble et si touchante, qu'il reçut de Mme Ménessier-Nodier, aussitôt après la mort de son père :

Dans la douloureuse épreuve que Dieu vient de me faire subir, monsieur, une consolation m'est doucement restée à peu près intacte et qu'il est en votre pouvoir de m'assurer tout à fait.

Mon père est mort, fier de n'avoir jamais conçu d'inimitié pour personne et plein d'espérance dans le pardon de ceux qu'il avait pu offenser involontairement. Je crois accomplir un de ses vœux, en vous demandant l'oubli complet d'une vaine discussion de mots, dans laquelle, par bonheur, ni le caractère, ni le talent de l'un ou de l'autre, ne furent jamais mis en jeu.

Je ne saurais vous dire, monsieur, combien l'idée que ce souvenir adorable et béni vit avec amertume au fond d'une âme honorable et éminente, ajouterait de peine à la peine inconsolable que je ressens. Mais il ne m'est pas permis de douter ; je sais que mon inquiétude a été comprise et devinée ; je ne veux donc chercher ici que le moyen de vous faire parvenir la profonde expression de ma gratitude et mes sentiments les plus absolument distingués.

Marie NODIER-MENESSIER.

Vivement ému d'un pareil appel, il s'empressa de répondre :

MADAME,

Je suis l'un de ceux qui ont le plus admiré tout ce qu'il y avait de bon et de beau dans le caractère et le rare talent de votre illustre père, et la circontance, dont vous avez la bonté de me parler avec regret, n'a laissé, je vous l'assure, dans ma pensée, ni aigreur, ni rancune personnelle. C'était un conflit d'opinions, je l'ai soutenu de mon mieux et voilà tout. Sans la triste fatalité qui me retient hors du monde, je serais allé m'expliquer de vive voix avec mon redoutable adversaire, et peut-être cette dissidence imprévue aurait-elle été pour nous le commencement d'une vive amitié. Je le crois, madame, et durant vos longues angoisses pour celui que vous pleurez et qui avait tant de gloire et tant d'amis, j'ai partagé, du fond de ma retraite, la sympathie universelle. Je vous rends grâce d'avoir bien jugé mes sentiments à cet égard et je suis fier d'un témoignage d'estime où se montre, si noble et si touchante, l'expression de votre douleur filiale.

Veuillez agréer, madame, et offrir à Mme Nodier, l'hommage de mes très humbles respects.

26 février 1844.

L'été de 1842 était venu, cette année-là particulièrement orageux et brûlant. Un juillet torride incendiait la plaine et desséchait les bois. Retiré à Montmorency pour y chercher un peu d'ombre et de fraîcheur, Augustin Thierry subissait la dépression d'une température épuisante, souffrant d'étouffements et d'angoisses nerveuses qui lui rendaient tout travail à peu près impossible.

Sentant décroître ses forces, envisageant sa fin prochaine et soucieux d'arrêter en faveur de sa femme ses dispositions dernières, il avait convoqué son notaire le 14, afin de lui dicter un testament en bonne forme.

M⁰ Rousse, en arrivant tout contristé, apprit à son client l'accident fatal survenu la veille au duc d'Orléans.

Cette nouvelle, qu'on lui cachait encore, jeta l'écrivain dans un abattement consterné. Il avait, au prince, les plus grandes obligations et lui vouait, en retour, une reconnaissance sans réserve. En lui confiant la garde honorifique de sa bibliothèque, Ferdinand-Philippe avait mis fin à l'exil infécond de son protégé ; leurs relations, depuis lors, étaient demeurées chez l'un, toutes pleines de respectueuse confiance, chez l'autre, d'estime amicale et de courtoise simplicité.

Une lithographie contemporaine, illustrant une *Vie* populaire de l'héritier du trône, le montre accueillant Augustin Thierry et l'aidant à gravir le perron de Neuilly (1). Il n'est pas à ma connaissance que cette visite ait jamais eu lieu ; par contre, Mme Augustin Thierry eut à diverses reprises l'honneur d'être reçue par la duchesse Hélène qui voulait bien lui témoigner une particulière sympathie.

L'historien comptait en outre les plus chaudes amitiés parmi l'entourage et les familiers du malheureux prince : Ary Scheffer, Auguste Trognon, MM. de Boismilon, Asseline et Borel de Bretizel.

Atterré par la catastrophe qui frappait la Monarchie, en redoutant le pire, rien d'étonnant qu'il fût, par surcroît, affligé, comme d'un malheur personnel, par la mort tragique qui brisait tant d'espérances.

(1) Composition de Lemaire, lithographiée par Auguste Bry, 134, rue du Bac. Le prince en uniforme de général, le bicorne empanaché sur la tête, s'avance à la rencontre d'Augustin Thierry, en habit-frac, appuyé au bras de son secrétaire.

Sa douleur éclate dans la lettre qu'il écrivit le surlendemain à Ary Scheffer, lorsqu'il eut retrouvé un peu de calme
d'esprit :

Paris, le 16 juillet 1842.

Mon cher ami,

Je vous écris bien tard, j'étais souffrant à la campagne et l'on
m'a caché pendant tout un jour l'affreux événement qui met dans
mon cœur un deuil qui durera autant que ma vie. Après une nuit
sans sommeil et toute remplie de l'idée d'un si grand malheur, je
me débats contre la cruelle vérité. Mon esprit se refuse à croire
que tant de noblesse d'âme, de perfections, de jeunesse, de bonheur,
tant d'espérances pour notre pays aient passé sans retour. Que
Dieu ait pitié de la France ! Tous, tant que nous sommes, le présent, l'avenir, tout est frappé du même coup.

Je vous plains, mon pauvre Scheffer, c'est pour vous une seconde
perte qui va agrandir la plaie trop saignante de votre cœur et le
vide de votre vie impossible à combler.

Vous aimiez le prince depuis vingt ans, il vous rendait une
affection tendre, une confiance sans limite. Et moi, il a été mon
bienfaiteur et il l'a été avec une grâce infinie, d'une manière toute
royale, quoiqu'il ne fût pas encore roi...

Je n'ose sonder l'abîme des maux qui peut-être vient de s'ouvrir. Hélas ! mes plus longues perspectives n'atteignaient pas les
limites probables de sa vie. Je croyais le Prince Royal destiné par
la Providence à finir nos discordes, à relever la France de la France ;
mais Dieu n'a fait que nous le montrer. Il nous le retire aussitôt
que nous l'avons connu. Pauvre prince, héritier d'une couronne
à laquelle notre liberté ombrageuse a attaché bien des épines, il
avait, avec l'esprit de notre temps et une maturité précoce, le don
de plaire à tous et de se faire aimer. Le deuil universel de Paris
prouve ce qu'aurait été le bonheur de son règne. Les détails que
donnent les journaux sont à déchirer le cœur. Quelle scène de la
vie humaine dans ce qu'elle a de plus triste et de plus grand.

Je voudrais témoigner que je ne suis pas un ingrat. Dites-moi
si je dois écrire et à qui et de quelle manière. Dites-moi surtout
quelque chose du Roi et de la Reine. Pourront-ils supporter une
telle épreuve ? Je tremble pour eux, c'est trembler pour nous tous :
le sort de la France est là. Et ce pauvre Boismilon et Trognon
et vous ? Je voudrais savoir comment vous êtes, sous le poids de
cette douleur.

Répondez-moi, mon cher ami, aussitôt que vous le pourrez. Je vous écris avec des larmes dans le cœur et dans les yeux (1).

Quelques jours plus tard, après avoir pris l'avis de M. de Boismilon, il faisait parvenir à la duchesse d'Orléans l'expression de ses respectueuses condoléances :

MADAME,

Pardonnez-moi, si, au milieu de l'immense douleur de Votre Altesse Royale, j'ose lui adresser l'expression de mes regrets. Je suis l'un de ceux qu'un sentiment de profonde reconnaissance attachait au prince que le pays pleure avec vous. Il a été mon bienfaiteur et sa perte met dans mon cœur un deuil qui durera autant que ma vie. Hélas ! madame, celui qui vous avait donné tout ce qu'il y a de gloire et de bonheur en ce monde, semblait destiné à finir nos agitations politiques, il nous aurait tous réunis. Aux plus nobles qualités du cœur et de l'esprit, à une admirable

(1) La réponse d'Ary Scheffer n'est, elle aussi, qu'une longue plainte désolée :

« Je vous remercie, mon cher ami, de m'avoir écrit. J'avais dès hier songé à vous et je serais venu vous voir. Depuis trois ans, bien des pertes cruelles m'ont accablé et je suis devenu insensible à mes propres douleurs, mais celle des autres m'accable profondément. La Reine et ses enfants qui étaient ici ont voulu me voir dans le premier moment de leur désespoir. Une telle douleur et en même temps l'expression de sentiments aussi élevés étaient au-dessus de mon imagination.

« Ce que la France perd par la mort du duc d'Orléans, peu le sauront. L'avenir que son esprit si étendu et si noble préparait pour sa patrie est perdu avec lui ; les rêves d'une jeunesse ardente et généreuse avaient fait place aux combinaisons possibles de l'intelligence la plus élevée et la plus prévoyante. Comprenant combien la sagesse et la fermeté de son père lui avaient aplani les obstacles, sentant profondément que par amour vrai pour son pays, comme pour lui son fils, ce père avait assumé sur sa tête la haine des partis, il n'aurait, lui, qu'à diriger les sentiments généreux qui devaient surgir après, il demandait sincèrement de longs jours pour le Roi à la Providence, et à part son tendre attachement filial, sa raison était assez haute pour désirer ardemment ce long règne, dans l'intérêt de son pays, comme dans son propre intérêt.

« La dernière fois que j'ai vu le Prince Royal, il m'avait entretenu pendant deux heures de cet avenir éloigné ; en me quittant, il me dit : « Adieu, à mon « retour je viendrais chez vous continuer cette conversation. » Ce beau rêve est détruit. Dieu sait quelle triste réalité doit le remplacer.

« Adieu, mon cher ami, mes frères et vous, voilà tout ce qui me reste d'affection dans ma vie. Si j'exprime peu et les joies et les peines amères que les affections de cœur me font éprouver, je ne les sens pas moins profondément ; la peine que j'éprouve dans ce moment est bien cruelle, avec le duc d'Orléans les derniers liens qui me rattachaient à la vie réelle sont rompus.

« Je vous embrasse vous et Julie de tout mon cœur.

« ARY SCHEFFER. » .

intelligence des hommes et des choses de ce temps, il joignait le don de plaire à tous par un charme irrésistible, et l'amour, ce sentiment de la vieille France éteint dans nos révolutions, se réveillait pour lui. Vous aviez, madame, une grande part dans cette affection universelle qui éclate aujourd'hui, en témoignage de la plus vive et de la plus douloureuse sympathie. Un vide effrayant s'est fait dans les destinées de la nation, tout ce qui nous reste d'espérance est en vous et autour de vous ; que Dieu, madame, vous accorde la force de vivre pour vos fils et pour la France.

Je suis, avec le plus profond respect, madame, de Votre Altesse Royale, le très humble et très obéissant serviteur.

Montmorency, le 24 juillet 1842 (1).

La mort du prince, qu'il aimait et qui l'aimait, était pour Augustin Thierry le premier avertissement du destin. S'il avait pu voir dans l'avenir avec la même sûreté qu'il déchiffrait le passé, l'infortuné eût aperçu, planant déjà sur sa tête, l'ombre annonciatrice des suprêmes désastres.

D'année en année, la santé de sa femme s'altérait davantage, et les tendres inquiétudes que lui cause ce déclin progressif apparaissent, à partir de 1841, en maints endroits de sa Correspondance, dans les lettres à sa famille ou à ses intimes.

Julie de Quérangal, cependant, s'efforçait stoïquement de cacher ses souffrances et l'aveugle, abusé par son pieux mensonge, ne soupçonnait pas toute la gravité de son état.

Le cancer, à présent, précipitait ses ravages. Au cours de l'hiver 1843, des hémorragies survinrent, achevant d'épuiser la malade. Elle était si faible au printemps, qu'il fallut renoncer à quitter Paris pour l'habituel séjour à la campagne, et lorsqu'elle s'alita, au commencement de mai 1844, le docteur Louis qui la soignait la considéra tout de suite comme perdue.

(1) La princesse répondit, de sa main, à cette lettre :

« Neuilly, le 5 août 1842.

« Au milieu de mon affliction et de celle de toute ma famille, l'expression touchante de vos regrets m'a pénétrée de reconnaissance ; je vous remercie, monsieur, pour moi, pour mes fils, à qui vous resterez attaché, je l'espère, comme vous l'étiez à leur père. C'est un adoucissement à ma douleur de penser qu'ils peuvent compter sur vous.

« Votre affectionnée,
                                                    « HÉLÈNE. »

Averti par son frère, les yeux brusquement dessillés, face à face avec la sinistre réalité, Augustin Thierry sombra dans le plus affreux désespoir.

Lorsqu'on dépouille les cahiers où sont accumulés les matériaux de l'*Histoire du Tiers État*, on voit brusquement cesser toute recherche, s'interrompre tout travail, à la date du 17 mai. Pareillement s'arrête toute correspondance. Durant vingt jours, les registres qui la conservent sont muets ou presque. Ils ne contiennent que deux lettres, deux pitoyables cris, plutôt, de douleur et de détresse infinies, le premier poussé vers Chateaubriand (1) ; l'autre, plus poignant encore dans son laconisme, lancé à Martial Delpit, comme un appel de secours au dévouement de l'ami.

MON CHER AMI,

J'ai besoin de vous, ma pauvre Julie est bien mal, je suis seul avec mon chagrin de toutes les heures qui devient plus fort que moi ; venez à mon secours, votre mère vous reverra bientôt, priez-la de me pardonner.

Tout à vous de cœur (2).

Ce billet est du 1er juin. Huit jours plus tard, Mme Augustin Thierry succombait après une longue et pénible agonie, dont on put heureusement épargner jusqu'à la fin la connaissance à son mari.

Comme s'il eut prémédité de conserver intact et toujours présent le souvenir des plus cruelles heures de sa vie, de raviver son chagrin sans cesse dans leur évocation, le veuf voulut tracer pour lui-même, entrecoupé comme un sanglot, le récit de ces instants tragiques. Je crois pouvoir le reproduire ici, tel que je l'ai trouvé dans ses papiers intimes :

Lundi, 10 juin, à onze heures, après avoir causé comme chaque matin avec M. Gabriel (3), je me suis fait porter dans le cabinet

_____

(1) Voir l'appendice I à la fin du volume.
(2) Ce billet porte comme suscription : M. Martial Delpit, à Castan, par Iffigeac, Dordogne.
(3) Le docteur Gabriel Graugnard.

de Delpit et je me suis assis me croyant seul. M. Gabriel qui me suivait me dit : « La princesse est là. — Quoi? répondis-je, la princesse, à cette heure? » Et elle, qui se trouvait à ma droite, me dit : Oui, c'est moi, je viens pour vous emmener. » J'eus un moment de doute sur ce qui signifiaient pour moi ces paroles et après quelques secondes de silence, je m'écriais : « Est-elle donc... »

« Hélas ! dit la princesse, d'une voix faible, tout est fini maintenant, il faut partir. » Et moi, frappé d'une commotion nerveuse : « Non, non, non, cela n'est pas vrai, c'est impossible, je ne le crois pas, je ne veux pas le croire. On me disait tout à l'heure... on m'a donc trompé. Quand est-ce?... ce matin? tout à l'heure?... non, non, cela n'est pas possible... » J'entendis alors beaucoup de voix autour de moi ; je ne distinguai rien de ce qu'on disait, seulement je crus reconnaître la voix de mon frère, celle de Delpit et le nom de M. Louis prononcé à plusieurs reprises. J'étouffais et il me semblait qu'on me tenait de tous les côtés. Je demandai : « de l'air, un peu d'air... » et dans le silence qui se fit alors, en revenant à moi, je dis : « Amédée? » pour m'assurer que mon frère était là. Il répondit vivement en s'approchant de moi et me prenant la main.

Selon le récit d'Annette, le samedi 8 juin, à trois heures et demie, la princesse se trouvant dans la salle à manger où j'allais me faire porter, ma pauvre Julie, comme s'apercevant de l'heure qu'il était, sortit de sa somnolence et demanda : « Est-ce que la princesse n'est pas là? je voudrais bien lui parler. » Elle lui tendit la main, recueillit ses forces et eut durant quelques moments une parfaite présence d'esprit.

Ses derniers mots prononcés d'un accent ferme et pénétrant furent ceux-ci : « Ne l'abandonnez pas, prenez soin du pauvre Augustin. » Depuis elle n'a plus proféré de paroles suivies et dont le sens fût intelligible, si ce n'est une fois le dimanche : « Augustin, je suis bien mal, mais Dieu fera de moi ce qu'il voudra. »

Depuis qu'elle avait été prévenue par le docteur Louis de la fin imminente de son amie, la princesse Belgiojoso ne quittait plus en effet le passage Sainte-Marie.

Ses juges les moins indulgents n'ont jamais refusé à la séduisante héroïne de tant d'aventures tumultueuses « qui vivait à l'étroit dans son siècle », ni la bonté du cœur, ni le dévouement généreux. A travers mille extravagances, la flamme auguste de l'idéal ne cessa jamais de brûler dans ses

veines : âme étonnante et complexe, enfermant toutes les
folies, mais aussi tous les enthousiasmes.

Quels mobiles attribuer à la conduite qu'elle va tenir? Ils
paraissent à la fois nébuleux et précis. Elle s'est prise pour
Augustin Thierry d'une affection où la sincérité s'unit au
romanesque. Elle l'aime « en esprit », veut être sa « sœur
d'âme ». Il se mêlera plus tard à ces sentiments éthérés des
préoccupations moins hautes d'assistance littéraire. Pour
l'instant elle plane en plein azur, elle subit un prestige. La
pitié de la femme s'est éveillée devant cette existence ra-
vagée, mais si l'on peut dire, c'est une pitié *artiste* où l'imagination, à son insu, a plus de part que le cœur. Sans doute, elle
entend bien exaucer le vœu suprême de la morte, soulager
tant de misère, réconforter une grande âme en détresse, mais
ce rôle de consolatrice, de madone du foyer, d'Égérie dernière d'un écrivain illustre ne va pas non plus sans flatter
obscurément sa vanité. Suivant le mot amer et profond du
moraliste, elle s'admire elle-même dans la beauté de son
œuvre.

Dans quelques mois, dissipée cette première et capiteuse
griserie de charité, quand la ressaisiront d'autres chimères,
elle ne sera pas longue à dépouiller son personnage d'occasion. Reprise d'humeur vagabonde, son bienfaisant ministère
s'exercera de très loin et par intermittences ; la « sœur » sans
remords délaissera son « frère ». *Woman, your name is frailty...*
Heureusement le temps ayant fait son œuvre, Augustin
Thierry aura pu connaître assez sa capricieuse amie, pour ne
pas souffrir de son abandon.

Mais en ce moment, toute à la mission secourable qu'elle
s'est imposée, elle n'envisage point l'avenir et ses obligations.
Avec sa fougue ordinaire, elle est persuadée de son immuable
constance, et comme il fallait d'abord arracher le veuf
anéanti à sa maison funèbre, elle fut, aussitôt célébrées les
obsèques (1), l'installer à Port-Marly en compagnie du docteur Graugnard.

C'est là que parvinrent, à l'historien écrasé de chagrin et

____

(1) A Saint-Thomas d'Aquin, le 11 juin 1844.

l'esprit en déroute, les témoignages de l'universelle sympathie qu'éveillait son malheur.

Aussitôt informée, Mme la duchesse d'Orléans voulut s'associer au deuil de celui qu'avait affectionné le mari qu'elle pleurait :

Neuilly, le 13 juin 1844.

Que ne puis-je apporter quelque adoucissement à votre douleur, monsieur? La perte cruelle qui vient de vous frapper m'émeut profondément, et rien ne saurait vous rendre la sympathie qu'elle m'inspire ; mais que peut la sympathie auprès d'un malheur comme le vôtre? Nul n'en sent plus que moi l'impuissance. Aussi ne suis-je pas venue dans l'espoir de vous distraire de votre affliction, mais pour vous dire que je demande à Dieu de soutenir votre courage et de vous donner la force d'accepter l'épreuve qu'Il vous envoie. Le jour viendra où cette vie de souffrances, d'amertume et d'isolement vous paraîtra un rêve et alors vous bénirez la main qui vous aura frappé, alors vos pleurs seront changés en joies éternelles. Cette pensée est le refuge des affligés, puisse-t-elle être votre soutien et rendre votre douleur plus calme. C'est là le vœu bien vrai et bien ardent que je forme pour vous, monsieur, et dont je vous prie de recevoir ici l'expression de

Votre affectionnée

HÉLÈNE.

De son côté, la reine Marie-Amélie chargeait M. Borel de Brétizel d' « une mission verbale expresse ». Sa Majesté, écrivait le Secrétaire des commandements, « ne veut pas que vous ignoriez sa profonde et cordiale sympathie pour un malheur qui était inattendu pour vous, lorsqu'il ne l'était déjà plus pour ceux qui vous entouraient ».

Enfin, de la liasse de lettres émues, plusieurs signées de noms célèbres, qui forme ce lugubre dossier, je veux encore citer celle-ci adressée par Guizot, cet autre veuf toujours inconsolé :

Auteuil, dimanche 23 juin 1844.

MON CHER AUGUSTIN,

Je ne vous ai pas écrit au premier moment. Je connais trop la vanité de toutes les paroles tombant sur la plaie toute vive. La vôtre ne guérira pas ; mais vous vous résignerez à la porter. Que

13

puis-je faire pour vous y aider? Dites-le moi, car je voudrais le
savoir. Nous vivons bien séparés mais mon amitié pour vous est
entière. Je sais bien bon gré à la princesse Belgiojoso de ses soins
pour vous. Elle est bonne, mérite très rare au fond, et quand on
veut autre chose que les airs de la bonté. J'ai de vos nouvelles,
mon pauvre ami, mais faites m'en donner vous-même. Adieu, ma
mère et m s enfants sont très occupés de vous. Ils vont bien
grâce à Dieu; mais j'ai complètement perdu le sentiment de la
sécurité.

Adieu et mille vraies amitiés.

GUIZOT.

L'atroce rigueur du coup qui l'abat, l'étendue de sa perte,
l'intensité de son chagrin, la douceur et la joie que sa femme
avait répandues sur sa vie, Augustin Thierry le crie avec une
éloquence désespérée, dès qu'il est capable de rassembler deux
idées et de dicter une ligne.

Sa réponse à la duchesse d'Orléans, malgré la haute qualité
de celle qui lui prêche la soumission chrétienne aux décrets
de la Providence, a presque l'allure et la véhémence d'une
protestation :

MADAME,

Vous connaissez la douleur et la plus extrême douleur; vous
pardonnerez à un pauvre cœur brisé de n'avoir pu s'ouvrir plus
tôt pour annoncer à Votre Altesse Royale ce qu'elle a su par
d'aut es que moi.

Di u vient de me frapper d'un de ces coups terribles qui font
chanceler la raison et sont comme un démenti donné à toutes les
espérances d'ici bas. Il m'a retiré l'unique soutien de ma triste
vie, celle par qui, depuis treize ans, j'oubliais que je suis aveugle.
Je portais légèrement le poids de mes souffrances, j'avais retrouvé
le courage, la joie, la sérénité du cœur et de l'esprit ; et maintenant,
me voilà retombant sous mon fardeau, jeté hors de la vie comme
une tige déracinée. Mes amis m'ont trompé durant plusieurs jours,
et après l'instant fatal où j'ai tout perdu en ce monde ; ils sont
venus m'enlever du lieu de ma misère ; ils veulent que je vive, ils
me l'ordonnent. Le pourrais-je? Dieu seul le sait.

Plaignez-moi, madame, que votre cœur si noble et si déchiré
ait une pensée de sympathie pour mon veuvage et daignez agréer

pour vous et pour M. le Comte de Paris les vœux d celui qui pleure.

Je suis, avec le plus profond respect, madame, de Votre Altesse Royale..., etc., etc.

D'autres lettres à Mignet, à la comtesse Foy, à Mme de Tracy, à M. de La Saussaye montrent la même douleur ; mais, de toutes la plus désolée, celle où s'épanche avec le plus d'abandon cette inapaisable tristesse, est adressée à Mlle Fressignè, l'ancienne amie de Luxeuil qui avait fait leur mariage :

Port-Marly, 8 septembre 1844.

CHÈRE MADEMOISELLE,

Pardonnez-moi le long retard que j'apporte à répondre à votre lettre. Durant bien des jours, il m'a été impossible de dicter une seule ligne et depuis que j'ai retrouvé quelque liberté d'esprit, il m'a fallu donner mes heures de calme aux soins des tristes affaires qui sont nées de mon malheur.

En dépit de mon espérance, j'ai survécu à celle qui depuis treize ans était le ressort et l'âme de ma vie. Cette vie est à refaire, y parviendrai-je ? Dieu seul le sait.

J'ai des amis qui sont admirables pour moi ; une personne, dont l'âme et le cœur sont au-dessus de tout éloge, m'entoure de soins et d'affection, comme le ferait une sœur ; mais dans les heures où je me retrouve seul avec moi-même, je ressens un vide que rien ne peut remplir, un vide qui se creuse sans cesse et dans lequel la moindre pensée me rejette, si j'essaie de me distraire par la lecture ou un peu de travail. J'ai dans l'oreille une voix que je n'entendrai plus et dont un seul mot suffisait pour éloigner de moi tout ennui. J'ai vécu treize ans de la vie de tout le monde, je ne sentais plus la perte de mes yeux et le temps que je regretterai désormais sera, non pas celui de mes années de jeunesse et de force, mais celui que j'ai passé aveugle auprès de ma pauvre Julie. Je l'aimais d'un amour absolu, d'un amour qui les renfermait tous ; il y avait pour elle, en moi, l'affection du mari avec celle de la mère et de la sœur. Vous l'avez vu à Luxeuil, après neuf ans, vous l'avez revu à Paris : le temps n'y pouvait rien changer. Je suis en deuil de cœur et d'habit pour les années qui me restent et auxquelles je ne vois plus de but qui m'attire, d'emploi qui me commande, car tout cela était en elle. Je travaillais pour

elle et par elle. On me parle de la science, mais la science est une
chose morte et ma vie défaillante avait besoin d'être soutenue et
doublée par un intérêt vivant. J'essaierai de la mener jusqu'à ce
qu'il plaise à Dieu qu'elle finisse ; je ne ferai rien contre moi-même
et mon désir est de reprendre ma tâche interrompue et d'ajouter
une page à la dernière page qu'elle a lue et dont elle m'a dit :
« Augustin, c'est bien. » Me voici retombé dans mon existence
mutilée, n'ayant plus devant moi que des souvenirs. Les meilleurs
jours de ma vie ont commencé à Luxeuil, sous vos auspices ; vous
m'avez revu, il y a quatre ans, dans le bonheur et la sécurité ;
votre souvenir se mêle à mes regrets. Dites, je vous prie, à mademoiselle votre sœur, qu'elle est de moitié avec vous dans cette
pensée, présentez-lui mes très humbles respects et que mon nom
soit quelquefois prononcé dans vos conversations intimes.

Adieu, mademoiselle, plaignez-moi et agréez l'expression de
mes sentiments les plus respectueux et les plus dévoués.

Cependant l'été s'avançait, il fallait songer bientôt à
regagner Paris. Depuis qu'au grand scandale du monde, son
mari, l' « admirable » et volage Emilio, l'avait abandonnée définitivement pour s'enfuir avec la jeune duchesse de Plaisance
et filer le parfait amour sur les bords enchanteurs du lac de
Côme, Mme de Belgiojoso, tout indifférente qu'elle fût à la
ruine de sa vie conjugale, avait quitté son hôtel de la rue
Neuve-Saint-Honoré, et s'était installée rue de Courcelles.

Mais le logis ne lui plaisait guère : elle en cherchait un autre
et quand elle crut l'avoir trouvé, elle offrit à Augustin Thierry
de le partager avec elle. L'appartement du passage Sainte-
Marie ne rappelait plus à l'historien que de lamentables souvenirs ; il était résolu à n'y point rentrer. Tout en sauvegar-
dant son indépendance, cette combinaison d'une amitié prévoyante lui rendrait, pensait-il, un foyer, il l'accepta d'un
cœur reconnaissant. Dans la lettre qui suit, il explique à Guizot
les raisons qui le décident, les conditions de sa vie nouvelle et
le met au courant de ses projets futurs.

Port-Marly, 28 août 1844.

MON CHER AMI,

Pardonnez-moi les trop longs retards que j'ai mis à répondre
à des paroles qui, venant de vous, ont été pour moi, dans l'acca-

blement de la douleur, une consolation et un appui. Placé entre
une vie de bonheur détruite pour jamais et une vie incertaine qui
est à refaire, j'ai eu des semaines, des mois de vertige, durant lesquels je ne pouvais rien dire de moi qui fût une promesse de
calme, de force et de résignation. L'amitié si noble et si douce,
l'amitié de sœur qui m'entoure ici de soins et d'affection, m'a
soutenu au milieu de déchirements et d'angoisses sous lesquels
j'aurai succombé, si Dieu ne m'avait pas envoyé un pareil secours.

J'ai mieux résisté à mon affreux malheur qu'on ne l'espérait
et que je ne le pensais moi-même, ma santé n'a pas décliné, du
moins en apparence, mais au fond, il y a des menaces qui ont
inquiété mes amis et leur ont fait désirer que dans l'arrangement
de ma vie, j'eusse auprès de moi, pour aide, et pour commensal,
un médecin. J'ai cédé à ce conseil d'autant plus volontiers que le
choix n'était pas difficile. Un jeune médecin qui, comme assistant de
M. le docteur Louis, a rendu à ma pauvre femme, durant ses deux
mois d'horribles souffrances, les soins les plus dévoués, M. Gabriel
Graugnard, a été mon secrétaire, il y a sept ans ; depuis lors, il
m'est resté attaché de souvenir et d'affection. Il quittera pour se
réunir à moi la place d'agent de la Société Géologique de France
et une clientèle médicale qui commençait à se former. Son caractère est bon et facile, sa raison très sûre et son intelligence appli-
cable à tout. Mme la princesse de Belgiojoso, dont le jugement
compte pour une grande part dans mes déterminations, a pour
lui estime et bienveillance ; mon frère, Scheffer et M. Louis pensent
qu'il me convient parfaitement.

Protection sans tutelle, assistance amicale et pourtant subordonnée, voilà les deux conditions de la nouvelle vie qui commence pour moi, sans lesquelles je n'aurai plus ni liberté, ni
dignité, ni force. La Providence m'a frayé la voie en m'ouvrant
l'asile où je suis ; je m'occupe de faire le reste ; y réussirai-je complètement ? quelquefois je doute, le courage me manque, mais
c'est là pour moi la question souveraine. Je vous le dis, mon cher
et vieil ami, pour que vous, qui êtes fort d'âme et de position,
vous m'aidiez à la résoudre. Nous avons été bien séparés — trop
peut-être — mais sans vous demander pour l'avenir plus que les
affaires ne permettent, j'ose compter sur vous, soit de près, soit
de loin.

Le choix que j'avais à faire d'un logement, choix plus difficile
pour moi que pour tout autre, est à peu près arrêté. Je prendrai
le rez-de-chaussée d'un grand pavillon, situé au milieu des jar-

dins, 10, rue Taranne. La princesse prendra le premier et les
combles. Chacun de nous deux aura son bail et sera complètement
libre. Cette maison qu'on remet à neuf ne sera guère habitable
pour moi avant le printemps prochain ; jusque-là et à partir d'octobre, il faut que je trouve un logement provisoire dans quelque
maison meublée, ayant un jardin ou une cour, où je puisse me
faire promener ; je m'occuperai de cette recherche dans le courant
du mois prochain. Ce genre de souci et les tristes affaires nées de
mon malheur sont à présent ma seule occupation. Plus tard, dès
que j'aurai l'esprit un peu libre, je reprendrai ma tâche interrompue : cette introduction qui formera la tête d'un volume
de 950 pages maintenant imprimé.

Voilà bien des détails et une bien longue lettre ; je vous écris
comme si je causais avec vous et sans songer que vous n'aurez pas
le temps de me lire. Dites, je vous prie, à madame votre mère, que
si la chose était possible, je me ferai transporter auprès d'elle,
pour lui demander le secours de sa parole et de ses conseils et me
fortifier par l'exemple d'une âme si haute et si résignée. Dites-
lui qu'elle est au premier rang des personnes que je vénère et que
j'admire et recommandez-moi à son souvenir et à ses prières. Je
sais que vos enfants, sans me connaître, ont pensé à moi avec sympathie. Je voudrais pouvoir les en remercier.

Adieu, mon cher ami, rappelez-vous quelquefois nos anciens
jours, ces jours où nous espérions ensemble et qui ont été suivis
pour vous de tant d'honneurs et de tant de souffrances. J'y re-
monte souvent dans mes rêveries et je trouve là près de vous,
pleine de grâce et de bonté pour moi, celle qui fut le charme de
votre vie et qui, en partant de ce monde, vous a laissé au cœur
un deuil éternel. C'est en son nom que je vous demanderai du
secours dans mes défaillances, à vous qui avez pleuré et qui, au
milieu des larmes, avez su rester fort et poursuivre noblement
le travail qui vous est assigné ici-bas. Adieu, encore une fois, et
croyez pour la vie à mes sentiments de tendre amitié et d'admiration.

Pour trouver ce « logement provisoire » dont nous le voyons
préoccupé, Augustin Thierry recourut à l'obligeance de ses
amis :

En attendant que je sois installé, écrit-il à la comtesse Foy, je
cherche dans votre faubourg Saint-Germain un appartement

meublé avec jardin, soit dans un hôtel garni, soit ailleurs. Il me faut un jardin, une cour sablée à la rigueur, où l'on puisse me promener dans ma petite voiture. Soyez assez bonne pour demander autour de vous si, dans votre voisinage, il ne se trouverait rien de semblable. Je n'oserais pas, madame, vous prier de prendre ce.te peine, si mon désir d'informations ne renfermait pas celui de m'établir cet hiver dans un logis peu éloigné du vôtre (1).

Vainement le docteur Graugnard, Ary Scheffer, Amédée Thierry s'employèrent à battre le quartier, sans rien découvrir. Cédant à ses instances réitérées, force fut donc à Augustin Thierry, en quittant Port-Marly, d'accepter l'hospitalité que lui offrait rue de Courcelles, la princesse Belgiojoso.

(1) La comtesse Foy habitait 92, rue de Grenelle.

XVIII

Le quartier du Roule, il y a trois quarts de siècle, n'était pas comme aujourd'hui un pâté continu de bâtisses. Situé alors presque aux confins de la ville, il présentaità peu près l'aspect qu'offre à présent Neuilly, et de vastes jardins enceignaient les hôtels assez disséminés que l'on commençait d'y construire. Enveloppé par leurs frondaisons, l'endroit était discret, paisible, retiré, à la fois propice au travail ou favorable au repos.

Vers la fin de 1843, Mme de Belgiojoso était venue s'installer avec sa fille Marie (1) dans une propriété appartenant à Mme Bernard, au numéro 36 de la rue de Courcelles, environ l'emplacement actuel du boulevard Haussmann.

La demeure était spacieuse mais triste; la princesse s'en dégoûta bientôt et songeant à cette acquisition de la rue Taranne qui ne put être réalisée, n'y avait transporté qu'une partie de ses meubles. Deux étages restaient vides, inhabités, sauf des domestiques; toute la vie de la maisonnée était con-

---

(1) Née en 1838, plus tard, la marquise Trotti-Bentivoglio.

centrée au rez-de-chaussée : établissement un peu bohème,
selon les goûts fantasques de l'occupante du logis.

Dans le jardin, en retrait du corps de bâtiment principal,
s'élevait un pavillon indépendant, composé de cinq pièces.
C'est là, au prix d'un loyer annuel de 1 400 francs, qu'il avait
exigé de payer, qu'au mois d'octobre 1844 vint, à son retour
de la campagne, habiter Augustin Thierry.

Encore tout endolori de son deuil, il arrivait plein d'illusions.

Confiant dans les assurances de son amie, il croit avoir
trouvé près d'elle le port de refuge, l'asile sûr où s'achèveront
désormais ses jours « dans une vie d'intimité familiale et de
soins affectueux ». Il en attend la tendresse protectrice que
réclame sa faiblesse et la douceur attentive qui soulagera sa
peine. Elle sera la lumière de ses ténèbres immobiles, son
« pilote », sa « boussole » et dans une métaphore habituelle, il
se compare à la barque amarrée au navire, le suivant au
sillage et protégé par lui des périls de la mer.

Il ne sera pas longtemps à découvrir la vanité de son rêve,
à constater qu'entre toutes, il a choisi « l'affection la plus
périlleuse, celle qui vit d'agitation et de luttes, qui excite les
orages, parce qu'elle en a besoin et qui ne comporte aucune
règle, aucun obstacle, aucun frein » (1).

Avec mélancolie, il écrira plus tard à Mme de Tracy : « Sauf
quatre à cinq mois, la chimère dont je m'étais épris n'a rien
produit qu'une longue absence. J'ai passé le temps à compter
les jours et à attendre. »

La princesse rentre en effet à Paris, frémissante de grands
projets. Avec la versatilité, qui n'est pas son moindre trait de
caractère, elle renonce à la vie mondaine pour se lancer derechef dans la politique la plus turbulente. Plus que jamais, elle
se juge indispensable à l'Italie ; elle croit à son rôle, à sa mission. Pour accomplir son apostolat, férue des théories que
vient de formuler Cesare Balbo dans ses *Speranze d'Italia*,
elle a fondé la *Gazetta Italiana*, prône l'émancipation du pro-
létariat, l'éducation des masses, l'amélioration matérielle et

____

(1) Lettre de la princesse Belgiojoso, 5 décembre 1844.

morale des paysans, dans lesquels elle voit les pionniers de l'avenir.

Si, dans son entourage, les « gens de la raison glacée » comme elle les nomme : Mme Jaubert, Ravaisson, Scheffer, Mignet, Laprade, le peintre Chenavard, s'efforcent de refroidir son enthousiasme, lui montrant les complications de la tâche, l'incertitude du résultat ; par contre, la cohue cosmopolite qui l'environne d'une nuée de parasites : exilés italiens, réfugiés grecs, patriotes moldaves, l'applaudit par complaisance intéressée, l'encourage à tenter pour la « Cause » une grande expérience.

Cet essai, la réformatrice prétend l'opérer dans son domaine lombard de Locate, à une heure de Milan, la ville de sa grande popularité. De Port-Marly, sans avertir encore son « frère », elle avait fait tenir aux principaux tenanciers ses observations et ses projets de soulagement (1). A Paris enfin, elle révéla son dessein.

Tout déconcertant qu'il apparaisse d'abord, cet avatar inattendu, en bienfaitrice rurale et en économiste agraire, ne doit pas trop étonner de celle que Paris avait déjà vu métamorphosée tour à tour en conspiratrice, en théologienne, en *lionne* des salons littéraires. Vainement, la voix d'Augustin Thierry se joignit-elle aux remontrances des prêcheurs de sagesse. Malgré sa douloureuse surprise, il dut s'incliner devant une volonté d'autant plus opiniâtre qu'elle était plus soudaine. Ses instances les plus vives ne pouvaient au demeurant que cesser, lorsque la princesse invoqua des nécessités financières, l'intérêt qui exigeait sa présence à Milan afin d'y écouler les actions de la *Gazzetta* et d'obtenir l'appui d'argent indispensable au succès de sa propagande.

Après de tristes adieux, laissant l'aveugle désolé de retomber « à la solitude de sa nuit sans étoiles », d'être privé du rire et des ébats de Marie qu'il chérit tendrement et qui

---

(1) Une copie de cet opuscule se trouve au *Museo del Risorgimento* à Milan. Bien qu'elle ait peine à s'affranchir des théories abstraites, Mme de Belgiojoso s'y déclare en somme l'avocat d'un système d'améliorations matérielles d'un utilitarisme tout prosaïque.

l'appelle son « oncle-ami » (1), Mme de Belgiojoso quitta la rue de Courcelles, le 11 novembre 1844. Elle gagnait Marseille par le Bourbonnais, à dessein de s'embarquer pour Gênes.

Donna Cristina, avant leur séparation, avait juré « sur son nom de Trivulce » que son absence serait de courte durée, qu'elle ne dépasserait point en tout cas le printemps de 1845. Pour adoucir le chagrin qu'elle lui cause, elle apprend en outre à Augustin Thierry qu'elle vient d'acquérir un vaste terrain rue du Mont-Parnasse, où chacun d'eux pourrait faire construire un pavillon selon ses goûts. Et de s'enflammer à cette idée :

Oui, mon frère, ce sera là votre port, la retraite calme, riante et assurée où nous vieillirons à peu de distance de temps et d'espace, où vous achèverez vos beaux travaux, où ceux qui aiment la grandeur viendront vous trouver et où, si Dieu veut que vous me précédiez, je chasserai les ombres qui obstruent quelquefois le dernier passage et l'assombrissent. Reposez-vous sur cette pensée et soyez assuré que vos doux projets ne seront jamais dérangés par ma volonté. Vous avez en moi une sœur dévouée qui

(1) Voici la jolie lettre qu'il lui adresse à Locate, en réponse à de naïfs souhaits tracés d'une grosse écriture maladroite d'écolière :

« MA CHÈRE MARIE,

« Vous êtes bien gentille d'avoir un peu d'amitié pour celui qui vous aime sans vous avoir vue, qui ne peut répondre à votre joli sourire et qui ne connaît de vous que votre petite voix et le bruit que vous faites en courant. Je ne vous demande pas de penser à moi autant que *poor Coby* pense à vous, ce serait beaucoup trop. Je ne vous demande qu'un petit souvenir par semaine. Je parle bien souvent de vous avec Coby, c'est-à-dire qu'il me saute contre l'épaule, quand je suis dans ma petite voiture. C'est là sa manière de me demander si j'ai reçu une lettre et si les nouvelles sont bonnes.

« L'autre jour, je venais de lui répondre que la poste ne m'avait rien apporté et il suivait ma voiture, l'oreille basse, avec un air de réflexion, lorsque je l'ai entendu dire à mi-voix, comme quelqu'un qui se parle à lui-même :

« *She is far from the land where her poor Coby sighs.* — Quoi, me suis-je écrié tout surpris, de l'anglais, Coby ! un vers anglais et un joli vers encore ! Il m'a répondu avec un air de satisfaction modeste : — Je suis de Terre-Neuve par mon père et de Lugano par ma mère. Voilà pourquoi je parle deux langues. Mais je ne parle que quand je suis triste ; mademoiselle ne sait rien de mon talent, car aussi longtemps que j'ai été près d'elle, je n'ai pas eu une minute d'ennui. — Là-dessus, il s'est essuyé les yeux avec son oreille et il est entré à la maison prendre des os qu'il aime passionnément.

« Voilà, j'espère, une bonne histoire ! si elle vous plaît, vous m'en remercierez et je dirai à Coby que vous êtes contente. Émilie et Mme Alexis me chargent de leurs compliments pour vous, et moi, je prends la liberté de vous baiser au front, comme un oncle-ami, puisque c'est là mon titre auprès de vous. »

vous place au premier rang parmi les devoirs qu'elle affec-
tionne (1).

Intention assurément sincère mais combien décevante
allait être la réalité !

La voyageuse arriva le 29 en Lombardie. Alors, commence
avec celui qu'elle laisse à Paris une longue correspondance,
beaucoup trop étendue pour être reproduite ici, malgré son
intérêt (2).

C'est d'abord la narration enthousiaste d'un accueil triomphal qui flatte délicieusement son orgueil : Locate en fête
et tout illuminé ; les huit voitures du cortège passant sous
un arc de triomphe ; dix mille paysans accourus des alentours
jetant des fleurs, parmi des acclamations sans fin et le va-
carme des pièces d'artifice.

Puis, les mois suivants, se déroule l'exposé minutieux des
améliorations de tous genres qui transforment en une sorte
de phalanstère le fief antique des Trivulce, « car il a bien l'air,
à présent, d'être sorti des mains fouriéristes ». Mme de Belgiojoso s'ingénie, s'agite et se dévoue ; elle construit des loge-
ments salubres pour les ouvriers, ouvre une cuisine économique, un chauffoir, fonde une fabrique de gants, organise
dans les appartements du château des salles de lecture et de
récréation.

La description de ces réformes s'accompagne d'autre part
de demandes réitérées de conseils et d'assistance littéraire.
La princesse n'entend pas seulement poursuivre son apostolat par le geste, elle veut aussi le réaliser par la plume.
Outre le grand travail qu'elle achève, son *Essai sur la formation du dogme catholique*, elle médite une *Histoire des
Municipes italiens*, pour quoi elle fait entreprendre des recherches et bientôt un *Tableau de l'Italie moderne* dont elle
demande à Augustin Thierry de lui tracer le plan (3).

(1) Lettre de Locate, 30 janvier 1845.
(2) Elle ne comprend pas en effet moins de trente-huit lettres pour le seul
hiver 1844-45 et chacune de huit à dix pages.
(3) Il l'esquisse largement dans une de ses lettres : « Idée du livre. Description géographique de l'Italie. Caractère physique et moral des habitants, mœurs
et coutumes. Divisions territoriales, état politique et civil ; administration ;

De 1844 à 1848, celui-ci va être, plus ou moins, l'inspirateur des articles que sa lointaine amie enverra, sous de prudents pseudonymes, à la *Revue des Deux Mondes* ou à la *Revue Indépendante*. Il recourt, sans se lasser, à son influence sur François Buloz pour les lui faire accepter, en retouche le style, en revoit les épreuves. Sainte-Beuve, qui n'aimait guère l'auteur, a loué dans l'*Essai sur la formation du dogme catholique* une élégance et une précision de forme qui s'élève parfois à la gravité de l'histoire. Sans prétendre tirer de cette coïncidence aucune conclusion formelle, constatons cependant que Mme de Belgiojoso, alors à Paris, fréquentait assidûment l'écrivain illustre dont ces éminentes qualités avaient fondé la gloire.

Elles sont d'ailleurs charmantes ces « lettres d'une sœur à son frère », pleines de verve, d'entrain et souvent d'émotion, riches d'aperçus pittoresques, de trouvailles savoureuses d'expressions, de remarques psychologiques d'une subtilité bien féminine.

Témoin cette réflexion désanchantée sur l'amour que n'eût point désavoué Stendhal : « On n'éprouve de sécurité en amour qu'en le voyant disparaître. On respire et on se repose, lorsqu'on sait qu'il n'est plus. Et savez-vous pourquoi on est si assuré alors? Parce qu'on sait qu'il ne reviendra pas (1). »

Voici encore une analyse du caractère de Mignet, des plus suggestives, quand on connaît sa longue liaison avec la belle mais clairvoyante Christine.

L'historien de la *Succession d'Espagne*, qui ne met plus les pieds rue de Courcelles, a néanmoins écrit à Augustin Thierry pour l'engager à se remettre au travail, à « profiter de sa solitude ». Hélas ! se plaint celui-ci, « voilà bien un de ces propos d'homme fort, il n'est guère à mon usage ». La princesse, alors, de saisir sa plume la plus acérée et de répondre du tac au tac.

Le mot de M. Mignet est un de ces mots qui font la joie des traceurs de caractères. Profitez de votre solitude est magnifique !

organisation judiciaire ; finances ; lois ; industrie, commerce. Deuxième volume : philosophie ; sciences ; littérature ; beaux-arts ; institutions scientifiques et littéraires.
(1) Lettre du 5 décembre 1844.

Mais M. Mignet ne sait pas que *profiter* et *jouir* sont deux verbes
qui s'excluent réciproquement. Profiter c'est retourner les choses
en tous sens, les dépecer, en trouver le bon côté et se tenir à celui-
là. Jouir est un acte qui n'admet ni recherche, ni examen. C'est
un acte simple et que l'analyse détruit. Jouir d'un bien, c'est l'embrasser les yeux fermés, le jugement suspendu et s'il y a du mal
mêlé au bien, comme il y en a toujours, il passe avec le reste et
on ne s'en doute pas. Or, ce qu il faut dire, pour ne pas désespérer
de l'action de la justice divine parmi nous, c'est que l'habitude de
profiter rend incapable de *jouir*. Et voilà pourquoi M. Mignet
n'est peut-être pas le plus heureux des mortels (1).

Ailleurs, je glane encore ce joli mot sur les narcotiques,
dont use et abuse, pour ses douleurs nerveuses, celle qui
le prononce, et « qui ressemblent plutôt aux amants qu'aux
amis, parce qu'ils se rendent à la fois nécessaires et désagréables » (2).

Cet esprit d'examen, ce besoin de dissection psychologique n'épargnent personne autour d'eux. Ici, l'épistolière
juge, à propos d'elle-même, le caractère de ses compatriotes :

Il faut être Italien pour connaître combien de personnages sont
enfermés dans la peau d'un Italien ; comment on y rencontre
l'imagination d'un bandit, le jugement d'un homme d'affaires,
le caractère d'un égoïste et parfois le cœur d'un héros ou celui
d'une jeune fille. Moi qui, en ma qualité d'Italienne, loge aussi
dans mon intérieur bien des êtres qui ne se ressemblent pas, moi
qui assiste souvent aux combats que tous ces gens se livrent, je
me dis à chaque nouvelle contradiction : « Ah ! voilà un habitant
de plus. Je fourre celui-là dans le tiroir et je n'y pense plus (3). »

Voilà-t-il pas un sentiment à rapprocher des cavalières
observations que le président de Brosses, un siècle plus tôt,
mandait si plaisamment à ses amis de Bourgogne ?

Cependant que Christine Belgiojoso se dépense ainsi à
Locate, que devient si loin d'elle son « frère-enfant » à
Paris ?

(1) Lettre du 11 décembre 1844.
(2) Lettre du 13 février 1845.
(3) Lettre du 28 décembre 1845.

La séparation, la solitude où il est retombé ont ravivé sa douleur mal assoupie. Ses premières lettres le montrent en proie au découragement, « plein de langueur et de défaillances », incapable de se remettre au travail.

Pour ce qui me regarde, confesse-t-il avec tristesse, je ne puis encore rien faire de bon, je cause quand j'en trouve l'occasion, je me fais lire et voilà tout. Je corrige des brouillons de notices que m'apporte M. Bourquelot deux ou trois fois par semaine, mais mon introduction reste au même point.

Malgré les instantes prières qu'elle leur a adressées avant son départ, les brillants amis de la princesse délaissent l'infirme dans sa morose thébaïde de la rue de Courcelles ; ses intimes eux-mêmes : Mignet, Villemain, Ary Scheffer ne témoignent pas d'un plus grand empressement.

L'abandon surtout de ce dernier blesse Augustin Thierry, et l'amertume qu'il en conçoit, s'accuse dans ces reproches :

Mon cher Ary,

Il y aura dimanche trois mois que vous êtes venu dire adieu à la princesse et que par la même occasion vous m'avez serré la main. Depuis, vous n'avez eu aucun souci de voir comment je passais mes journées, sous le poids de la solitude et d'une vie à refaire de nouveau. Dans un autre temps, vous disiez pour vous excuser de ces négligences : « Thierry est heureux, il n'a pas besoin de moi », ou bien, « j'irai le voir, mais je ne plais pas à sa femme ». Maintenant, je ne suis pas heureux et je n'ai plus ma pauvre femme ; quel prétexte pouvez-vous donner ? Quand vous diriez, chose impossible à croire, que vous n'avez pas trouvé, dans tant de jours, une heure pour moi, je répondrais qu'au moins une fois, vous auriez pu choisir entre une amitié de trente ans et la musique de M. Félicien David. Ce jour-là, vous aviez toute une soirée disponible.

Vous voulez être pour moi l'ami consolateur, le médecin de l'âme ; eh bien ! celui qui aurait pris pour tâche d'ajouter à mes souffrances morales une petite torture de plus n'aurait pas agi autrement. J'ai compté les jours, j'ai compté les semaines, puis les mois, j'ai dit et redit : d'autres viennent, mais lui ne vient pas. C'est une pensée qui me distille des gouttes d'amertume et c'est une faiblesse dont je prie Dieu de me guérir.

Je ne vous demande rien, je ne sollicite rien ; nous avons tous au dedans de nous-mêmes un juge qui est la conscience ; je vous renvoie à la vôtre ; c'est elle qui parlera.

Tout à vous de cœur, mais avec une tristesse plus grande que je ne saurais dire.

Pour réconforter l'affligé et soulager sa peine, la princesse prodigue les exhortations, les tendres assurances :

Oui, mon cher frère, je suis sûre, si je vis, de vous consacrer la meilleure partie de ma vie, de vous entourer de soins, de vous aimer toujours comme aiment les bonnes sœurs et de ne jamais regretter l'engagement que j'ai pris avec vous.

Berceuse musique de paroles douces, dans la minute absolument sincères, mais pour lesquelles on ne peut se défendre de quelque ironie, à les voir demeurer toujours à l'état d'intention !

Ne pouvant se rendre compte à distance des causes réelles de l'isolement où vit Augustin Thierry, elle incrimine ses goûts, des habitudes contractées du vivant de sa femme. Prêcheuse de morale, fidèle à son rôle d'Égérie spirituelle, on la voit décocher au passage une flèche à de menus travers :

Il me revient de plusieurs côtés que vous avez repris vos anciennes habitudes de réclusion. On les blâmait déjà du vivant de Mme Thierry ; elles semblent bien plus inexplicables aujourd'hui. Vous êtes seul, pourquoi fermer votre porte ? Pourquoi aussi ne jamais demeurer seul avec ceux qui viennent vous voir ? Cette espèce de surveillance décourage les visiteurs et les froisse. Encore une fois, mon cher Thierry, ceux qui viennent vous voir viennent pour vous et pour eux ; il faut qu'ils puissent vous parler de leurs affaires s'ils en ont. Ce ne sont pas des livres, ce sont des êtres vivants qui ne sont pas composés d'esprit seulement, mais aussi de cœur, d'âme et de caractère. Sans compter que la présence continuelle d'un tiers prend un aspect de défiance tout à fait révoltant.

Pardonnez-moi, pardonnez à votre sœur son ton grondeur. Vous savez que de près comme de loin, je suis occupée de vous. Votre vie est bien un peu mon affaire maintenant et lorsque je l'ai

arrangée comme il me semble bien, je ne puis consentir à voir
mes arrangements laissés de côté (1).

Tant de promesses, d'encouragements et de conseils raf-
fermissaient une âme dont les ressorts paraissaient brisés,
la sauvaient du désespoir, lui restituaient la confiance et la
foi dans l'avenir. Ce fut le grand bienfait de la princesse
Belgiojoso, de rendre à Augustin Thierry le goût du travail
et la fierté de son œuvre.

Il n'est presque point de ses lettres où elle ne lui renouvelle
à ce propos, au nom de son passé, de sa dignité d'écrivain,
des engagements d'honneur qu'il a souscrits, du souvenir
même de la morte, les appels les plus véhéments et les plus
persuasifs. « Je n'aurais point de cesse, revient-elle toujours,
que je ne vous aie remis la plume entre les mains. »

Elle eut la grande joie de réussir à provoquer la réaction
morale qu'elle ambitionnait. L'historien reprit sa tâche abandonnée depuis huit mois, poussa fort activement la vaste
Introduction synthétique destinée à précéder son recueil de
documents.

A la fin d'avril 1845, remerciant Salvandy pour sa nomination de commandeur, il l'avertissait en même temps que
le premier volume des *Monuments du Tiers État* était envoyé
à l'impression et que le second, presque achevé, devait suivre
dans l'année.

Peu après, il demandait au baron Walckenaër, secrétaire
perpétuel de l'Académie des Inscriptions et Belles-Lettres,
de lui fixer un jour, pour la lecture en séance publique, d'un
morceau détaché du long mémoire qu'il adressait à l'Académie,
sous le titre de *Fragment d'une histoire de la formation et des
progrès du Tiers État, treizième et quatorzième siècles.*

Faite le 1er août par J.-A. Letronne, cette lecture qui comprenait l'histoire des légistes, fondateurs et ministres de l'au-
tocratie royale et le tableau des États Généraux de 1302,
1355 et 1356 obtint une unanime approbation.

C'était pour l'auteur, après un long silence de cinq ans,

____

(1) Lettre du 27 décembre 1844.

14

une triomphante rentrée de carrière et la sympathie universelle de ses collègues, au lendemain du malheur qui venait
de ravager sa vie, allait à la force d'âme qui le dressait encore
pour un nouveau « dévouement à la science ».

Mme de Belgiojoso assistait à la séance. Revenue de Locate au commencement de mai, elle n'avait fait que toucher
barre à Paris, pour aller presque aussitôt retrouver Augustin
Thierry à Port-Marly.

Joyeux d'une réunion que l'un et l'autre pensaient définitive, que de projets d'avenir ne formaient-ils point? De
tous, le plus chèrement caressé par l'historien était cette
installation côte à côte, rue du Mont-Parnasse, en deux pavillons voisins, isolés sous les charmilles d'un grand jardin. La
princesse l'encourageait : « Nous n'aurons plus besoin de
campagne, affirmait-elle, le Mont-Parnasse nous en tiendra
lieu. »

De fait, elle exagérait à peine. Le revers extrême de la
montagne Sainte-Geneviève, l'antique *Mons Lucotitius*, où
Balzac situait, quelques années plus tôt, la demeure de son
baron Bourlac, était alors une quasi-solitude, assez mal acces-
sible, mais riche d'ombrages et de beaux arbres, épaves des
parcs conventuels dévastés par la Révolution. Une petite
colonie d'artistes et de gens de lettres commençait de s'y
établir : Sainte-Beuve habitait le n° 16, et quelques maisons
plus loin, Henri Martin et Edgar Quinet.

Il avait été convenu qu'ils feraient construire, chacun pour
son compte, ces deux pavillons, reliés entre eux par un jardin d'hiver, l'un ayant presque les proportions d'un petit
château pour la princesse, l'autre de dimensions plus modestes
pour Augustin Thierry.

Ce dernier se préoccupait beaucoup du logis futur où, dans
sa pensée, il devait terminer ses jours. Il avait tenu à se
transporter sur place pour mieux apprécier la disposition
des lieux, s'était fait soumettre tous les plans qu'on avait
modifiés selon ses désirs. Les aménagements intérieurs retenaient surtout son attention. Ses yeux morts, mais qui se sou-
venaient d'avoir admiré et compris la beauté, réclamaient
l'agencement d'un décor où rien ne vint offenser les regards.

Il se montrait difficile, exigeant, réglant minutieusement
chaque détail, choisissant les étoffes, désignant l'emplacement des meubles.

Mme de Belgiojoso courait avec bonne grâce magasins et
boutiques, rapportant les popelines, les damas de laine, les
mousselines brochées ou les toiles de perse. Ils n'avaient pas
toujours les mêmes goûts et c'étaient alors d'affectueuses
discussions sur l'éclat d'un coloris, l'harmonie d'une nuance.
Augustin Thierry n'accepta qu'après un long débat, pour son
salon, certain papier gris de lin, à reflets d'or, dont la tona-
lité discrète avait enchanté sa compagne.

Ainsi coulait le temps à Port-Marly, apportant à l'infirme
ses premiers jours de détente heureuse, depuis la mort de sa
femme, avec un plaisir d'intérêts nouveaux qui distrayait
son esprit et l'attachait à l'avenir. Douceurs trop éphémères,
vers la fin de septembre, de mauvaises nouvelles parvinrent
de Locate à la princesse.

Là-bas, tout périclitait en son absence ; la fabrique de
gants fermait ses portes ; les paysans, retournant à leurs habitudes de crasse et de paresse, quittaient leurs maisons-modèles
et désertaient l'école ; la cuisine populaire n'avait plus de
clients. Quelques mois encore et l'œuvre poursuivie à si
grands frais, au prix de tant d'efforts, serait à jamais com-
promise.

Des rapports aussi désastreux troublèrent profondément
Mme de Belgiojoso : bouleversant une fois de plus ses desseins, elle résolut de retourner en Lombardie. Afin d'éviter
cependant, à celui qu'elle avait bercé de tant d'espérances, la
déconvenue d'une séparation nouvelle, elle lui proposa sérieusement de l'emmener en Italie.

A l'en croire, ses amis de Milan réserveraient un accueil
enthousiaste à l'historien français qu'ils admiraient le mieux,
au champion des vaincus et des opprimés. Elle l'assurait de
tout leur empressement, de toute leur sollicitude. A Locate,
ils continueraient de mener ensemble la vie qui leur était chère,
et pour épargner toute fatigue au paralytique, elle traça
même l'itinéraire d'un voyage par eau à partir de Chalon-
sur-Saône.

Ce fut, pour l'entreprenante princesse, une surprise un peu dépitée, lorsque Augustin Thierry déclina son aventureuse proposition. De Lombardie encore, elle revient plusieurs fois à la charge et lui reproche assez vivement de s'acagnarder dans ses habitudes :

A qui la faute, si nous nous quittons? Ne vous avais-je pas proposé de rester ensemble au moins trois années? N'avais-je pas aplani toutes les difficultés? Ne vous avais-je pas promis mes soins, ma compagnie, ceux et celles d'amis et d'amies sur lesquels je puis et vous pouvez compter. Et qu'étaient-ce que vos objections? Des misères, mon ami, des misères que l'on ne retrouve plus, lorsqu'on veut se les rappeler de sang-froid. Le dérangement de vos habitudes? Et, depuis deux ans, que d'habitudes qui vous semblaient enracinées ont disparu sans que vous vous en soyez seulement aperçu (1).

Vains efforts, Augustin Thierry ne se laissa point persuader.

Bien qu'elle lui soit pénible encore, la séparation d'avec son amie lui est déjà moins douloureuse et son esprit commence à s'accoutumer d'une absence qui le désespérait naguère.

Il a réussi de nouveau à grouper autour de soi une petite société d'amis éprouvés et de relations agréables. Le docteur Graugnard lui sert en quelque sorte d' « agent de liaison » avec le monde. Il l'a fait admettre chez les Sacy, chez les La Fayette, chez les Tracy, jusque chez Guizot, où le « bon M. Gabriel » remplit avec dévouement son office de recruteur. Les premières réceptions que, depuis la mort de sa femme, le veuf se hasarde ainsi à donner rue de Courcelles, réunissent les noms de Mignet, Ravaisson, Henri Martin, Arnold et Ary Scheffer, M. et Mme de Circourt, de Gasparin, de Lagrange, Dupin, Guigniaut, Letronne, de la Villemarqué, Ch. Louandre, Ulrich Güttinguer, Mmes Jaubert et de Saulcy.

Ce sont des soirées intimes consacrées à la musique ou à

(1) Lettre du 28 décembre 1845.

la conversation. Parmi les plus brillants causeurs, remarquable à la fois par l'étendue et la sûreté de l'érudition, la grâce fleurie du langage, la profondeur des aperçus, se distingue un jeune hébraïsant, récemment présenté par Henry Scheffer, qui deviendra bientôt son gendre et qui s'appelle Ernest Renan (1).

Le travail qui absorbe toutes les heures qu'Augustin Thierry peut lui consacrer ne contribue pas moins à soulager le poids de son esseulement. Félix Bourquelot et Charles Louandre se rendent presque tous les jours rue de Courcelles et l'*Introduction à l'Histoire du Tiers État* avance à grands pas. Dès le mois de mars 1846, l'historien est en mesure d'en adresser à l'Institut un second fragment : *les États Généraux de 1484; le Tiers État sous Louis XII, François I*er *et Henri II*, et c'est par scrupule d'amitié envers la princesse, qu'il attendra son retour, pour fixer la date de la lecture en séance publique des cinq Académies (2), ajournera la publi-

---

(1) A l'occasion de ce mariage, Augustin Thierry écrit à Mlle Cornélie Scheffer, évoquant avec émotion le souvenir de sa grand'mère :

« MA CHÈRE CORNÉLIE,

« Si les félicitations et les vœux d'un ancien ami de votre famille sont de quelque prix pour vous, recevez-les, je vous les adresse du fond du cœur.

« Je suis l'un de ceux qui ont ressenti le plus de joie en apprenant de votre père l'heureux projet qui va se réaliser ; je lui ai dit que je voyais là tout un avenir de bonheur pour vous, de calme et de sérénité pour lui. Vous êtes bien jeune encore, mais vous avez dans l'esprit et dans le caractère quelque chose de recueilli, une maturité de sentiments et de réflexion qui vous rend capable d'entrer avec confiance dans les voies sérieuses de la vie. Ne soyez pas troublée en pensant que vous allez être femme à quinze ans et bientôt sans doute mère de famille. Il peut être bon d'avoir sa destinée faite de bonne heure, de passer des devoirs de jeune fille aux grands devoirs d'épouse, tout d'un trait, sans les incertitudes, les tristesses, les rêveries, que l'attente amène.

« La vive affection que vous avez inspirée à un homme distingué de toutes manières n'a pas été une surprise du cœur ; elle s'est formée peu à peu et a grandi par la pensée et la conviction réfléchie. Elle durera, soyez-en certaine, elle s'augmentera même, à mesure que se perfectionneront en vous les qualités morales qui l'ont fait naître. A cet égard, il y a pour vous un modèle que vous n'avez fait qu'entrevoir mais dont le souvenir est un culte pour tous ceux qui vous entourent. Pensez souvent à la femme admirable dont vous portez le nom et soyez, dans les épreuves de la vie, forte, digne et douce comme elle. Pour moi, qui ai pu connaître et qui n'oublierai jamais ce qu'il y eut de noble et de rare en elle, je vous demande à ce titre, ma chère Cornélie, une part dans votre amitié.

« Je vous baise les mains en idée, espérant que bientôt je pourrai le faire autrement. »

(2) 2 mai 1846.

cation du morceau dans la *Revue des Deux Mondes* (1).

Il continue d'entretenir avec Locate une correspondance suivie. Obéissant aux suggestions de son entourage italien, Mme de Belgiojoso est conquise à l'idée de substituer une Revue à la *Gazetta*, qui périclite. Ce sera la *Rivista Italiana*, destinée à n'avoir elle-même qu'une exitence éphémère, et qui subissant bientôt une complète métamorphose, ressuscitera, sous le titre classique d'*Ausonio*, avec Manzoni et Massimo d'Azeglio pour coryphées littéraires.

L'entreprise exige des capitaux, et la trop imprudente princesse a eu le tort de confier les siens, avec ceux de ses amis, aux mains d'un certain Falconi, qui les utilise pour acquitter ses dettes personnelles. Augustin Thierry lui signale les agissements du personnage, mais Falconi, en sa qualité d'Italien, possède toute la confiance de sa dupe. Bien loin de remercier le donneur d'alarme, celle-ci se répand en reproches, l'accusant d'accueillir sans contrôle, et de parti pris, d'absurdes calomnies.

Il faut, pour la convaincre enfin, le déficit bientôt constaté dans la caisse de la *Revue*, les réclamations des fournisseurs et les avertissements d'une sorte de *factotum*, auquel elle a remis à Paris la gestion de ses intérêts.

Le nom de ce dernier revient fréquemment, et sans aucune bienveillance, sous la plume irritée de l'historien du Tiers État. Il s'appelle Victor Mercier, de son état présent, surnuméraire au ministère de l'Instruction publique. Avant de se muer ainsi, par un surprenant avatar, en subordonné de M. de Salvandy, il a exercé différents métiers, successivement maître-maçon, architecte et serrurier. Admirateur fervent de la princesse, à laquelle il a voué une « amitié de caniche », il lui rend avec bonheur les services les plus désintéressés. Avant son départ pour Locate, elle a donc fait appel à son dévouement, l'a chargé de surveiller les travaux, rue du Mont-Parnasse, même d'en diriger l'exécution.

Mercier est honnête, ordonné, consciencieux, mais aussi susceptible, entêté, difficile d'humeur. Il a dressé ses plans,

____

(1) Numéros des 15 mai et 1er juin 1846.

arrêté ses devis, les a fait agréer et n'entend plus y rien changer. De son côté, Augustin Thierry, qui assume sa part des frais de bâtisse, se montre exigeant, formule des prétentions jugées inacceptables par le vétilleux constructeur. Il s'ensuit entre eux des piques, des tiraillements, force incidents désagréables, qui manquent d'aboutir à la brouille complète. Acrimonieuses ou plaintives, les doléances contre Mercier remplissent les lettres expédiées à Locate, et Mme de Belgiojoso a fort à faire, pour rétablir entre les deux ennemis, un accord bientôt rompu.

L'achèvement des pavillons, celui surtout de l'historien, pâtit de cette mésentente. Il doit être terminé pour juin, c'est à peine s'il commence, au printemps, à s'élever du sol.

Lorsque donna Cristina regagne Paris à la fin d'avril, elle trouve son « frère » tout énervé de ces longs retards, et pour calmer son agitation, l'emmène passer l'été, près de Montgeron, aux Camaldules d'Yerres.

Elle rentre en France, toute soulevée d'enthousiasme. Le rêve de sa vie va-t-il enfin s'accomplir? Depuis 1840, la stagnation politique est complète en Italie, mais les signes avant-coureurs d'un réveil prochain commencent à paraître aux yeux avertis. En Lombardo-Vénétie, au Piémont, les colères montent contre l'Autriche ; les relations se tendent entre Vienne et Turin, où l'on commence à parler guerre. L'avènement de Pie IX galvanise libéraux et réformistes, enflamme à nouveau leurs espoirs. On prête au nouveau Pontife l'intention d'appliquer les idées formulées par Gioberti, dans son livre la *Primauté*, et de Venise à Naples, la péninsule acclame le pape-libérateur.

Mme de Belgiojoso se rend compte cependant que réduits à leurs seules forces, Charles-Albert et même Pie IX restent voués à l'impuissance. L'appui qui doit affranchir l'Italie doit lui venir de l'étranger, or cet appui, elle a pu se convaincre aussi que Louis-Philippe ni son gouvernement ne le prêteront jamais. Elle se résout donc à le demander à l'Angleterre, et c'est la voix puissante de Disraëli qu'elle ira tout d'abord implorer.

Augustin Thierry avait autrefois approché le grand ora

teur *tory;* bien que sans grande illusion sur le résultat probable de cette tentative, il lui recommanda chaudement la
visiteuse et sa démarche :

MONSIEUR ET AMI,

Je profite avec empressement d'une occasion bien agréable de
me rappeler à votre bon souvenir. Une personne dont le monde
vous a dit la haute distinction et dont j'éprouve chaque jour la
parfaite bonté, Mme la princesse de Belgiojoso, va passer quelques
semaines à Londres.

Elle désire vous parler de l'Italie qu'elle aime en patriote et à
laquelle, vous aussi, vous devez quelque chose. Maintenant que
votre grande crise intérieure est vidée (1)...

> *...Si Pergama dextra,*
> *Defendi possint...*

n'allez-vous pas vous tourner parfois vers les questions exté-
rieures? Un discours dans le Parlement anglais, et un discours de
vous, monsieur et ami, est une puissance qui peut abattre ou
relever.

De ce côté-ci du détroit, nous nous sommes remis à espérer un
peu de soulagement pour le pays le plus noble et le plus malheureux. Ah ! si l'Angleterre et la France voulaient s'entendre cordialement là-dessus ! Lord Palmerston aurait là une belle occasion
pour se blanchir et même pour appliquer sa finesse diplomatique
de 1840.

Et la pauvre Irlande? Ne vous joindrez-vous pas à ceux qui
veulent qu'elle puisse vivre enfin de la vie commune des nations
civilisées? Je l'ai aimée, il y a vingt-cinq ans, comme si j'eusse été
l'un de ses fils. Je me souviens qu'en parcourant les tristes pages
de son histoire, il m'arrivait de prononcer tout haut la devise
nationale si touchante : *Erin mavournin, Erin go bragh!*

Pardonnez-moi, monsieur et ami, ces divagations rétrospec-
tives et veuillez agréer l'expression de ma haute estime et de mon
entier dévouement.

La princesse demeura six semaines à Londres, sans rapporter
autre chose que de vagues assurances, et de retour aux Camal-

____

(1) L'agitation libre-échangiste qui aboutit à l'abrogation de la loi sur les
céréales.

dules en Octobre, se hâta de boucler ses malles, à destination de Milan.

Ce départ laissa cette fois l'infirme sans étonnement et presque sans tristesse. Le labeur assidu, qu'il poursuit sans relâche, lui rend l'absence moins cruelle, qui lui semblait autrefois un « supplice », et plongé dans le passé, les blessures du présent le trouvent plus insensible. Pourtant, sans qu'ils le soupçonnent encore l'un ni l'autre, les grelots des postiers emmenant la princesse sonnent le glas de leur intimité. Toute entière à sa fièvre de patriotisme, redevenue, comme au temps de sa jeunesse, l'héroïne de la Jeune Italie, donna Cristina entreprend dès lors les tournées de propagande, qui la rendront un instant l'idole des Romains et des Napolitains, l'âme de la résistance milanaise aux fusillades de Radetzky. Elle ne fera plus à Paris que de brèves apparitions, jusqu'au jour où, après le siège de Rome, elle ira de fureur et de désespoir, disparaître cinq ans chez les Turcs, en un lointain exil.

Sa résolution n'en était pas moins, pour Augustin Thierry, une cause de sérieux embarras. Avant de quitter la France, Mme de Belgiojoso avait en effet donné congé rue de Courcelles ; au printemps suivant, si le pavillon du Mont-Parnasse restait toujours inachevé — et son rancunier architecte ne se pressait pas — l'historien se voyait menacé d'être sans logis.

Obsédant motif de préoccupations qui fait l'objet d'épîtres désolées à Locate. La princesse n'y répond guère ; elle est tombée malade et s'en va dorloter sa convalescence à Venise. Ses lettres se font rares et, pour tout dire, les soucis dont on l'entretient la laissent assez froide. Ses préférences altruistes ont découvert à s'exercer ailleurs, en la personne d'un séduisant poitrinaire, son jeune secrétaire Stelzi, pour qui elle s'est prise d'une affection si passionnée, qu'elle ressemble furieusement à de l'amour.

Les appréhensions de l'écrivain se réalisèrent ; au mois d'avril, il lui fallut déménager, aller s'établir en hôtel meublé rue Neuve-de-Berry. Dans son état de misère physique, cette fâcheuse nécessité prit les proportions d'une catastrophe. Il s'ensuivait un bouleversement dans sa vie si minutieusement réglée, préjudiciable à sa santé comme à son travail. L'achèvement de l'*Introduction*, parvenue au règne de Henri IV, subit un nouvel arrêt, duquel il lui faut s'excuser encore auprès de Salvandy.

Par bonheur, cet ennuyeux désagrément fut de courte durée. La princesse s'était enfin décidée à intervenir, à houspiller sévèrement Mercier. L'effet de sa mercuriale ne se fit point attendre, en juillet 1847, l'historien pouvait enfin s'installer chez soi.

Il en éprouve une joie enfantine, exprimée dans les lettres qu'il adresse en Italie :

Je me trouve bien, très bien de mon pavillon, du jardin, de l'air et du soleil et je me prends à dire quelquefois dans mes promenades : *Home sweet home!...* Oui, mon logement me plaît et pour le traiter selon ses mérites, je viens de lui donner des rideaux de damas et des portières en tapisserie. Je suis heureux et, pour vous le prouver, je m'attache autant que je puis au travail.

Les cahiers de comptes d'Augustin Thierry, ses commandes aux fournisseurs, montrent en effet avec quelle attention, quel soin, pourrait-on presque dire amoureux, il veille aux embellissements de sa demeure. Le choix et l'assortiment des papiers sont l'objet de plusieurs conférences avec l'entrepreneur Gobert ; une longue note au tapissier Munier stipule pour les bibliothèques des rideaux bleu clair à bordures violettes, afin de s'harmoniser mieux avec la teinte de leur vieil acajou.

« Je ne veux pas, dit-il à la princesse, qu'à votre retour, vous aperceviez aucune dissonance. »

Hélas ! ce retour se fait chaque mois plus incertain. De ville en ville, à Florence, à Bologne, à Rome, à Naples, Christine Belgiojoso poursuit à présent ses prédications libératrices.

Ses lettres respirent l'enthousiasme, la griserie des accueils qui lui sont ménagés, du renom qu'elle s'acquiert, des triomphes qu'elle remporte :

Je viens d'être invitée à Florence à une assemblée populaire et m'y étant rendue, j'ai été reçue par des *cheers* et des vivats. On m'a fait asseoir sur un siège élevé qu'ombrageait un arrangement de drapeaux tricolores ; on m'a adressé des discours auxquels il m'a fallu répondre. Jamais femme ne s'est trouvée placée comme moi, et les émotions que j'éprouve sont de nature à détraquer des nerfs féminins. Qu'est-ce que l'émotion d'une actrice, comparée à la mienne? Mlle Rachel présente au public les traits et le cœur de Camille ou de Phèdre ; moi, c'est bien mon visage et ma personne que je lui apporte (1).

Elle n'assiste point à la dernière communication que l'historien adresse à l'Institut (2) ; voyant de tous côtés s'assombrir l'horizon politique, pressentant les convulsions qui vont secouer l'Europe, elle essaie vainement de mettre en garde son persistant optimisme.

Augustin Thierry n'entend point une Cassandre qu'il juge inspirée par la rancune et dont il met volontiers les alarmes sur le compte de son exaltation (3). La Monarchie constitutionnelle est toujours à ses yeux le gouvernement définitif, que les Français doivent bénir le ciel de leur avoir accordé. Convaincu de sa durée, il ne veut apercevoir ni ses causes de faiblesse, ni les dangers qui le menacent. Sa confiance est si profonde, qu'il a fait venir, près de lui, la plus jeune de ses nièces, sa filleule Julie, désireux de retrouver à son foyer une intimité de famille.

C'est donc en pleine sécurité que vient le surprendre le coup de foudre de Février.

(1) Lettre du 30 décembre 1847.
(2) 11 février 1848.
(3) Le désaccord de leurs opinions amenait parfois entre eux des chicanes vite apaisées.
« Il y a deux individus en vous et en moi, distingue la princesse ; l'être politique et l'être aimant. Les premiers sont depuis longtemps en guerre, et pour mon compte, il y a non moins de temps que je me borne à tenir les deux emportés à distance, pendant que nous vivons sous le même toit ; les deux derniers persévèrent et persévéreront dans leur manière d'être, malgré les criailleries des premiers. »

XIX

La révolution de Février. — Tristesse et désarroi. — République ou démagogie. — Les journées de Juin. — Soldat de la science. — Graves préjudices matériels. — L'arrêté Parieu. — Modifications nouvelles au plan de l'histoire du Tiers État. — Publication de l'Introduction. — La marche à l'empire. — La grande et la petite histoire. — Un pis-aller.

« Quand vint éclater sur nous la catastrophe de 1848, peut-on lire dans la préface de l'*Essai sur l'histoire du Tiers État*, j'en ressentis le contre-coup de deux manières, comme citoyen d'abord et comme historien. Par cette nouvelle révolution... l'histoire de France me paraissait bouleversée autant que l'était la France elle-même. »

Consternation, regrets inconsolables, angoisse de l'avenir, doute chagrin de son œuvre et de son idéal, tels sont les sentiments qui remplissent alors l'âme de l'historien et que le temps n'affaiblira qu'à peine. Toujours, jusqu'à sa mort, il restera « un fidèle et un pleureur de 1830 » (1), n'oubliera jamais la « lune de miel de Juillet ».

Maintes fois déjà, au cours de ce récit, on a pu trouver formulée par celui-là même qui avait tant célébré les efforts de la bourgeoisie au moyen âge, l'expression de sa tendresse raisonnée pour le régime dans lequel il aperçoit si parfaitement réalisée « l'alliance de la tradition nationale et des principes de liberté ». L'heure de son désastre, s'il rend cette conviction douloureuse, ne fait que l'enraciner davantage.

A chaque instant sa Correspondance nous apporte, avec

(1) Lettre à M. d'Espine, 17 avril 1848.

l'affirmation d'une certitude désolée, l'écho de sa tristesse et de ses anxiétés :

J'avais arrêté à 1830 tous mes désirs et tous mes rêves politiques. Je n'ai rien compris à l'opposition fougueuse que des hommes d'esprit et de patriotisme faisaient au roi le plus sensé et le plus patriote que la France ait jamais eu. Ils ont amené, sans le savoir et sans le vouloir, cette République, dont le nom seul est peut-être encore plein de nouveaux orages (1).

Même profession de foi dans cette lettre à la princesse Belgiojoso :

Et campos ubi Troja fuit... J'applique ce triste vers à notre régime monarchique si merveilleusement continué durant plus de sept siècles, pour être à la fin et en même temps traditionnel et libre. Les princes d'Orléans étaient nos princes légitimes comme Bourbons constitutionnels ; ils ont perdu le trône et nous la liberté, la seule liberté possible pour les grands États et la civilisation moderne (2).

(1) Lettre à M. d'Espine, 17 avril 1848.

(2) On retrouve ces mêmes sentiments, éloquemment exprimés, dans la lettre émouvante qu'Augustin Thierry, courtisan du malheur, adresse à la reine Marie-Amélie, à l'occasion de la mort de Louis-Philippe à Claremont :

« MADAME,

« Permettez à un homme honoré par vous dans de meilleurs jours d'une auguste et gracieuse bienveillance, de joindre ses regrets à la douleur et aux larmes de Votre Majesté.

« Avant de me sentir lié à votre famille par des devoirs de reconnaissance, je m'étais attaché à son règne, comme patriote, par la raison et par le cœur, je voyais dans l'avènement au trône du prince admirable que vous pleurez une alliance contractée pour des siècles entre la tradition et la liberté, l'accomplissement des desseins de la Providence pour le salut de mon pays. Les épreuves douloureuses auxquelles votre cœur d'épouse et de mère a été soumis pendant ces dix-huit années m'affligeaient sans me faire douter de l'avenir et je déplorais, sans m'en effrayer, les égarements d'opposition où se laissaient emporter des hommes, dont j'estimais d'ailleurs le talent et le patriotisme. C'est vous dire, madame, avec quelle douleur j'ai ressenti, dans ma solitude, l'affreuse catastrophe qui est venue vous frapper et frapper la France, hélas ! par ses propres mains. Vos malheurs domestiques étaient pour moi la ruine de mes convictions les plus chères, en même temps que l'objet d'une profonde et respectueuse sympathie. J'ai admiré les vertus du Roi et sa grandeur d'âme au comble de l'adversité ; tant qu'il a vécu, si ferme et si calme dans l'exil, je ne pouvais me persuader qu'entre lui et nous l'absence fût complète ; il me semblait que son esprit de sagesse veillait encore sur nous, et quoique de loin, pouvait venir en aide à ce malheureux pays. Maintenant que tout est consommé, ceux qui ne l'ont pas compris durant sa vie le connaîtront, mais trop tard. Il leur laisse pour dernière leçon l'exemple de sa mort et cet exemple a été sublime. Une seule conso-

Nous pourrions multiplier ces extraits, ils produiraient tous un identique témoignage. C'est qu'en effet, outre les regrets laissés au penseur et au sociologue par la Monarchie tombée, la République ne lui inspire que frayeur et répulsion. Elle signifie pour lui « l'écroulement des principes de 89, le triomphe des maximes de 1793 qui en sont la négation, conduisent à l'anarchie et au chaos ». Parce qu'elle se confond, à ses yeux, avec la démagogie, dont elle encourage tous les bas instincts, elle mène tout droit au Socialisme, avec sa conséquence inévitable le Communisme, destructeur de toutes les libertés, auxquelles il substitue la plus avilissante tyrannie.

Or, nous connaissons l'horreur d'Augustin Thierry pour le Socialisme, cause principale de sa rupture avec Saint-Simon et nous avons cité les jugements qui, pour être formulés dans son âge mûr, représentent déjà l'opinion de sa jeunesse.

Durant ce tragique printemps de 1848, il suit, avec une attention de jour en jour plus alarmée, la marche trouble des événements. S'il rend hommage à Lamartine ou à Dupont de l'Eure, il ne les aperçoit pas moins hésitants et timorés, débordés par les meneurs de la « Révolution prétendue philosophique », les prêcheurs de clubs, « tous les fous criminels déchaînés sur la France ».

Le mauvais de la situation n'est pas dans les hommes, mais dans les choses ; la majorité du gouvernement provisoire est admirable, les hommes du *National* sont pleins de sens et de cœur. Lamartine a des moments sublimes d'éloquence et de courage, mais sa force ira-t-elle jusqu'au bout? Sera-t-il contraint de quitter la place, seul ou avec les meilleurs? Seront-ils tous balayés par une avalanche? Voilà ce qu'on se demande avec angoisse et nul ne peut répondre du lendemain. Il faudrait que le gouvernement pût se maintenir contre ce qui le déborde jusqu'aux élections qui vont se faire, qu'il sortît de ces élections gigantesques une Assemblée raisonnable et que cette Assemblée décrétât la

lation reste aux amis de la liberté associée à la royauté héréditaire, celle de croire fermement que Dieu ne veut pas aujourd'hui séparer pour toujours ce qu'Il a uni autrefois au milieu de tant d'acclamations et d'espérances.

« Je suis avec le plus profond respect,

« Madame..., etc., etc. »

constitution américaine : un président et deux chambres ; mais que de doutes et de périls jusque-là (1).

Après le tumulte du 15 mai, devant le péril imminent, ses amis l'adjurent de quitter Paris, d'aller se réfugier en province. Il reste sourd à tous les conseils. A la princesse Belgiojoso qui, dans un appel pressant, insiste à nouveau pour qu'il vienne la rejoindre en Italie, lui vantant la douceur de vivre à Portici, « dans un paradis, sur le bord de la mer, sous des bosquets d'orangers, de palmiers et d'aloès, dans un air qui semble imprégné d'intelligence, tant il est sympathique et vivifiant », il oppose le même refus obstiné.

Je suis vivement touché, ma chère sœur, mais, hélas ! il n'y faut point songer, à présent moins que jamais ; je vivrai et je mourrai avec mon pays.

Les journées de Juin elles-mêmes le trouvent inébranlable dans sa volonté et c'est le 26, au fracas de la canonnade, qu'il donne à Ulrich Güttinguer ces explications d'un si noble stoïcisme :

MONSIEUR ET AMI,

Votre souvenir est de ceux qui me font du bien, quand ils viennent me chercher, soit dans les bons, soit dans les mauvais jours.

J'ai reçu des conseils de retraite en province ou à la campagne et je les ai tous rejetés. Voici mon plan de vie et de mort. Je suis un soldat de la science, je resterai à mon poste, c'est-à-dire à Paris, car nulle autre part, mon travail ne peut se continuer et si le péril extrême arrive pour moi, il me trouvera occupé comme Archimède, c'est-à-dire entre une phrase dictée et des notes pour la suivante.

Je ne puis vous dire que j'aie une grande confiance dans la paix que l'énergie du général Cavaignac veut nous procurer. Les doctrines des soi-disant socialistes survivront à la défaite des atroces fanatiques qu'elles ont armé contre la liberté, la propriété, la raison, la morale, en un mot contre la conscience du genre humain.

____

(1) Lettre à la princesse Belgiojoso, 25 mars 1848.

Ces doctrines délétères nous assiègent de toutes parts et sous toutes les formes, elles seront un poison lent pour la société, si elles ne sont pas une mine qui éclate sous elle.

A ce propos, je crois que le vers de Virgile, qui vous rend si triste, ne ment pas tout à fait à votre égard. La terre est ce qui tiendra le plus longtemps dans les mains de ceux qui la possèdent. C'est la chose la plus résistante, elle sera grevée et regrevée bien des fois avant d'être partagée, suivant les Babouvistes, ou de tomber dans le domaine de l'État, suivant les Socialistes de toutes couleurs. On peut donc vous dire avec le poète : *Ergo tua rura manebunt,* et, par comparaison du moins, vous appeler heureux. Les capitaux partiront avant la terre, et avant les capitaux, tout avantage possédé à un titre intellectuel. Pour moi, la chose est déjà faite ; ç'a été un balayage complet. La République m'a traité comme l'un des abus du dernier règne. Rendez grâces à Dieu de ce que vous n'êtes pas seulement un auteur plein de grâce et d'esprit.

Adieu, monsieur et ami, pensez à moi dans vos promenades solitaires et me croyez tout à vous de haute estime et de sincère attachement.

Dans cette lettre qu'on pourrait croire toute contemporaine, où l'historien du Tiers État montre une si claire prescience des félicités réservées à l'univers par le Collectivisme intégral, une phrase fait discrètement allusion aux préjudices matériels que lui a causés la Révolution.

Ils ne laissaient pas d'être considérables, si l'on s'en rapporte à d'autres aveux moins déguisés, épars dans la Correspondance.

La catastrophe de Février et ses suites, se plaint-il en 1850 à M. de Circourt, m'ont enlevé 10 800 francs de revenus, qui sont irrévocablement perdus pour moi et, malgré tous mes efforts, je n'ai jamais pu en retrouver un centime.

L'un des premiers actes, en effet, du Gouvernement Provisoire avait été de supprimer les pensions littéraires accordées par Louis-Philippe et l'Assemblée Constituante, malgré les efforts de Lamartine, ne les ayant pas rétablies, toutes celles qu'à des titres divers touchait Augustin Thierry avaient cessé d'être payées. Il en résultait pour lui un désarroi financier d'autant plus inquiétant, qu'il s'était endetté pour meubler à neuf son pavillon du Mont-Parnasse. Les alarmes qu'il éprouve à ce sujet se traduisent fréquemment en confidences désolées :

La Révolution m'a rudement appris que je n'étais rien, rien qu'un des abus du régime brisé par elle et la folie que j'ai faite, après votre départ, de meubler mon salon en rideaux de soie, portières de tapisserie, grand lustre, etc., m'a endetté de 5 000 francs, en sus du reste. Cela amusait, il y a deux mois, mon imagination d'aveugle et maintenant cela me pèse comme une dérision de ma fortune présente : je crois voir une tête de mort qui me sourit (1).

Du moins, croyait-il pouvoir conserver dans ce désastre le traitement de 4 500 francs qui lui avait été alloué pour diriger les travaux de la Collection des documents du Tiers État. Carnot, Vaulabelle, ni Falloux n'avaient, à cet égard, rien voulu changer aux décisions de Guizot ; mais à la fin de 1849, M. de Parieu, arrivant à l'Instruction publique, par un arrêté en date du 19 décembre, transformait ces émoluments en une indemnité éventuelle, payable seulement après la publication de chacun des volumes du recueil.

Augustin Thierry se montra fort ému d'une mesure qu'il considérait comme « une marque publique de blâme et de défiance à son adresse » ; protesta vivement auprès du ministre. A l'inutilité de ses efforts, il comprit amèrement que les temps n'étaient plus où il pouvait compter sur la bienveillance du Pouvoir et les égards, jusqu'alors accordés, à celui dont toutes les heures de travail étaient glanées sur les jours de souffrance.

Afin de pouvoir contenter plus vite les exigences ministérielles, modifiant à regret le plan qu'il avait arrêté, l'historien se résolut donc à interrompre en 1715 l'Introduction générale destinée au premier volume de la Collection, à renvoyer en tête du second le *Tableau de la France municipale*, auquel il travaillait avec Louandre et Bourquelot, réservant pour un troisième la conclusion de l'*Histoire du Tiers État*,

(1) Lettre à la princesse Belgiojoso, 11 avril 1848.

15

qui devait comprendre les régnes de Louis XV et de Louis XVI, jusqu'à la réunion de l'Assemblée Nationale.

L'année 1850 s'écoule ainsi pour Augustin Thierry, dans un labeur forcé, qu'il poursuit sans entrain, presque sans conviction.

Les théories qu'il construisait naguère avec tant de foi sur l'ascension progressive du Tiers État, l'avènement de la Monarchie constitutionnelle, terme logique de cette évolution, lui semblent à présent contestables, et peut-être caduques.

A diverses reprises, il se plaint « de ne plus voir clair sur sa route » et lorsque paraît enfin le volumineux in-quarto qui donne satisfaction aux impatiences de M. de Parieu, il accompagne, de cette lettre désenchantée, son envoi à Henri Baudrillart :

Monsieur et ami,

Voici le volume auquel vous avez eu la bonté de vous intéresser. Je désirerais qu'il vous fût possible de venir en causer avec moi, lorsque vous l'aurez lu entièrement.

Cette question de la destinée du Tiers État est le nœud de toute notre histoire, elle me semblait jusqu'à ces derniers temps d'une clarté incontestable ; je croyais y voir le secret des vues de la Providence à notre égard. Aujourd'hui, je l'avoue, des doutes me viennent et je sens le besoin de me raffermir.

Comment poursuivre avec la même conviction jusqu'à 1789 cette histoire que j'ai conduite du douzième siècle à la fin du règne de Louis XIV, en croyant que depuis 1830, nous étions arrivés au but marqué pour nous, il y a six cents ans. Où placer maintenant l'avenir de la France qui me semblait être évidemment l'alliance de la tradition monarchique et des principes de la liberté : le gouvernement constitutionnel? Voilà, monsieur, les incertitudes qui me gagnent et qui ont remplacé dans mon esprit la foi la plus entière. Si le vôtre ne partage pas mes défaillances, je trouverai là, pour continuer ma route, un encouragement et un appui.

La mort de Louis-Philippe, achevant de ruiner les espoirs de restauration qu'il conserve au fond du cœur, vient encore augmenter sa tristesse :

Elle m'a été sensible à un point que je ne saurais dire, écrit-il à M. de Circourt ; j'en ai souffert comme si elle rendait plus misérable encore le malheureux état de mon pays. Tant que vivait le chef de notre dynastie constitutionnelle, il me semblait qu'entre elle et nous la séparation n'était pas encore complète. C'était une illusion, je le sais bien, mais cette illusion me rendait moins lourd le poids de la réalité. Aujourd'hui, rien ne me dissimule plus la profondeur de l'abîme creusé entre le présent et un passé auquel m'attachait mes idées, mes affections, mes études, tout ce que j'avais dans la raison et dans le cœur.

Il garde à l'endroit de Louis-Napoléon la même défiance et les mêmes préventions qu'il manifestait dix ans plus tôt contre l'auteur des échauffourées de Boulogne et de Strasbourg ; mais la République ne pouvant, dans sa pensée, conduire qu'à deux solutions, l'anarchie socialiste ou la dictature, il préfère encore cette dernière, malgré ses répugnances, au « chaos de honte et de sang ».

Après l'élection du 10 décembre, sa conviction est arrêtée, c'est la marche à l'Empire :

Ou ce qui se prépare, ou l'anarchie complète, prévient-il lady Holland, voilà la triste alternative où le pays est placé ; la France continue à boire le calice de sa Révolution républicaine : c'est ce qu'il faut dire en baissant le front, et la honte date pour nous de ce jour-là.

Le Coup d'État ne lui cause donc aucune surprise, mais non plus aucune révolte. Il l'accepte sans joie, comme un remède héroïque, qui doit permettre au pays de se sauver du pire.

C'est le sentiment qu'il exprime à la princesse Belgiojoso, aussitôt après le plébiscite :

Je ne sais si Mignet vous a écrit depuis les derniers événements ; il est profondément triste de l'exil de Thiers à qui la France est interdite. Quant à moi, j'ai vu disparaître le régime parlementaire, ce rêve de ma jeunesse, cet objet de tous mes vœux de publiciste, avec une douleur véritable, combattue mais non tempérée par le sentiment de l'horrible danger vers lequel nous marchions à grands pas. Je me suis trouvé dans l'état d'un homme qui se sent la vie sauve et qui sent aussi qu'il a perdu tout ce qui faisait le prix de sa vie.

Et quelques mois plus tard, résigné mais non converti, réfractaire à l'enthousiasme soulevé par la proclamation de l'Empire, il porte sur l'enchaînement des circonstances qui le rendirent inéluctable le jugement réfléchi de ses méditations d'historien.

Je ne suis pas prophète, mais j'ai dit au lendemain du 24 février que telle était la fin dernière de cette triste et incroyable folie d'une République Française. C'était forcément l'anarchie, et pour en sortir, toutes les portes se trouvant fermées hors une seule, on devait s'y précipiter. Le vote du 10 décembre 1848, que nos amis orléanistes regardaient comme une illumination de l'instinct national, menait, même sans coup d'État, au vote du 20 décembre et, comme les nations une fois lancées vont aussi droit et ne s'arrêtent pas plus qu'un boulet de canon, le 20 décembre, c'était la restauration de la dynastie impériale.

Il se peut que mon métier d'historien me fasse illusion, mais je vois là une preuve de la puissance de l'histoire dans les affaires humaines qu'on s'imagine gouvernées avec la raison pure et la logique. Nous avions été séparés par une catastrophe imprévue de notre grande histoire, de celle de huit siècles ; nous ne pouvions plus y rentrer, parce qu'elle était malheureusement divisée contre elle-même : nous nous sommes amarrés à la petite, à celle du Consulat et de l'Empire, et nous nous y sommes accrochés, comme les gens qui se noient avec frénésie.

Voilà le fond des choses. On a beau rechigner en paroles et multiplier les épigrammes, il n'y a pas d'épigrammes qui puissent prévaloir contre cela : le 24 Février portait en soi le 2 Décembre et le 2 Décembre portait l'Empire (1).

Augustin Thierry verra les première années, les années heureuses du nouveau règne, sans en subir le prestige. Cette apparente prospérité demeure fallacieuse à ses yeux. Fidèle aux principes de l'école libérale de 1822 qui ont décidé les convictions de sa vie, il ne cessera point de considérer l'Empire comme un régime d'accident, promis, de par son illogisme même, à toutes les vicissitudes, parce qu'il brise la tradition nationale, entrave le développement normal du pays, dont il a bouleversé l'histoire.

(1) Lettre à la princesse Belgiojoso, 19 décembre 1852.

L'heure de l'action est passée pour lui et ses infirmités le retiennent à l'écart de la mêlée. Son opposition restera donc toute doctrinale et académique, non pas même frondeuse comme celle de Villemain, mais plutôt méprisante et hautaine comme celle des Cousin, des Guizot et des Sacy. Vainement Fortoul qu'il a protégé au temps de ses débuts universitaires, avec lequel il a longtemps maintenu des rapports amicaux, voudra-t-il essayer de la séduction, faisant miroiter à ses yeux la plaque de grand-officier : l'apologiste de 1830, le contempteur du Césarisme, ne se ralliera jamais à Napoléon III.

XX

La Révolution avait encore entraîné pour Augustin Thierry d'autres conséquences désolantes : elle avait dispersé la plupart de ses amis.

Certains, comme Auguste Trognon et Ary Scheffer avaient accompagné ou rejoint la famille royale dans son exil. D'autres, le comte de Circourt, Ulric Güttinguer, MM. de Cherrier et de La Villemarqué s'étaient, durant les troubles, retirés en province et s'y attardaient, dans l'insécurité du lendemain. Enfin la princesse Belgiojoso, après avoir acclamé la République, la maudissait depuis l'expédition de Rome et, dans le premier éclat de son ressentiment, s'étant juré de ne jamais revenir en France, venait de partir pour Constantinople, après une dramatique évasion d'Italie, en attendant d'acheter un domaine en Asie Mineure, où elle allait continuer une existence d'aventures et achever d'engloutir sa fortune dans la malheureuse exploitation agricole de Ciuq-Maq-Oglou.

Ils continueront cependant de correspondre, l'historien restera comme auparavant pour son amie le plus dévoué des conseillers littéraires, revoyant avec sollicitude les nouvelles ou les articles d'impressions qu'elle lui fait parvenir, les recommandant au *National*, s'employant de tout son crédit à les faire agréer par Buloz : cette « incroyable résolution », à laquelle il refusera d'ajouter foi tout d'abord, n'achève pas moins de briser sans espoir une intimité qui lui est demeurée bien chère, malgré ses intermittences, et que son imagination avait embellie de tant de rêves. *What is friendship, but a name*, le voit-on s'écrier avec mélancolie, et c'est malheureusement à l'instant où il aurait le plus besoin d'assistance et de soutien, qu'il retombe à nouveau dans cet isolement du cœur et de la pensée toujours si cruel à sa nature aimante.

Tant d'émotions éprouvées, de secousses morales douloureusement ressenties avaient en effet épuisé les dernières forces de résistance d'un organisme dévasté. Reprenant à nouveau sa marche envahissante, l'ataxie locomotrice qui a condamné sa victime aux ténèbres avant de l'immobiliser dans un fauteuil d'infirme, commence à présent de gagner les centres médullaires. Le paralytique voit s'alourdir encore son bagage de souffrances ; il est tourmenté d'insomnies opiniâtres, d'angoisses nerveuses qui l'envahissent soudain d'un malaise indéfinissable et le rendent « quasi-fou ».

Avec la même force d'âme qui, depuis vingt ans, se soutient sans défaillance, le malade étudie stoïquement sur lui-même les progrès de sa déchéance graduelle, en analyse les symptômes toujours plus alarmants.

Je voudrais vous dire que ma santé est la même qu'à votre départ ; cela est vrai pour les apparences ; je garde l'activité d'esprit et l'aptitude au travail dans la mesure d'autrefois, mais le fond, ce qui regarde ma maladie, fléchit très sensiblement depuis six mois. Les reins s'affaiblissent, la force et la station des membres diminuent, la sensibilité des mains se perd. Pour une foule d'actes que je faisais sans gêne, il faut que la main d'autrui vienne diriger, doubler ou suppléer la mienne. En un mot, c'est la reprise d'un déclin suspendu depuis des années et dont personne ne peut dire qu'il s'arrêtera. Je ne manque pas de courage, mais j'avoue que cela m'attriste parfois et que j'ai quelque peine à me procurer une dose de résignation plus grande que celle dont j'avais pris l'habitude. Dieu veuille, ma chère sœur, que votre éloignement de la France et peut-être aussi pour la France ne se prolonge pas trop longtemps et que votre retour, quand il

sera possible, ne me trouve pas différent de ce que j'étais à votre
départ (1).

Alors, privé du commerce de ses amis, confiné dans une
retraite presque absolue, en proie au plus complet désordre
moral, son dogmatisme historique ébranlé par la débâcle de
la Monarchie parlementaire et la banqueroute de l'esprit libéral, ses convictions bouleversées, parvenu d'ailleurs à l'âge où
l'homme, en présence du redoutable problème de son avenir, se
replie naturellement sur les souvenirs de ses premières années,
Augustin Thierry ramena sa pensée vers les idées religieuses.

Ame profonde et sensible, éprise de vérité, la certitude que
lui a refusé une science toujours faillible, il veut désormais la
demander ailleurs et plus haut, aux croyances éternelles, qui
donnent de l'énigme de la vie et de la destinée humaine la
solution la plus haute et la mieux consolante. Mal porté néanmoins aux spéculations philosophiques, ne s'étant à aucune
époque préoccupé du dogme, n'ayant jamais envisagé la religion qu'au point de vue politique et social, il ne voulut point
s'enfoncer en des problèmes de théologie et de métaphysique,
dont les obscurités l'effrayaient, et sentit bien au contraire,
avec ce besoin du positif qu'il éprouvait en toutes choses, la
nécessité d'une foi bien arrêtée et d'un symbole précis. Une
fois sur cette pente, il était dans la logique de son caractère de
ne point hésiter sur les conséquences, après s'être fixé sur les
principes, et de conformer ses actes au dogme qu'il aurait définitivement adopté.

Tel paraît bien avoir été le mécanisme intérieur et semble
demeurer l'explication psychologique, de ce qu'on eut le tort
d'appeler improprement sa conversion, et qui ne fut en réalité
qu'un retour graduel et raisonné aux exemples, comme aux
enseignements, reçus dans son enfance, à ses regards « trop
longtemps voilés par la philosophie » ; l'expression d'un travail intime et réfléchi, poursuivi durant des années, sans
aucune marque de soudaineté ni de subite illumination. A
deux reprises déjà, nous avons signalé les premiers et lointains
symptômes de ce revirement moral, nous allons voir s'affirmer

(1) Lettre à la princesse Belgiojoso, 15 novembre 1849.

de plus en plus une aspiration d'abord vague, bientôt plus
nette et mieux définie, longtemps encore cependant contrariée
de doutes et de restrictions.

Comme s'il espérait trouver chez elles une compréhension
plus intuitive, un accord plus absolu de leur âme à la sienne,
c'est à deux femmes qu'Augustin Thierry fait le premier
aveu des sentiments nouveaux dont il est pénétré.

L'une est la princesse Belgiojoso ; l'autre, une Anglaise des
plus distinguées d'intelligence, d'un grand cœur et d'un noble
caractère, mariée à un membre *whig* de la Chambre des Communes, lady Holland, qui, lors de ses fréquents voyages à
Paris, prodigue à l'aveugle les témoignages de la plus charitable affection, avec laquelle il aime le plus oublier ses souffrances en de longues causeries d'histoire et de littérature.

C'est à celle-ci, moins éloignée que la princesse, que vont
d'abord ses confidences.

En vous parlant de mes répugnances pour l'école de philosophie à laquelle se rattache Emerson (1), j'étais loin de faire aucune
allusion à Fichte. Celui-là ne vous invite pas à un mysticisme qui
énerve en donnant le vertige. Il fortifie l'âme et, sauf l'Évangile,
je ne connais rien de plus beau que sa morale. Je ne me souviens
pas d'avoir lu le chapitre de la croyance et, sur votre parole, je
vais me le procurer. Cette lecture, qui vous a été bonne, viendra
pour moi très à propos, car je suis maintenant à l'égard de la foi
en des pensées plus sérieuses que jamais. J'inclinais depuis longtemps, mais par je ne sais quelle paresse d'esprit, je différais de
faire là-dessus mes comptes avec moi-même (2).

Ici, revinrent d'elles-mêmes les incertitudes que le néophyte voulait bannir de sa pensée. Du moment que l'esprit

____

(1) Quelques jours plus tôt, Augustin Thierry jugeait ainsi les *Essais* du philosophe américain : « Je viens de lire les *Essais* d'Emerson, afin de voir si je
n'en tirerais pas quelque chose de consolant pour moi. Hélas ! j'y ai trouvé tout
le contraire. Cette philosophie, qui met en doute la réalité du monde extérieur
et qui ne croit pas à l'histoire, n'est point bonne pour un aveugle ; s'il s'y
abandonnait, elle pourrait le mettre sur le chemin de la folie ; elle n'est pas
bonne non plus pour un historien qui a besoin de croire qu'il fait un métier
sérieux et que les faits sont autre chose que des ombres et des symboles ; enfin
ce livre écrit loin de l'Europe a le défaut de n'être qu'un reflet, très distingué il
est vrai, des nouvelles doctrines allemandes et françaises. Il y a du panthéisme
et du mysticisme, deux choses qui me sont antipathiques. »
(2) 25 février 1851.

même, le fond des croyances ne lui suffisait pas et qu'il lui fallait la forme, la réalité extérieure, et pour ainsi dire plastique de la foi, ce devenait pour lui une urgente nécessité de faire son choix entre le Protestantisme et le Catholicisme.

Vingt-cinq ans plus tôt, durant son premier séjour à Carqueiranne, l'historien de *la Conquête*, on s'en souvient peut-être, avait été vivement sollicité d'embrasser la Réforme et nous avons, à ce sujet, relaté les premières tentatives dont il s'était vu l'objet d'ailleurs récalcitrant. De nouveaux et persistants efforts, dont quelques-uns empruntèrent une forme romanesque, furent alors répétés auprès de lui, pour l'amener aux « consolations de la Foi » comprise selon Calvin. De Genève, l'ardent M. d'Espine voulut catéchiser encore, faisant parvenir à son ami tout un paquet de *tracts* édifiants, œuvres choisies d'un certain pasteur Ryle, fort en honneur chez les piétistes (1).

Mais ni la prose enflammée du Révérend, ni les exhortations de l'honnête « Mômier » ne devaient réussir à convaincre un esprit indocile. Tant de zèle pieux allait être perdu ; Augustin Thierry ne trouvera jamais dans la confession protestante, sous quelque forme qu'elle lui soit présentée, cette fixité du symbole, cette poésie du culte, ou ce prestige de l'antiquité qui pouvaient seuls déterminer son adhésion.

C'est le sentiment qu'il exprime sans détours à la princesse Belgiojoso, en lui faisant le récit d'un incident mys-

---

(1) « Je vous envoie, mon cher et ancien ami, écrit M. d'Espine, le 6 octobre 1851, dix huit traités du révérend Ryle, extrêmement populaires en Angleterre, contenant les appels les plus sérieux à la conscience. Chacun d'eux a un but spécial, répond à un besoin et tous font profondément réfléchir.

« Ceux qui hésitent à adopter le dogme de la *justification par la foi* liront *Christ et les deux brigands,* ceux qui craignent que le salut gratuit engendre la lâcheté dans la recherche de la sanctification liront *Êtes-vous saint?*

« Ceux qui n'ont ni assez de foi et de vie pour ambitionner le ciel, mais qui espèrent n'être pas assez mauvais pour avoir à craindre l'enfer et se flattent de trouver quelque place intermédiaire qui n'exigera pas d'eux de trop grands sacrifices, liront avec une grande instruction : *le Froment et la Paille* ou *Mort ou Vivant.* En un mot, chacun de ces traités contient infailliblement quelque chose, que celui qui le lit ne pourra s'empêcher de s'appliquer et de croire qu'il a été écrit pour lui. Tous ceux à qui je les ai adressés en ont retiré beaucoup d'édification. »

térieux qui a produit sur son esprit une impression profonde.

M. l'abbé Carron (1), qui est un de vos amis les plus sincères et les plus dévoués, vient me voir de temps à autre. J'ai beaucoup d'amitié pour lui, je le trouve d'une excellente et très aimable conversation, trop aimable peut-être pour moi, car en ce moment, je suis à désirer l'entretien d'un ecclésiastique plus sauvage et plus absolu.

Ce désir, dont je vous fais part pour la première fois, ma chère sœur, et qui vous étonnera peut-être, se rapporte à une chose qui vient de m'arriver, il y a quelques semaines, et qui, en me surprenant, m'a fait beaucoup réfléchir. J'ai reçu d'une personne inconnue l'envoi d'un exemplaire de l'*Ancien Testament*, avec ces seuls mots écrits : « Venez à moi, vous qui êtes travaillés et chargés, et je vous soulagerai » (saint Matthieu). Le livre était accompagné de trois discours de M. le pasteur Monod, ce qui montre que la personne qui m'a fait l'envoi et dont j'ai recherché en vain la trace est protestante.

Il m'a paru que ce conseil mystérieux était un signe pour moi et que j'entendais le *tolle, lege* qui retentit si profondément dans l'âme du saint dont je porte le nom. J'ai pris et j'ai lu ; ma lecture faite régulièrement m'a conduit jusqu'à la fin des *Épîtres* de saint Paul. Je la continuerai jusqu'au bout ; ensuite je passerai aux sermons de Bossuet sur les mystères, car quoique l'appel me soit venu d'un chrétien réformé, je n'incline pas du tout vers la Réforme. J'ai lu avec déférence et respect les discours de M. Monod, mais cette communion insurgée contre la tradition des siècles, qui n'est qu'une fraction de l'Église et qui se raidit sans cesse pour paraître l'Église même, a pour moi quelque chose de contraint et de guindé, de puéril même, qui me gâte ses meilleures paroles et ses inspirations les plus morales.

Si Dieu m'en fait la grâce, je deviendrai croyant et catholique. Ce qu'il y a de rationalisme dans la Réforme ne me plaît nullement ; j'en aurais toujours en moi plus que je ne voudrais, mais je ne suis pas tenté, en devenant chrétien, d'être chrétien révolutionnaire : j'ai bien assez de révolution autour de moi.

(1) L'abbé P. Carron, curé de Saint-André à Paris, un prêtre érudit et aimable, très répandu dans le monde. Son nom revient assez fréquemment dans la *Correspondance* de Mme Jaubert.

Pareille lettre ne laissa pas que de surprendre et même d'inquiéter celle à qui elle était adressée. Par une bizarre anomalie, dont on doit peut-être chercher la cause dans un état de déséquilibre nerveux, résultat de tares héréditaires, donna Cristine est une âme à la fois sceptique et religieuse. Des crises de mysticisme ont troublé son enfance ; on la voit pratiquer scrupuleusement par accès, puis, sans transition, afficher soudain une complète indépendance de pensée. Rien de fixe, d'arrêté dans sa foi, sinon une terreur invincible de la mort, et la stricte observance messied à son indiscipline. Jugeant son « frère » victime d'obsessions pernicieuses, elle réplique à ses épanchements par une leçon de théologie assez pédantesque, où se reconnaît l'auteur de l'*Essai sur la formation du dogme cathomique*, et qui constitue un « sermon d'impiété » au moins inattendu sous la plume d'une femme qui, pour aller faire ses Pâques (1), vient d'accomplir en terre musulmane un difficile et fatigant voyage de trois jours. On le trouvera, nous l'espérons, assez curieux pour être reproduit ici :

Je suis charmée d'apprendre, mon cher frère, que vous voyez quelquefois l'abbé Carron et que je ne suis pas complètement effacée de son souvenir. C'est un homme aimable qui ne porte qu'une couche fort légère de vernis clérical et dont la grâce naturelle perce victorieusement à travers ce vernis. Mais à propos de l'abbé Carron et de la trop grande indulgence que vous lui reprochez, permettez-moi de vous exposer, avec ma franchise accoutumée, l'impression que votre dernière lettre a produite sur moi. Et d'abord, je ne suis pas aussi embarrassée que vous, pour deviner d'où vient l'appel. J'ai d'abord hésité entre M. d'Espine et Mme Agénor de Gasparin, mais la seconde réflexion m'a décidé en faveur de cette dernière. Je ne sais si vous êtes satisfait du vêtement mortel que je donne à votre ange, mais comme je ne vous suppose pas encore assez avancé pour croire que l'ange soit un véritable ange, sans autre enveloppe qu'une tête d'enfant et des ailes de pigeon, j'espère que les cheveux dorés de Mme Agénor

---

(1) « Votre lettre du 26 mars est venue me trouver en ville où j'étais allée faire mes Pâques, car quoique en Turquie, je possède à trois jours de chez moi une église chrétienne, des prêtres, et une communauté de quelques mille Grecs catholiques, non romains. C'est à Saffran-Bolo que s'abritent ces reliques des temps anciens et je doute fort que vous trouviez sur votre carte le nom de ma capitale (Ciuq-Maq-Oglou, 24 avril 1851). »

ne vous inspireront ni découragement, ni tiédeur. Ce qui pourrait paraître étrange à quelqu'un qui ne vous connaîtrait pas comme je vous connais, ce serait de voir comment dès le début de votre carrière de croyant, vous arrivez d'un bond à l'intolérance et comment toute idée de liberté, même la liberté de penser et de croire, vous répugne. L'oppression a-t-elle donc de si grands charmes pour vous que vous la préfériez à la tolérance, même en ce qu'elle a de plus repoussant, c'est-à-dire lorsqu'elle s'exerce sur les âmes? Ne vous faites pourtant pas illusion, mon cher frère, ce n'est pas vers le Catholicisme que vous penchez, c'est vers le despotisme quel qu'il soit. J'ai remarqué dans votre lettre des expressions qui m'étonnent, venant d'un esprit aussi clair, aussi logique, aussi puissant que le vôtre. J'aurai toujours, dites-vous, assez de rationalisme en moi-même, sans m'allier à des rationalistes. Et c'est parce que vous avez du rationalisme en vous-même que vous voulez accepter pour maîtres les ennemis jurés de tout rationalisme et, qui plus est, de la raison. Et pendant que vous vous confessez confit de rationalisme, vous vous croyez en train de devenir catholique? Quelle erreur, cher Thierry, quelle erreur ! Que l'histoire, que la constitution de l'Église catholique vous semble plus intéressante et plus belle que l'histoire et la constitution de l'Église protestante, je puis le concevoir, mais la foi n'a rien de commun avec le goût. Il ne s'agit pas de savoir si le Protestantisme est raide et affecté, et le Catholicisme imposant et grave ; si l'un peut se passer des simagrées que l'autre croit nécessaire à son crédit et si la profonde habileté du second est moins choquante que la puérile finesse du premier. Il s'agit uniquement de décider si Léon X et son prédécesseur avaient complètement, absolument raison contre Luther et ses adhérents, car si vous admettez seulement que le tort et la raison étaient partagés entre les deux camps, vous n'êtes pas catholique comme vous voulez l'être. Si vous admettez qu'avant ou après Luther, la cour de Rome n'a pas eu toujours et parfaitement raison et non pas une raison relative, une raison politique et de circonstance, mais qu'elle n'ait pas constamment suivi la loi de la raison suprême et immuable, si vous murmurez tout doucement que l'Inquisition pouvait être une excellente institution, vu le temps et les circonstances pendant lesquelles elle fut établie, mais qu'elle est peu conforme aux préceptes de la charité universelle contenue dans l'Évangile, si vous déplorez les massacres des Albigeois, des Hussites et de tant d'autres, vous n'êtes pas catholique comme vous voulez l'être. Si vous ne croyez pas qu'en vous refusant l'absolution, votre curé peut vous condamner aux flammes éternelles, vous n'êtes pas catholique comme vous voulez l'être. Et si vous m'objectez ou plutôt si vous objectez à votre curé, à un vrai curé, non pas à un brave et doux chrétien comme l'abbé Carron, les paroles de Jésus-Christ, il vous répondra avec colère que vous n'avez que faire de lire l'Évangile et il vous le défendra. Obéirez-vous? Et si vous n'obéisssez pas, vous n'êtes pas catholique comme vous voulez l'être.

Remarquez que je dis : vous n'êtes pas catholique comme vous voulez l'être, c'est-à-dire que vous n'êtes pas regardé comme catholique par les chefs de l'Église catholique et c'est là maintenant ce qui me semble le bonheur que vous ambitionnez. Vous voulez faire partie de l'Église catholique, juger avec elle, condamner avec elle, et il vous semble que vous trouverez en elle un asile où la Révolution et les révolutionnaires ne sauraient pénétrer et cela pour une raison fort simple, c'est qu'à peine un des membres de cette Église éprouve-t-il la plus petite velléité d'indépendance, il en est honteusement chassé, comme un lépreux dont le contact est mortel. Je ne comprends pas comment la lecture de la Bible et celle surtout de l'Évangile ont fait naître en vous le désir d'appartenir à cette communauté. Que ces lectures vous aient inspiré l'amour de Dieu et de ses créatures, la foi dans la mission et dans l'origine divine du Christ, je le comprendrais à merveille et vous en féliciterais de tout mon cœur, car ce n'est que dans cette foi que nous trouvons la force de bien vivre et celle bien plus grande encore de bien mourir, sans frayeur, sans désespoir et sans folle avidité. Mais qu'il y a loin de là à la soumission catholique ! Et dans quel chapitre de ce beau livre en avez-vous trouvé l'éloge? Ah ! mon cher frère ! ne vous faites pas d'illusion sur un sujet si grave, qui tient à votre bonheur dans cette vie et dans l'autre. Ne prenez pas votre penchant pour tout ce qui est ordre, règle, pouvoir, etc., pour un élan de foi religieuse. Si vous avez le bonheur de tenir pour véritable tout ce qui est écrit dans le Nouveau Testament, si vous êtes touché par les sentiments véritablement divins que l'on y lit à chaque page, pourquoi ne pas vous en tenir là, pourquoi du moins ne pas faire halte dans ce lieu de repos suave, afin de bien vous reconnaître avant de procéder au choix d'une société? Ne vous jetez pas tout d'un coup dans le vieil édifice que tous désertent aujourd'hui et surtout n'y entrez pas par la mauvaise porte ; vous ne tarderez pas à vous en repentir, ce que vous apercevriez vous inspirerait tôt ou tard du dégoût et du mépris et, confondant encore une fois le Christianisme et l'Église romaine, vous abandonneriez l'un pour rompre avec l'autre, de même que vous seriez entré dans celle-ci, croyant embrasser la véritable essence de celui-là.

Voilà un sermon bien conditionné et un sermon d'impiété, dirait tout vrai catholique romain. Mais j'ai confiance que l'abbé Carron ne prononcerait pas un arrêt aussi sévère et qu'il rendrait justice à mes sentiments et à mes intentions. Ferez-vous de même? Êtes-vous encore à temps? Vous appartenez-vous encore? Hâtez-vous de m'en informer et surtout parlez-moi franchement, car si vous me déguisiez quelque chose, si vous en étiez déjà à ce point de n'écrire que d'après les avis des supérieurs, je m'en apercevrais sur-le-champ et vous en chercherais querelle sans pitié. Et croyez bien, mon cher frère, que je ne fais de vœux que pour votre bonheur et tout ce qui est propre à y contribuer ne saurait me déplaire, fût-ce même votre amitié pour quelque Rodin et votre confiance en lui. Soyez satisfait; gardez-moi votre amitié et tout est bien.

Toute à vous fraternellement

CHRISTINE.

Augustin Thierry était trop accoutumé aux variations subites de sa versatile amie, pour s'étonner beaucoup de l'accueil fâcheux qu'elle réservait à sa confiance. Déplorant néanmoins d'être si mal compris, il protesta que sa liberté morale demeurait absolue, qu'il ne subissait aucune contrainte et que son consentement de principe ne signifiait pas abdication de sa raison, ni reniement complet de ses idées.

Sa réponse nous éclaire à souhait sur son état d'esprit durant cette période de son évolution religieuse :

Votre imagination, ma chère sœur, s'est emportée bien au delà des faits, à propos de ce que vous appelez ma conversion. Il n'y a là rien autre chose qu'un besoin moral qui se fait sentir à beaucoup de philosophes arrivés à mon âge, dans un état de santé bien moins triste que le mien. Si vous étiez ici, vous auriez eu la première confidence de ces pensées et loin de me cacher de vous, par crainte de dissentiments, je vous aurais demandé conseil.

La personne qui m'a envoyé sans se nommer le *Nouveau Testament* et des sermons de M. le pasteur Monod n'est pas Mme de

Gasparin, mais une autre dame qui ne m'a jamais vu, qui ne
paraît pas souhaiter me voir et dont je ne sais pas même le nom ;
lorsque, après avoir relu l'Évangile et parcouru les discours de
M. Monod, je me suis senti peu attiré vers la Communion protestante, cela ne voulait pas dire que je me plongerais en aveugle
dans la soumission absolue aux doctrines et aux préceptes de la
hiérarchie catholique. Je trouve que la tradition est un grand
appui et je ne m'en séparerai pas, mais je continuerai de distinguer
le bien du mal dans la conduite passée ou présente des affaires de
l'Église. Je porte le même jugement qu'autrefois sur la politique
des papes, l'inquisition et l'intolérance : soyez sans inquiétude
là-dessus et croyez aussi que je n'ai pas et que je n'aurai pas de
directeur de ma conscience : je tâcherai de l'éclairer par celle
d'autrui, mais je ne la livrerai pas.

Un mot que j'ai dit sur l'abbé Carron vous a effrayé bien à tort ;
s'il venait me voir aux heures où je puis causer longuement, j'aimerais son entretien et je prendrais ses conseils ; seulement, je
trouve qu'il n'a pas dans sa foi la parfaite assurance que donne
la sérénité ; il est un prêtre inquiet, il hésite, il cherche encore et
sa parole est peu capable de raffermir ceux qui voudraient ne plus
hésiter et ne plus chercher.

J'ai un autre ami nouveau, dont les visites assez fréquentes me
sont agréables ; il est moins homme du monde que l'abbé Carron,
plus savant et en même temps plus ferme et plus calme que lui.
C'est M. l'abbé Cruice, Irlandais d'origine, directeur de l'École
des Hautes Études ecclésiastiques établie aux Carmes, homme qui
n'est étranger à aucune science et à aucune littérature. Mignet
l'a vu chez moi et l'a trouvé de fort bonne conversation, peut-être
vous en aura-t-il dit un mot. Il l'appelle mon confesseur. Eh bien !
ce confesseur, ce directeur de ma conscience et de mes pensées,
je n'ai encore causé avec lui que de philologie et de littérature et
il ne paraît pas, plus que moi, pressé de parler intimement et sérieusement d'autre chose.

Voilà où j'en suis et si vous reveniez, ce que malheureusement
je souhaite en vain, vous me trouveriez d'esprit, de paroles et,
quoique vous en disiez, de sentiment sur les grandes choses de
la vie, tel ou à peu près que vous m'avez toujours vu.

Toutefois ce désir de croire, ce besoin impérieux d'espérance
et de consolation seront longtemps encore traversés d'incertitudes et combattus de résistances. C'est à travers la Cor-

respondance de l'historien que nous suivrons toujours les alternatives de ce débat intérieur.

Se plaignant à lady Holland de ses angoisses nerveuses redevenues insupportables, il s'écrie avec découragement :

Plaignez-moi, madame, et conseillez-moi de votre voix douce le courage et la résignation. Je trouve que je n'en ai pas assez. Je m'étais dit que je voulais me confier à Dieu et m'abandonner sans réserve à sa volonté ; je n'y ai point réussi, je ne suis pas soumis, je résiste, je me demande pourquoi? pourquoi? Je prie, mais d'une manière courte, et la prière ne me calme pas (1).

C'est un sentiment analogue qu'il exprime avec plus de force encore à la princesse Belgiojoso :

Je ne réponds pas à ce que vous m'avez dit de gracieux sur mon retour à des pensées de foi et d'espérance, hors des intérêts et des idées de ce bas monde. Les concessions que vous me faites à cet égard me touchent vivement (2) ; je vous en remercie, mais

(1) 26 juillet 1851.
(2) Voici quelles étaient ces « concessions » de la princesse craignant, à la réflexion, d'avoir blessé son ami :

« La dernière lettre que vous m'écrivîtes contenait votre confession au sujet des sentiments ultra-catholiques qui semblaient précéder dans votre cœur la croyance à la religion chrétienne. Je répondis à cette lettre, avec la franchise un peu rude peut-être de mon caractère et de mon amitié, que cette tendance vers un Catholicisme rigoureux et hiérarchique, éclos dans votre âme avant la foi dans les dogmes chrétiens et l'amour de la morale chrétienne, me semblaient être l'effet de votre penchant pour toute autorité, qui s'est développé chez vous parallèlement avec votre aversion pour les idées et les coutumes révolutionnaires. Ma lettre vous aurait-elle déplu? Aurais-je froissé une espérance confortatrice, blessé des sentiments qui, pour être nouveaux, n'en sont peut-être que plus vifs?

« S'il en était ainsi, mon cher frère, pardonnez-moi de vous le dire ainsi, sans détours, vous auriez eu tort. Il fallait me dire : ma sœur, ne me tenez plus ce langage, car il m'est pénible à entendre et tout eût été dit. Dieu me garde d'essayer de vous ravir une heure de satisfaction, moi qui voudrais en remplir tous les instants de votre vie ! Que suis-je pour lire dans les cœurs? Comment pourrais-je connaître si vos sentiments sont véritablement religieux, ou si d'autres tendances se cachent sous une apparence trompeuse? Je vous ai dit ce que je pensais, ce que je croyais vrai ; mais sans prétendre qu'il en fût ainsi que cela me paraissait être. Il fallait me dire : vous vous trompez et, en tout cas, la discussion sur ce terrain me blesse ; laissez-moi mes illusions qui me soulagent, si vous les prenez pour telles. Encore une fois, je n'eusse point insisté ; mais me garder ainsi rigueur, me laisser ignorer comment vous êtes, m'inquiéter sur toutes sortes d'accidents que je me figure, cela est bien dur. Comment donc s'appelle l'élégant compétiteur du sombre Rodin? Celui-là n'eût pas mieux fait, ni exigé davantage... Mais pardon encore si je récidive, c'est que je marche dans les hypothèses et les ténèbres. Dites-moi franchement sur quel terrain nous sommes et vous verrez si je n'y tiens bien.

« Ciuq-Maq-Oglou, 25 octobre 1851. »

16

je n'en ai pas besoin, vous le savez, par ce que vous en a dit ma
dernière lettre. Dans mes aspirations religieuses, je n'ai pas eu le
tort de m'éprendre de la doctrine catholique, plutôt que de l'Évangile, de la forme plutôt que du fond ; bien au contraire, j'ai gardé
là-dessus une latitude qui certainement est et sera toujours trop
grande. Je voudrais me renouveler et je ne puis dépouiller le vieil
homme ; ce que je donne d'une main, je le reprends de l'autre et
c'est peut-être un obstacle à ce que l'appui me vienne, tel que je
l'avais espéré. Si Dieu vous ramène ici, nous causerons de cela et
je vous suivrai volontiers, pourvu que votre foi reste pure de toute
ombre de panthéisme (1).

Par droiture de conscience, il n'entend cependant pas laisser
M. d'Espine conserver plus longtemps d'inutiles illusions et
lui signifie, avec une fermeté courtoise, son inébranlable
attachement à la foi catholique :

J'ai pris un intérêt sérieux et profond à la lecture des petits
volumes que vous avez eu la bonté de m'envoyer. J'ai goûté surtout de ces excellents traités la partie qui s'adresse aux chrétiens
de toute communion, sans ombre, ni arrière-pensée de controverse, car mes tendances d'aujourd'hui vont vers la tradition de
mes pères et c'est en elle que je vais chercher le port où la raison
ne conduit pas.

Vous l'avez trouvé ce port dans la foi de vos ancêtres et vous y
jouissez d'un calme que j'admire et que j'envie, mais que je ne
pourrais atteindre en suivant la même route que vous. Il faudrait
pour cela m'adresser à cette raison même, dont les incertitudes me
fatiguent, et lui demander ce que doit être ou ce que ne doit pas
être la foi, questions pleines d'angoisses et de déchirements, que
vos prédécesseurs ont résolu au prix de beaucoup de souffrances,
très heureusement pour vous, qui n'avez plus qu'à marcher sur
leurs traces avec simplicité de cœur et confiance en Dieu. Je travaille donc à devenir bon catholique, sans croire pourtant que ce
soit la seule manière d'être bon chrétien et ce que je désire, c'est
de pouvoir être dans ma Communion, ce que vous êtes dans la
vôtre, aussi ferme et en même temps aussi tolérant que vous.
Tenons-nous aux églises établies, quelque nom qu'elles portent ;
le danger est de se laisser aller à en fonder de nouvelles, sur des

(1) 27 décembre 1851.

distinctions et des nuances de rien, au nom de la liberté évangélique, c'est-à-dire du sens individuel. C'est là le faible du Protestantisme, et je vous engage tous à résister à ce penchant qui mène de chute en chute au rationalisme tout pur.

Pour autant qu'il nous livre le secret de ses hésitations, le mystère de la lutte encore indécise où se débat un esprit qui parlemente avec soi-même, tels sont alors les sentiments d'Augustin Thierry à l'endroit de son retour à Dieu. Qui peut dire combien de temps se fût prolongé, chez un « rationaliste fatigué », ce conflit entre les aspirations de la conscience et les disputes de la raison, et quel en eût été le dénouement, si, à ce moment même, une succession d'incidents imprévus, le mettant en rapports suivis avec des prêtres éminents, n'était venue exercer sur son âme une influence décisive.

Dans les derniers jours de 1851, paraissait un volume in-16, intitulé : *M. Augustin Thierry, Critique générale et Réfutation*, ouvrant une série d'écrits du même genre, destinée à former, sous la direction de Louis Veuillot, la *Bibliothèque nouvelle* et qui contenait les plus violentes attaques contre les « tendances anti-chrétiennes » et les « théories mensongères » de l'historien de *la Conquête* et des *Temps mérovingiens*.

L'auteur, Léon Aubineau, un ancien chartiste, quelque temps archiviste d'Indre-et-Loire, avait abandonné ses palimpsestes, pour entrer à *l'Univers* et se lancer dans la polémique ultramontaine la plus agressive. Ami personnel de Veuillot, il comptait parmi les plus venimeux pamphlétaires, que l'irascible auteur de *Rome et Lorette* avait la faiblesse d'encourager et le tort d'inspirer trop souvent. Docile à ses indications, avant de se donner ainsi carrière contre Augustin Thierry, il s'était d'abord exercé la verve sur J.-J. Ampère, « ses niaiseries et ses incohérences. » ; avait brocardé les « pages coriaces » de Fauriel et de Sismondi ; injurié Michelet pour « ses honteuses imaginations » (1). Il serait parfaitement

(1) « Louis Veuillot prenait plaisir à ces réfutations. Il m'y encourageait et quand il entreprit plus tard sa publication de la *Bibliothèque nouvelle*, il m'offrit tout un volume pour me donner carrière sur M. Augustin Thierry. Il y avait déjà longtemps que les récits de l'historien étaient le thème de mes recherches ; mais je me perdais dans la comparaison et le rapprochement de ces documents ;

superflu d'analyser son factum en détail. Reprenant, avec plus
de rudesse et de malveillance encore, les griefs qui traînaient
dans les journaux ultras de la Restauration et ceux plus récemment formulés dans *l'Université Catholique* d'Augustin Bon-
netty, il incriminait l'écrivain des *Considérations* de ne faire,
à travers tant de pages austères, que la sèche analyse des
systèmes écroulés, sans avoir dressé le bilan de la science
catholique, alors florissante ; à l'auteur de *la Conquête* et des
Récits, « de ne peindre que la brutale nudité de la nature barbare ou les hideux oripeaux de la civilisation romaine décré-
pite, sans montrer assez l'action lente et soutenue de l'Église,
en faveur d'une civilisation nouvelle ».

Dans le déchaînement furibond de ses invectives, il allait
jusqu'à soutenir que la cécité physique de l'infirme « était le
signe vivant d'une cécité spirituelle qui se refuse à laisser
pénétrer dans la plus haute région de l'âme les rayons divins
d'un autre soleil, seul principe fécondant des intelligences ».
Et la conclusion du réquisitoire était plus outrageante encore,
puisqu'elle accusait formellement l'historien « *d'avoir falsifié
sciemment les textes*, falsification sinon toujours *formelle*, du
moins *négative*, par le silence volontaire passé sur certains
faits ».

Augustin Thierry aurait pu mépriser des imputations hai-
neuses, vigoureusement relevées aussitôt par Renan dans les
Débats. Leur violence même avait mal servi la fin scandaleuse qu'elles se proposaient ; l'insultante diatribe s'était
écoulée à vil prix, exportée en Amérique et mise en partie
au pilon.

Bien au contraire, ces critiques, en dépit de leur évidente
partialité et du ton sur lequel elles étaient formulées, le troublèrent profondément et, dans les dispositions nouvelles où il
inclinait, un problème se posa devant sa conscience inquiète.

Malgré les corrections scrupuleuses qu'il ne cessait pas
d'apporter à ses œuvres, l'enfièvrement de la lutte ne
l'avait-il pas autrefois égaré au point de lui faire passer la

je me serais amusé et perdu peut-être sans fin, si je n'avais été pressé et obligé
de ramasser et de nouer le faisceau de mes remarques. »

(Léon AUBINEAU, *Au soir, Récits et souvenirs.*)

mesure? S'était-il défendu sûrement contre tout parti pris? n'avait-il point vraiment méconnu, amoindri le rôle de l'Église « par une certaine complaisance pour les sectes dissidentes et un certain penchant à leur trouver des droits contre l'orthodoxie » (1)?

S'il en était ainsi, du moins avait-il commis ces erreurs de bonne foi et se déclarait-il prêt à les réparer : « Je suis bien revenu de ces fautes aujourd'hui et je me prépare à faire, pour une édition ultérieure, des corrections qui, je l'espère, ramèneront mes jugements à l'exacte mesure du vrai (2). »

Cependant, les « perfidies » d'Aubineau, l'accusant d'avoir dénaturé les textes, l' « atteignaient dans son honneur » et s'il renonça au projet qu'il avait un instant médité d'une réfutation publique (3), il voulut du moins protester avec énergie auprès d'Alfred Nettement, qui, dans son *Histoire de la Littérature Française sous la Restauration*, avait accueilli sans examen certaines allégations du rédacteur de *l'Univers*.

Pourquoi, monsieur, vous êtes-vous engagé, sur la foi d'autrui, dans des critiques de détail sur quelques points d'histoire concrète étrangers à vos études? Vous avez eu trop de confiance dans une érudition novice, armée contre moi de textes regardés en courant et d'un esprit de système bien autrement absolu que le mien. Je pourrais discuter victorieusement la plupart des faits sur lesquels je semble pris en faute. Je me bornerais à deux : l'un de l'histoire d'Angleterre, l'autre de l'histoire de France.

Vous affirmez, monsieur, que le seul témoignage digne de foi, comme contemporain : celui d'Ingulf, est contraire à la prétendue désignation, faite par le roi Édouard, de Harold comme son successeur ; mais il y a là-dessus un témoignage tout aussi contemporain et bien plus présent que celui d'Ingulf, c'est une complainte composée entre la mort d'Édouard et le couronnement de Harold, qui se trouve dans la *Chronique Saxonne*, à l'année 1065. On lit, traduction littérale : « Mais le prudent prince posa ferme ce

(1) Lettre à M. de Circourt, 20 octobre 1852.
(2) *Ibid.*
(3) « Les points de faits sur lesquels M. Nettement a reproduit les dires de M. Aubineau sont presque tous de la plus grande fausseté. J'en ai relevé trois ou quatre en lui écrivant. Dites-moi, s'il y a lieu de faire davantage et de m'expliquer devant le public. »
     A M. de Circourt, septembre 1853.

royaume sur des hommes de haute naissance, sur Harold personnellement, le noble comte... » De plus, en 1065, Ingulf était à
Jérusalem, d'où il ne revint qu'en 1066, au moment du départ de
la flotte normande. C'est alors qu'il trouva en Normandie toutes ·
les fables répandues dans ce pays, depuis le serment de Harold,
et auxquelles ce fatal serment donnait une pleine vraisemblance.

Quant au second fait : le point le plus triomphant de la critique
de M. Aubineau contre mes *Récits des Temps mérovingiens*, c'est-
à-dire la lettre de saint Germain et sa date, M. Aubineau n'a pas
lu le texte de cette lettre et n'a pas lu davantage le récit d'Adrien
de Valois qui en fait mention ; il s'est contenté d'ouvrir le quatrième
volume de dom Bouquet ; il a vu en marge de la pièce la date 574
et il s'en est tenu là. Or, cette date est fausse et la lecture des cinquante premières lignes de la lettre le prouve manifestement.
Saint Germain s'y excuse de n'être pas allé personnellement au-
devant de la reine. C'est d'après ses propres paroles et d'après le
récit d'Adrien de Valois que j'ai construit le mien.

Si M. Aubineau, qui me juge, non avec des études approfondies,
mais avec des recherches faites *ad hoc* et sur l'heure, connaissait
de l'ouvrage d'Adrien de Valois autre chose que le titre et la page
où il est question de la ruse de Frédégonde, il aurait vu que la
plupart de mes additions au texte de Grégoire de Tours ont leurs
racines dans la narration donnée par les savants du dix-septième
siècle et que leurs indications très abondantes m'ont fourni ou
suggéré les miennes. Il aurait vu en outre qu'Adrien de Valois,
lorsqu'il met en scène quelque personnage nouveau, ne manque
jamais ou presque jamais de dire s'il était Franc ou Gaulois d'origine, et cela sur la seule physionomie du nom, lorsqu'il n'existe
aucune autre preuve. Il aurait su que ce commentaire du nom
propre est une des conditions naturelles de l'histoire du sixième
siècle ; que je ne suis nullement l'inventeur de cette pratique
observée, il y a deux cents ans, et que pour s'y conformer aujour-
d'hui, il n'est pas besoin de s'être entêté du système de la distinction des races. Enfin, monsieur, vous-même, vous n'auriez pas été
exposé à me faire, sur sa parole, une grave leçon, que le moins
systématique des historiens devait recevoir de vous, en même
temps que moi (1).

Un livre plus grave allait influer bien davantage sur les
résolutions d'Augustin Thierry.

(1) Lettre à Alfred Nettement, 28 octobre 1853.

C'est une originale et attachante figure que celle de l'abbé
Jean-Marie-Sauveur Gorini, curé de Saint-Denis, au diocèse
de Belley. Élevé par un évêque italien exilé à Bourg par Napoléon Ier, ordonné prêtre en 1827, il était professeur d'huma-
nités au petit séminaire de Meximeux, quand une disgrâce
soudaine l'enlevait à sa chaire de belles-lettres et l'envoyait,
le déportait presque à la Tranclière, un hameau perdu en
pleins marécages bressans.

Il devait y rester tout près de vingt années, « en un presbytère ouvert à tous les vents, ayant pour carrelage la terre
battue, pour tapis l'herbe qui poussait entre les fentes. Par
les temps de gelée ou de neige, les loups affamés s'avançaient
en hurlant jusqu'aux haies vives du jardinet et dévoraient
le chien de garde. Un méchant réduit servait à la fois de cuisine et de salle à manger, de salon et de cabinet de travail,
voire de bibliothèque » (1).

Mais c'était un cœur robustement trempé que l'humble
desservant : à force de courage et d'énergie, il parvint à adoucir
les souffrances de son purgatoire, à continuer les recherches
qu'il avait ébauchées à Meximeux. Dans sa conviction de prêtre
et d'érudit, la plupart des historiens de 1830 : Guizot, Michelet,
Augustin et Amédée Thierry, Ampère, Quinet, Fauriel, Aimé
Martin, avaient manqué d'équité, méconnu le rôle et le caractère de l'Église, si longtemps au moyen âge « la conscience et
l'intelligence de l'Europe, à la fois mère et nourrice du monde
moderne » (2), lui ravissant l'honneur de ses plus beaux titres
à la reconnaissance de la postérité. Il avait donc entrepris de
réformer leurs jugements et en particulier « de restituer à
la physionomie défigurée des saints le reflet surnaturel de la
grâce » (3).

Poursuivre sans références et privé des livres indispen-
sables pareille entreprise, qui exigeait une documentation
énorme, un travail gigantesque de collationnement, de con-
frontation des textes et des sources, semblait au-dessus des
forces humaines. La patiente volonté du curé de la Tranclière

(1) Abbé F. MARTIN, *Vie de M. Gorini.*
(2) *Défense de l'Église,* introduction.
(3) *Ibid.*

parvint à surmonter tous les obstacles. « Bourg était à quinze ou seize kilomètres. L'honnête Gorini y avait quelques amis. Auprès d'eux il se faisait mendiant et empruntait avec promesse de rendre. Un excellent homme de libraire lui ouvrait tout son magasin, le laissait fureter à son aise dans les publications nouvelles. L'abbé s'installait sur les tables d'étalage, prenant sur place des extraits sans couper les pages ni fatiguer les couvertures. Puis chargé comme un portefaix, il repartait pour son presbytère, le dos pliant sous une pile d'infolios, calés par des brochures et des journaux (1). »

L'œuvre de dépouillement commençait alors et c'était seulement après avoir fait rendre au contenu examiné à la loupe tout ce qu'on peut tirer d'un texte en le pressurant, que l'obstiné fureteur rapportait les volumes à leurs propriétaires.

Gorini poursuivit dix-huit ans, à la peine de son corps et de son cerveau, ce labeur de bénédictin. Quand il fut transféré, en 1847, à la cure de Saint-Denis, il avait fort avancé sa *Défense de l'Église* qui parut en librairie au commencement de 1853, chez Girard et Josserand, à Lyon.

On éprouve à ouvrir ces copieux in-octavos une étrange impression ; on est tenté de leur appliquer le jugement de Boileau sur les *Caractères* et de les condamner pour défaut de transition. Gorini qui écrit un style obscur et rocailleux ignore ou dédaigne les artifices de la composition littéraire et les élague. Aux procédés de la rhétorique, il préfère des numéros d'ordre. En guise de préambule, il donne invariablement une notice élémentaire sur le personnage historique étudié, avec quelques sommaires observations sur les difficultés à éclaircir ; puis vient une citation textuelle et *in extenso* du passage à réfuter dans l'auteur pris à partie. Le texte ainsi collationné est mis en vedette, et l'on voit défiler en avant de la thèse les objections armées de leurs pièces. Alors seulement le critique aborde le travail de la réfutation, s'attaquant sur sa route aux erreurs qu'il estime les plus dangereuses. Serrant ensuite le débat, il ne se retire de la lutte qu'après avoir délogé l'en-

____

(1) Abbé F. MARTIN, *op. cit.*

nemi de ses positions ; un bref résumé clot enfin la dispute et, croit-il, établit sa victoire (1).

Il se mit aux prises avec Augustin Thierry en deux chapitres de son livre : *Clovis et le clergé gaulois* et *Saint Grégoire VII*. Au point de vue de la science historique, il y aurait fort à reprendre à sa méthode qui s'oppose à tout essai de synthèse, et recourt aux sources sans en discuter la valeur, usant de documents tronqués, supposés ou interpolés, acceptant les faits traditionnels sans réserve, se bornant à les expliquer ou à les atténuer. Mais à la différence d'Aubineau, qui faisait œuvre de polémique haineuse, le prêtre cherchait à gagner une âme et de son propre aveu « à démasquer l'impie par la science, à le sauver par l'attrait de la charité ».

Il découlait de ce désir apostolique une croyance bienveillante à la bonne foi de ses adversaires ; l'auteur de la *Défense de l'Église* savait à combien d'erreurs involontaires prêtent, chez les plus impartiaux, des préjugés inconscients et l'ambition de la nouveauté. « Walter Scott, disait-il, a gâté tous ces messieurs » et il dénonçait avant Lacordaire les périls de *l'invention* en histoire.

Ce besoin de croire au bien, cette mesure dans la discussion, cette honnêteté et cette modération de plume le servirent au mieux avec Guizot qui lui voua son estime, avec Augustin Thierry qui se sentit attiré vers son critique et la religion qu'il représentait.

Aubineau l'avait inculpé de maquillage et de faux ; Gorini déclarait au contraire : « Que les erreurs de M. Thierry aient été préméditées, ce soupçon, je le repousse de toutes mes forces (2). » Il ne s'était pas trompé.

L'historien se fit lire et relire plusieurs fois la *Défense de l'Église*. A creuser l'ouvrage et s'en mieux pénétrer, il lui parut que s'il avait pu tracer des portraits artistement ciselés de saint Grégoire de Tours et de saint Fortunat, de sainte Radegonde, de saint Médard et de saint Prætextat, de Grégoire VII ou de Thomas Becket ; s'il avait montré chez l'un, le dernier conservateur des lettres romaines et des mœurs aris-

(1) Abbé F. Martin, *op. cit.*, *passim.*
(2) *Défense de l'Église*, t. III, page 242.

tocratiques, chez l'autre le poète de l'extrême décadence,
épicurien raffiné, vaniteux et intrigant ; en celle-là la jeune
captive aimée, mais dégoûtée de la grossièreté d'un brutal vainqueur, s'échappant de la couche royale pour se réfugier dans
un cloître ; dans ceux-ci, le maître impérieux de la chrétienté
ou le patriote insurgé contre l'injustice et la violence du conquérant ; il n'avait peut-être pas assez considéré en eux le
caractère providentiel de l'évêque, du docteur, de la réformatrice ou du pontife et les avait par suite involontairement
dépouillé de leur beauté morale et intellectuelle.

Par appétit de justice et de vérité, pour apaiser les scrupules accrus de sa conscience, il résolut donc de soumettre les
Récits et surtout *la Conquête*, en commençant par celle-ci,
non pas seulement à l'une de ces revisions de forme et de
détail qu'il avait accoutumé d'accomplir à chaque nouveau
tirage, mais à une refonte complète des parties qui pourraient
lui sembler entachées d'arbitraire ou de méprise (1).

Cependant, avant d'entreprendre ce grand travail et de lui
consacrer ses forces dernières, il voulut achever d'établir le
second volume de la *Collection* dont il était chargé, en même
temps que publier à part l'*Essai sur l'histoire de la formation
et des progrès du Tiers État*, jusqu'alors enfoui dans une
publication savante et des moins accessibles aux lecteurs.

---

(1) Deux autres ouvrages durent presque certainement aussi influencer la
résolution d'Augustin Thierry et l'affermir dans son projet : *les Quatre Conquêtes
de l'Angleterre* (1852), où Émile de Bonnechose relevait plusieurs omissions
et quelques erreurs de détail dans l'*Histoire de la Conquête* et le savant mais
coriace avant-propos de Stapleton dans son édition des *Grands Rôles de l'Echi-
quier de Normandie.*

XXI

Les sollicitations de ses collègues et de ses amis l'avaient déterminé à ce dernier parti. Mais, alors que le travail avait jusque-là consolé celui dont les organes « étaient plus qu'à demi conquis par la mort », il abordait cette fois sa nouvelle tâche avec lassitude, presque avec répugnance.

Illusion sur illusion ! se plaint-il à Mme Holland, un songe placé dans un songe, voilà les espaces imaginaires où vont se perdre mes pensées d'aveugle, pour retomber sous le poids de la réalité. Depuis plusieurs mois, je me sens gagné par la tristesse, le vide et l'accablement. L'ennui me gagne comme des vagues qui montent toujours et contre lesquelles je suis sans force ; le travail même ne me distrait plus. Je vais publier à part un volume perdu jusqu'ici dans une collection du gouvernement. Je devrais m'en réjouir et cela ne fait que m'effrayer sur une préface que je n'ai pas le courage de commencer. Je crains de n'en pas venir à bout ; je souffre de corps, en même temps que d'esprit ; il me faudrait l'espérance de quelque bien et ni autour de moi, ni en moi, je n'en trouve aucune (1).

Il mit en effet plus de trois mois à composer cette préface du *Tiers État* qui condense en dix pages de synthèse tout l'esprit du livre, pour se terminer par un cri de tristesse et de découragement.

(1) Lettre à Mme Holland, 17 novembre 1852.

A la fin de 1852, il n'avait pas encore achevé d'ordonner et d'éclaircir ses idées :

Je suis au milieu des épreuves pour deux éditions qui vont paraître coup sur coup, in-8° et in-18. J'ai une préface à faire dont je n'ai pas écrit le premier mot et sur laquelle mes idées, après avoir été d'avance très nettes, s'en vont l'une après l'autre, à cause de la bizarrerie des circonstances et l'absence d'une véritable opinion publique. Si vous étiez ici, vous m'aideriez à sortir d'embarras, mais il faut que je me décide seul et le temps me presse. Il faut paraître dans le mois prochain (1).

Le temps pressait, parce que l'éditeur Furne qui avait acheté l'ouvrage 7 000 francs, désireux de paraître au moment favorable, « avant les mauvais mois du Carême », harcelait l'auteur de ses réclamations (2).

Soucieux de ne présenter au public, après un long silence, qu'un livre aussi parfait qu'il était en lui de le réaliser, Augustin Thierry avait apporté de profonds changements à l'*Introduction au Recueil des monuments inédits*.

Il s'était entouré de conseils, s'adressant à tous ceux qui pouvaient lui fournir un concours éclairé ; Adolphe Chéruel, le comte de Circourt, MM. Tiby et de Cherrier se voient ainsi consultés à diverses reprises et leurs suggestions sont le plus souvent écoutées et suivies.

Suivant mon vieil usage de déférer sans retard aux observations qui me sont faites, écrit-il au premier, je m'occupe en ce moment d'un nouveau paragraphe qui remplira le vide que vous avez très justement signalé pour le seizième siècle ; je reverrai aussi avec scrupule ce que j'ai dit sur la Fronde (3).

M. de Circourt est sollicité plus vivement encore :

Le printemps est venu, monsieur et ami, vous allez partir pour

(1) Lettre à M. Tiby, 14 décembre 1852.

(2) Aux termes du traité passé entre Augustin Thierry et la Maison Furne, l'historien cédait à celle-ci, au prix de 7 000 francs, payable 3 000 à la remise du manuscrit et le solde au jour de la mise en vente, « le droit d'imprimer et de vendre deux éditions, l'une in-8°, tirée à 2 000 exemplaires, l'autre in-18, tirée à 3 000, de l'ouvrage intitulé : *Essai sur l'histoire de la formation et des progrès du Tiers État, suivi des fragments du Recueil des monuments inédits de cette histoire*, en un volume contenant plus de vingt-cinq feuilles ».

(3) 30 mai 1852.

la campagne ; je n'ai plus l'espérance d'une soirée de causerie avec vous et pourtant j'aurais eu besoin de vos conseils pour mon *Histoire du Tiers État*. Non seulement vos remarques personnelles données avec toute franchise, mais encore les objections que vous avez pu entendre autour de vous, chose que je recherche, bien loin d'en avoir peur, m'auraient été utiles à recueillir de votre bouche. Si cela ne se peut plus, je vous demande une courte note, faite à votre aise et envoyée par la petite poste. J'en ai reçu de pareille de deux ou trois amis et j'en ai profité grandement. Vous êtes au premier rang de ceux dont le jugement est pour moi décisif. Je ne voudrais pas arrêter mon thème sans un dernier mot de vous. Je vous avertis que le discours trop continu, dans sa forme actuelle, sera divisé en dix chapitres, ayant chacun son titre suivi d'un sommaire (1).

Il s'adresse d'autre part à Renan pour des corrections de détail particulièrement délicates :

Mon cher philosophe un peu trop sceptique, voudriez-vous chercher dans les bonnes feuilles que je vous adresse, fin du chapitre vii, un paragraphe sur le Jansénisme qui a grand besoin d'amendement. La définition de la doctrine y est peu exacte et fort peu claire et de plus la phrase est boiteuse grammaticalement. Vous me rendriez un véritable service en m'aidant à faire cette correction. Voyez ce dont il s'agit et substituez à ce qui est quelque chose dont nous causerons ensuite.

Enfin, à la veille d'envoyer chez Furne son dernier « bon à tirer », il lance un suprême appel à Jean Wallon, l'excentrique et paradoxal, mais savant penseur, qui après avoir été le Gustave Colline de Murger, deviendra sous la Commune l'administrateur éphémère de la Bibliothèque Nationale :

MON CHER PHILOSOPHE,

Je vous envoie sur épreuves le volume dont je vous ai parlé. Soyez assez bon pour écrire en marge, au crayon, de votre meilleure écriture, toutes les critiques, remarques, objections, etc., que vous trouverez à me faire sur le fonds et sur la forme. Plus il y

(1) 4 juin 1852.

en aura, plus je vous saurai gré de la peine que vous aurez prise
pour moi. Mille amitiés et d'avance mille remerciements (1).

Ainsi remanié et augmenté, suivi de trois fragments empruntés au *Recueil des Monuments inédits*, qui pouvaient le
mieux mettre en lumière son importance et son vrai caractère (2), *l'Essai sur l'Histoire du Tiers État* parut dans le
courant de mai 1853.

Le moment était mal choisi pour la publication d'une étude
aussi grave. On était à peine remis des émotions causées par
les bouleversements politiques de 1851 ; fatiguée de l'action,
la France n'avait pas encore repris le calme nécessaire pour
lire et pour méditer. Le public de 1853 n'était plus au demeurant celui de 1825, si plein de jeunesse et d'ardeur. N'ayant
jamais su que subir les faits, la génération nouvelle s'intéressait peu aux théories. L'*Histoire du Tiers État* fut donc
loin d'obtenir le succès d'enthousiasme qui avait constamment accueilli ses aînées. Sévère dans sa forme doctrinale, bien
que toujours belle et pure, elle effraya la masse futile des
lecteurs superficiels. L'*Essai* n'en est pas moins un fort beau
livre, que des juges compétents n'ont pas hésité à mettre à côté
d'un des grands ouvrages du dix-neuvième siècle, l'*Histoire
de la Civilisation en France*. « Ce sont les mêmes principes,
déclare M. Camille Jullian, c'est la même manière abstraite
et philosophique de présenter les faits ; c'est partout le même
apaisement scientifique, la même sérénité d'historien. Les
exagérations et la passion de la jeunesse ou de la politique ont
entièrement disparu. »

Les esprits sérieux, que ne rebuta point une lecture austère,
purent constater que l'auteur, peut-être sous l'influence de
Michelet, avait fort amendé l'une de ses théories les plus
chères, celle de la conquête et de ses conséquences. Il n'en
est plus question qu'à peine et seulement jusqu'au dixième
siècle : « L'établissement du régime féodal est l'époque où

______

(1) 23 février 1853.
(2) Tableau de l'ancienne France municipale. Monographie de la Constitution communale d'Amiens. Note sur les faits généraux qui résultent des documents relatifs à l'histoire d'Amiens.

finit dans la Gaule franque la distinction des races (1). »

Quoi qu'on ait pu prétendre en effet, il est peu d'historiens moins systématiques qu'Augustin Thierry. Toujours il sait reconnaître ses erreurs et quand une opinion lui semble devenue contestable, alors même qu'il s'y montra le plus attaché, il n'hésite pas à se corriger ou l'abandonne sans entêtement. A cet égard, il est remarquable d'observer que ces travaux sur le Tiers État, abordés par lui vingt-cinq ans plus tôt dans le dessein de justifier ses vues sur l'antagonisme des races, aboutissaient en somme à leur demi-désaveu.

La critique moderne a beaucoup varié dans ses appréciations sur la valeur scientifique de l'*Essai sur le Tiers État*. Toutes réserves faites, en partie justifiées peut-être, sur le *romanisme* immodéré qui avait incité l'écrivain à exagérer, dans la commune jurée, la survivance du municipe gallo-romain, les contemporains s'accordèrent à louer « le récit à la fois lumineux et concentré des faits caractéristiques, dégagés de l'histoire générale de la France et cherchés jusque dans ses plus intimes profondeurs, qui marquent d'époque en époque le laborieux progrès des classes inférieures de la nation vers la liberté civile et l'égalité des droits » (2).

De nos jours, certaines férules se sont manifestées plus sévères. Si elles ont en général respecté la première partie du livre : l'histoire de la bourgeoisie et des États Généraux, demeurée le seul travail d'ensemble que nous possédions sur ce sujet ; elles ont exercé leurs rigueurs à l'encontre de la dernière : le *Tableau de la France municipale*.

Appréciant la tentative de classement géographique des anciennes communes, suivant leur origine ou leur constitution, M. Achille Luchaire a prononcé les mots d' « assimilations superficielles » et de « jugements hasardés ». Dans la préface de ses *Communes françaises*, il a malmené la façon dont Augustin Thierry avait caractérisé la révolution communale, lui reprochant d'avoir abusé des mots de liberté, d'égalité et de république, « alors que la commune fut à l'origine une puissance aristocratique et foncière, qu'elle ne faisait pas plus de

____

(1) *Histoire du Tiers État*, chap. ɪ, page 20.
(2) Francis Nettement.

place à la liberté et à la démocratie que la Rome des patriciens ou l'Athènes des eupatrides ».

M. Camille Jullian, au contraire, a déchargé l'historien d'un blâme aussi catégorique :

> Malgré tout, Thierry n'a pas tort. Toutes les communes insensiblement marchèrent à la démocratie, comme les cités antiques, et ce fut la royauté, comme Rome pour les villes du passé, qui arrêta cette marche. On peut faire la preuve par les textes : il est possible de rattacher, sans de trop longues lacunes, l'idée moderne de République, telle que les Girondins l'ont conçue, à l'idée de commune, telle qu'on l'avait sous Louis VIII (1).

Non nostrum inter vos..., ce qui demeure incontestable, c'est que l'*Essai sur le Tiers État* fut la semence incomparable d'où germa, par la suite, toute une moisson féconde. Il a directement inspiré les études locales sur les villes françaises et la publication des archives municipales qui se sont multipliées après lui. M. Arthur Giry, pour ne citer que son nom, ne fut point sans doute parvenu à mener à bien ses difficiles travaux, si Augustin Thierry ne lui avait pas eu déjà tracé la voie et aplani la route.

Si l'accueil du public ne répondit point aux espérances qu'avait conçues la maison Furne, la grande presse dans son ensemble et les Revues savantes rendirent hommage à l'œuvre de science. Renan, l'un des premiers, donna l'exemple dans les *Débats*. Son article, des mieux étudiés, ravit à ce point celui qui s'en trouvait l'objet, qu'il intervint auprès de M. de Sacy pour lui demander de faire attacher définitivement au journal le rédacteur occasionnel qui venait de débuter aussi brillamment dans ses colonnes (2).

(1) *Les Historiens français du dix-neuvième siècle*, introduction, page LVII.

(2) Voici ce billet qui peut, semble-t-il, fixer une date dans la biographie de Renan :

« Monsieur,

« Vous m'avez fait une promesse que je n'oublierai pas et que je préviendrai même, si la chose m'était possible. Un des regrets de ma vie de retraite et d'immobilité est celui de n'avoir pu faire personnellement votre connaissance. En attendant que ce plaisir m'arrive, j'aurai celui de vous lire, qui est une des principales raisons qui m'attachent au journal où vous écrivez. Ce journal vient, à mon sujet, de s'ouvrir pour la première fois à un jeune savant que j'aime beau-

Édouard Laboulaye, Francis Nettement, Auguste Himly, Armand Baschet, M. de Circourt, le comte Louis de Carné consacrèrent également à l'*Histoire du Tiers État* d'érudites études, élogieuses ou bienveillantes. L'écrivain catholique s'étant séparé d'Augustin Thierry sur quelques points de doctrine et repoussant en bloc les jugements qu'il portait sur la Ligue, s'attira cette réponse qui a le double intérêt de nous fixer sur la politique et les croyances de l'historien :

MONSIEUR,

Je suis loin de croire que je mérite tout le bien que vous avez eu la bonté de dire de mes travaux en histoire. Le seul éloge dont j'ose me trouver digne est celui de la conscience dans la recherche et du zèle pour le bien de mon pays. J'ai pu me tromper quelquefois, mais dès que j'ai vu que mon erreur tournait au système, je l'ai quittée et j'ai modifié mes opinions d'après celles d'autrui. Pour cela, j'ai toujours eu les yeux sur les travaux des hommes distingués, dont les études étaient analogues aux miennes et vous êtes, monsieur, depuis près de vingt ans, l'un de ceux que j'ai le plus suivis. J'aurais voulu, dans la crise actuelle, me trouver, du moins pour ce qui regarde le gouvernement temporel de la France, complètement d'accord avec vous et je crois que si nous avions pu causer ensemble, une demi-heure seulement, de l'esprit et de la portée de mon livre, les points de dissidence que vous avez cru voir entre nous et que vous avez noté d'ailleurs avec une parfaite courtoisie, se seraient évanouis, hors un seul, hors ce qui regarde la Ligue.

En effet, je ne professe nullement le dogme de la durée présente et à venir de quelque chose qui soit l'ancien Tiers État. La

coup. Je crois n'être pas loin de votre avis sur son article, en disant qu'on ne pouvait mieux faire, qu'on ne pouvait joindre à plus de science plus de justesse et de finesse de vues.

« L'idée d'ambitionner pour M. Renan l'admission parmi vos collègues du *Journal des Débats* m'est venue aussitôt et je prends la liberté, monsieur, de vous faire part de cette idée, en sollicitant pour elle votre patronnage auprès de M. Bertin. La demande que je vous fais n'a rien de pressé, mais je m'adresse à vous qui avez le pouvoir de préparer les voies et je vous demande d'être, ne fût-ce que de loin, l'avocat d'une cause qui m'est chère, parce que je crois qu'il y aurait là en même temps de l'honneur pour un écrivain plein d'avenir et un grand avantage pour le journal.

« Agréez..., etc. »

(A M. de Sacy, 7 juin 1853.)

première phrase de mon livre est celle-ci : « Il n'y a plus de Tiers
État en France ; le nom et la chose ont disparu. » Je n'ai jamais
regardé la Révolution de 1830 comme la victoire d'une classe de la
nation sur d'autres classes, mais comme la sécurité acquise au
profit de tous, par le maintien et le développemeut du régime
constitutionnel. Il n'y a pas de classe à laquelle j'attribue le droit
de domination sur les autres ; je n'en rejette aucune hors du gouvernement, ni dans le passé, ni pour l'avenir. Je voudrais, comme
vous, les voir toutes réunies dans un ordre de choses fondé sur
deux principes également reconnus nécessaires : la tradition des
six derniers siècles et la vraie liberté de 1789. A cet égard, monsieur, la conclusion de votre article est non seulement ce que je
désire, mais ce que je croyais avoir préconisé par ma dernière
publication.

Quant aux projets politiques de la Ligue, je ne puis m'empêcher
de les regarder comme une rupture folle et criminelle de nos traditions françaises, car ils consistaient en deux choses : exclusion
de la Maison de France et renonciation pour un fédéralisme mal
défini à notre unité nationale. C'était l'établissement d'une espèce
de Confédération Suisse, sous une dynastie vassale de l'Empire
et sous le patronàge de l'Espagne. En un mot, c'était un démenti
donné au cours régulier de notre histoire. Il n'y a pas de théorie
monarchique de l'histoire de France qui puisse admettre la réhabilitation de la Ligue. Je ne lui trouve de place que dans une théorie
démocratique ; une lecture attentive de la préface ne peut laisser
aucun doute là-dessus. Ce n'est pas la Ligue qui a produit en se
modérant le parti des Politiques ; ce parti existait avant elle et
grâce à Dieu, il l'a emporté sur elle. Elle s'est obstinée jusqu'au
bout dans une haine aveugle. La conversion de Henri IV n'a pas
suffi à ces fanatiques et plus de quinze ans après, son esprit encore
vivant s'est révélé d'une affreuse manière, par l'assassinat de cet
admirable roi.

Ainsi, monsieur, je suis imperturbablement pour les droits de
la Maison de France et, en même temps, je suis constitutionnel
de cœur et de conviction. Voilà pour la politique ; quant à la religion, je suis catholique, mais *catholique gallican*, comme nos pères,
avec Bossuet et le Tiers État de 1614 : c'est là, je pense, qu'en
définitive se trouve l'unique point de dissidence entre nous. Je
regrette que faute d'éclaircissements donnés par avance, vous
ayez pu me croire séparé de vous sur d'autres points ; j'aurais
aimé que votre public et le mien nous vissent marcher ensemble.

D'un côté comme de l'autre, cela aurait pu faire quelque bien. Je
le regrette, monsieur, mais je n'en suis pas moins touché de votre
sympathie à la fois si bienveillante et si honorable pour moi.

Agréez..., etc. (1).

D'autres témoignages plus immédiats d'estime ou d'admiration, portant des signatures illustres, arrivèrent par lettres
rue du Mont-Parnasse.

Mon cher ami, écrivait Guizot, je viens de vous lire sans m'arrêter. C'est excellent. Vous avez l'art de plaire en parlant sérieusement, l'un des plus rares entre les beaux-arts. C'est un honneur
pour moi, de penser que votre livre a pris sa source dans le travail
auquel je vous avais engagé (2).

Déplorant que « la Noblesse et le Clergé n'eussent pas été
l'objet de travaux analogues », Tocqueville concluait :

Ces deux ordres seraient bien heureux d'avoir un historien
comparable à celui du troisième. Je le leur souhaite, sans espérer
pour eux une si bonne fortune (3).

Quant à Dupin, il s'emportait contre l'ignorance et l'ingra-
titude populaires :

Il vous reste, monsieur et savant confrère, à faire l'histoire du
Tiers État arrivé au pouvoir et à lui demander, qu'en as-tu fait?
Moi je veux remonter en arrière pour apprendre à nos stupides
paysans qui ne savent pas assez de quelle servitude on les a
affranchis, le commencement de leur histoire, et leur montrer
combien ils sont devenus ingrats envers leurs libérateurs. S'ils
sont libres, si le sol est libre, s'il y a un droit commun égal pour
tous, ce n'est pas à leur génie qu'ils en sont redevables ; ils auraient
tort, en même temps qu'ils seraient injustes, s'ils croyaient pouvoir *conserver* leurs conquêtes, sans le concours et l'appui de ceux
qui ont combattu pour eux et à leur tête, pendant les jours
d'épreuve et de malheur : c'est-à-dire, pendant quatre ou cinq
siècles (4).

(1) 24 juin 1853.
(2) 16 avril 1853.
(3) 9 avril 1853.
(4) 26 mai 1853.

Augustin Thierry avait tenu à faire hommage de son livre à Mgr Sibour. Le remerciement du prélat montre assez qu'il réprouve les attaques d'Aubineau et condamne les tendances de *l'Univers* :

MON CHER MONSIEUR,

Vous ne pouvez vous faire une idée des occupations d'un archevêque de Paris. Croiriez-vous que depuis que vous m'avez adressé l'*Essai sur l'Histoire du Tiers État*, je n'ai pas trouvé une minute pour vous remercier? J'espère pouvoir un peu plus tard vous lire et j'irai avec plaisir vous dire mes impressions.

Mais, en attendant, laissez-moi vous exprimer tout ce que la lecture de la lettre si touchante, si filiale, qui accompagnait votre envoi, a ajouté d'affection paternelle à la haute estime que vous aviez inspirée déjà à votre premier pasteur... (1).

Et c'est deux jours après cette lettre charmante par la forme et toute catholique par le fond, que j'ai la douleur d'apprendre qu'un journal qui se dit religieux, mais qui certainement n'a ni la charité, ni la douceur de l'Évangile, dirigeait contre vous ses critiques trop habituellement passionnées et injustes. Rassurez-vous, monsieur, l'autorité de ce journal, que d'ailleurs j'ai cessé de lire, est nulle pour moi, comme aux yeux de tout esprit sage et modéré.

Veuillez, mon cher monsieur, recevoir l'assurance de mon sincère et bien affectueux dévouement.

† M. D. AUGUSTE,
Archevêque de Paris (2).

(1) Voici cette lettre, datée du 6 janvier 1854 :

« MONSEIGNEUR,

« Profondément touché de la marque de haute bienveillance dont vous avez daigné m'honorer, je prends la liberté de vous offrir, en témoignage de ma vive gratitude, un exemplaire de l'*Essai sur l'Histoire du Tiers État*. Je serais heureux si ce volume, qui se recommande à votre indulgence, vous paraissait de quelque utilité et contenu dans de justes limites à l'égard des points essentiels.

« J'ai commis des erreurs, faute d'avoir bien examiné, aujourd'hui je vois mieux et si je me trompe encore, j'ose compter sur deux choses que vous ne me refuserez pas, vos avertissements paternels et le secours de vos prières.

« Veuillez agréer, monseigneur..., etc., etc. »

(2) 15 janvier 1854.

Comme je l'ai déjà fait pour les *Récits des Temps mérovingiens*, je crois intéressant de reproduire ici quelques-unes des dédicaces qui accompagnaient l'envoi de l'*Essai sur l'Histoire du Tiers État* :

A Lamartine : *Témoignage de haute estime et d'admiration*; à M. Thiers : *Témoignage de haute estime et d'ancienne amitié*; à Guizot : *Témoignage d'admiration et*

Cinq mois plus tard, en septembre, paraissait à son tour le second volume du *Recueil des monuments inédits*, contenant les pièces de l'histoire municipale d'Amiens, jusqu'à la fin du seizième siècle. Désormais, l'historien de *la Conquête de l'Angleterre* allait pouvoir entamer en repos la revision qu'il avait décidé de faire subir à son œuvre.

d'amitié; à Mignet : *Témoignage de vive amitié et de sincère admiration;* à Sainte-Beuve : *Témoignage de haute estime et d'admiration;* à Victor Hugo : *Offert par l'auteur;* à Henri Heine : *Offert par l'auteur;* à Ary Scheffer : *A mon vieil ami;* à Tocqueville : *Témoignage de haute estime;* à Mérimée : *Témoignage de haute estime;* à Vigny : *Témoignage de haute estime;* à Musset : *Offert par l'auteur;* à David d'Angers : *Témoignage de haute estime;* à Béranger : *Témoignage d'admiration et souvenir d'ancienne amitié.*

L'ouvrage fut également adressé, avec cette lettre, à Mme la duchesse d'Orléans :

« MADAME,

« Le volume dont je prends la liberté de faire hommage à Votre Altesse Royale, a été écrit dans un temps où je croyais voir clairement les desseins de la Providence pour l'avenir de notre pays et, selon moi, ces desseins comprenaient deux choses : votre famille et la liberté. Voilà pourquoi j'ai pu suivre et marquer, avec tant de confiance, le Mouvement social des six derniers siècles de notre histoire. J'avais sous les yeux ce qui me semblait être la fin dernière de ce mouvement et le présent éclairait pour moi toutes les obscurités du passé. Si cet ouvrage existe, madame, je le dois en grande partie à l'existence de l'heureux gouvernement dont votre fils était l'héritier. Une catastrophe incompréhensible a suspendu le cours de cette monarchie libre, à laquelle j'étais attaché de cœur et de conviction, mais elle n'a pu détruire en moi l'espérance que je garde et garderai toujours, comme Français et comme historien.

« Daignez agréer les sentiments de profond respect avec lesquels j'ai l'honneur d'être, madame, de Votre Altesse Royale, le très humble et très fidèle serviteur. »

Voici la réponse de la duchesse, datée d'Eisnach, le 27 janvier 1854 :

« Si quelque chose, monsieur, est capable de fortifier ma confiance dans une cause à laquelle je reste attachée quand même et de prévenir les découragements de l'exil, c'est sans doute un suffrage comme le vôtre et la persistance d'une conviction sympathique qui résiste à la pression du fait brutal et à la logique du succès dans le présent. Dans les assemblées délibérantes, on ne peut qu'*accepter* les votes et compter les voix. Mais il m'est permis à moi de regarder encore plus à la qualité des suffrages qu'à leur nombre et je ne puis considérer comme désespéré un principe qui conserve de tels partisans.

« Déjà, pour la direction des travaux du Comte de Paris dans l'étude de notre histoire nationale, j'ai fait choix d'un ouvrage qui réunit le double mérite, si rare aujourd'hui, d'offrir à tous une lecture d'un vif intérêt et d'être une autorité pour les plus instruits. C'est vous dire que le souvenir que vous m'adressez aujourd'hui aura une place de choix dans ma bibliothèque nomade. Recevez-en l'assurance, monsieur, en même temps que l'expression des vœux que je forme avec le public éclairé, pour la conservation de votre santé et l'heureuse continuation de vos travaux, et croyez aux sentiments de votre affectionnée

« HÉLÈNE. »

XXII

Les remaniements projetés par Augustin Thierry dépassaient, cette fois, les corrections ordinaires qu'il avait jusqu'alors
apportées à ses livres, inspirées par la recherche du mieux et
le souci de la perfection. Trop artiste pour ne pas sentir la
valeur des mots, il passait et repassait la lime, à chaque nouvelle édition, sur ces mêmes pages si lentement élaborées, qu'on
les aurait crues définitives. Ses *Lettres sur l'Histoire de France*
et son *Tiers État* témoignent de cette inquiète et permanente
sollicitude, au point que cette attention scrupuleuse à revenir
sans cesse sur ses ébauches primitives, apparaît comme une
tournure de son esprit et un penchant de son caractère.

Il s'agissait à présent d'un tout autre travail et de proportions bien plus considérables. La refonte qu'il méditait
pour *la Conquête* n'impliquait assurément pas le désaveu du
consciencieux labeur de sa vie, la rétractation d'une œuvre
admirable, l'humiliation sans réserve d'une sainte et noble
fierté, une sorte de *mea culpa* d'un pénitent qui s'accuse
d'ignorance et d'erreur ; elle n'entraînait pas moins de radi-
cales transformations, tout un ensemble de retouches, de

retranchements ou d'additions, par endroit destinées à modifier les conclusions primitives.

Rien ne coûte plus d'ordinaire à un écrivain que de se corriger suivant les vues d'autrui : renoncement à des théories longtemps caressées, abandon d'idées neuves ou empruntées, mais rendues originales par la forme et appropriées par l'adoption, ces retours en arrière supposent un courage peu fréquent chez les gens de lettres. Si la liste est longue des révoltes ou des insoumissions, bien courte, au contraire, se présente celle des respectueuses déférences et des consentements de plein gré.

Augustin Thierry ne connut jamais cette présomption de soi-même, ni le fond d'une telle vanité littéraire. Comme il avait autrefois supprimé ou atténué dans *Dix Ans d'études* les articles qui lui semblaient suspects de passion politique, il poursuivra « par amour de la justice et de la vérité » le travail de bonne foi qui doit achever de ruiner ses forces. Les plus malveillants de ses détracteurs seront obligés de rendre hommage à sa loyauté. Aubineau écrira vingt-cinq ans plus tard : « M. Thierry a élevé un monument touchant, bien qu'imparfait, de son respect pour la vérité. Il faut rendre justice à sa mémoire. »

Afin de mieux éclairer son jugement, l'historien forma une espèce de conseil intime d'amis et de confrères, choisis à dessein dans des opinions et des âges différents, auxquels il soumettait ses doutes, ses scrupules, ses remaniements en projet. Outre le modeste et savant Félix Bourquelot qui tenait la balance et prononçait souvent en dernier ressort, le petit aréopage comprenait : MM. de Cherrier, de La Villemarqué, Tiby, un fureteur ingénieux et subtil, d'absolu dévouement et d'intransigeante franchise qu'Augustin Thierry surnommait son « public », Jean Wallon, Egger et Renan. Dans ce collège d'érudits, Egger et Jean Wallon étaient plus spécialement chargés des recherches de philologie ; La Villemarqué, de l'étude des antiquités celtiques ; Renan, de l'interprétation des textes irlandais et scandinaves.

L'historien recueillait leurs avis, tenait compte de leurs avertissements, tout en gardant son initiative, la liberté de

ses décisions et conservant toujours à cœur de maintenir à
son œuvre le caractère original de son inspiration, d'en perfectionner le fond, sans en altérer la forme, d'en pacifier le ton,
sans abaisser ni éteindre le style.

Une difficulté néanmoins se présentait. Aucun de ces collaborateurs bénévoles, Renan excepté, dont Augustin Thierry se
défiait à cet égard, ainsi que de Jean Wallon, n'était versé
dans la connaissance de l'histoire ecclésiastique. Il sentit le
besoin d'un guide averti qui pût diriger sa route sur des chemins obscurs.

L'abbé Hamon, tout récemment appelé à la cure de Saint-
Sulpice, faisait alors la tournée de ses ouailles. Il se présenta
rue du Mont-Parnasse et reçut de son paroissien l'accueil le
plus empressé. Dans sa *Vie de M. Hamon*, M. l'abbé Branche-
reau affirme que cette visite fut suivie de plusieurs autres et
que des rapports habituels s'établirent bientôt entre l'écrivain et son pasteur. « Je cultivai avec délices cet homme éminent, non autant que je l'aurais voulu, mais autant que me
le permettait mon ministère et toujours je le trouvais également ferme dans sa croyance (1). »

Pareil témoignage apparaît des plus recevables, puisqu'on
voit Augustin Thierry, certainement sur l'invitation de son
curé, se faire admettre à la conférence Saint-Vincent de
Paul (2), qui comptait déjà parmi ses membres l'illustre chimiste Thénard ; je ne saurais toutefois en garantir la rigoureuse exactitude, n'ayant trouvé dans la Correspondance que
les brouillons de deux courts billets adressés à l'abbé Hamon,
l'un et l'autre de simple courtoisie.

Quoi qu'il en soit, son auditeur lui demandant conseil, ce
fut le curé de Saint-Sulpice qui désigna le P. Gratry comme le
plus capable et le plus digne de le seconder dans ses travaux,
d'éclairer sa conscience sur les faits de l'histoire de l'Église
qui pouvaient encore la révolter ou la troubler.

Le Polytechnicien converti, l'ancien aumônier de l'École
Normale, le restaurateur de l'Oratoire, jouissait déjà dans les

---

(1) *Vie de M. Hamon*, p. 247.
(2) Lettre à M. Guillemin, président de cette conférence pour la paroisse
Saint-Sulpice, 17 avril 1854.

milieux de pensée d'une réputation justifiée. Sa polémique avec Vacherot avait eu, deux années auparavant, un retentissement considérable. On avait hautement apprécié depuis lors la puissance de raisonnement et l'élévation des idées qui, dans son *Cours de Philosophie*, ennoblissaient l'examen de la connaissance de Dieu. Chacun s'intéressait aux efforts courageux qui l'associaient au P. Petetot, pour ordonner la renaissance de la savante congrégation qui avait fourni au dix-huitième siècle tant de prêtres éminents.

L'absolue loyauté de son caractère, l'étendue de ses connaissances, le libéralisme éclairé d'une foi tolérante, le zèle intelligent de sa ferveur apostolique, tout en lui, jusqu'à ses préférences gallicanes, devait contribuer à séduire Augustin Thierry.

Après que l'oratorien eut répondu avec empressement à l'appel qui lui fut adressé, les relations entre eux ne tardèrent pas à prendre un caractère amical. Le P. Gratry se rendait fréquemment rue du Mont-Parnasse, et les conversations qu'il poursuivait avec un interlocuteur désireux de se reposer enfin dans la certitude, ne portaient pas seulement sur des sujets d'histoire. Le prêtre s'efforçait d'affermir la foi encore hésitante de son hôte (1), de combattre ses objections en fortifiant son jugement. L'Église discutait alors le dogme de l'Immaculée-Conception et des controverses publiques précédaient sa définition solennelle. L'historien manifestait à ce propos la plus grande inquiétude :

J'appréhende pour moi le contre-coup de la décision que va prendre l'Église pour un nouveau dogme. Êtes-vous soumis d'avance à tout ce qui va se faire? Nous en causerons à votre retour (2).

La question et les problèmes qu'elle soulevait retenaient vivement son attention et comme le P. Gratry en traitait à Saint-Roch, il pria Émile Egger de l'aller écouter pour

(1) « Je voudrais bien être aussi ferme que vous dans la bonne voie, mais j'ai plus de bonne volonté que de confiance et je fléchis bien souvent (lettre à M. Daveziès, 19 novembre 1854).
(2) *Ibid.*

lui sonmettre ses raisonnements. L'helléniste y consentit et sa lettre résume, sans conclure, les arguments qu'il vient d'entendre :

MONSIEUR ET CHER MAITRE,

Suivant votre désir, j'ai entendu ce matin l'homélie du P. Gratry sur la nécessité d'une retraite. Il y avait à la fin une parenthèse sur cette question de l'Immaculée-Conception « dont quelques catholiques ont la bonté de se scandaliser ». Le P. Gratry tient la question pour tranchée par le raisonnement que voici :

Dans la masse de perdition que forme l'humanité depuis le péché originel, il faut bien qu'un point reste pur, pour que Dieu, par ce point, ressaisisse et relève notre espèce. De même dans le déluge, un point resta intact, où la colombe qui est l'Esprit-Saint put poser les pieds ; de même quand votre fils s'est laissé aller à la corruption du monde — mon cher frère ou ma sœur — vous savez qu'au fond de ce cœur corrompu, il y a toujours une fibre inattaquée et que là se cache le germe d'une sanctification nouvelle. La conception immaculée de la Vierge est ce point, cet atome, ce germe, etc., unique dans le temps et dans l'espace, par où Dieu devait sauver le genre humain. Sans ce dogme, la philosophie catholique n'a pas de sens ; avec ce dogme tout s'explique, tout s'éclaire. C'est la seule exception, mais une exception nécessaire à la grande loi du péché originel.

Cette démonstration théologique satisfit-elle Augustin Thierry, au point de surmonter ses antipathies? L'abbé Gratry a cru pouvoir l'affirmer dans la suite (1) :

Une fois la proclamation accomplie, il n'eut plus aux lèvres que ces paroles : maintenant que l'Église a prononcé, je me soumets à son autorité.

L'écrivain, de son côté, s'appliquait à témoigner sa reconnaissance. Quand parut la suite du *Cours de Philosophie*, les volumes consacrés à la Logique, il fit agréer par Buloz un élogieux compte rendu de Jean Wallon dont il avait inspiré les louanges (2). Quelques semaines plus tard, il

(1) Lettre à Mgr l'archevêque de Paris sur les derniers moments d'Augustin Thierry.
(2) Lettre au prince Albert de Broglie.

s'efforçait d'apaiser l'auteur, mécontent d'une critique d'Émile Saisset :

Je partage bien cordialement votre vive contrariété d'avoir été si mal compris. Malheureusement, je n'ai aucune espèce de relations avec M. Émile Saisset. J'ai fait parler à M. Buloz, comme de moi-même, à cause de mon impression personnelle et de ma science certaine, que vous vous sentiez peiné au dernier point, en voyant interprétée de cette manière la phrase citée de votre ouvrage. M. Buloz a répondu que la phrase étant textuelle, ce n'était pas à la *Revue*, mais à l'auteur, s'il le jugeait à propos, d'en expliquer le véritable sens. J'ai eu beau demander autre chose, je n'ai rien pu obtenir de lui et, en effet, un directeur de Revue ne peut prendre sur lui de faire un *errata* d'office à un article signé ; cela ne pourrait venir que de l'auteur même de l'article. Je pense qu'il y aurait avantage à une explication de votre part, si votre supérieur y consent. Vous pourriez la rendre aussi générale que possible et éteindre d'un seul coup toutes les insinuations malveillantes passées, présentes et à venir.

Je serais heureux, monsieur et ami, de pouvoir bientôt vous serrer la main et en attendant, agréez, je vous prie, l'asurance de ma haute estime et de mon sincère attachement (1).

Vers la fin de l'été 1854, il devint impossible au P. Gratry, absorbé par des soins multiples et impérieux, de continuer aussi fréquemment qu'il eût souhaité ses visites rue du Mont-Parnasse. Comme il fallait faire à l'aveugle des lectures de textes ecclésiastiques, ses supérieurs choisirent pour cet office intelligent et charitable l'une des recrues les plus distinguées du nouvel Oratoire, normalien et agrégé d'histoire, dès lors promis aux plus hautes dignités de l'Église, l'abbé Adolphe Perraud qui venait d'être ordonné sous-diacre.

L'hôtel de la rue du Regard n'était pas éloigné, et deux années durant, le futur cardinal allait être aisément fidèle aux rendez-vous de chaque semaine. Les corrections appor-

____
(1) 29 juillet 1855.

tées à *la Conquête*, en ce qui concerne l'action de l'Église pendant le cours du Moyen Age, portent incontestablement son empreinte.

Ces corrections, on ne peut songer ici à les donner en détail. Trois épais registres, chacun de plus de cinq cents pages, renferment une énorme collection de textes de tous genres et de toutes époques, depuis les chroniqueurs saxons, jusqu'aux historiens contemporains, d'Ingulf, Baronius, Geoffroy de Monmouth, Guillaume de Malmesbury, à Fauriel, Mignet, Henri Martin, Gorini, Bonnechose, Macaulay et Thomas Moore, en passant par Lanfranc, Robert de Glocester, Adrien de Valois, Mabillon, dom Bouquet, Spiellmann et Palgrave.

Force notes, maintes scolies y sont entremêlées ou collées par endroits, signées d'Egger, de Renan, de La Villemarqué, de Leroux de Lincy, d'Edelestand du Méril, procurant des éclaircissements sur certains points obscurs ou discutés, riches de commentaires et de gloses sur les ultimes découvertes de la science et de la paléographie.

De cette masse de documents, Augustin Thierry extrayait, après un examen réfléchi, les matériaux utiles. Il apportait une conscience rigoureuse à ce dépouillement lent et compliqué. Ce que ne pouvaient lui fournir les érudits français, il s'adressait pour l'obtenir aux savants étrangers : à Thomas Wright, à Lappenberg, à Depping, à Kervyn de Lettenhove.

La méthode qu'il adopta montre assez l'attention méticuleuse qu'il donnait à son travail. Les corrections étaient inscrites en triple exemplaire sur des volumes de l'édition précédente de *la Conquête* (1), intercalés de cahiers manuscrits pour les additions. Un des exemplaires avait été déposé dans l'étude de Mᵉ Rousse, son notaire ; l'autre confié aux soins du docteur Graugnard ; le dernier enfin restait à demeure dans la chambre de l'historien et toujours à portée de sa main (2).

(1) Neuvième édition, Furne et Cⁱᵉ, 1852.
(2) Une note dictée par Augustin Thierry au docteur Graugnard, inscrite en tête d'un « Relevé général des corrections », authentique les détails ci-contre. D'autre part, un codicille de son testament daté du 19 décembre 1855 est ainsi conçu : « Je prie mon frère de donner ses soins aux éditions ultérieures de mes

Parmi ces remaniements, beaucoup ne présentent que des retouches de style, mais d'autres sont plus graves et équivalent à une refonte du texte. D'une façon générale, il est malaisé de marquer le point précis ou s'arrête cette revision très diverse suivant les différentes parties de l'ouvrage. Des rectifications dans les notes prouvent qu'Augustin Thierry avait revu toute son histoire, soit de suite, soit par morceaux, mais les modifications plus ou moins profondes ne vont pas au delà du livre X et c'est surtout dans les premiers qu'elles prennent une véritable importance. Ce sont, à commencer par l'introduction, des retranchements, des additions, des émondages qui tendent à présenter, sous un jour plus vrai et dans une plus équitable mesure, les conséquences politiques de la conquête et principalement le rôle de l'Église, l'esprit qui l'anime dans la part qu'elle prend aux grands événements du Moyen Age et dans les actes de son autorité catholique, en Europe et en Angleterre.

Entièrement pris par cette tâche difficile, l'historien avait abandonné pour elle tous ses autres travaux. Nulle considération étrangère ne peut l'en détourner : aux amis qui l'interrogent sur ses projets à venir, il répond par l'affirmation d'une volonté persistante, néanmoins voilée d'une ombre de tristesse.

Je corrige mon *Histoire de la Conquête;* mais je ne veux faire que cela et je n'ai pas l'ombre d'un nouveau récit des temps mérovingiens. Si Dieu me prête vie, il faudra que je termine mon *Essai sur l'Histoire du Tiers État*, avant de retourner à ce travail de prédilection, dont je dis et je voudrais qu'on dise un jour avec sympathie : *Pendent opera interrupta* (1).

Toutefois il ne s'illusionne guère et pressent bien que ses corrections, une fois définitives, ne répondront pas entière-

œuvres... Présentement, je le charge de réunir toutes les corrections que j'ai faites pour ma nouvelle édition sur des volumes préparés à cet effet et de remettre ces corrections à MM. Furne et Cⁱᵉ, à qui elles appartiennent. Pour fixer le texte définitif, je le prie de s'entendre avec M. Henri Martin, mon exécuteur testamentaire.

« A défaut de mon frère, je charge des mêmes soins et avec le même concours ses deux fils, Gilbert et Jacques, ou l'un d'eux. »

(1) Lettre au comte de Circourt, 28 septembre 1855.

ment à l'espoir de ceux qui l'ont encouragé à les entreprendre. Mélancoliquement, il avertit lady Holland :

Vous me parlez de mes corrections avec une sympathie mêlée de regrets. Hélas ! vous avez raison ; il vaudrait mieux qu'elles ne fussent pas à faire, mais j'ai vu la nécessité et je m'exécute bravement. Qui ferait cela pour moi quand je n'y serai plus? C'est un coup de balai qui enlèvera bien de la poussière à mon ouvrage. Ce qui doit durer de lui sera plus en évidence ; on le lira plus longtemps et la mémoire de l'auteur y gagnera. Malgré la peine que cela me donne et l'absence d'utilité présente, je persiste à prendre cette peine et je n'aurais ni le cœur ni la tête à autre chose. Cependant, je ne me berce pas d'illusions et je sais très bien, quelle que soit ma bonne volonté, que je laisserais encore bien des mécontents et que le nombre sera grand de ceux qui ne trouveront pas ce qu'ils attendent (1).

Ses prévisions ne l'abusaient pas : Mgr Pie devait condamner plus tard la « teinte rationaliste » malgré tout conservée par *la Conquête*, Aubineau s'acharner derechef sur l'écrivain qui « ne s'étant point proposé d'éliminer de ses écrits tout ce qui pouvait blesser la foi et nuire aux âmes, n'avait consenti à corriger que ce qui lui était démontré par l'histoire » (2).

Averti par M. Hamon de l'effet produit par ses critiques et des résolutions qu'elles avaient entraînées, l'abbé Gorini, de sa laborieuse solitude de Bugey, ne put résister au désir de s'informer directement. Il écrivit à Augustin Thierry ; son audace lui réussit et sa curiosité fut satisfaite :

Monsieur,

Pardonnez-moi le long retard que j'ai mis à vous répondre, le déplorable état de ma santé en est la cause. La nouvelle qui vous est parvenu répond à ce que vous avez remarqué vous-même en comparant deux éditions de mon *Histoire de la Conquête de l'Angleterre par les Normands*. Je soumets cet ouvrage, bien des fois remanié partiellement, à une revision d'ensemble, à une collation avec les textes originaux, non dans une vue particulière, mais dans l'intérêt général de la vérité historique. Toutes les

(1) 30 juin 1855.
(2) *Univers*, 16 juillet 1857.

erreurs que j'ai pu commettre et qui m'ont été signalées consciencieusement seront corrigées par moi selon ma conscience d'historien. C'est vous dire, monsieur, que je tiendrai un grand compte
de votre *Défense de l'Église*. Je fais à vos critiques une attention
d'autant plus sérieuse que, pour la vraie science et pour la parfaite
convenance, elles se distinguent bien heureusement de la polémique
soutenue, dans la même cause, par d'autres personnes.

Je suis étonné, monsieur, qu'un travail de recherches aussi
considérable ait pu être exécuté par vous dans un presbytère de
village, loin des grandes bibliothèques et de la conversation des
hommes d'étude et de savoir. Je croyais que la ville de Lyon était
votre domicile, et le nom du lieu d'où votre lettre est datée ajoute
encore au sentiment de haute estime que j'avais conçu pour vous.
Croyez-le, monsieur, et agréez l'assurance de ma considération
la plus distinguée (1).

L'allégresse éprouvée par le digne curé, au reçu de cette
lettre, se traduit dans sa réponse en élans de reconnaissance
enthousiaste :

Saint-Denis, près Bourg, le 4 septembre 1855.

Monsieur,

Que Dieu vous rende en allègement à vos souffrances, en
triomphes littéraires nouveaux, en manifestations de jour en jour
plus lumineuses des secrets que renferment les Épîtres de saint
Paul et l'*Imitation de Jésus-Christ*, par la lecture desquelles vous
aimez, m'a-t-on dit, à consoler vos douleurs ; oui, que Dieu vous
rende la joie que votre lettre vient de m'apporter !

Ces paroles si flatteuses, si inattendues, m'ont fait oublier les
fatigues de bien des années et m'ont réconcilié avec mon travail.
Depuis la publication de ce livre, j'étais honteux de ma paternité ;
quelques fautes qui m'ont échappé me désolaient. Votre haute
approbation me rend courage et désormais je ne regretterai plus
que le feu n'ait pas fait justice de mon manuscrit.

Daignez, monsieur, recevoir les très humbles respects de votre
serviteur.

GORINI.

Il ne put se tenir, dans sa joie, d'insérer dans l'avertissement d'une nouvelle édition de la *Défense* la lettre d'Augus

____

(1) 1er septembre 1855.

tin Thierry après l'*imprimatur* de son ancien évêque, Mgr Chalaudon, devenu archevêque d'Aix, s'excusant de l' « orgueil
bien pardonnable » qui lui faisait ranger à la suite de l'approbation de son chef hiérarchique, le « précieux témoignage »
de l'écrivain laïc. « Pouvais-je rencontrer, s'écrie-t-il, un juge
plus compétent que cet homme célèbre qui, après avoir
étonné la France par la sérénité de son courage dans le
malheur, après l'avoir émue par les dramatiques tableaux
d'une histoire jusqu'alors dédaignée, l'histoire des temps barbares, a réjoui l'Église en s'en déclarant le disciple (1). »

Ce bon vouloir et cette délicate courtoisie, l'historien allait
les continuer à son ancien censeur. Il intervint auprès de
Mgr Sibour, pour que le savant abbé fût réclamé par le diocèse
de Paris, pourvu d'un emploi mieux accordé à sa valeur (2).

Cependant un événement malencontreux était venu retarder encore le travail des corrections. A la suite des nouvelles émeutes fomentées par Mazzini, à Milan, en février 1853,
le gouvernement autrichien avait décidé de placer sous
séquestre les biens de tous les Lombards habitant l'étranger
pour des motifs politiques. Bien qu'innocente de toute complicité dans la révolte, Mme de Belgiojoso avait donc vu saisir
ses revenus et, dénuée de toutes ressources, s'était trouvée
dans l'obligation d'aliéner ses propriétés parisiennes.

Une longue et mélancolique correspondance s'engage alors
entre elle et Augustin Thierry. Généreusement, la princesse
insiste pour que son *frère* continue d'habiter jusqu'à la vente
le « pavillon construit pour lui ». Celui-ci refuse par délicatesse, ne voulant pas entraver par sa présence une négociation difficile :

Votre propriété est mise en vente, ma chère sœur, et la déclaration en a été faite chez le notaire. Ainsi meurent avant nous des
choses qui devaient durer autant que la vie. Il y a un écriteau sur
la porte ; des locataires plus ou moins sérieux viennent la visiter
et leur rencontre par le jardin ou ce que j'apprends de leur venue
ne laisse pas que de me produire des impressions contre lesquelles

____

(1) *Défense de l'Église*, t. I, page XXXV et suiv.
(2) Mgr Sibour s'occupa de satisfaire ce vœu d'Augustin Thierry et d'attirer
l'abbé Gorini à Paris, comme chapelain de Sainte-Geneviève.

je lutte avec plus de courage que de succès. Vous savez ce que cela représente pour moi, vous le sentez certainement, et cette pensée qui me console, me soutiendra. J'aurai de la force, je l'espère, quoi qu'il arrive et je ferai mon devoir qui est de ne pas vous attrister par la moindre expression de regrets (1).

Il se résout donc à déménager, malgré le chagrin qui le « déchire » et des inquiétudes « qui lui font perdre la tête, le repos et le sommeil ».

Après de longues enquêtes en différents quartiers « où les jardins disparaissent de plus en plus », il finit par louer dans son voisinage immédiat, 32, rue du Mont-Parnasse, l'ancien appartement d'Edgar Quinet.

Enfin la Providence est venue à mon aide et j'ai trouvé à ma porte, dans la maison habitée naguère par M. Quinet, ce que je commençais à croire introuvable. J'ai loué dans cette maison le rez-de-chaussée et le premier ensemble, avec un très long bail, car je ne veux plus déménager. Mon loyer est de seize cents francs, ce qui fera dix-huit, à cause des réparations de toutes sortes que je prends à ma charge. Ainsi dans trois mois au plus, j'aurai une autre demeure et là, je serai tout auprès de ce que je puis appeler le tombeau de mes rêves. Dans mon nouveau jardin, je respirerai en partie l'air de celui qui, hélas, ne sera plus le vôtre et je suivrai, avec un intérêt triste, sa destinée, pendant six ans, liée à la mienne (2).

Son installation était achevée au début de février 1854 et il se déclarait enchanté de son nouveau logis :

Je travaille à remanier mon très petit jardin ; j'ai planté huit arbres, voilà ma forêt et mon espérance d'ombre pour le mois de juillet, si Dieu me prête vie jusque-là. Quant à mon appartement, j'en suis de plus en plus charmé, c'est ce que j'ai jamais eu de mieux et de ce côté-là, je n'ai absolument rien à regretter pour le passé, ni à désirer pour l'avenir (3).

Cet avenir, hélas ! devait être bien court et la mort, avant longtemps, résiliera le « très long bail » rendu par elle précau-

(1) 8 juin 1853.
(2) Lettre à la princesse Belgiojoso, 10 octobre 1853.
(3) Lettre à Mme Holland, 18 février 1854.

tion inutile. Le pic des démolisseurs a passé là et rien ne subsiste plus aujourd'hui du suprême refuge où l'historien va terminer sa vie, poursuivre ses ultimes travaux, accueillir les fidèles de ses derniers jours.

Depuis deux ans, dans le pavillon Belgiojoso d'abord, avaient repris les réceptions et les causeries où se rencontraient avec ses vieux amis, Villemain, Cousin, Mignet, Ary Scheffer, Guigniaut, Henri Martin, de plus jeunes admirateurs de son esprit et de son talent : Renan, Egger, Émile Montégut, Adolphe Chéruel, le marquis de Rosières, Jean et Henri Wallon, Félix Bourquelot, Charles Louandre, Henri Baudrillart, La Villemarqué, de Cherrier, le comte de Circourt, Tiby, etc. Des visiteuses et non des moindres, venaient parfois aussi égayer l'aveugle du froufroutement de leur féminité : Mmes de Tracy, de Courcelles, de Rémusat, Adolphe Perier, lady Elgin, lady Holland, la princesse Czartoriska, enfin, qui, élève de Chopin, le ravissait par sa virtuosité de pianiste :

Deux fois la semaine, le mardi et le samedi, dans la soirée, de neuf à onze, Augustin Thierry réunissait ses hôtes. C'était, a écrit l'un d'entre eux, M. Henri Wallon,

Un moment solennel quand les deux battants de la porte du salon s'ouvraient et qu'on voyait apparaître, dans son fauteuil roulant, le maître du logis paré comme pour une réception officielle. Un silence respectueux s'imposait jusqu'à ce qu'il eût été amené à sa place, auprès de la cheminée. On s'avançait vers lui alors ; il nous reconnaissait à la voix, nous tendait la main, et la conversation s'engageait sur les événements et les faits divers de la politique ou de la littérature, entretiens familiers où l'on pouvait goûter toute la vivacité et le charme de son esprit.

La musique demeurait la distraction favorite de l'infirme ; tous les quinze jours, il organisait des concerts où Bach, Mozart et Beethoven figuraient le plus souvent au programme, dont les exécutants s'appelaient Prudent, Lacombe, M. Saint-Saëns à ses premiers débuts, avec le quatuor célèbre : Chevillard, Maurin, Mas et Sabatier.

Ce goût pour les classiques ne l'empêche point de s'intéresser curieusement à l'évolution qui s'accomplit dans l'esthé-

tique musicale, marquée par les premières tentatives wagné-
riennes. L'une de ses dernières lettres, adressée à la princesse
de Sayn-Wittgenstein, la protectrice de Liszt, a trait à
Lohengrin et à l'innovation des *leit-motiv*.

MADAME,

Je vous remercie mille fois de m'avoir transmis des renseignements authentiques sur la réforme essayée par M. Wagner dans
le drame musical. Je sais maintenant tout ce qu'on peut en apprendre de loin, c'est-à-dire qu'après avoir suivi cette lecture avec
beaucoup d'attention et un vif intérêt, il me reste encore bien des
doutes. M. Wagner est certainement un musicien de premier ordre
et un poëte distingué, à ce qu'il m'a semblé. Les petits fragments
de son œuvre, joints à la notice de M. Liszt, suffisent à le prouver.
Le motif d'entrée du chevalier et la prière d'Elsa entremêlée de
coups de trompette lointains qui annoncent le défenseur, sont
deux morceaux admirables.

Il y a un accent dramatique vrai dans la défense de Lohengrin
et dans la parole du roi, ordonnant le jugement de Dieu. Enfin,
les deux motifs d'orchestre, dont l'un exprime la sympathie populaire pour Elsa et l'autre les fureurs d'Ostrude, sont pleins d'expression vraie et forte. Tout cela serait admiré dans un opéra fait
selon le modèle ordinaire. Maintenant cela gagne-t-il quelque
chose, à se trouver plus ou moins répété comme symbole
d'une situation ou d'un caractère? Voilà la question et pour y
répondre, il faudrait être en Allemagne, ou peut-être, comme
vous le dites vous-même, madame, être allemand de naissance et
d'esprit.

Je regrette bien que M. Liszt, que son nom oblige à travailler
non pour l'Allemagne seule, mais pour le monde civilisé, ne nous
donne pas son opéra de *Sardanapale*, dont, à ce que j'ai appris, le
libretto est excellent. Les découvertes d'antiquités faites à Nim-
roud et à Khorsabad font que ce sujet a maintenant un véritable à propos. Il y a, dans les musées de Paris et de Londres,
des inspirations pour un grand musicien qui viendrait aujour-
d'hui nous peindre la vie assyrienne, dans ses palais dont les
portes étaient gardées par des taureaux ailés à face humaine. Si
vous pensez comme moi, madame, vous parlerez de mes regrets
qui me sont communs avec des personnes de beaucoup de goût;
si vous n'êtes pas de notre avis, je vous demande le silence,

car pour ce qui touche à sa liberté, l'artiste est une véritable
sensitive.

Agréez, je vous prie..., etc. (1).

Lorsque Augustin Thierry ne reçoit pas, il s'enferme pour
travailler et le valet de chambre Joseph tient la porte close
aux fâcheux. Le P. Gratry et l'abbé Perraud échappent seuls
à cette consigne, sont introduits quand ils se présentent.

Plusieurs lettres de ce dernier, revenant pour les fortifier
davantage, avec l'appui des textes, sur les arguments et les
preuves qu'il avait développés, indiquent la nature des
propos qui s'échangeaient durant ces entretiens, auxquels
assistait parfois la princesse Belgiojoso rentrée à Paris en novembre 1855. Ce sont — quelques-unes fort étendues — des
dissertations sur la théologie de saint Paul, le symbolisme de
l'Ancien Testament et son application aux Évangiles, des commentaires sur la doctrine des Pères de l'Église et la défense
de la tradition dans Bossuet, Bourdaloue et Pascal.

Ces conversations auraient emporté les dernières résistances d'une âme déjà plus qu'à moitié conquise.

Suivant le P. Gratry, le « miracle de la grâce » avait enfin
opéré, le « rationaliste fatigué » venait à résipiscence, ses plus
tenaces objections s'écroulaient : « D'aucun côté, je ne vois
aucune bonne raison contre la religion catholique, tout y est
bon, raisonnable, salutaire, tout jusqu'aux moindres pratiques : l'on ne peut en omettre aucune sans avoir à le regretter.
On a tort d'hésiter, il faut arriver là. La véritable philosophie,
la vraie sagesse pratique y conduiront de plus en plus (2). »

Renan, qui n'est point suspect, confirme indirectement ce
témoignage, en rapportant ces paroles d'Augustin Thierry,
un jour qu'on lui faisait observer ce que certaines croyances
peuvent avoir d'étroit : « Ce ne sont pas des pensées larges
qu'il me faut maintenant, ce sont des pensées étroites. »

Mgr Perraud devait plus tard avancer à son tour que la
conversion, à laquelle il avait travaillé, s'étayait de raisonnements fondés sur les leçons de l'histoire : « Je veux avoir, me

(1) 5 février 1856.
(2) Le P. GRATRY, *op. cit.*

disait-il, la foi des simples. Je ne suis pas un philosophe, je suis un historien. Je ne cherche pas à approfondir la métaphysique du christianisme, elle me dépasse. Je prends l'Église comme un fait qui s'impose à mon attention et que je ne saurai ni éliminer, ni éluder. D'autre part, si j'essaie d'expliquer par des raisons humaines l'existence de ce fait et ses conséquences de toutes sortes sur la marche de l'histoire, j'y échoue invinciblement. Les raisons humaines sont hors de toute proportion avec *l'établissement* de la religion chrétienne dans le monde et sa propagation par l'Église. Donc... (1). »

L'évêque d'Autun affirme encore que l'historien se faisait lire chaque dimanche les prières de la messe et que la messe elle-même, sur l'autorisation spéciale de Mgr Sibour, fut plusieurs fois célébrée dans sa chambre par le P. Gratry (2). « Je n'oublierai jamais de quelle façon il se disposait à entendre cette lecture. Il se faisait habiller comme s'il avait dû aller en ville. Il avait même soin, en signe de respect, d'avoir les mains gantées. Je lisais lentement, dans la langue même de l'Église, les prières liturgiques. Elles arrachaient parfois à mon auditeur, et comme malgré lui, des cris d'admiration : « Que c'est « beau, disait-il à demi-voix ! Que c'est grand ! Que c'est pro- « fond ! » Puis quand je m'étais acquitté de mon office, il m'exprimait sa reconnaissance dans les termes les plus émus et les plus délicats (3). »

On doit accepter pour vraies de si hautes et solennelles attestations, appuyées de détails précis et qui correspondent si complètement à ce que nous connaissons, par ses lettres, des sentiments profonds d'Augustin Thierry. Il ne suffit pas, pour les infirmer ou les récuser, de ne point trouver mention de ces lectures ni de ces pieuses cérémonies dans le dépouillement d'un curieux journal, où le paralytique relate et dicte lui-même jusqu'aux plus menus incidents de ses journées. Autant qu'on puisse pénétrer dans les secrets replis de sa conscience, il apparaît que Renan commet une évidente

(1) Mgr PERRAUD, *A propos de la mort et des funérailles de Renan,* p. 16.
(2) Cf. la lettre à Mgr Sibour, citée plus haut, qui paraît bien être un remerciement pour l'octroi de cette faveur.
(3) Mgr PERRAUD, *ibid.,* p. 21.

méprise, lorsqu'il tente d'expliquer par « le sentiment des convenances » et « l'art de construire une belle vie » la conclusion logique d'un long débat intérieur dont il ne posséda jamais les éléments entiers.

A la fin de 1855, Augustin Thierry était parvenu dans sa lente revision de *la Conquête* au livre IX, le plus beau peut-être de l'ouvrage, à peu près entièrement consacré à la querelle de Thomas Becket et d'Henri II Plantagenet, ainsi qu'à la mort tragique de l'archevêque de Cantorbery. Les doutes les plus troublants assiégeaient l'historien. Lorsqu'il avait composé son récit en 1825, on ne savait rien de positif sur l'origine de Thomas Becket. A certains détails de sa vie et surtout à son rôle de protecteur persévérant des vaincus, il avait cru reconnaître en lui la trace d'une origine saxonne et fondé sur cette donnée la thèse qu'il avait défendue.

Depuis lors, de récentes découvertes avaient mis à jour des documents nouveaux. Les pièces manuscrites publiées et commentées en Angleterre par Giles dans sa *Life and letters of Thomas Becket*, semblaient jeter sur la question une lumière décisive, établir que le fougueux prélat appartenait à la race normande, que son nom même devait s'orthographier Béquet et non pas Becket.

Edélestand du Méril soutenait en France une opinion contraire et rien n'était moins certain que le fait matériel dont on s'appuyait. Augustin Thierry n'en fut pas moins ébranlé dans ses convictions par une controverse qui menaçait ses idées d'une déroute complète. Il voulut s'entourer de renseignements puisés à bonne source, cherchant sa voie entre les écueils opposés et les impulsions contraires. On le voit s'adresser aux savants de Londres et d'Oxford, solliciter M. Kervyn de Lettenhove qui, dans son *Histoire de Flandre*, a situé le berceau natal de Thomas de Cantorbery. Mme Mohl, l'ancienne miss Clarke, rapporte à ce sujet une anecdote significative :

J'ai entendu chez M. Thierry, à peu près trois mois avant sa mort, une discussion fort caractéristique et qui lui faisait grand honneur. J'y menai à cette époque M. Arthur Stanley, professeur d'histoire ecclésiastique à Oxford, d'abord chanoine à la cathé-

drale de Cantorbery, antiquaire passionné et auteur d'une histoire
de cette cathédrale ; il avait conçu d'Augustin Thierry, par ses
ouvrages, une haute opinion. Lors donc que j'eus nommé M. Arthur
Stanley et qu'il fut assis tout près de son interlocuteur, ils se
mirent à discuter et à repasser toutes les circonstances de la mort
de Thomas Becket, exactement comme si tous deux en eussent
été témoins. A. Stanley parlait d'une certaine petite porte et
Thierry disait : « Oui, à gauche, etc. » Cette puissance de voir par
l'imagination ce qu'il n'avait point vu par les yeux me rappela
instantanément mon ancien ami et le côté de son talent qui l'a
rendu si célèbre.

Alors, A. Stanley le reprit sur la grande erreur d'avoir fait
Thomas Becket saxon et M. Thierry convint de très bonne grâce
qu'il s'était trompé, que Becket, en effet, était de famille normande. Il ajouta qu'il comptait bien redresser cette erreur dans
la nouvelle édition qu'il préparait. J'ignore s'il l'a fait, mais je
reconnus à cette occasion cet amour désintéressé du vrai qui fut
l'un des traits dominants de son caractère et de son esprit.

En réalité, il hésitait encore et ne se décidait point. C'est
alors qu'il chargea Renan, auquel il avait soumis ses anxiétés,
de revoir et de rectifier, suivant les acquis derniers de la
science, le livre sujet à caution. Tracées de sa fine écriture,
dans les marges d'un volume qui porte cette mention sur la
couverture : « Exemplaire annoté par M. Renan pour le
livre IX et la conclusion », les modifications proposées par
l'auteur des *Essais de morale et de critique* sont demeurées
incomplètes et ne portent pas sur le texte entier. Elles révèlent
cependant qu'il avait adopté le système des origines nor-
mandes de Becket et qu'il dut proposer à Augustin Thierry de
se corriger sur ce point (1). Également, elles insistent sur le
caractère ecclésiastique de la résistance opposée par l'ancien
chancelier d'Henri II, nous présentent l'archevêque normand

(1) Voici un exemple de ses corrections. La rédaction primitive porte : « L'opinion nationale des Cambriens se déclara fortement pour l'archevêque, d'abord
par cette raison populaire que tout ennemi de l'ennemi est un ami ; ensuite,
parce qu'un prélat de race saxonne, en lutte avec le petit-fils du vainqueur des
Saxons, semblait en quelque sorte le représentant des droits religieux de tous
les hommes réunis par la force sous la domination normande. » Renan propose :
« ...parce qu'un prélat qui, bien qu'issu de la race normande, s'élevait contre
les abus sortis de la conquête » (*Histoire de la Conquête*, l. IX, p. 91).

comme un défenseur des droits de l'Église aux prises avec
le pouvoir temporel.

Augustin Thierry aurait-il complètement épousé cette
opinion? Se fût-il, au contraire, contenté de nous montrer
dans Thomas Becket, un Anglais, non de naissance, mais de
cœur, amené par son éducation et la tendresse de son âme
à prendre le patronage des vaincus et des persécutés, ce qui
lui eût permis de conserver, avec la contexture primitive de
son récit, les peintures merveilleuses dont il est enrichi?

On ne saurait se prononcer avec exactitude ; l'historien a
emporté dans la tombe le secret de sa pensée. Renvoyant, en
effet, pour plus tard, après examen ultérieur et jusqu'à plus
ample informé, sa résolution définitive, il avait réservé le
livre contesté pour aborder aussitôt la revision du suivant.
Celui-ci, le livre X, a reçu des changements considérables, par
l'intercalation d'un tableau étendu, indiquant les vicissitudes
de l'Église d'Irlande du neuvième au treizième siècle, ce qu'on
pourrait appeler un prélude religieux à l'infiltration dans le
pays des possesseurs de l'Angleterre. La conclusion subissait
parallèlement des modifications analogues. Elle est corrigée
çà et là, notamment au titre V : *les Anglo-Normands et les
Anglais de race.*

Ainsi Augustin Thierry, pour les droits de la vérité, la satisfaction du devoir et l'apaisement de sa conscience, dévouait-il
au grand ouvrage de sa vie les derniers restes de ses forces et
les efforts suprêmes de sa pensée. Cependant la mort n'était
pas loin. A la fin d'avril 1856, il avait brusquement perdu la
sensibilité du côté gauche jusque-là conservée. Il s'en allait,
disait-il, « pièce à pièce et morceau par morceau », mais la
volonté demeurait ferme, le cerveau toujours lucide. La première quinzaine de mai s'écoula dans des souffrances conti-
nuelles, une exaspération de douleurs nerveuses que les doses
redoublées d'opium ne parvenaient plus à endormir. La paralysie, envahissant de plus en plus les organes, respectait encore
l'intelligence. Il n'était pas moins ardent, moins empressé de
vivre et redoublait d'ardeur au travail. Une seule pensée
l'occupait : terminer les corrections qu'il avait entreprises.

Le samedi 18, vers dix heures du soir, sa tête retomba sur

sa poitrine, pendant qu'il dictait ; il s'affaissa dans une lourde
somnolence. Le lendemain, sa langue commença de s'embar-
rasser ; il articulait mal, avait peine à se faire entendre : « Je
parle, se plaignait-il, comme un homme ivre. » Des ventouses
sèches appliquées sur la nuque, ayant produit une amélioration passagère, il avait fallu toute l'insistance du docteur
Louis pour l'obliger à se coucher. Au milieu de la nuit, entre
deux et trois heures, il eut encore l'énergie de réveiller son
domestique pour lui dicter un léger changement dans une
phrase de *la Conquête* (1). Il balbutiait les derniers mots lorsqu'une hémorragie cérébrale le terrassa sur son lit. Le « soldat
de la science » venait de tomber sur la brèche.

L'agonie se prolongea deux jours. Amédée Thierry, aussitôt
averti, accourut le premier. Le moribond reconnut son frère,
lui pressa la main, parvint même à nommer ses neveux et
l'une de ses nièces. Ce furent les dernières paroles de cette voix
éloquente ; dès lors s'étendit sur sa pensée un voile d'inson-
dables ténèbres que rien ne devait plus dissiper. Lorsque survinrent à leur tour ses plus anciens et ses plus chers amis :
Villemain, Cousin, Ary Scheffer, Mme de Belgiojoso, il ne les
reconnut pas. Villemain l'interpella vainement, lui rappelant
avec douleur leur longue et quasi fraternelle amitié.

Le 22 mai, à deux heures du matin, s'éteignait l'une des
plus nobles intelligences, l'un des plus purs écrivains dont
s'honore la France au dix-neuvième siècle. Les obsèques furent
célébrées le surlendemain à Saint-Sulpice, où une phrase
malheureuse de l'abbé Hamon, dans son éloge funèbre, allait
bientôt entraîner de regrettables polémiques. Un bataillon
de ligne rendait les honneurs militaires au commandeur de la
Légion d'honneur, Amédée Thierry menait le deuil avec ses

(1) On lit cette phrase au livre X de *la Conquête*, page 193 de la 10ᵉ édition
in-12, dans les développements nouveaux donnés à l'histoire de l'Église d'Irlande.
Elle est ainsi conçue : « Il (l'évêque d'Arnagh, saint Malachie) obtint la première
demande, mais non les deux autres et revint (de Rome) en Irlande... » Thierry,
modifiant le fond avec la forme, substituait sans être encore fixé : « mais non
encore les deux autres » ou « et revint avec des promesses pour les deux autres ».
Sur le registre de brouillons où elle se trouve inscrite, une note autographe
d'Amédée Thierry porte ces mots : « Dernières corrections de mon frère, lorsqu'il
était déjà mortellement atteint. A trois heures du matin, il avait réveillé son
domestique pour les écrire. »

deux fils. Le cortège accompagna le corps au cimetière Montmartre, où suivant ses volontés dernières, Augustin Thierry fut inhumé dans le caveau de la famille Scheffer. Édouard Laboulaye, pour l'Académie des Inscriptions et Belles-Lettres, dont il était président ; Dubois de la Loire-Inférieure, au nom de ses anciens camarades de l'École Normale ; Félix Bourquelot, représentant ses collaborateurs et ses élèves, prirent tour à tour la parole sur la tombe de l'historien, exaltant avec ses travaux le haut exemple de sa vie.

La presse ne fut pas moins unanime à louanger un grand mort.

* *
*

Un jugement d'ensemble sur l'œuvre d'Augustin Thierry, son influence d'école, la valeur et l'exactitude de ses théories historiques trouverait sans doute ici sa place. L'auteur de ce livre s'en abstiendra cependant. La critique ou l'apologie seraient également déplacées sous sa plume. Si l'histoire, en dépit d'un mot célèbre autant qu'apocryphe, n'est pas « la plus médiocre des sciences conjecturales », elle demeure cependant, selon la juste expression de Fustel de Coulanges, *un perpétuel devenir*. Le savoir humain est toujours en mouvement et ses conquêtes, par cela même, restent sujettes à changer. Pour Michelet, le moins dynastique et le moins centralisateur des historiens, l'influence des races disparaît ; le peuple est son propre Prométhée ; la constitution de la patrie devient l'invisible travail de la société sur elle-même. A son tour arrive Fustel et l'invasion n'est plus une conquête, mais l'acceptation pure et simple de la chose romaine, organisée en système tout-puissant, avant l'arrivée du vainqueur. Et voici qu'à nouveau, dans l'Europe transformée, régénérée par la guerre, triomphent à nouveau les conceptions d'Augustin Thierry, affirmant les droits des nationalités opprimées...

Quel que soit l'arrêt qu'on doive porter sur lui, on ne saurait ravir à l'auteur des *Lettres sur l'Histoire de France* l'honneur d'avoir été chez nous l'initiateur inspiré de la renaissance des études historiques, le mérite d'y avoir apporté le premier le souci du document et de la critique des sources. Sa place est ainsi à l'origine même de l'évolution moderne de l'histoire.

Cette consécration peut suffire à sa gloire. L'ambition de ce travail sera satisfaite et son dessein accompli, s'il a pu servir à faire mieux connaître celui que Renan nomme « son père spirituel », de qui la vie fut un prodige incessant de persévérance et de volonté, et qui, pour avoir donné dans la souffrance l'exemple de la plus ferme vertu, mérite si noblement, lui aussi, ce beau titre de saint laïque dont Jules Ferry saluait Bersot le jour de ses funérailles.

APPENDICE I

Dans un passage fameux des *Mémoires d'Outre-Tombe*, Chateaubriand raconte en ces termes une visite qu'il fit à Augustin Thierry au printemps de 1825 :

« J'ai vu, à Vesoul, M. Augustin Thierry chez son frère le préfet. Lorsque autrefois, à Paris, il m'envoya son *Histoire de la Conquête des Normands*, je l'allai remercier. Je trouvai un jeune homme dans une vaste chambre dont les volets étaient à demi fermés ; il était presque aveugle ; il essaya de se lever pour me recevoir, mais ses jambes ne le portaient plus et il tomba dans mes bras. Il rougit lorsque je lui exprimai mon admiration sincère : ce fut alors qu'il me répondit que son ouvrage était le mien, et que c'était en lisant le récit de la bataille des Francs dans *les Martyrs*, qu'il avait conçu l'idée d'une nouvelle manière d'écrire l'histoire. Quand je pris congé de lui, alors il s'efforça de me suivre et il se traîna jusqu'à la porte en s'appuyant contre le mur : je sortis tout ému de tant de talent et de tant de malheur. »

Cette rencontre des deux grands écrivains, l'un au faîte de la renommée, l'autre encore presque au début de son chemin de souffrance et de gloire, n'était pas la première. Quelques mois auparavant, par l'entremise de son frère Amédée, qui l'avait approché chez le prince de Talleyrand, Augustin Thierry s'était fait présenter à l'auteur d'*Atala*.

C'était au lendemain du renvoi brutal, par lequel le faisant congédier « comme un garçon de bureau », Villèle avait écarté un collègue encombrant. Le ministre disgracié se retirait avec une ostentatoire simplicité, mais vouant désormais au « cauteleux aideur d'affaires » et à son parti une haine implacable. Devenu partisan de toutes les libertés, l'ancien *ultra* de 1815 avait aussitôt entamé la terrible opposition que l'on sait ; « le brin d'herbe arraché » allait aider à l'écroulement d'« une grande ruine ». Le libéralisme hautement affiché d'Augustin Thierry, ses théories et ses idées ne pouvaient donc alors déplaire au grand homme irrité. La vénération proclamée d'un disciple fervent, qui le saluait comme un inspirateur et comme un modèle, devait enchanter son orgueil.

Des relations durables et suivies s'établirent entre eux, empreintes d'une respectueuse déférence chez Augustin Thierry, d'une très chaude et bientôt admirative sympathie de la part de Chateaubriand. On en peut trouver la trace dans les *Mémoires d'Outre-Tombe*. Avant la Révolution de Juillet, au cours de ses voyages et durant son ambassade à Rome, Chateaubriand écrit à plusieurs reprises, « vieil élève à son jeune maître », intervient même en sa faveur, et à vrai dire sans succès, auprès de M. de Martignac. Après 1830, ce commerce d'amitié continue et, rentré à Paris, le hautain « oublié » ne dédaigne point de quitter parfois son appartement de la rue d'Enfer pour venir au passage Sainte-Marie, en compagnie de Mme Récamier, converser avec l'historien aveugle et paralysé.

J'ai retrouvé dans mes papiers de famille une partie de cette correspondance que j'ai l'heureuse fortune de pouvoir publier aujourd'hui. Les lettres de Chateaubriand en ma possession sont au nombre de dix-huit, s'échelonnant sur une durée de quinze ans, de 1829 à 1844 : quelques-unes dictées par Chateaubriand à son secrétaire Hyacinthe Pillorge et revêtues de sa signature, les autres autographes, sur épais papier de fil, scellées du cachet à ses armes, de cette grande écriture allongée, d'un demi-pouce de haut, comme tracée avec des majuscules, si caractéristique qu'on ne saurait l'oublier, lorsqu'on l'a une fois entrevue.

Deux ou trois sont de simples billets de politesse, mais la plupart, par les renseignements qu'elles fournissent ou les pensées qu'elles expriment, apporteront, je l'espère, une utile contribution à l'étude des sentiments, des illusions, des variations aussi de la plus illustre de toutes les « âmes solitaires ».

* * *

La plus ancienne entre mes mains est datée de Cauterets, 28 juillet 1829 : Chateaubriand, regagnant l'Italie par le chemin des écoliers, poursuivait alors à travers les Pyrénées ce voyage triomphal, cette « suite de rêves » si fâcheusement interrompue par la chute du ministère Martignac. Elle est adressée à Carqueiranne, aux environs d'Hyères. Frappé de cécité, aux trois quarts paralysé, quasi mourant, Augustin Thierry, condamné par les médecins, avait été par eux, comme suprême ressource, envoyé en Provence. Le *Journal de santé*, rédigé quelques années plus tard par son secrétaire, le docteur Gabriel Graugnard, fournit ces détails tragiques sur l'évolution de sa maladie à cette époque :

« En 1825, perte complète de la faculté de lire, même les plus gros caractères ; diminution dans les forces musculaires, surtout pour la station et pour la marche sur une ligne tout à fait droite ; extension de la paralysie cutanée à une grande partie du tronc, aux cuisses et aux jambes.

« En 1826, nécessité de se faire conduire, augmentation de la faiblesse des jambes, impossibilité de se lever sans appui. La sensibilité de la main gauche diminue au point qu'il devient impossible de s'en servir pour boutonner les habits. En 1827, étourdissements fréquents, précédés d'un violent battement de cœur et accompagnés d'une suppression totale de la vue. Il éprouve ces symptômes quelques moments après s'être mis en marche.

« En 1828, impossibilité de distinguer aucun objet ; il entrevoit encore quelques portions des murs et la blancheur du ciel. Les étourdissements continuent d'être fréquents.

« En 1829, la vision cesse complètement. Les étourdissements simulent de légères attaques d'apoplexie, ils disparaissent à la fin de cette année. »

Sur les bords de la Méditerranée, l'infirme se trouvait l'hôte d'une famille de protestants genevois, propriétaires d'un « châtelet » près de Costebelle : les d'Espine avec lesquels il s'était lié en 1825, au cours d'un voyage en Suisse (1). Croyant sa fin prochaine, il venait, comme dernière consolation, de poser sa candidature à l'Académie des Inscriptions et Belles-Lettres, intéressant de loin amis et protecteurs à l'élection désirée. C'est à ce sujet que Chateaubriand lui écrit :

« Cauterets, le 28 juillet 1829.

« Je me suis presque rapproché de vous, monsieur, et ma santé m'a appelé aux eaux des Pyrénées. Mon premier projet avait été de rentrer en Italie par la Corniche et je me faisais un grand honneur de vous rencontrer sur mon chemin ; c'est même ce qui m'a empêché d'avoir l'honneur de répondre plus tôt à votre dernière lettre, espérant toujours vous porter moi-même ma réponse. Malheureusement je suis obligé de retourner à Paris et de prendre ensuite la route de Turin.

« Vous savez, monsieur, si je suis à vos ordres et combien je serais heureux de vous servir ; j'ai fait les démarches nécessaires ; vous n'en aviez pas besoin. M. Villemain a pu vous apprendre que tous les vœux et presque toutes les promesses sont pour vous : la supériorité de vos droits n'est pas plus contestée que celle de vos talents.

« Je me prépare toujours à donner cet hiver les deux volumes de mon histoire (2), et, voulant rendre compte de tout ce qu'on a écrit, je lis ici M. Guizot, la plume à la main. Au milieu d'une foule d'excel-

(1) Cette amitié chèrement partagée de part et d'autre dura jusqu'à la mort d'Augustin Thierry. Le nom de la famille d'Espine revient fréquemment dans sa correspondance.

(2) Les *Études historiques*.

lentes choses, il y a bien des choses hasardées et qui sentent le système.
Comment soutenir, par exemple, que les champs cultivés chez les
Romains étaient sans chemins, sans habitants, sans villages, sans chau-
mières? C'est nier à la fois le Code, les Pandectes, les Novelles, l'histoire, la poésie ; c'est avoir oublié jusqu'à l'étymologie du mot *païen*.
Il n'y a que vous, monsieur, qui soyez juste, parce que vous avez soumis votre raison aux faits.

« Dans quinze jours, monsieur, j'aurai quitté les eaux, et dans un
mois je serai à Rome. Ai-je perdu tout espoir de vous y voir? Ne pourrai-
je, en échange de vos lumières, vous prêter mes deux mauvais yeux,
pour vous conduire sur les ruines d'un empire? Mon dévouement est
aussi profond pour vous, monsieur, que mon admiration est sincère.

« CHATEAUBRIAND. »

L'avènement du ministère Polignac vint modifier ces projets, et
l'on sait comment, le 28 août, Chateaubriand se démit de son ambassade. La lettre suivante est adressée de Paris, toujours à Carqueiranne :

« Paris, 11 février 1830.

« Deux choses, monsieur, me font grand plaisir dans votre
lettre (1) : vous continuez vos grands et nobles travaux, et nous
vous reverrons bientôt à Paris. Vous avez retouché vos anciens
ouvrages ; c'est ce qui arrive à tous les hommes de votre mérite : la conscience n'est jamais séparée du vrai talent (2). Sans doute, comme vous
le dites, monsieur, les études historiques ont fait des progrès ; mais
ces progrès ont-ils toujours été dans un sens utile? J'ai lu bien des choses
rassemblées à la hâte, publiées avec la même précipitation et souvent
dans un esprit de système que les faits mieux approfondis ne justifient pas.

« Je vais descendre moi-même dans cette périlleuse carrière. On
met sous presse les deux volumes que je dois encore au public ; ils
auront besoin de votre indulgence. Je me suis placé entre l'ancienne
et la nouvelle école. Je voudrais, s'il était possible, les unir au lieu de
les diviser : vous verrez, monsieur, que je vous rends pleine justice.

« Si je puis quelque chose pour votre nomination à une place que
vous ne devriez pas solliciter, mais qu'on devrait s'empresser de vous
offrir, ne doutez pas de mon zèle. Ma nouvelle position ne me laisse

(1) Je ne possède malheureusement pas celle-ci. Les brouillons des lettres
d'Augustin Thierry dictés à ses secrétaires ou à sa femme et conservés dans ses
papiers ne commencent qu'en 1831.

(2) Il s'agit ici de la troisième édition de l'*Histoire de la Conquête de l'Angleterre*. L'auteur avait apporté de nombreux remaniements et des additions importantes à son œuvre. L'avertissement est daté de Carqueiranne, 3 février.

pas beaucoup de crédit : je suppléerai à la faveur par le dévouement.

« Vous avez éprouvé, monsieur, un malheur de famille (1) auquel
je prends une part bien sensible ; moins jeune que vous, j'ai aussi
beaucoup plus perdu : tout s'en va avec les années. Les exemples ne
consolent pas, mais ils enseignent la résignation et la philosophie.

« Je vous renouvelle, monsieur, avec autant de vivacité que de sincérité, l'assurance de mon admiration et de mon dévouement.

« CHATEAUBRIAND.

« Comme vous, je n'ai pu écrire moi-même : ce ne sont pas mes yeux
qui souffrent, mais ma main sur laquelle s'est jeté un rhumatisme. »

Cependant la candidature académique d'Augustin Thierry se heur-
tait à de sérieuses difficultés. On le jugeait trop jeune. Suspect au
pouvoir, retenu par la maladie à l'autre extrémité du pays, l'aveugle
ne pouvait venir à Paris défendre sa chance. Sa faiblesse nerveuse
aidant, il s'affligeait et désespérait. Chateaubriand lui écrit alors cette
curieuse lettre :

« Paris, 3 avril 1830.

« Votre lettre, monsieur, m'a fait une sensible peine : vous ne revenez pas parmi nous et vous vous croyez oublié : ce mot-là doit être rayé
de vos souffrances ; l'oubli est un mal qui ne vous atteindra jamais.
M. Villemain vous aime, vous honore et vous admire ; il a été très
malheureux et très découragé (2). Il y a de ces moments de dégoût
qu'on a de la peine à surmonter dans la vie ; ils s'étendent sur tout,
et bien qu'on conserve au fond du cœur des amitiés fidèles et tendres,
on manque de la force nécessaire pour les exprimer.

« Je ne puis rien vous dire de positif sur l'Académie ; je ne sors plus,
je ne vois personne, je rencontre quelquefois par hasard quelques-
uns de nos amis communs ; alors nous parlons de vous ; ils paraissent
toujours persuadés que vous avez des chances considérables. Je m'en
informerai encore ; je vous l'écrirai ; mais je vous avoue en toute humi-
lité que je n'ai aucun pouvoir, aucune influence ; je vis trop solitaire,
et l'espèce de proscription politique dans laquelle je ne cesse de me
trouver placé fait fuir les faibles et anime les ennemis. Il ne m'appartiendrait pas, monsieur, d'être sévère avec personne ; j'ai trop besoin
d'indulgence. Je louerai beaucoup MM. Guizot, Thiers et Mignet,

(1) La mort de sa mère : Mme Jacques Thierry, née Catherine Le Roux, morte à
Blois le 10 octobre 1829.
(2) A cette date, Villemain, qui se lançait dans la vie politique, venait d'es-
suyer coup sur coup deux échecs électoraux à Pontivy et en Vendée.

19

mais je dirai aussi en quoi je ne partage pas leur opinion sur quelques faits et quelques systèmes historiques. Ce que je donnerai sera bien misérable et ne saurait arrêter d'aucune manière un homme comme vous. J'aurai, je crois, trois volumes, et je ne crois pas qu'ils puissent être publiés avant le 1er janvier prochain ; mais aussi je serai libre pour le reste de ma vie ; ce reste est peu de chose désormais et je me le réserve ; je sortirai à la fois de la politique et des lettres. J'ai autant d'ardeur de disparaître aujourd'hui de la scène du monde que j'en ai peut-être eu autrefois pour m'y montrer.

« Soignez votre santé, monsieur, travaillez pour vous distraire et pour nous instruire. Je me fais un grand bonheur et un grand honneur de dire en public ce que je pense de vous. Mon dévouement et mon admiation pour vous sont inaltérables.

« CHATEAUBRIAND. »

La Révolution survient. Les lis sont renversés. Se sacrifiant pour « une famille ingrate », à « une cause qu'il n'approuve pas », reniant les « Judas de la Chambre des Pairs », Chateaubriand, courtisan du malheur qu'il n'a pu détourner, a donné la démission de ses emplois et, pauvre, endetté, résigné jusqu'à ses pensions pour rester « nu comme un petit saint Jean ». Il songe à quitter la France, qui acclame l' « apostat », à s'exiler en Suisse.

Élu le 7 mai au fauteuil de Boissy d'Anglas, Augustin Thierry est maintenant à Vesoul l'hôte de son frère, nouveau préfet de la Haute-Saône. Au futur historien du Tiers-État, que nul serment ne lie au régime déchu, la royauté bourgeoise, la monarchie constitutionnelle à l'anglaise apparaît comme l'idéal des gouvernements, la conséquence et la fin nécessaire de la tradition nationale. Il l'avait accueillie d'enthousiasme et la regretta avec désespoir. « Nous avons été séparés de notre grande histoire, de celle de huit siècles, écrira-t-il énergiquement après 1848, nous ne pouvons plus y rentrer, parce qu'elle est malheureusement divisée contre elle-même. Nous nous sommes amarrés à la petite, à celle du Consulat et de l'Empire, et nous nous y sommes accrochés comme les gens qui se noient, avec frénésie (1). »

Son amitié, sa vénération s'émeuvent devant les renoncements de Chateaubriand et sa fureur de sacrifice. A la sollicitude qu'il témoigne, aux possibilités qu'il exprime, aux avis respectueux qu'il formule peut-être, répond cette lettre altière, débordant à la fois d'orgueil exaspéré et d'écrasant mépris, révélatrice à cette date de sentiments nouveaux où les partisans du « républicanisme » de Chateaubriand trouveront sans doute un appoint d'argument en faveur de leur thèse (2) :

(1) Lettre à la princesse Belgiojoso.
(2) Je n'ignore pas les *Considérations* qui précèdent la traduction du *Paradis Perdu*, mais elles furent écrites en 1836, bien postérieures par conséquent à cette lettre.

« Paris, 1 : septembre 1830.

« Vraiment, monsieur, je ne saurais vous dire à quel point je suis
touché de l'intérêt que vous voulez bien me témoigner. Le sort a fait
que ma vie s'est écoulée au milieu d'hommes qui ne m'entendaient
pas et avec lesquels je n'avais aucune sympathie, tandis que ceux vers
lesquels la nature m'inclinait ne m'ont apparu qu'au moment où tout
finit pour moi, amitiés et jours.

« Je m'en vais du moins, monsieur, avec la paix d'un honnête homme.
Je crois avoir un peu contribué à la liberté de mon pays ; la presse me
doit peut-être quelque chose, et c'est elle qui vient d'affranchir ma
patrie. Mes doctrines triomphent et ma chétive personne périt. Qu'importe alors? Je sacrifie bien volontiers la seconde aux premières. Je
ne suis d'ailleurs pas bien rassuré sur l'indépendance que nous avons
conquise. Si la France s'était formée en République, j'y serais resté
parce que j'aurais vu logique et conséquence dans le fait et que je
n'aurais pas eu à violer aucun serment ; mais troquer une monarchie contre une usurpation sans gloire qui sera tôt ou tard obligée de
recourir aux lois d'exception, changer une couronne conservée pendant
neuf siècles au trésor de Saint-Denis pour une couronne trouvée dans
la hotte d'un chiffonnier, cela ne vaut pas la peine d'un parjure. Je
n'ai conservé de ma jeunesse qu'un certain goût de malheur qui me
range du côté de l'infortune, même méritée. Je partirai pour la Suisse
aussitôt que j'aurai achevé l'impression de mes trois volumes : elle est
très avancée. Tous mes regrets, monsieur, seront pour des hommes
comme vous et, quel que soit le lieu que j'habite, je vous y conserverai
admiration et dévouement.

« CHATEAUBRIAND. »

L'année 1831 venait d'apporter un grand changement dans la vie
d'Augustin Thierry. Il avait rencontré aux eaux de Luxeuil, cette
petite ville des grands souvenirs, Mlle Julie de Quérangal, fille d'un
contre-amiral en retraite, major de la marine à Lorient, dont le nom
s'est fait honorablement connaître dans les guerres de l'Empire. De
cœur noble, instruite et distinguée d'esprit, cultivant elle-même les
lettres (1), la jeune fille s'était prise à la fois d'admiration pour le talent
de l'écrivain et de pitié pour son malheur. L'enthousiasme devint aisément de l'amour, bientôt un mariage s'ensuivit : union fortunée qui
devait, treize années durant, illuminer de bonheur intime et réchauffer

(1) Mme Augustin Thierry a publié en 1835 des *Scènes de mœurs et de caractère
au dix-neuvième siècle*, d'un style exact et net et de très fine observation, dont
quelques-unes parurent dans la *Revue des Deux Mondes* et un roman : *Adélaïde.
Mémoires d'une jeune fille* (1839).

de prévoyante tendresse la vie douloureuse de l'illustre aveugle, et lui verser l'oubli de ses cruelles souffrances.

Après avoir quitté la France pour s'installer à Genève en un modeste logement du quartier des Pâquis, Chateaubriand vient de rentrer à Paris, rappelé par la proposition Briqueville, qui bannit à perpétuité du territoire « l'ex-roi Charles X, ses descendants et les alliés de ses descendants ». Le 31 octobre paraît chez Le Normant sa brochure d'inspiration si haute et de si fier langage : *De la nouvelle proposition relative au bannissement de Charles X et de sa famille, ou suite de mon dernier écrit : De la Restauration et de la Monarchie élective.*

Ce devoir accompli, il s'est remis à la composition de ses *Mémoires*. Le 15 décembre 1831, il écrit à Augustin Thierry, toujours installé à Vesoül, chez son frère, où il prépare les *Nouvelles Lettres sur l'Histoire de France*, devenues plus tard les *Récits des Temps mérovingiens*.

« Paris, 15 décembre 1831.

« Je me suis empressé, monsieur, d'aller offrir à Mme Thierry l'hommage de mon respect : j'ai été doublement charmé de voir votre femme et une Bretonne pleine d'esprit et de grâce. Il a été décidé entre nous que j'étais son cousin depuis trois ou quatre cents ans, et j'espère d'après cela que vous ne me refuserez pas d'être le vôtre.

« J'étais bien honteux, monsieur, de vous offrir mes *Études*, je sentais combien le présent était peu digne de vous. Vous ne sauriez croire à quel point je suis heureux d'apprendre que vous vous remettez à l'ouvrage et que mes essais informes entrent cependant pour quelque chose dans votre résolution. C'est ainsi que vous m'avez dit (et je ne l'ai pas oublié) que *ma bataille des Francs* vous avait donné la première idée d'une histoire différente des histoires publiées jusqu'à notre temps. Ce sont là mes vrais titres de gloire. Mme Thierry vous porte mes *Études :* l'échange que vous me proposez m'est trop favorable pour que je perde l'occasion de m'enrichir.

« Hélas ! monsieur, tout mon bonheur serait de rester à Paris, de vous voir, de vous entendre, de m'instruire dans votre conversation, et surtout de vous presser de continuer votre immortel travail ; mais je ne fais que traverser la France : accouru pour défendre encore quelques exilés et pour vendre mon chétif ermitage, je m'apprête à reprendre le chemin de la terre étrangère. Chaque homme accomplit sa destinée. La mienne est liée à une couronne qui a toujours pesé sur moi et qui m'écrase en tombant. J'ai pris seulement mes précautions pour que mes cendres soient rapportées dans ma patrie.

« Recevez, monsieur, je vous prie, la nouvelle assurance de l'attachement et de l'admiration que je vous ai voués. Mme Thierry vous dira combien nous avons parlé de vous et tous les souhaits que je fais pour votre bonheur.

« CHATEAUBRIAND. »

Emprisonné durant quelques jours à la préfecture de police, en raison
de ses rapports suspects avec la duchesse de Berry, Chateaubriand
reçut dans sa geôle momentanée de nombreuses marques de sympathie. Aux témoignages de Bertin, de Villemain, de J.-J. Ampère,
de Charles Lénormant, vint s'ajouter celui d'Augustin Thierry. A peine
remis en liberté, Chateaubriand se hâte de remercier Mme Augustin
Thierry :

                                          « Paris, ce 9 juillet 1832.

    « MADAME,

    « Rien ne pouvait me rendre plus heureux que votre lettre dans ce
moment. Je suis touché et fier des marques d'intérêt que vous et
M. Thierry voulez bien me donner. Je les méritais du moins par mon
admiration sincère et mon profond dévouemnt pour votre illustre mari.
    « Je partirai à la fin du mois pour la Suisse. Si je passe par Vesoul,
ce qui est possible, j'aurai l'honneur d'aller vous voir et vous remercier. J'emporterai dans ma solitude l'espoir de me consoler un jour
par la lecture des nouveaux ouvrages dont M. Thierry est occupé :
il accroîtra sa renommée en augmentant la gloire de la France.
    « Offrez, je vous prie, madame, mes compliments les plus empressés
à M. Thierry, et agréez l'hommage des sentiments respectueux que j'ai
l'honneur de vous offrir.
                                          « CHATEAUBRIAND. »

    Chateaubriand, en route pour Lucerne, s'arrêta effectivement à
Vesoul. Un brouillon de *Souvenirs* inédits d'Amédée Thierry, recueillis
en 1858 par son fils, Gilbert Augustin-Thierry, alors adolescent, trace
un amusant croquis de la visite précipitée du grand homme : « Lorsqu'il quitta Paris en 1832 pour se rendre en Suisse, M. de Chateaubriand
passa par Vesoul. Sa voiture de poste le conduisit à l'auberge de la
Madeleine, d'où il partit pour se rendre à la préfecture. Son intention
était de voir au passage mon oncle Augustin qui lui avait écrit au
sujet de son emprisonnement, et mon père, dont il avait parlé avec
bienveillance dans la préface de ses *Études historiques*. M. de Chateaubriand demeura une demi-journée à la préfecture à causer fort gaiement.
Il raconta sa captivité fort douce dans le salon de M. Gisquet, préfet
de police, n'ayant pour geôlier que Mlle Gisquet, qui lui faisait de la
musique du matin au soir. A l'entendre, c'était un emprisonnement
assez doux : il est vrai qu'il n'en parle pas ainsi dans les *Mémoires
d'Outre-Tombe*. Il ne traite pas M. Gisquet avec autant de bonne grâce
que dans la conversation qu'il avait eue avec mon père.
    « Il ne voulut rien prendre à la préfecture, malgré les instances
qui lui furent faites, et lorsque, au bout de quelques heures, il voulut
partir, il s'opposa obstinément à ce que mon père le reconduisît jusqu'à son hôtel. Mon père insistait lorsqu'il s'aperçut que M. de Cha-

teaubriand prenait presque son insistance polie en mauvaise part. Amédée Thierry avait oublié que, représentant du gouvernement et préfet, il jouait le rôle de bourreau et M. de Chateaubriand celui de victime. Il le quitta à la porte de la préfecture, et c'était déjà beaucoup pour l'impatience de son hôte, qui avait traversé en sa compagnie une cour séparée seulement de la rue par une grille.

« Trois jours après, le capitaine de gendarmerie arriva tout effaré dans le cabinet de mon père : « Monsieur le préfet, une nouvelle importante. — Laquelle? — M. de Chateaubriand a traversé la ville, il y a trois jours, se rendant en Suisse : vous pouvez considérer la chose comme certaine. — Vraiment, mais c'est de la plus haute importance !... Qui a-t-il vu en passant? — Je ne sais pas encore, mais je suis sur la voie, et demain, j'espère, je vous dirai quelles sont les visites qu'il a faites... — Je fais mieux la police que vous, mon cher capitaine, car je puis vous informer dès maintenant qu'il a passé la journée à la préfecture ! »

La duchesse de Berry est arrêtée à Nantes. Revenu précipitamment à Paris, le défenseur *officieux* de l' « auguste captive » s'est mis sans perdre un jour à la composition de son *Mémoire sur la captivité de Mme la Duchesse de Berry*. C'est au milieu de ce travail qu'il écrit dans la Haute-Saône à son ami lointain :

« Paris, le 10 décembre 1832.

« Hélas, monsieur, votre lettre m'est arrivée tout au beau milieu d'une fièvre de nerfs que je m'étais donnée par excès de travail ; je n'ai donc pu avoir l'honneur de vous répondre à l'instant même et je suis encore obligé d'emprunter aujourd'hui la main de mon secrétaire. Je vous en veux, monsieur, d'avoir pu supposer un instant qu'il me fût passé par la tête des idées semblables à celles dont vous vous êtes tourmenté : je vous honore et vous admire sincèrement ; j'ai cru et j'ai dû croire à une méprise. Croyez, monsieur, que rien ne pourra jamais altérer les sentiments que je vous ai voués pour la vie (1).

« CHATEAUBRIAND. »

Au commencement de 1833, Guizot, devenu ministre de l'Instruction Publique dans le Cabinet présidé par le maréchal Soult et fondant le Comité des Travaux historiques et la grande Collection de documents inédits qu'il le chargeait de publier, avait « élevé l'his-

---

(1) J'ignore à quel malentendu précis fait allusion Chateaubriand, et la correspondance d'Augustin Thierry ne m'en a pas livré le secret.

Tout au plus m'est-il permis d'inférer, de la crainte éprouvée par celui-ci, que ses sentiments d'affection et de fidélité pour la nouvelle monarchie pussent altérer les bons rapports d'une amitié précieuse à son esprit et à son cœur.

toire du pays au rang d'institution nationale ». A l'historien des Communes, qu'il affectionnait, il proposa d'accepter le travail important, pour lequel nul autre n'était mieux désigné, de recueillir les monuments de l'histoire du Tiers-État. Les compétitions étaient fort vives dans le monde savant et ces charges officielles ardemment disputées. Averti des intentions ministérielles, Chateaubriand exprime son désir de les voir se réaliser, indique les raisons qui justifient à ses yeux la désignation dont Augustin Thierry est l'objet.

« Paris, 10 janvier 1833 (1).

« Oui, madame, j'ai reçu avec une vive reconnaissance et relu avec une nouvelle admiration les belles ébauches d'un grand maître. La préface est véritab'ement un charme. Mais vous ne me dites pas, madame, une excellente nouvelle ; c'est que M. Thierry vient ici pour être à la tête d'une commission historique. Est-ce qu'il n'aurait pas accepté? Je me faisais un si grand bonheur de le revoir et de vous revoir, j'espérais qu'il me permettrait d'aller quelquefois m'instruire auprès de lui et de lui dire combien je l'admire. Lui seul est resté au point juste dans la nouvelle école historique ; tous ses imitateurs ont dépassé le but et, en croyant rendre aux temps passés leurs couleurs primitives, ils sont arrivés au roman. Il fallait le mélange exquis de raison, de goût et d'imagination de M. Thierry pour élever l'histoire à la poésie, sans lui faire perdre la vérité. Je suis trop fier, madame, de penser que vous avez eu la bonté de lire mes vieilleries à votre illustre mari ; je reconnais là la bienveillance et la fraternité bretonnes.

« Agréez, madame, tous mes vœux les plus empressés, mes hommages respectueux, et offrez, je vous prie, à M. Thierry les sentiments dévoués de son plus sincère admirateur. — Surtout, revenez vite p rmi nous.

« Chateaubriand. »

Le retour d'Augustin Thierry ne put être aussi rapide que le souhaitait Chateaubriand. Diverses difficultés d'ordre budgétaire vinrent porter obstacle au bon vouloir de Guizot, retarder jusqu'à la fin de 1834 l'accomplissement de sa promesse. Sans fortune, l'historien se trouvait alors en proie à la plus pénible gêne. Il se désolait d'être contraint au séjour d'une petite ville provinciale et de ne pouvoir, faute de ressources, donner suite au grand projet, chèrement caressé par lui, d'écrire l'histoire des *Invasions germaniques* (2).

Chateaubriand s'afflige et s'indigne d'une situation si cruelle.

(1) A Mme Augustin Thierry.
(2) Projet que la maladie l'empêcha toujours de réaliser. Il nous a donné en quelque sorte la monnaie de cette grande œuvre dans les *Récits des Temps mérovingiens*.

> « Paris, 25 mars 1834.

« J'aurais eu l'honneur, monsieur, de répondre plus tôt à votre lettre, si elle ne m'était arrivée au moment même où Mme de Chateaubriand tombait malade d'une manière assez grave pour m'alarmer. Ce que vous avez la bonté de me mander me pénètre de reconnaissance et me fait en même temps beaucoup de peine. Je relirai avec un nouveau plaisir votre important et bel ouvrage (1) : je suis digne du moins du présent par mon admiration sincère pour celui qui me le veut bien offrir. Hélas ! monsieur, vous éprouvez ce qu'ont éprouvé tous les hommes ; vos amis ont été distraits par la fortune. J'ai fait ce que j'ai pu dans mon temps : aujourd'hui, mon discrédit s'accroît de l'indépendance que j'ai gardée. Mais quelle honte pour la France qu'un homme de votre mérite ne puisse, faute d'une position convenable, continuer ses travaux, tandis que l'on gorge d'argent, de places et d'honneurs la médiocrité et la bassesse! Quand je lis les précieux, mais trop courts fragments que vous nous donnez quelquefois, je gémis de voir votre génie emprisonné dans des bornes si étroites.

« Monsieur votre frère est venu à Paris ; il s'est donné la peine de passer chez moi ; malheureusement, il n'a pas laissé son adresse. J'ai été désolé de ne pouvoir aller le chercher et le remercier de son souvenir. Mme Thierry, votre gracieux secrétaire, veut-elle bien agréer mes respectueux hommages? Pour vous, monsieur, mon admiration sincère et mon entier dévouement vous sont acquis et connus.

« CHATEAUBRIAND. »

L'attribution d'une pension littéraire, puis d'une indemnité annuelle (2) pour son travail de Collection permirent à Augustin Thierry de quitter la Haute-Saône et cette maison du cardinal Jouffroy qu'il avait adoptée à Luxeuil pour résidence d'été. Au début de 1835, il vint s'installer à Paris, 11, passage Sainte-Marie (3). Il devait, jusqu'à la mort de sa femme, mener dans cette paisible retraite une existence quasi bénédictine, non toutefois sans quelque ouverture sur le monde.

Ce furent les années heureuses de sa vie torturée. La plus attentive des compagnes s'employait à l'entourer d'une société d'amis et d'admirateurs dont elle était l'âme après lui. Le modeste « salon vert » de leur appartement devint bien vite le centre des plus attrayantes réunions. Les causeries littéraires alternaient le plus ordinairement

(1) *Dix ans d'Études historiques*, alors sous presse.
(2) D'abord fixée à 3 000 francs, elle fut élevée à 4 500 en 1837.
(3) Aujourd'hui rue Saint-Simon.

avec des soirées consacrées à la musique, pour laquelle l'aveugle avait
une véritable passion. Sur les listes d'invitation durant cette période,
je relève les noms de Michelet, Henri Martin, Villemain, Félix Ravaisson, Aug. Trognon, les deux frères Ary et Henry Scheffer, Alfred Nettement, J.-J. Ampère, Guigniaut, Ludovic Lalanne, Ozanam, H. Fortoul, Egger, Letronne, Monselet, Géruzez, J.-V. Leclerc.

C'est aussi l'époque où, dans le boudoir de Mme Récamier, en présence d'un auditoire soigneusement trié sur le volet, commencent les
premières lectures des *Mémoires d'Outre-Tombe*. Pareil régal ne fut
pas dispensé aux seuls habitués de l'Abbaye-au-Bois. Le passage Sainte-
Marie en eut parfois sa bonne part : témoin la lettre que je transcris
plus loin et ce billet d'Augustin Thierry à Ary Scheffer :

« Mon cher ami,

« Julie espérait vous rencontrer hier chez M. Viardot et vous proposer d'assister chez nous, demain dimanche, à une lecture des *Mémoires* de M. de Chateaubriand, qui commencera à huit heures précises. Voyez si le cœur vous en dit ; il n'y aura là que de la littérature
et de l'amitié, deux choses qui, hélas ! vous sont devenues bien indif-
férentes.

« Tout à vous, mais tristement.

« Augustin Thierry. »

Chateaubriand lui-même apporte en outre cette intéressante confir-
mation :

« Paris, 26 juillet 1836.

« Votre lettre, monsieur, m'a fait le plaisir le plus grand et m'a rendu
trop fier. Je vous en remercie mille fois ; je la dois à la bienveillance de
votre talent et à la bonté gracieuse de Mme Thierry. Hélas ! monsieur,
j'ai assisté tous ces jours-ci à des scènes bien douloureuses, j'ai vu
hier mettre dans la tombe ce même jeune homme plein d'avenir que
j'avais vu chez vous attentif à l'histoire de ma vieille vie. Ainsi Dieu
retire de ce monde tout ce qui s'élève et se distingue de la foule, parce
qu'il faut que la société actuelle se décompose et aille à sa destinée.
Je croyais bien que M. Carrel me survivrait ; mais mes malheureux
cheveux blancs m'ont si souvent trompé que je ne croirai plus en
eux (1).

« C'est en vous que je crois, monsieur, dans votre gloire que j'admire bien sincèrement. Je pars à l'instant de Paris ; je serai un mois
absent. Offrez, je vous prie, mes respectueux hommages à Mme Thierry :
si c'est elle qui déchiffre mon griffonnage, elle les lira ici.

« Chateaubriand. »

(1) Carrel venait d'être tué en duel le 22 juillet par Girardin.

**

L'automne de 1837 devait amener à Augustin Thierry le tracas d'une
sérieuse préoccupation littéraire. Dans un article consacré à la mémoire d'Armand Carrel (1), Désiré Nisard crut pouvoir avancer que
celui-ci avait aidé de sa collaboration l'auteur de la *Conquête de l'Angleterre* et que les derniers livres de l'ouvrage avaient été écrits par eux
en commun (2).

La fierté d'Augustin Thierry s'émut douloureusement ; il protesta
avec véhémence contre une telle assertion : « Je suis peiné horriblement, se plaint-il à Sainte-Beuve, et j'aurai besoin de vous demander
conseil dans la triste nécessité où je me trouve d'avoir à revendiquer
pour moi seul la propriété intellectuelle d'un de mes ouvrages, de celui
qui m'a coûté la vue. » Il invoqua le témoignage des amis qui les avaient
connus tous les deux, Carrel et lui, au temps de leurs premières relations, en 1824, et réclama l'insertion d'une notre rectificative à François Buloz et à son associé Félix Bonnaire. Une polémique assez aigre
s'engagea dans les journaux. C'est au sujet de cette querelle qu'Augustin Thierry remercie Chateaubriand intervenu, sur sa demande,
au *Journal des Débats*.

« Paris, 6 octobre 1837.

« Monsieur,

« J'ai été touché et en même temps confus de l'extrême bonté avec
laquelle, au milieu des inquiétudes qui vous tourmentent (3), vous
avez daigné recommander en ma faveur une réclamation littéraire
d'un intérêt bien léger auprès de vos douloureuses préoccupations.
Peut-être aurais-je laissé tomber de lui-même le roman de cette collaboration imaginaire, bâti par M. Nisard sur des faussetés, des conjec-
tures et des inductions ; ce qui m'a provoqué, ce sont ces appels ten-
dancieux à nos conversations, à mes paroles, à de prétendus aveux de
ma part | La triste polémique où je me suis vu entraîné d'une manière
si inattendue m'a fatigué et dégoûté horriblement ; j'ai hâte de rentrer
dans mon repos, de songer au travail présent et d'oublier que je me
suis vu contraint de revendiquer pour moi seul la propriété intellectuelle
d'une portion du travail passé. Mon plus vif regret est d'avoir eu à re-
muer, bien malgré moi, la cendre d'un homme que j'ai aimé et estimé.

« J'espère, monsieur, que vos alarmes actuelles seront bientôt dis-
sipées et que, lorsqu'il me sera donné de causer avec vous, je retrou-

(1) *Revue des Deux Mondes*, 1ʳʳ octobre 1837.
(2) Voir, plus loin, l'Appendice II.
(3) Une nouvelle maladie de Mme de Chateaubriand.

verai pleinement libre de soucis et de craintes cet esprit dont la supériorité raffermit le mien et cette puissante raison qui me console.

« Agréez de nouveau, monsieur, l'expression de ma vive et respectueuse admiration.

« Augustin THIERRY. »

Voici la réponse de Chateaubriand :

« Paris, 7 octobre 1837.

« Vraiment, monsieur, je suis bien touché et bien honoré de votre souvenir ; j'ai seulement été désolé que Mme Thierry se soit donné la peine de venir me chercher si loin, quand il lui suffisait de m'écrire. J'aurais trouvé un moment, au milieu de mes inquiétudes et de mes chagrins, de (1) me rendre à ses ordres.

« J'ai écrit à M. Bertin, mais je n'ai jamais cru au succès ; j'espère maintenant que tout cela est fini. A la hauteur où vous êtes, monsieur, rien ne peut vous atteindre ; laissez votre gloire faire justice de tout ce qui pourrait vous blesser. Aussitôt que j'aurai un instant de santé, j'en profiterai avec empressement pour aller vous porter le nouveau tribut de ma sincère et constante admiration. Mes hommages respectueux, je vous prie, à Mme Thierry.

« CHATEAUBRIAND. »

Durant les années qui suivent, l'évocateur des *Martyrs* que les infirmités commencent à gagner et qui « s'est ennuyé dès le ventre de sa mère », cherche à tromper cet ennui par de fréquents voyages. Vaine poursuite à la recherche de l'impossible. A quoi bon, constate-t-il lui-même, avec toute la mélancolie de *René*, « traverser le ciel à tire-d'ailes, sans avoir le temps de se livrer à une rêverie ou de placer une idée sur sa route? Il n'y a que Françoise de Rimini avec laquelle on peut fuir d'une fuite éternelle.

> *Quali colombe dal disio chiamate*
> *Con l'ali aperte e ferme al dolce nido*
> *Volan per l'aer voler portate. »*

Entre temps, néanmoins, il a déménagé, quitté la rue d'Enfer pour s'installer 112, rue du Bac. Ce voisinage relatif facilite les relations mutuelles entre les deux écrivains. J'en trouve pour preuve les billets de politesse échangés entre eux à cette époque. Déjà presque entièrement condamné par la paralysie à l'immobilité, Augustin Thierry se fait de temps à autre transporter chez son illustre ami, et ce dernier, de son côté, honore le « salon vert » d'assez fréquentes visites (2).

____

(1) *Sic.*
(2) Notamment, à la fin de 1839, pour aller voir, au passage Sainte-Marie, le

De ces témoignages d'estime et de sympathie réciproques entre deux des grands hommes dont s'honore la France du siècle dernier, je ne retiendrai ici que le suivant, pour l'intérêt littéraire qu'il présente.

Augustin Thierry vient d'achever à ce moment la préface fameuse qui ouvre les *Récits des Temps mérovingiens*. Il en a communiqué les bonnes feuilles à Chateaubriand. Celui-ci, ravi de l'éclatant hommage que lui rend l'historien, exprime sa gratitude dans ces lignes trop volontairement modestes pour être bien sincères :

« Vendredi soir, 5 mars 1840.

« Je serais trop fier, monsieur, ma pauvre vieille tête tournerait, si je pouvais croire que j'ai eu l'insigne honneur de vous initier à votre admirable talent. Mais, monsieur, vous êtes né de vous-même et de votre propre génie. Je n'en montrerai pas moins cette page avec orgueil, sinon comme un titre légitime de gloire, du moins comme une preuve précieuse de votre indulgente amitié. Je prie Mme Thierry, qui vous lit peut-être ce billet, de vous offrir l'expression de ma reconnaissance et d'agréer l'hommage empressé de mon respect.

« CHATEAUBRIAND. »

Cette même année, l'Académie Française décernait à Augustin Thierry le grand prix Gobert. Cette haute récompense, accordée au « rénovateur profond de notre histoire nationale, (1) » lui fut, — par une distinction unique dans les annales des lettres françaises, — continuée jusqu'à sa mort, devenant ainsi un véritable « fief littéraire », suivant l'expression employée par Villemain.

Chateaubriand, doyen de l'illustre Compagnie depuis la mort de Joseph Michaud, l'historien des *Croisades*, avait chaleureusement appuyé cette désignation de sa haute influence. Goutteux (2), il em-

beau portrait d'Augustin Thierry par Henry Scheffer. Voici le billet adressé au peintre par son modèle à cette occasion :

« MON CHER AMI,

« Vous avez oublié votre promesse de l'autre jour, M. de Chateaubriand doit venir chez moi dimanche prochain ; il a été frappé des portraits de Carrel et de Mme Arago. Je voudrais qu'il pût juger que cette fois vous vous êtes surpassé vous-même.

« Tout à vous de cœur. »

(1) Villemain.

(2) La goutte, qui depuis longtemps le tenait aux mains, commençait de gagner Chateaubriand aux jambes. La marche lui devenait difficile. La Faculté l'envoya prendre les eaux de Néris. Il s'y trouvait en juillet 1842, en compagnie de Teste, ministre des Travaux publics, qui depuis..., et d'Amédée Thierry.

prunte la main de son secrétaire pour répondre aux remerciements du bénéficiaire :

« Vendredi 15 mai 1840.

« Vraiment, monsieur, vous ne me devez rien du tout ; je n'ai pas ouvert la bouche, je n'ai fait qu'applaudir de grand cœur aux éloges qu'on donnait de tous côtés à vous et à votre livre ; je n'ai fait que soutenir la couronne que l'on posait sur votre tête. Je vais emporter et lire aux eaux (si je vais aux eaux) la *Gaule* de M. votre frère (1) ; je vous prie de le remercier bien sincèrement pour moi. Quand j'aurai le Mémoire de notre très savant ami, j'irai vous le reporter et présenter mes respectueux hommages à Mme Thierry. Vous n'écrivez plus faute d'yeux, je n'écris plus faute de mains.

« CHATEAUBRIAND. »

*
* *

J'arrive aux dernières lettres de cette Correspondance. Elles ont trait à la douloureuse catastrophe qui va si cruellement bouleverser la précaire existence d'Augustin Thierry. Sa femme se mourait en cette fin de mai 1844. Ce qu'elle était pour lui, sa reconnaissance, sa tendresse pour son Antigone de tous les instants, il le crie avec une éloquence désespérée dans les lignes qui suivent, où la mortelle angoisse de l'homme se mêle tragiquement aux effusions reconnaissantes de l'écrivain (2) :

« Paris, le 19 mai 1844.

« MONSIEUR,

« Il y a bien des jours que j'attends une heure de calme pour vous écrire et cette heure ne vient pas ; j'ai le cœur pénétré de reconnaissance pour vous, mais je l'ai si plein d'angoisse que pas un mot doux ne peut en sortir. Ce témoignage d'une si haute et si généreuse amitié, qui sauvera mon pauvre nom de l'oubli quand il ne restera plus rien de moi, devait être la plus grande joie de ma vie, et Dieu veut qu'il m'arrive au milieu d'une épreuve qui me tient suspendu entre la vie et quelque chose de bien pire que la mort. Pardonnez-moi, monsieur, si l'effusion me manque pour vous dire combien je suis touché de votre bienveillance pour moi ; j'ai lu la *Vie de Rancé* avec respect et recueillement, je me suis nourri de tous les passages qui répondaient à mes souffrances et à mes terreurs. J'ai eu pour eux de la préférence au milieu d'une foule de choses également belles que je retrouverai avec délices,

(1) L'*Histoire de la Gaule sous l'administration romaine.*
(2) Chateaubriand vient de lui adresser la *Vie de Rancé*, avec la plus flatteuse dédicace.

lorsque je ne serai plus sous le poids d'une seule impression. Ce volume qui, en dépit d'une parole que la voix publique vous supplie de retirer, ne sera point votre dernier ouvrage, a toute la vie de ceux dont il est séparé par l'espace de quarante ans. C'est la même ampleur, la même grâce, la même puissance de style, la même hauteur de vues et ce souffle de l'inspiration poétique dont le secret est à vous et que vous avez versé sur le siècle.

« J'ai été ému de ce que vous dites avec tant de tristesse sur la fragilité du bonheur en ce monde ; j'ai pleuré à la peinture des déchirements d'âme que cause le malheur de survivre ; je vous ai écouté parlant avec empire de la soumission de l'être mortel aux desseins cachés de la Providence. Ce sont de grandes et nobles pensées ; je devrais dire qu'elles m'ont relevé, mais rien ne me relèvera que l'espoir, et par ce mot je n'entends que l'espérance humaine, hélas ! je n'ai pas la force d'aller au delà. Il n'y a pas pour moi de refuge au désert ; la cécité est une solitude plus grande que celle du cloître ; j'y étais quand j'ai rencontré ma chère Julie ; par elle, j'ai vécu treize ans de la vie de tout le monde, je n'avais plus conscience de ce qui me manquait ; mes années de jeunesse et de santé ne sont rien dans mon souvenir, je ne compte que le temps que j'ai passé aveugle à côté d'elle. Vous me comprenez, monsieur, vous savez qui elle est, vous avez de l'amitié pour elle ; votre sympathie si vive et si cordiale m'a fait du bien, conservez-la-moi, priez pour nous ; je vous dois plus que la poésie qui a fécondé mes premières lectures : je vous dois l'émotion religieuse qui, dans le cours de ma vie, m'a souvent ramené à Dieu.

« Recevez, monsieur, du plus profond de mon cœur, l'expression de ma respectueuse et tendre admiration.

« Augustin THIERRY. »

Chateaubriand répond le surlendemain à cet appel d'affliction :

« Paris, 21 mai 1844.

« Hélas ! monsieur, pardonnez-moi si je n'ai pu répondre plus tôt à votre trop admirable lettre et que je ne mérite point du tout. Je n'avais point ma main, elle était absente, et j'ai été obligé d'attendre son retour jusqu'à ce matin. Non, monsieur, j'espère que le Ciel vous laissera longtemps votre digne compagne ; vous vivrez pour elle, elle vivra pour vous. Voilà tout ce que je puis vous dire. Je suis si vieux que je pleure toujours, non certes de regret de la vie ; je devrais être consolé puisque j'ai rencontré un homme comme vous sur mon passage. Heureusement que j'ai le ferme espoir en Dieu, qui nous recevra tous les deux dans son sein, quand il jugera à propos de nous appeler. Je n'aurai pas à prier pour vous, c'est vous qui prierez pour moi. Monsieur, je n'ai jamais tant ressenti le besoin et la consolation de la religion qu'en ce moment où je pleure d'attendrissement et de regret. Qui pourrait remplacer l'espoir que j'ai heureusement toujours eu en Dieu, et pour moi tout indigne que je suis, et pour ceux qui, comme vous, monsieur, sont l'objet continuel de ma tendre et sainte admiration?

« Chateaubriand. »

Ce billet à tournure parénétique est, à ma connaissance, du moins, le dernier qu'ait adressé Chateaubriand à Augustin Thierry. Je n'ai pas non plus trouvé trace, dans les brouillons de celui-ci, d'une correspondance ultérieure entre eux.

Mme Augustin Thierry mourut le 10 juin. Ce fut pour celui qu'elle laissait seul, dans la souffrance et les ténèbres, un coup atroce, dont il ne se consola jamais : « J'ai dans l'oreille une voix que je n'entends plus, écrit-il encore six années plus tard, et dont un seul mot suffisait pour éloigner de moi tout ennui... Je l'aimais d'un amour absolu, d'un amour qui les renfermait tous... »

Chateaubriand vint porter ses condoléances au veuf écrasé de chagrin, puis leurs relations s'espacèrent pour cesser bientôt complètement.

Augustin Thierry vit de plus en plus solitaire et retiré, rue du Mont-Parnasse, dans l'ermitage fleuri que lui a trouvé la princesse Belgiojoso, rivé par la paralysie dans sa voiture d'infirme ; les ombres du soir s'appesantissent sur les années finissantes de Chateaubriand.

Au lendemain des journées de juin 1848, sa mort affligea sincèrement celui qui tant de fois, avec une si belle ferveur, s'était proclamé son disciple. Il s'inclina sur cette tombe de tout son tendre respect, de la tristesse accrue de ses craintes pour les destinées du pays : « J'ai omis, mande-t-il en *post-scriptum* le 10 juillet, à la princesse Belgiojoso, de remplir un devoir de vénération et d'affection ; je ne vous ai point parlé de M. de Chateaubriand. Funérailles sur funérailles, ruines sur ruines pour la pauvre France, voilà tout ce qu'on peut dire maintenant d'une telle perte ! Mme Récamier n'a encore vu personne, Ampère vient de partir pour Saint-Malo où la sépulture aura lieu sur un rocher de granit, baigné par la mer. »

Quelques mois plus tard, le duc de Noailles recueillait la succession académique de l'illustre disparu. Ce fut pour Augustin Thierry l'occasion d'un dernier hommage aux admirations de sa jeunesse.

Il écrivit au nouvel académicien :

« Monsieur le duc,

« Au fond de la triste retraite à laquelle je suis condamné, j'ai ressenti vivement un double regret : celui de n'avoir pu joindre les miens aux applaudissements de votre nombreux et brillant auditoire et celui de n'avoir pu vous exprimer ma gratitude pour la mention si honorable que vous avez bien voulu faire de mon nom. Je suis loin de croire que je mérite tout ce qu'il y a dans ces paroles de trop flatteur pour moi, mais je vous en remercie comme d'un témoignage d'extrême bienveillance. Je ne puis vous dire avec quel charme j'ai lu votre tableau si vrai, et si large, de la vie littéraire et politique de l'homme de génie que nous avons perdu. Ceux qui, comme moi, ont aimé autant qu'admiré M. de Chateaubriand, seront heureux de retrouver là tout l'idéal de son talent et de son caractère. Ils vous sauront gré d'avoir embrassé dans une même étude les deux faces de cette noble vie et d'avoir fait une égale part de gloire au penseur inspiré et à l'homme d'État patriote. Le même esprit, qui a marqué de son empreinte la poésie du dix-neuvième siècle, a conçu le premier, pour l'exemple de tous, cette alliance de la tradition et des principes qui est le seul port de salut pour notre malheureux pays. En louant, avec une éloquence digne du sujet, ses mérites à cet égard, vous vous êtes associé à son œuvre ; par l'impartialité de votre pensée et le calme persuasif de votre langage, vous aurez contribué dans cette circonstance à la grande conciliation nationale, sans laquelle, tout le fait craindre, hélas ! notre société succombera.

« Agréez de nouveau, monsieur le duc..., etc., etc.

« Augustin THIERRY. »

Tu duca, tu signore et tu maëstro,

saluait Augustin Thierry, comme Dante fait à Virgile, celui qu'au temps où triomphait Hugo, il proclamait toujours le plus grand génie de son siècle. A l'heure où, battues en brèche, les idées qu'avait défendues Chateaubriand semblaient à jamais abolies, fidèle à ses enthousiasmes d'enfant, pieusement, l'historien, lui aussi à jamais illustre, conservait intact le culte de son dieu et gardait le rayonnement de cette belle gloire française au fond de ses yeux morts.

APPENDICE II

A PROPOS D'ARMAND CARREL

Le 1er octobre 1837, Augustin Thierry achevait un séjour d'été à Ville-d'Avray, quand la lecture de la *Revue des Deux Mondes* vint le jeter dans un si vif émoi, qu'il voulut sur-le-champ regagner son appartement du passage Sainte-Marie.

Consacrant un article biographique, paru le jour même, à la mémoire d'Armand Carrel, son ami, et prétendant se fonder sur certaines confidences recueillies des deux parts, Désiré Nisard affirmait que le futur polémiste du *National*, encore à ses débuts, secrétaire d'Augustin Thierry en 1824, avait servi de collaborateur à celui-ci dans la composition de l'*Histoire de la Conquête de l'Angleterre par les Normands*. Le dernier volume de l'ouvrage, avec sa conclusion, avait été, à l'en croire, le fruit d'un labeur commun.

Et l'apologiste précisait en ces termes :

« Le travail de Carrel, installé auprès de M. Thierry, consistait à faire des recherches, à mettre en ordre des notes, à corriger les épreuves de l'*Histoire de la Conquête*. Ces travaux et d'autres du même genre ne sont stériles et subalternes qu'entre des mains malhabiles. Carrel y montra, dès l'abord, assez de qualités solides, pour qu'en très peu de temps, la ligne de démarcation s'effaçât par degrés entre le secrétaire et l'écrivain déjà consommé. Ce fut peu à peu un travail commun où les parts, naturellement très inégales dans les pages exquises et dans l'inspiration même de l'œuvre, l'étaient moins dans les accessoires et dans la rédaction générale. M. Thierry, avec cette forte modestie qui le distingue, aime à reconnaître tout ce que dut son dernier volume de l'*Histoire de la Conquête* à la collaboration de Carrel. Non seulement il trouvait profit à le consulter sur l'importance et le degré des certitudes historiques et des faits ; mais encore il lui demandait sa main pour quelques détails de style. Dans les récits de batailles, par exemple, le jeune officier pouvait avoir plus naturellement le mot propre. M. Thierry, qui ne le trouvait que par l'instinct des bons écrivains, le lui demandait souvent et jamais en vain. Généralement le tour ou le mot proposé par Carrel était simple, ferme, vrai. M. Thierry m'a même avoué avec beaucoup de grâce, que Carrel lui avait quelquefois rendu le service de lui suggérer à la place d'une expression affaiblie par trop d'usage, une expression plus directe, plus vive et plus rapprochée de son sens primitif. »

La surprise, le mécontentement de l'historien furent grands, bientôt aussi sa colère et son indignation.

Il avait passé — son *Journal de santé* en fait foi — un mauvais été à Ville-d'Avray: Les crises nerveuses dont il souffrait s'étaient renouvelées avec une déplorable fréquence. Les atroces douleurs de l'ataxie le tenaillaient presque sans trêve. En outre, les difficiles travaux de la *Collection des Documents relatifs à l'histoire du Tiers-État*, entrepris depuis deux ans, n'avançaient qu'avec peine et trop lentement au gré de son impatience. L'impressionnabilité du malade se trouvait donc excessive et son humeur, à l'ordinaire indulgente et résignée, s'en ressentait péniblement.

L'article de Nisard lui parut une trahison de la main qui l'écrivait, un procédé « détestable » de la maison qui le publiait.

Ainsi, et dans son esprit, avec quel raffinement de perfidie cruelle sous les éloges, on venait lui contester la paternité du plus cher de ses livres, du grand ouvrage qui lui avait ouvert l'Institut, à l'achèvement duquel il avait stoïquement sacrifié ses yeux et sa santé! Ce dernier volume de la *Conquête*, il l'avait terminé, torturé d'indicibles souffrances et la paralysie, en même temps que s'éteignaient ses regards, l'avait foudroyé à sa table de travail, penché sur une revision suprême. Bien mieux, pour comble d'amertume, on semblait l'accuser de frustrer un mort de sa juste gloire. Et ce mort avait été son ami, l'un des plus chers parmi les meilleurs. Inconnu et persécuté, en défiance de soi-même, il l'avait accueilli, conseillé, dirigé, contribuant à former sa pensée, exhorté à poursuivre la carrière des lettres, garanti son avenir à sa mère anxieuse. Si Carrel, à son tour, était devenu grand écrivain, consacré par l'admiration générale, ne devait-il pas beaucoup à son exemple, à ses leçons? Lui-même en conviendrait, s'il vivait encore. Sa reconnaissance, son affection pour son « premier maître » ne s'étaient jamais démenties. Augustin Thierry conservait une lettre que le fougueux polémiste, à l'apogée de sa réputation, lui adressait à Vesoul en 1833.

« Je sais, mon cher Thierry, tout ce que je dois, dans le peu de succès que j'ai obtenu, à la fraternelle et sérieuse initiation que j'ai reçue de vous. J'espère que vous avez oublié les petites susceptibilités d'amour-propre, avec lesquelles je me présentais dans la carrière et qui tenaient aux habitudes de la vie bruyante et aventureuse, que j'avais menée jusque-là. Je sentais déjà cependant tout le prix de la communication journalière et intime avec vous. Ce qui me manquait peut-être, c'était l'espoir de profiter de vos précieuses indications, aussi heureusement que je l'ai fait. Comptez donc toujours, mon cher Thierry, sur mon attachement : il est tout de respect pour la supériorité de vos facultés et de reconnaissance pour les bons conseils et les grands exemples que j'ai reçus de vous. »

Comment récuser si convaincant témoignage? Or, cette lettre, Augustin Thierry se souvenait de l'avoir fait lire à son détracteur. Nisard, en effet, lui aussi, était un ami, presque un intime. Il comptait, avec sa femme, parmi les habitués les plus fidèles du modeste « Salon vert » au passage Sainte-Marie. Et la sensibilité exaspérée de l'infirme n'en ressentait que plus amèrement cette tristesse nouvelle.

Tous deux se connaissaient depuis 1834. A cette époque, l'auteur des *Études sur les Poètes de la décadence* n'était pas encore devenu personnage important : maître de conférences à l'École Normale et chef du Secrétariat au Ministère de l'Instruction Publique. Il n'avait pas davantage remplacé Féletz à l'Académie Française et se contentait de rédiger le feuilleton littéraire du *National*, démolisseur obstiné des Romantiques; d'être seulement : « Le critique Nisard, honnête et qu'on estime », ainsi que le qualifie Sainte-Beuve, apparemment soucieux, ce jour-là, de s'épargner ses rigueurs.

L'heure était aux grandes entreprises historiques. Mûrissant un vaste dessein, Nisard avait conçu le projet agréé par Guizot, de retracer l'histoire politique, municipale, artistique et pittoresque des principales villes de France et d'Europe. A chacune d'entre elles devait être consacrée une monographie détaillée. Le plan général se trouvait arrêté, mais ne pouvant suffire seul à si gigantesque travail, son auteur avait dû solliciter le concours de collaborateurs autorisés. Désirant, par surcroît, les choisir illustres, tout naturellement il s'était adressé à l'historien des Communes.

Une correspondance assez active s'ensuivit entre eux, où l'Aristarque du *National* multiplie les assurances de dévouement, d'admiration et qui abonde en détails littéraires intéressants ou curieux (1). Nisard

(1) Je crois devoir, pour cette raison, en donner ici quelques extraits :

                                             « Paris, 17 mars 1834.

     « Monsieur,

« Monsieur votre frère, avec qui j'ai eu l'honneur de me trouver chez mon ami Carrel, a pu vous faire part du vif désir que j'ai de joindre votre nom et le sien à l'entreprise historique que je suis chargé de diriger et dont il vous a peut-être dit la pensée. Cette pensée, l'honneur vous en revient, comme de beaucoup d'autres que je puis bien appeler bonnes, puisqu'elles sont de vous. Il s'agit d'une histoire particulière des villes qui ont eu une célébrité dans l'Europe ancienne ou qui ont eu une grande importance, soit politique, soit commerciale, dans l'Europe moderne. Cette histoire serait conçue dans l'esprit de vos admirables *Lettres* sur les luttes de nos premières communes. Ce seraient des biographies de villes, des *Vies de villes illustres*. L'histoire se concentrerait dans l'enceinte des murs, sur la place publique, devant l'hôtel de ville, la cathédrale ou le temple, selon le temps. La même biographie comprendrait toujours et nécessairement trois parties : savoir l'histoire proprement dite avec les caracs'était réservé à Nîmes ; il confiait Saint-Malo à Chateaubriand, Florence à Villemain ; demandait à Augustin Thierry d'accepter Reims et proposait Strasbourg à son frère.

Même, dans son empressement d'aboutir, il avait accompli le voyage de Luxeuil. Reçu par Augustin Thierry, dans cette maison du cardinal

tères que j'ai eu l'honneur de vous indiquer ; secondement, la description de tous les monuments, ruines, débris qui se rattachent à l'histoire et qui servent à l'expliquer ; troisièmement, la statistique, c'est-à-dire l'état présent de la ville, ses produits, son commerce, son existence administrative, ses mœurs, tout ce qui, en un mot, complèterait l'histoire de la ville...

« Voilà sommairement l'entreprise que j'ai été chargé de diriger, et pour laquelle j'ai réuni tout ce que nous comptons d'écrivains sérieux et de goût. MM. Villemain, Carrel, Mérimée, Chateaubriand, Magnin et d'autres dont je ne vous fais pas la liste, qui ont promis leur concours et se sont engagés pour un certain nombre de villes. Vous avez pu voir, monsieur, par le peu de choses senties que j'ai trouvé l'occasion de dire à votre sujet, quel prix je mets à tout ce qui sort de votre plume. Si, comme monsieur votre frère me l'a fait espérer, je suis assez heureux pour obtenir de vous quelque histoire d'une de nos vieilles villes de France, ce sera tout à la fois un grand honneur pour moi et un grand bien pour l'entreprise, pour laquelle il sera fait de grands frais de gravure et de rédaction. Mon nom, au bas d'une telle affaire, peut être une garantie que ce sera de la littérature et de l'art, et non de la pacotille. Si ce nom a pu intéresser quelques personnes, c'est surtout par mes habitudes consciencieuses ; je ne veux rien changer à ces habitudes, en me chargeant du fardeau assez lourd de cette direction... »

« Paris, 7 avril 1834,

« MONSIEUR,

« J'ai attendu avec anxiété et j'ai reçu avec bien du plaisir votre réponse à ma dernière lettre. Je suis d'autant plus heureux du choix, que vous avez fait, de la ville de Reims, que j'avais songé moi-même un moment à vous indiquer humblement cette ville, l'une de celles où il me paraissait que vous pourriez déployer le mieux toutes les ressources et toutes les qualités de votre admirable talent... »

« Paris, 20 août 1834,

« MONSIEUR,

« Vous vous étonnez peut-être de ne point voir paraître nos villes, la vérité est que nous ne sommes pas encore prêts et que nous avons cru devoir économiser les frais d'annonce préliminaires. Pourtant nous sommes en bon train : d'ici à quelques jours, j'aurai dans mon tiroir six villes : Nîmes, Venise, Florence (par M. Villemain), Berne, Inspruck, Saint-Malo, cette dernière par M. de Chateaubriand, morceau honorifique, plutôt qu'histoire traitée. Ces six villes suffiront à ce que vous me permettrez d'appeler ma première *fournée* et dureront, si je ne me trompe, six mois à dater de la fin de novembre, époque où nous serons en mesure de paraître. Après cette première fournée, je voudrais en avoir une seconde où votre nom figurât, le premier comme cela doit être, et pour la meilleure des villes de cette seconde fournée. Seriez-vous assez bon pour me dire si dans huit mois d'ici, il vous sera possible de me donner environ cent ou cent vingt pages in-4°, de quarante lignes chacune, sur la ville de Reims ? Je me permets de vous indiquer un nombres de pages, parce que je calcule que la place qu'occupera Reims ne doit guère aller au delà, sous peine de disproportion avec l'ensemble de l'ouvrage. Au reste, cette étendue serait subordonnée avec ce que vous jugeriez nécessaire, car je serais honteux de faire une condition de

Jouffroy où s'élaboraient les *Récits des Temps mérovingiens*, il avait rapporté de cette visite un article d'impressions émues, dépeignant la demeure de son hôte.

La publication, trop coûteuse, avait dû être interrompue après son premier fascicule ; l'*Histoire et Description des principales villes de l'Europe* n'avait jamais vu le jour (1), mais rentrés l'un et l'autre à Paris, les relations d'amitié s'étaient resserrées entre les deux écrivains.

Quelques jours à peine avant l'apparition de l'étude qui provoquait ainsi sa surprise indignée, Augustin Thierry était, sur ses instances, intervenu en faveur du critique-fonctionnaire, alors en froid avec Villemain :

« J'ai vu M. Villemain, humblement, respectueusement, tendrement, écrivait le désolé Nisard. Il ne m'a pas permis de l'accompagner jusqu'à sa voiture. Si ma parole ne suffit pas dans des explications de ce genre et avec une si ancienne amitié, et ma parole, sans affectation, sans fierté, que puis-je faire?

« Vous qui voyez M. Villemain tous les jours, adoucissez-le. Dites-lui que je ne peux vouloir de son estime sans son amitié, parce que ce qui m'aurait fait perdre l'une devrait m'avoir fait perdre l'autre. Je ne lui ai pas manqué ; je ne lui manquerai jamais. Je suis de ce caractère, que l'homme avec qui j'ai été lié, ne peut jamais me donner assez de dépit, ni être assez mon ennemi, pour que je le trahisse ou lui déclare la guerre. Quoique critique, je suis le plus désarmé des hommes.

« Que l'aimable et chère dame qui me lit (2) ait la bonté de m'avertir du premier radoucissement qu'elle aura surpris dans les dispositions à mon égard, et alors j'irai à Ville-d'Avray consommer la réconciliation. Sinon, je me tiendrai chez moi, toujours respectueux, toujours fidèle, toujours à l'affût des preuves à en donner (3). »

On conçoit donc sa stupeur irritée, en présence des allégations inattendues, formulées par le trop ardent biographe de Carrel. Et son ressentiment s'étendait à François Buloz, coupable, à ses yeux, de ne l'avoir point averti, d'avoir négligé de lui communiquer sur épreuves l'article incriminé.

---

brièveté à un historien d'une lecture aussi nourrissante et aussi attrayante que vous êtes.

« Si M. Amédée voulait aussi me donner Strasbourg pour la même époque et avec le même nombre de pages, ma seconde fournée où seraient vos deux noms avec ceux de MM. Dubois et Mérimée, comme j'ai toute raison de l'espérer, serait décisive pour l'entreprise. Du reste, les premiers travaux qui paraîtront (je ne parle pas de ma ville de Nîmes) seront très remarquables, quelques-uns par la forme, d'autres par l'extrême nouveauté et l'intérêt des faits. Je me flatte qu'ils obtiendront votre suffrage... »

(1) A l'exception — *membra disjecta* — d'une Histoire et Description de la ville de Nîmes, publiée par Nisard en 1835.

(2) Mme Augustin Thierry.

(3) 20 septembre 1837.

Dès le lendemain, il dictait à l'adresse de Nisard la lettre suivante, dont la courtoisie n'exclut pas la raideur.

« Paris, le 2 octobre 1837.

« Mon cher Nisard,

« L'article très remarquable, que vous avez consacré au récit de la vie malheureusement si courte de notre ami Armand Carrel, contient, entre beaucoup de choses flatteuses pour moi, quelques assertions que je suis obligé de contredire, moins dans l'intérêt de mon amour-propre littéraire que dans celui de la vérité. Je n'ai jamais appelé devant vous, du nom de *travail commun* ou de *collaboration*, l'aide, qu'en 1834, Carrel m'a prêtée durant six mois, de ses yeux et de sa main. Son travail avec moi, quand j'achevais l'*Histoire de la Conquête de l'Angleterre par les Normands*, a consisté, non à *faire des recherches*, ni à *mettre en ordre des notes;* j'avais pris moi-même ce soin d'avance, mais à lire tout haut mes brouillons et à écrire, sous ma dictée, la rédaction définitive. Je ne vous ai point dit que j'eusse jamais *consulté* Carrel sur l'*importance et le degré de certitude historique des faits*, ni *demandé sa main pour quelques détails de style*. Je ne vous ai point dit non plus que la science de ce *jeune officier* m'eût servi à trouver le *mot propre* dans les récits de batailles, car, la conclusion de mon ouvrage, seul morceau que j'ai composé en dictant, ne renferme aucun récit de ce genre. Je vous ai raconté que chaque fois qu'il m'arrivait d'être indécis entre deux formes de langage, entre deux expressions, l'une plus littéraire, l'autre plus usuelle et plus nette, je lui disais : Carrel, qu'est-ce qui vaut le mieux? Que sa réponse était toujours ferme, juste, sensée et qu'elle me déterminait presque toujours.

« Voilà ce que je vous ai, non pas *avoué*, mais *conté* tout simplement, avec abandon peut-être, comme des souvenirs d'un temps et d'un ami qui ne sont plus. Voilà le seul témoignage que j'aie porté devant vous de mes premières relations avec notre illustre et malheureux ami. Ce témoignage, je le vois, a produit en vous une illusion involontaire et, du reste, facile à comprendre. Vous étiez plus jeune que Carrel, vous l'avez rencontré grand écrivain polémique, vous ne l'avez connu que maître et maître admiré ; moi, plus âgé que lui, je l'ai rencontré jeune homme, cherchant une carrière, sans vocation décidée pour celle des lettres, sans ce talent de style qui ne s'est révélé qu'après un exercice de quatre ans. En 1824, il ne pouvait ni m'offrir, ni me donner le genre de secours que vous dites, mais seulement l'assistance matérielle de sa plume et des avis de bon sens. Les souvenirs de Carrel lui-même, tels que vous avez dû les entendre de sa bouche, auraient pu servir à votre imagination de correctif à cet égard.

« Si vos nombreuses occupations vous eussent permis de me communiquer les passages de votre article qui me concernent, nous les aurions facilement rectifiés ensemble et nous aurions ramené les différentes assertions qu'il renferme à l'exacte mesure du vrai. J'espère que cette rectification ne manquera point d'être faite, quand viendra une édition de vos œuvres. En attendant, j'ai dû réclamer auprès de vous et auprès du public, au risque de faire paraître ma modestie moins grande que vous ne la jugez. Si vous aviez parlé de tout cela, d'après des ouï-dire, comme narrateur plus ou moins bien informé, j'aurais gardé le silence, mais vous invoquez mon témoignage, vous alléguez en preuve nos causeries et mes paroles ; il faut bien que je les rétablisse. On me croira, car si j'ai quelque réputation dans le monde, c'est celle de la sincérité.

« Agréez, mon cher Nisard, l'assurance de mon entier dévouement. »

En même temps, il envoyait ce billet à Buloz, pour réclamer son insertion dans le plus prochain numéro de la *Revue :*

« MONSIEUR,

« Je viens d'adresser à M. Nisard la lettre ci-jointe, destinée à rectifier quelques inexactitudes qui me concernent, dans son article sur la vie d'Armand Carrel. Ayez la bonté de l'insérer *textuellement* dans votre numéro du 15 octobre. Je vous prie de me donner là-dessus une assurance positive et de vouloir bien m'envoyer une épreuve à corriger. En attendant un mot de réponse, je vous renouvelle, monsieur, l'assurance de ma considération distinguée. »

Buloz, le « défiant » Buloz, se trouvait fort embarrassé. L'étude de Nisard, des plus solidement documentées en apparence, lui avait paru digne en tous points de la grande maison qui l'hospitalisait. Connaissant l'admiration maintes fois proclamée de son auteur pour le « moderne Thucydide », au courant de leurs relations d'amitié, il n'avait pas un seul instant suspecté sa bonne foi, ni sa véracité. D'une part, il ne voulait pas mécontenter un critique influent, fort en faveur auprès de Salvandy ; de l'autre, froisser Augustin Thierry, en repoussant sa demande, n'était-ce point s'exposer à perdre un collaborateur éminent, l'une des illustrations littéraires du règne, dont les *Nouvelles Lettres sur l'Histoire de France* (1), en cours de publication dans sa *Revue,* réunissaient tous les suffrages?

Dans cette extrémité, voulant à la fois ménager l'un et l'autre, il essaya tout d'abord de décourager le dernier.

« Je suis tout disposé, monsieur, répond-il par courrier, à insérer textuellement dans le prochain numéro de la *Revue des Deux Mondes* la réclamation que vous m'adressez. Puisque vous le désirez, les épreuves vous seront envoyées. Je crois, toutefois, devoir vous avouer que la publication de votre lettre me semble de nature à être mal interprétée

(1) Les *Récits des Temps mérovingiens.*

par l'opinion et à vous desservir auprès d'un grand nombre de lecteurs.
C'est un avis que je vous soumets.

« Votre tout dévoué serviteur,

								« BULOZ. »

Mais Augustin Thierry aperçoit la dérobade et se courrouce :

								« Paris, 4 octobre 1837.

« Je ne comprends pas, monsieur, ce que vous voulez dire et comment je me ferais tort en revendiquant·pour moi seul, au nom du droit le plus sacré, la propriété intellectuelle d'un de mes ouvrages. La mémoire de Carrel, si pleine d'illustration, n'avait nul besoin qu'on la gratifiât à mon détriment de cette collaboration imaginaire. S'il vivait encore, c'est lui qui se chargerait de répondre et je n'aurais à prendre de tout cela aucun souci. A défaut de ses dénégations, j'aurai pour moi celles de tous les témoins des faits : celles de MM. Thiers et Mignet, de M. Arnold Scheffer et de ses deux frères ; celles enfin de MM. Hubert et Levasseur, à cette époque les deux amis les plus intimes de Carrel. L'article est resté plus d'un mois entre vos mains ; je m'étonne, monsieur, qu'en voyant sur mon compte des assertions si nouvelles, des choses dont vous n'aviez jamais entendu dire le moindre mot, vous n'ayez pas demandé si elles m'avaient été communiquées.

« Votre tout dévoué serviteur. »

Décidément, l'affaire prend mauvaise tournure, d'autant plus mauvaise, que Nisard n'entend pas se laisser infliger, sans regimber, si cuisant démenti. Sa vanité, son amour-propre, son crédit, le soin de sa réputation se trouvent également en cause ; en outre, il est fort susceptible et prétend volontiers à l'infaillibilité.

De son côté, il a fait parvenir à l'historien sa riposte ; si la *Revue des Deux Mondes* insère la protestation dont il est menacé, à son tour, il exigera qu'elle publie sa lettre, et celle-ci n'apparaît aucunement conciliante, bien au contraire :

« MONSIEUR ET CHER MAITRE,

« Je suis trop intéressé à ce que mon travail sur l'ami commun que nous regrettons tous deux ne soit pas suspect d'illusion, ni d'arrangement dramatique, pour laisser sans réponse la lettre où vous interprétez certains détails anecdotiques sur les premières relations de Carrel avec vous, comme une erreur de ma mémoire où mon *imagination* a sa part.

« Rien au monde ne pourrait me décider à donner un démenti direct à un homme, que j'ai toujours jugé trop au-dessus des entraînements qui attirent les démentis, et à qui j'ai si souvent donné des marques publiques d'estime et d'admiration. Mais je me manquerai à moi-même, si je n'expliquais pas comment j'ai pu être conduit à me représenter ces relations, de telle sorte que vous et Carrel, vous y aviez tous deux le beau rôle : car, en y trouvant une des mille raisons d'admirer Carrel, je n'ai pas eu du moins le malheur qu'on me reprochât de vous y avoir rabaissé.

« C'est moitié avec les souvenirs qui me sont restés d'un entretien particulier où j'avais eu soin de recueillir, à la plume, les paroles sorties de votre bouche, moitié avec les confidences de Carrel, qui, vous le savez, ne connaissait pas la vanité littéraire et n'avait pas l'habitude de se faire une part dans le travail d'autrui, que j'ai écrit les pages où je croyais présenter un des exemples qui font le plus d'honneur à la nature humaine. Si ma mémoire m'a trompé sur quelques points, ce que j'aimerai toujours mieux reconnaître que de démentir un homme comme vous, c'est qu'il était impossible de ne pas tenir pour parfaitement vrai ce qui a paru si parfaitement vraisemblable. Qu'il n'y ait pas eu dans la vie de Carrel un seul moment où il n'ait été qu'un scribe, que le *maître admiré* à trente ans, ait pu à vingt-quatre ans donner plus que des *avis de bon sens*, et suggérer, dans les accessoires, dans certains détails spéciaux, quelques-unes de ces expressions dont il avait en lui un si riche trésor, qui aurait pu en douter? et dès lors que pouvais-je moi-même induire que je ne pusse affirmer?

« Vous-même, monsieur et cher maître, n'auriez-vous pas exposé le premier venu, qui n'aurait eu ni l'autorité de vos entretiens, ni les confidences de Carrel, à dire ce que j'ai dit, sans rien de plus, sans rien de moins? Car, comment croire, après avoir lu ces belles paroles de votre préface de *Dix ans d'Études historiques*, que Carrel n'ait eu auprès de vous que le rôle d'un copiste et d'un lecteur?

« Voici ce passage :

« La nécessité de lire par les yeux d'autrui et de dicter au lieu d'écrire
« ne m'effrayait pas... La transition toujours si rude d'un procédé à
« l'autre, m'avait été rendue moins pénible par les soins empressés
« d'une amitié qui m'est bien chère. C'est à M. Armand Carrel, dont le
« nom est célèbre aujourd'hui [1834], que je dois d'avoir franchi sans
« hésitation ce pas difficile. Son caractère si ferme et son esprit si droit
« sont venus ensemble à mon aide dans les jours de découragement ;
« et peut-être lui ai-je rendu service, en devinant le premier et en
« révélant à ses propres yeux tout l'avenir de son beau talent. »

« De deux choses l'une, ou ce passage est une flatterie de cœur à Carrel vivant, ou c'est la vérité. Si c'est la vérité, en quoi la *justice littéraire* a-t-elle souffert que je la recueillisse dans mon travail? Si c'est une flatterie de cœur, pourquoi la retirer à Carrel mort?

« Agréez, monsieur et cher maître, l'assurance de mon respectueux dévouement.

« D. Nisard. »

Les deux dernières phrases de cette réplique — Nisard les retirera dans la suite — exaspérèrent Augustin Thierry. Puisque Buloz parais-

sait hésiter à lui accorder une satisfaction qu'il estimait légitime, quelle
que fût sa répugnance à soulever une polémique sur un cercueil, il résolut d'en appeler à l'opinion, d'invoquer le jugement de ses pairs et
le témoignage des amis communs qui les avaient approchés, Carrel et
lui, aux jours de leur intimité.

Ses brouillons de correspondance, à cette date, dictés à sa femme
ou à son secrétaire Cassou, contiennent une série de billets adressés à
Chateaubriand (1), à Sainte-Beuve, à Mignet, à Joseph Guigniaut, son
collègue aux Inscriptions et le premier confident de ses travaux sur la
Conquête normande, à Auguste Trognon, à Arnold et Ary Scheffer
qui lui avaient présenté Carrel au mois d'octobre 1824.

A Mignet, il écrit :

« Paris, 5 octobre 1837.

« Mon cher Mignet,

« Si, comme je l'espère, vous m'avez pardonné le malentendu qui
m'a empêché de vous serrer la main à Ville-d'Avray, venez nous voir
aujourd'hui ou demain. J'aurais à vous demander conseil dans une
affaire qui m'affecte depuis trois jours, au point de me rendre malade.
Il faut que je prouve devant le public que la propriété intellectuelle
du quatrième volume de l'*Histoire de la Conquête* appartient tout
entière à moi seul et qu'Armand Carrel n'y eut aucune part. Vous savez,
mon cher ami, ce qu'il en est, mais je me vois réduit à cette déplorable
nécessité par un article de Nisard qui, s'il n'est pas un trait fabuleux
d'étourderie, est une insigne noirceur littéraire.

« Mille amitiés et venez à mon aide. »

Cependant les journaux s'étaient emparés de l'incident. Brouillé avec
Nisard, depuis son accession aux honneurs officiels, *le National* saisit
avec empressement l'occasion de le houspiller. Quelques jours auparavant, son rédacteur en chef, Jules Bastide, avait consacré trois colonnes
impitoyables à l'« éreintement » du nécrologue d'Armand Carrel. Le
secrétaire du ministre, le maître des requêtes au Conseil d'État s'y
trouvait proprement habillé en renégat, dont Carrel aurait certainement
repoussé la visite à son lit d'agonie, car, « près de mourir, on n'aime
qu'à s'environner uniquement de sentiments affectueux et sincères ».
Et la fougueuse diatribe concluait : « Il y a quelque chose de plus triste
que de voir un ami tomber sous la balle d'un duelliste, plus pénible
que de l'entendre accuser ensuite par des ennemis acharnés, c'est d'être
obligé de souffrir que sa cendre soit remuée par des indifférents, que sa
mémoire soit défigurée et qu'on essaie d'effacer son noble caractère. »

Dans ces bienveillantes dispositions, la feuille républicaine réserva
le meilleur accueil au témoignage si accablant pour son ancien collaborateur et l'entoura de commentaires appropriés : « Cette affirmation

(1) Voir plus haut : Appendice I, p. 298.

d'un homme respectable prouve que si M. Nisard se méprend quelquefois sur le sens des conversations qu'il a entendu rapporter, ses souvenirs ne sont pas moins infidèles, lorsqu'il raconte les entretiens auxquels il a pris part. Toute la partie anecdotique de la vie de Carrel en
reçoit un nouveau degré d'invraisemblance. Nous pensons qu'après
avoir lu la lettre de M. Thierry, personne ne conservera plus aucun
doute sur le peu de confiance que mérite le travail de M. Nisard et sur
la puissance des motifs qui ont pu si complètement troubler sa mémoire. »

Par contre, *le Siècle* blâma le protestataire. Dutacq, son directeur,
ménageait les gens en place : « Après avoir relu le passage qui a donné
lieu à cette controverse, nous nous étonnons qu'il ait donné lieu à la
moindre réclamation de la part de M. Augustin Thierry dont la renommée
est si légitimement acquise, si pure et si bien à lui... Il est trop défiant
envers lui-même, lorsqu'il semble vouloir éviter jusqu'aux suppositions
les plus indirectes d'une communauté de travail, dont l'auteur de l'article, pourtant, n'avait pas exagéré l'importance. »

Les *Débats* ne prirent point parti ; Girardin, dans *la Presse,* observa
un compréhensible silence.

Restait la *Revue des Deux Mondes.* De plus en plus, Buloz marchan-
dait à la transformer en champ-clos, pour le chamaillis d'une querelle
qui pouvait nuire à sa réputation comme à ses intérêts. S'il publie les
deux lettres, d'autres suivront en réplique et le débat s'éternisera.
C'était là créer un précédent dangereux, risquer par surcroît d'indis-
poser les lecteurs. Au point de vue tout particulier qu'il envisageait, ces
raisons, on doit le reconnaître, apparaissent de valeur. Une fois encore,
après avoir revu Nisard, il voulut donc essayer de la conciliation.

Le 11 octobre, faisant tenir à Augustin Thierry le texte d'un projet de
note, il le pressait en ces termes de consentir à son insertion :

« Monsieur,

« Je combats depuis ce matin pour vous mettre d'accord, vous et
M. Nisard ; je ne puis y réussir. Je n'ai pu, par aucun moyen, obtenir
de celui-ci la suppression de la dernière phrase. Il m'a répondu ces
propres paroles : *la première phrase est pour M. Thierry; la seconde est
pour moi.* Il se donnerait, dit-il, ainsi un démenti complet. Voyez ce
qu'il y a à faire. Je crois qu'il est encore mieux que j'imprime cette note,
telle que je vous l'envoie que d'imprimer les deux lettres, ; car je ne
puis publier l'une sans l'autre. Cette note, d'ailleurs, est tout à votre
avantage et je vous assure que ce n'est pas sans résistance que M. Nisard
y a consenti.

« Je suis désespéré de ne pas réussir mieux dans une mission toute
pacifique. Si vous consentez à l'impression de la note, vous aurez l'obligeance de me la renvoyer, car je suis accablé de travail.

« Votre tout dévoué serviteur,

« Buloz. »

La note était ainsi conçue :

« Le travail de M. Nisard sur Armand Carrel a donné lieu à une correspondance entre M. Augustin Thierry et M. Nisard, insérée dans les journaux quotidiens. Nous croyons inutile de reproduire cette correspondance, car nous savons qu'il n'entrait pas dans la pensée de M. Nisard d'attribuer à Carrel une part quelconque dans la conception, l'inspiration et l'exécution de l'*Histoire de la Conquête de l'Angleterre par les Normands*. Il ne pouvait être question, dans le passage contre lequel M. Augustin Thierry a réclamé, que d'une collaboration analogue à celle qui, en peinture, associe un élève supérieur aux travaux du maître. Nous regrettons que M. Augustin Thierry ne se soit pas assez fié sur sa belle renommée, pour y voir plus que cela. »

Cette insidieuse conclusion, que le subtil Nisard avait si bien défendue *unguibus et rostro*, formulait en fin de compte un blâme non déguisé et Buloz ne se méprenait point, en appréhendant qu'elle ne vînt tout gâter. Il n'en put douter davantage, lorsque sa note lui fut retournée, accompagnée de ce billet tout sec :

« Monsieur,

« Ayez la bonté de relire la note que vous m'adressez et dites-moi, je vous prie, comment vous avez pu consentir à imprimer la dernière phrase qu'elle contient.

« Agréez, monsieur, mes salutations distinguées. »

Trop ému pour en démêler tout d'abord les véritables motifs, Augustin Thierry se montra fort irrité de ce qu'il considérait comme une défection. Dans la première amertume de sa rancœur, il se jura même de décliner à l'avenir tous rapports avec la *Revue des Deux Mondes* et d'y cesser désormais toute collaboration.

Ressentiment d'ailleurs passager et, pour tous les deux, bouderie heureusement éphémère.

S'il n'obtenait pas satisfaction de Buloz, ses amis, du moins, répondaient fidèlement à son appel de rescousse. Leurs témoignages se multipliaient, formels et précis, péremptoires, irréfutables. L'historien les réunissait afin d'en établir un dossier écrasant pour son adversaire, au cas où celui-ci persisterait à ne point supprimer du livre qu'il préparait ses allégations erronées.

C'était d'abord Arnold Scheffer, l'ancien compagnon de lutte et de captivité de Carrel, qui lui mandait, en priant son frère Ary, le beau peintre des *Femmes Souliotes* et de *Françoise de Rimini*, de porter sa lettre à la connaissance de Nisard

« Paris, 12 octobre 1837.

« Mon cher ami,

« Si, aux faits exposés dans votre réclamation et qui sont l'exacte vérité, vous désirez joindre mon témoignage sur les sentiments de Carrel et sur sa manière de considérer ses relations avec vous : le voici. Jamais, je ne l'ai entendu s'attribuer ou revendiquer la moindre part dans la rédaction du quatrième volume de l'*Histoire de la Conquête;* je ne lui ai jamais entendu dire qu'il eût été pour vous un collaborateur, qu'il eût coopéré d'une manière quelconque à vos travaux historiques et mis la main à aucun de vos ouvrages, soit pour le fond, soit pour la forme.

« C'est moi qui, en 1824, vous ai mis en relations avec Carrel, et pendant qu'il travaillait près de vous, je vous voyais habituellement l'un et l'autre. Depuis lors, j'ai été à même de connaître chaque jour sa pensée la plus intime sur toute espèce de choses. J'ai été l'un de ses associés dans la lutte d'opinions qu'il a si glorieusement soutenue, son compagnon de captivité à Sainte-Pélagie et l'un de ceux qui lui ont fermé les yeux. En parlant de vous, ce qu'il ne faisait jamais sans une vive expression d'amitié, il disait que vous aviez été son premier maître, que vous l'aviez fait homme de lettres et il ne donnait nullement à entendre que lui-même vous eût prêté la moindre assistance littéraire.

« Ary se charge de montrer cette lettre à M. Nisard, auquel il écrit de son côté. Nous espérons tous deux qu'il reviendra de son erreur. »

Pareillement, Joseph Guigniaut, le savant historien des religions antiques, instruit dès 1821, chez Destutt de Tracy, du grand projet formé par son ami, rétablissait à son tour la vérité :

« Fontenay-aux-Roses, 12 octobre 1837.

« Mon cher Thierry,

« Voici la lettre que j'ai écrite à M. Nisard hier. J'espère que ma franchise provoquera la sienne et, mieux que tous les vains ménagements, le disposera à une réparation au moins indirecte, qu'il vous doit maintenant plus que jamais. S'il en était autrement, je vous autorise à faire de ma lettre tel usage qui vous paraîtrait possible et convenable.

« Tout à vous de cœur. »

« *Copie de ma lettre à M. Nisard.*

« Paris, 11 octobre.

« Mon cher ancien collègue,

« N'ayant point reçu, depuis notre dernier entretien, votre biographie d'Armand Carrel, je me suis rendu hier à Paris tout exprès pour la lire, pour former mon opinion par cette lecture et pour agir en conséquence

auprès de Thierry. J'étais loin de penser à ce moment que mon rôle de
médiateur fût déjà fini avant d'avoir commencé. Le *Journal des Débats*
m'étant tombé sous la main, l'instant d'après, j'ai vu avec douleur que
vous aviez été entraînés, l'un par l'autre, à tout précipiter et que le différend, ayant éclaté prématurément devant l'opinion, n'était plus susceptible d'une conciliation amicale, telle que je croyais pouvoir vous
l'offrir.

« Il me reste cependant un devoir à remplir, devoir qui m'est com-
mandé, moins par ma vieille amitié pour Thierry, que par le respect de
la vérité et par la fidélité des souvenirs qu'a éveillés en moi un examen
attentif et consciencieux des passages de votre article qui concernent
les rapports de Carrel avec l'historien de la Conquête de l'Angleterre.
Ce devoir, c'est de vous dire franchement ma pensée, sur la manière
dont vous vous êtes représenté ces rapports et d'essayer de vous amener
à des explications, dont la forme peut varier, dont le fond ne saurait
être, selon moi, autre chose qu'une rétractation à peu près complète. Non,
je vous le jure, pour aucun de ceux qui ont connu le Thierry ou le Carrel
de 1824, il ne peut être exact qu'un *travail commun* ait existé entre eux
dans la *rédaction* d'une partie quelconque de l'*Histoire de la Conquête
de l'Angleterre;* que Carrel ait été, au sens vrai du mot, le *collaborateur*
de Thierry, que cette œuvre enfin ne soit pas de toutes pièces et jusqu'aux dernières pages l'œuvre réelle, l'œuvre exclusive de notre malheureux ami, à la gloire duquel elle devrait suffire. Ne suffit-il pas à
Carrel, de son côté, d'avoir été quelques années plus tard écrivain
renommé dans un autre genre et faut-il absolument, pour constater
son talent propre et ooriginal, lui sacrifier une part de l'originalité d'autrui, le faire remonter à une époque où lui-même, de votre aveu, n'en
avait point encore conscience? Thierry vous l'a dit avec beaucoup de
raison et de mesure : c'est là tout simplement une erreur de dates,
c'est une illusion d'optique causée par la différence des âges et qui vous
a fait confondre le Carrel de 1824 avec celui de 1830. Je n'ajoute pas
le Thierry d'aujourd'hui avec celui d'alors, car mieux qu'un autre, vous
savez que si notre ami, mutilé qu'il est par le mal physique, s'entoure
de collaborateurs dans les travaux d'érudition, il est maître encore en
fait de style et sa dernière lettre le prouverait au besoin. Cette lettre,
croyez-le bien, ne saurait, comme on l'a prétendu, nuire à Thierry dans
l'esprit d'aucun de ceux qui l'auront lue en connaissance de cause : la
susceptibilité qu'elle accuse est si naturelle, quand il s'agit d'une création qui a tant coûté à son auteur ! Combien, à moins, se seraient
irrités davantage. Car cette lettre, elle est pleine encore d'amitié pour
vous, elle vous excuse, tout en vous blâmant, et c'est là ce que la vôtre,
suivant moi, n'a pas convenablement ressenti.

« Je crois donc, mon cher collègue, si vous me permettez de vous le
dire, que vous vous devez à vous-même, autant que vous devez à Thierry,
de clôre cette fâcheuse affaire par une déclaration qui vous honorera

l'un presque autant que l'autre : entre amis, l'aveu d'un tort, d'un tort
involontaire surtout est honorable. Reconnaissez d'une part que les
confidences de Carrel, dont vous avez parlé, ne portent pas sur le fait
supposé de sa collaboration à l'*Histoire de la Conquête* qui n'est qu'une
induction ; d'autre part, que vous avez pris le change sur la véritable
portée des assertions orales ou écrites de Thierry lui-même à cet égard.
Il l'affirme et lorsqu'il affirme, il mérite créance, vous le savez aussi
bien que moi : le public aussi le sait. Mettez à cela telle forme qui vous
paraîtra convenable dans l'intérêt de votre dignité commune et je me
chargerai volontiers encore, n'ayant pu faire mieux, d'engager Thierry
à se contenter d'une démarche publique, dont la mesure comme l'initiative restent dans vos mains.

« Agréez..., etc. »

Des assurances si positives, d'aussi catégoriques affirmations ébran-
lèrent à la fin le dogmatisme intransigeant du critique. Très fin et parfois retors, sous des allures volontairement rustaudes, — : « Je suis un
prolétaire insolent », se qualifiait-il un jour, devant le duc de Marmiers, —
celui-ci comprit que le terrain se dérobait sous ses pas et qu'il pourrait
bien sortir mauvais marchand d'une aventure qui tournait mal. Son
orgueil lui conseillait l'entêtement, mais son intérêt lui dictait la pru-
dence. Avait-il avantage à se brouiller sans retour avec Augustin
Thierry hautement protégé par le duc d'Orléans ; l'ami le plus cher de
Villemain, ministre d'hier et qui pouvait le redevenir.

Buloz, il le sentait bien aussi, l'avait défendu à contre-cœur et dans
le seul intérêt de la *Revue*. Aveugle et paralysé, défendant son œuvre
et sa gloire, l'historien, si le débat s'envenimait, aurait toutes les sympathies du public. Et que réclamait-il en somme? Peu de chose : la suppression de quelques phrases malencontreuses dans un volume annoncé
de *Mélanges*. Fallait-il, pour une maigre satisfaction d'amour-propre,
hasarder une bataille qui pouvait conduire au désastre?

Ces justes réflexions, les conseils d'amis communs, emportèrent une
résolution chancelante. La sagesse prévalut sur l'obstination. De mauvaise grâce, d'abord avec force défaites et réticences, louvoyant et
tournaillant, la mine tour à tour confite et déconfite, Nisard se mit en
retraite. Sa résistance commença de battre la chamade et ce revirement
se dessine dans une lettre adressée à Ary Scheffer, manifestement écrite
pour être placée sous les yeux d'Augustin Thierry et qui le fut en effet
par son destinataire :

« MONSIEUR,

« Je n'osais presque pas vous offrir un exemplaire de mon travail (1),
après l'espèce de scandale dont il a été la cause, et où j'ai eu le malheur
de ne vous avoir point pour moi. Mais, M. Renée m'ayant dit que vous

(1) Son article de la *Revue des Deux Mondes*.

voulez bien me conserver toute votre estime et que mes torts, à vos yeux, dans la querelle avec M. Thierry, ne vous avaient pas empêché de lire avec sympathie un écrit où j'avais cru en effet exprimer vos sentiments aussi bien que les miens, je me hasarde à vous prier d'agréer cet hommage d'un homme qui vous a toujours beaucoup aimé à travers vos beaux ouvrages.

« Au reste, pour en revenir à cette malheureuse querelle, votre lettre a été pour moi une surprise pénible, moins pour le blâme que vous m'y donniez avec tant de tact et de dignité, que par les deux phrases que vous y avez extraites de la mienne. J'ai été tout désolé d'avoir été si dur. Mais cela même pouvait être une preuve de ma bonne foi. Mon sens intime avait été si blessé que ma raison avait laissé ma plume à mes nerfs. Enfin je ne vis depuis quelque temps qu'au milieu d'amitiés qui tombent et de relations douces qui s'interrompent ; je suis aigri de voir que, même avec des mains pures, on peut ne pas être innocent et qu'on peut trahir jusque dans le sommeil. De là ces deux malheureuses phrases que je regrette et que je retire de vous à moi, tout en restant convaincu que si mes assertions sur le travail commun de Carrel et de M. Thierry sont une illusion, c'est la plus forte et la plus opiniâtre de toutes celles que j'ai eues ou que je puisse avoir.

« Recevez, monsieur, l'expression affectueuse de mes sentiments les plus distingués.

« Désiré NISARD.

« Le mardi 17 octobre 1837. »

Quelques jours encore et sa capitulation allait être complète. Le 7 novembre, parvenait au passage Sainte-Marie le billet suivant :

« MONSIEUR ET AMI,

« Agréez l'hommage de mon nouveau volume. J'en ai fait disparaître les malheureux passages qui m'ont fait perdre un instant votre amitié et m'ont appris à me défier même de mon innocence. Ce sacrifice ne m'a rien coûté. Du moment que le public a cessé d'être entre vous et moi, j'ai senti que je ne tenais plus à rien de ce qui avait pu vous chagriner et qu'il n'y a pas de satisfaction d'amour-propre qui vaille la perte d'une amitié comme la vôtre. L'étourdissement des affaires et des travaux n'a pu ni me faire oublier, ni me faire regretter médiocrement vos fines et fortes causeries, vos excellents conseils, vos habitudes de confiance avec moi et toutes les bontés si délicates et si empressées de Mme Thierry, qu'elle sait bien que je n'ai pas été le seul à regretter. Si je n'avais eu peur des arrière-pensées, résultat si ordinaire de tout malentendu, je n'en aurai pas supporté si longtemps la privation.

« Votre affectionné et tout dévoué.

« Désiré NISARD. »

Dans l'intervalle, la *Revue des Deux Mondes* avait publié le 15 octobre, à la fin de sa chronique de quinzaine, la note ci-après, où s'affirmait une fois de plus toute la diplomatie de son directeur :

« Une discussion s'est élevée dans les journaux quotidiens entre M. Augustin Thierry et M. Nisard, au sujet du travail que la *Revue* a publié le 1ᵉʳ octobre sur Armand Carrel. La *Revue* regrette sincèrement de n'avoir pu prévenir cette discussion qui nous paraît résulter d'un malentendu entre deux honorables écrivains. M. Nisard a, en toute occasion, professé trop d'admiration pour l'illustre historien, pour qu'il soit entré dans sa pensée d'attribuer à Carrel une part quelconque dans la composition ou l'exécution de l'*Histoire de la Conquête de l'Angleterre par les Normands*. C'est ce que démontrera, nous l'espérons, à tous les esprits désintéressés l'ensemble du travail de M. Nisard. »

L'âme généreuse d'Augustin Thierry ne pouvait conserver de colère contre un antagoniste repentant qui confessait son erreur. Rien n'était plus éloigné de sa noble nature que la rancune et ses acharnements. Il rendit son affection à Nisard, lui pardonna ses procédés, oublia le différend regrettable qui les avait un instant dressés l'un contre l'autre. De nouveau, l'écrivain et sa femme revinrent au « salon vert » où s'égrenaient tant de causeries merveilleuses. Tous deux figurent, à quelque temps de là, sur la liste des invités conviés à entendre une « récitation » de Jasmin, le perruquier-poète agenais qu'acclamait alors tout Paris. Et plus tard encore, lorsque l'historien connaît le deuil suprême qui, bien plus encore que la cécité, sera l'immense douleur de sa vie, à la mort de sa femme, il voudra envoyer à Mme Nisard quelques menus souvenirs de la bien-aimée.

De même s'apaisa bientôt sa fâcherie contre Buloz ; les *Considérations sur l'Histoire de France* paraissaient dans la *Revue des Deux Mondes* à la fin de 1838. De ce côté encore, l'incident était effacé.

A quel mobile avait obéi Nisard en le provoquant? Ambitieux et calculateur, il est incroyable de supposer qu'il avait voulu, de parti pris, blesser au vif Augustin Thierry, au risque de briser une amitié utile, d'éloigner les sympathies qu'il comptait déjà sous la Coupole. Lui-même, dans les lettres qu'on vient de lire, se défend contre un pareil soupçon, plaide à plusieurs reprises son innocence et sa bonne foi. Illusion alors ou bien légèreté?... Fâcheux défauts chez un critique ; mais non, Nisard est un cerveau réfléchi et même tout imbu de cet esprit de géométrie dont parle Pascal. Il va le prouver bientôt, en écrivant cette *Histoire de la Littérature Française* qui demeure un beau livre, malgré tous ses défauts, dans lequel il institue une théorie dogmatique de l'esprit français évidemment étroite, mais non moins évidemment sincère. Alors?... Alors, j'incline à penser que devenu suspect aux amis de Carrel, brouillé avec les plus ardents, — ceux-là

mêmes, sait-on jamais, qui pouvaient demain conquérir le pouvoir, —
ce résolu ménageur d'influences voulut essayer de se rapprocher d'eux.
A tort, il se flatta d'en trouver le moyen dans la glorification, même
excessive, de celui qu'ils pleuraient. Le malheur fut que sa combinaison
exigeait une victime et que cette victime ne voulut point se laisser
dépouiller.

FIN

TABLE DES MATIÈRES

PARIS

TYPOGRAPHIE PLON-NOURRIT ET Cie

8, RUE GARANCIÈRE

www.ingramcontent.com/pod-product-compliance
Lightning Source LLC
LaVergne TN
LVHW050303060726
842525LV00002B/393